Droemer
Knaur®

WERNER MASER
Am Anfang war der Stein

Die Geschichte des Abendlandes -
ein Wettlauf um die Bodenschätze

Droemer Knaur

Für Ingrid Maser

1. bis 15. Tausend

© Droemersche Verlagsanstalt Th. Knaur Nachf.,
München 1984
Umschlaggestaltung: Klaus Dempel
Satz: acomp, Wemding
Druck und Einband: May + Co., Darmstadt
Printed in Germany
ISBN 3-426-26127-8

Inhalt

Vorwort 7

Sumer, Babylon und Assyrien 13

Die Wiege der Kultur – 13; Alte Kunstwerke aus Metall – 19; Könige, Prinzen und »Söhne der Großen« als Aufseher – 20; »Industrie«-Arbeiter in der großen Königsliste – 21; Die politische Bedeutung der Bodenschätze – 23; Ein Relief aus Ninive – 28; Der Reichtum des Perserkönigs Dareios – 30

Lydien, Kroisos und die Erfindung der Münze 33

Urartu 37

Ägypten 41

Die Frage nach den Quellen: Ein Überblick – 41; Die Grundlagen der Macht – 47; Kupfer – 49; Bronze und Eisen – 53; Türkise vom Sinai – 54; Gold – 55; Die Arbeitswelt der ägyptischen »Industrie«-Arbeiter – 59; Rechte der Arbeiter – 69; Leibeigene – 72; Die bildende Kunst als historische Hilfswissenschaft – 73; Lohn und Stellung – 75; Nackt unter Tage – 78; Einflüsse der Religion – 79; Im Denkraum des Buddhismus: Ein Exkurs – 85; Der Stein – 87

Das Volk der Bibel 91

Ein Land, dessen Steine Eisen sind – 91; Die Bibel als Quelle – 94; Die Gruben König Salomos – 97; Der Tempel Salomos – 99; Bodenschätze und »Industrie«-Anlagen – 105; Arbeitsethos und Selbstbewußtsein der »Industrie«- Arbeiter – 107; Der Siloah-Tunnel von Jerusalem – 110

Ophier und Punt, Salomo, Syrer und Phöniker 113

Griechenland 119

Älteste Funde – 119; Hinweise und Zeugnisse – 120; Die »königliche Kunst« in der antiken Literatur – 122; Im Prisma der Dichter – 126; Älteste bildliche Überlieferungen – 129; Laureion – 130; Die Bergwerkssklaven – 133; Bergstrafrecht und Technik – 135; Berufe und Koalitionsfreiheit – 143; Bergmannsgötter und religiöse Kulte – 146; »Glückauf« in der Antike – 151; Sklavenpreise und Grabsteine – 152

Skythen am Pontos Euxeinos 157

Der Bernstein 161

Germanen, Illyrer, Kelten und Römer 165

Eine Einführung – 165; Bronze und Eisen – 167; Wandel der sozialen Struktur und der Grabriten – 169; Kelten. Stollen und Geheimgänge – 171; Keltische Schmiede – 177; Der Schmied in Mythologie, Geschichte und Sage – 178; Handel und Verkehr – 181; Zinn – 183; Die Römer – 184; Etruskische Technik. Die Schiffe des Caligula – 185; Die Cloaca maxima – 186; Das Geheimnis der »Weltmacht« Rom – 188; Reichtum aus spanischen Gruben – 192; Die Verhältnisse zur Zeit der römischen Republik – 195; Die Jagd nach Gold – 198; Gewinnungsmethoden und staatliche Maßnahmen – 199; Kaiser als Diebe. Das Los der Berg- und Hüttenleute – 201; Strafe für Verbrecher und Christen – 202; Die Erztafel von Aljustrel – 205; An der Schwelle des Mittelalters – 209

Auf »deutschem« Boden 213

Die Anfänge – 213; Der Stein als Gerät und Waffe – 215; Der Siegeszug des Metalls – 216; Kupfer und Eisen – 218; Verhüttungstechnik – 220; Die Bedeutung des Steins – 222; Der germanische Berg- und Hüttenmann – 224

Stationen und Zäsuren zwischen Altertum und neuester Zeit 225

Die Atempause – 225; Die Schätze der Erde den Tempeln – 228; Handelswege, Städte und Kulturzentren – 230; Entwicklung bis zur Krise im 14. Jahrhundert – 233; »Wenn einer reich wird, arbeiten hundert umsonst« – 237; Der Daemon metallicus und die Mönche – 250; ». . . wissen und verstehen nicht, wie man's rechnet« – 256; Die Begründung der wissenschaftlichen Bergbaukunde – 262; Adam: »erster Bergmann und rechter Daedalus« – 270; Bergleute und Bauern im Bauernkrieg – 272; Bergbau und Bodenschätze in Mythologie, Sagen- und Märchenwelt – 281; Merkantilismus, Standesbewußtsein und bildende Kunst – 305; Im Zeitalter der Technik – 312; St. Barbara, Bergmannsgottesdienst und bergmännisches Brauchtum – 320; In der Literatur seit dem 18. Jahrhundert – 334; Das Leben des Berg- und Hüttenmannes im 19. Jahrhundert und die Arbeiterdichtung – 343

Bibliographie 367

Anmerkungen 387

Register 408

Vorwort

Vor rund 10 Millionen Jahren soll der Mensch seinen Gang über die ungefähr 3 Milliarden Jahre alte Erde begonnen haben. Nur sehr wenig hat er der Nachwelt aus der frühen Zeit hinterlassen. Kaum mehr als 5 000 Jahre kann die Geschichtswissenschaft auch nur einigermaßen übersehen und darstellen. Diese kurze Spanne, die allgemein als »geschichtliche Zeit« bezeichnet wird, entspricht in ihrem Verhältnis zu der zweitausendfachen Dauer von 10 Millionen Jahren einem Millimeter auf zwei Metern, einem einzigen Schritt auf zwei Kilometern. Wird das Alter der Erde der Dauer eines Jahres gleichgesetzt, das am 1. Januar beginnt, dann ist der Mensch erst am Ende des 365. Tages, am 31. Dezember, um 23.45 Uhr in die Welt gekommen. Die Phase der geschriebenen Geschichte umfaßt in diesem Bild sogar nur die letzten 60 Sekunden des Jahres. Und diese letzten »60 Sekunden« lassen das geschichtsbestimmende Verhältnis des Menschen zu den Bodenschätzen bildhaft werden. Als »homo faber«, als »sinnvoll wirkender Schmied«, hat er die Bodenschätze nur während der kurzen Strecke des Weges zur Verfügung gehabt. Bereits in diesem Prisma erscheinen die Bodenschätze im Rahmen der Geschichte und Kulturgeschichte in einem neuen Licht.
Das älteste Zeugnis aus der Hand des Menschen stammt von den Eiszeitjägern, die vor mehr als 20 000 Jahren begannen, die ersten Schätze der Erde zu benutzen: gelben Ocker. Doch diese erste nachweisbare Beziehung des Menschen zu Bodenschätzen stand noch unter dem Stigma der mystischen Furcht des Menschen vor der Natur, die noch »natürlich« und ungeordnet war. Noch vermochte der Mensch nicht aus dem Dunkel herauszutreten. Erst in der Stunde, in der er nicht mehr nur die rote Farbe aus dem eisenhaltigen gelben Ocker gewann, um mit ihm an Decken und Wänden von Höhlen wilde Tiere naturgetreu zu malen und sie dadurch als Jagdbeute zu

»bannen«, sondern (mit Hilfe des Feuers) auch das bei der Ockerbereitung entstehende Eisen (und später die übrigen Bodenschätze) in seinen Dienst nahm, begann er sich systematisch über seine tierische Umwelt zu erheben und »Krone der Schöpfung« zu werden.

Die Geschichte der Beziehungen des Menschen zu den Bodenschätzen ist zugleich auch ein wesentlicher Teil der politischen und der Kulturgeschichte. Nur mit Hilfe der Bodenschätze ist es ihm möglich geworden, schließlich so weit emporzusteigen, daß er sogar nach den Sternen zu greifen begonnen hat. Lange schon werden die einzelnen Epochen der frühen Geschichte nach den Fähigkeiten des Menschen benannt, die Schätze der Erde zu nutzen: als Steinzeit, Bronzezeit und Eisenzeit – und die Bronze- sowie Eisenzeit in neuerer Zeit bezeichnenderweise als Metallikum. Und auch einzelne kulturgeschichtliche Stationen regionalen Ausmaßes erhielten ihre Namen nach alten Fundorten, an denen Gegenstände zum Beispiel aus Ton, Kupfer, Bronze und Eisen ans Licht gefördert wurden.

Seit rund 5 000 Jahren führt der Weg des Menschen, gemessen an der Vergangenheit, technisch steil nach »oben«, weil er durch die planmäßige Nutzung und sinnvolle Verwendung der Bodenschätze in vielen Fällen Herr über Furcht und ängstlichen Glauben an den Zufall geworden ist. Überall dort, wo der Mensch eine Stufe nach »oben« nahm, spielten Bodenschätze eine wesentliche Rolle. Da mit der Fertigkeit der Gewinnung und Nutzung der Bodenschätze jedoch die Unfähigkeit »verbunden ist«, über den natürlichen Reichtum harmonisch gebieten zu können, resultieren aus diesem Verhältnis zwangsläufig besondere geschichtsbildende Momente.

Dieses Buch soll den Weg des Menschen über einzelne Stationen der Kulturgeschichte durch das Prisma dieser Themenstellung nachzeichnen. Am Anfang verwandte der Mensch den Stein. Dann gewann er das Eisen und das Kupfer, das Gold und das Silber, das Zinn und das Blei und schließlich den ganzen Katalog von Bodenschätzen, die ihn zu dem findigen Riesen werden ließen, dessen Bewußtsein immer erst nach den Konsequenzen seiner Erfindungen und Entdeckungen zu fragen beginnt, wenn sie längst wirksam sind. Aus den großen kulturgeschichtlichen Stationen und Zäsuren werden exemplarisch die geschichtsbestimmenden Momente herausgearbeitet und die Varianten aufgezeigt, die aus den Beziehungen des Menschen zu den Bodenschätzen bedeutende inspirative Motive empfingen. Dazu

gehören sowohl der religiöse Glauben als auch die Philosophie und die Kunst, die Sprache, die Literatur und die Mythologie, die Märchen- und Sagenwelt, die Wissenschaft, die Technik, die Wirtschaft, Industrie und Politik. Der Werdegang des Werkzeuges, Gerätes, Instrumentes und Kunstwerkes vom primitiven Steinhammer über die bronzene Pinzette zum metallenen Roboter in den riesigen Industriewerken der Gegenwart, von der groben Kupferplastik bis zum Eiffelturm, vom »ehernen« Schild bis zum Panzerfahrzeug und Schlachtschiff, vom zweirädrigen Bronzewagen über die Eisenbahn bis zum Flugzeug und Raumschiff, liefert eine chronologisch geordnete Summe von Beweisen für die hier entwickelte Perspektive.
Sosehr der Mensch, der bei der Gewinnung der Bodenschätze unter Tage noch wie vor Jahrtausenden seine Unzulänglichkeit erfährt, auch unter dem Zwang stehen mag, im Schweiße seines Angesichtes sein Brot essen zu müssen, so sehr hat er doch auch erfahren, daß der alte biblische Fluch durch die planmäßige Nutzung der Bodenschätze zunehmend von seiner ursprünglichen Macht einbüßt. Die Erleichterungen und die Hilfen, die ihm aus der sinnvollen Gewinnung und Nutzung der Bodenschätze zuteil werden, sind Legion. Das Los der Menschen in zahlreichen »Entwicklungsländern« exemplifiziert die kulturgeschichtliche Funktion des Bergbaus und Hüttenwesens besonders in der Neuzeit eindrucksvoll. Der von hölzernen Pflügen und anderen Ackergeräten nur sehr unzulänglich bestellte Boden bringt dort, wo vor 3 000 Jahren eiserne Pflugscharen den Acker durchzogen und die Lebensverhältnisse entscheidend mitbestimmten, nur so viel Erträge, daß lediglich jeder siebte Mensch satt wird. Immer noch pflügen 25 Millionen Bauern in den »Entwicklungsländern« mit Holzpflügen und Hacken ihren Boden, der nur mit Metallgeräten wirklich nutzbringend bearbeitet werden kann. Etwa 40 Millionen Menschen sterben jährlich Hungers. Ungefähr 80 Prozent der Erdbevölkerung ist unterernährt und erreicht nur ein durchschnittliches Lebensalter von 30 bis 40 Jahren. Mehr als 500 Millionen Kinder unter 15 Jahren hungern und siechen dahin. Überall dort, wo einst bedeutende und reiche Kulturen gediehen, gründeten sie sich auf die Nutzung der Bodenschätze. Wo diese Fähigkeiten in Vergessenheit gerieten und – wie in Ägypten beispielsweise – vom Sand gleichsam wie von einem Leichentuch zugedeckt wurden, schwanden Wohlstand und Reichtum, Macht und Kultur dahin.

Seit dem Frühlicht der Geschichte erweisen sich die Bodenschätze als bildhafte Chiffren der Kulturgeschichte, die lehrt, wohin der Mensch gelangt, wenn ihm die Fähigkeit entgleitet, sich des Reichtums der Erde zu bedienen. Nicht einen Lebensbereich gibt es, der ohne Bodenschätze vorstellbar ist, die der Industrie, Wirtschaft, Wissenschaft und Kunst den Stoff zur Gestaltung der »Welt« bieten. Allein aus der Steinkohle werden Pech, Rohgas, Benzin und Schmieröle, Heizöle und Treiböle für Dieselmotoren, flüssige Brennstoffe für die Beleuchtung, für Auto- und Flugzeugmotoren, Sprengstoffe, Arzneimittel, Saccharin, Firnisse, Bindemittel, Konservierungsmittel, Desinfektionsmittel, Salizylsäure, Stickstoff-Düngemittel, Farb- und Riechstoffe, Lösungsmittel für Harze, Lacke und Gummi, für Kautschuk, Denaturierungsmittel für Brennspiritus und vieles andere gewonnen.

Kein Mensch kann je auf die Schätze der Erde* verzichten, wenn er nicht wünscht, in jene dunkle Zeit zurückversetzt zu werden, aus der vor Jahrtausenden sein mühsamer und beschwerlicher Weg durch die Geschichte begann. So nimmt es wunder, daß bis zum heutigen Tage eine Analyse und Darstellung der Bedeutung der Bodenschätze und ihrer Verwendung im Rahmen der Geschichte und Kulturgeschichte fehlt. Nicht einmal eine Geschichte des Bergbaus und Hüttenwesens existiert. Keine Universität oder Hochschule verfügt über einen entsprechenden Lehrstuhl. Die Lehrstühle und Institute für »Business History« (»Geschäftsgeschichte«) in den USA behandeln nur einen

---

* Eine Tonne durchschnittlicher Erdkruste enthält u. a.: 466 kg Sauerstoff, 277 kg Silicium, 81 kg Aluminium, 50 kg Eisen, 36 kg Calcium, 28 kg Natrium, 26 kg Kalium, 20 kg Magnesium und 4 kg Titan. Hinzu kommen ungefähr je 1 kg Wasserstoff, Phosphor und Mangan. Die übrigen rund 80 chemischen Elemente sind in sehr geringen Mengen vorhanden: ungefähr 130 g Zink, 80 g Nickel, 70 g Kupfer, 70 g Wolfram, 5 g Arsen und 4 g Uran, ⅒ g Silber und je ¾₁₀₀₀ g Gold und Platin. Rund 70 Metalle befinden sich unter den rund 100 Elementen. Dennoch sind die Metalle in der Erdrinde gegenüber den Nichtmetallen mengenmäßig im Rückstand. Ungefähr 50% der Erdrinde bestehen aus Sauerstoff, 25% aus Silizium (beides sind nichtmetallische Grundstoffe). Aluminium folgt mit 7,5%, Eisen mit 4,7%, Kalzium mit 3,4%, Natrium mit 2,6%, Kalium mit 2,4%, Magnesium mit 1,9%, Schwermetall Titan mit 0,58%, Kupfer (Gesamt der Erde) mit 1% der Erdrinde, Silber mit vier millionstel % und Gold mit fünfzehn millionstel %. Die großen Sauerstoffmengen und das Halbmetall Silicium sind in bemerkenswerten Mengen vorhanden. Chemisch verbunden ergeben sie Siliciumoxyd, Sand, Quarz und die häufigen silikatischen Gesteine. Alle Urgesteine, Sedimentgesteine und Schiefer bestehen aus nahezu 60% Siliciumoxyd. Der übliche Sandstein enthält sogar 78% Siliciumoxyd.

sehr kleinen Ausschnitt des umfassenden Themas. Die beispielhafte »Preisfrage der kgl. großbritannischen Societät der Wissenschaften zu Göttingen«, die im letzten Viertel des 18. Jahrhunderts nach abgesicherten Antworten auf die Frage nach der Beschaffenheit der »Bergwerke bey den Alten« suchte, hat nennenswerte Folgen in der jüngsten Zeit nicht gezeitigt. Die Firmenfestschriften und Firmengeschichten unter anderem in den USA, in Dänemark, in der Bundesrepublik Deutschland, in England, in Frankreich und in der Schweiz und die Unternehmerbiographien, allein in Deutschland mehr als zehntausend, können nicht als Ersatz angesehen werden, zumal weniger als 10 Prozent einen wissenschaftlichen Wert besitzen. Die Sammlungen beispielsweise des Deutschen Museums in München, des Bergbau-Museums in Bochum, des Schmiede-Museums in Altena und des Achsen-Museums in Wiehl, geschichtswissenschaftliche Firmendarstellungen, Untersuchungen zur Geschichte der Technik und Handwerksgeschichte, über einzelne Gebiete der Industrie, zum Beispiel über den Bergbau und das Hüttenwesen, über die Stahlindustrie, Textilindustrie und chemische Industrie, können nur Bausteine zur Erarbeitung des Mosaikbildes liefern, das hier modell- und umrißhaft entwickelt worden ist.

Werner Maser

Sumer, Babylon und Assyrien

Die Wiege der Kultur

Nach den ältesten schriftlichen Überlieferungen stand die Wiege der Kultur in den alten vorderasiatischen Landschaften an Euphrat und Tigris, in denen nach der Legende das biblische Paradies gelegen haben soll.

»Und es ging aus von Eden ein Strom ... und teilte sich ... in vier Hauptwasser«, so heißt es beispielsweise im 1. Buch Mose 2,10 bis 14, »das erste heißt Pison, das fließt um das ganze Land Hevila; und daselbst findet man Gold. Und das Gold des Landes ist köstlich; und da findet man ... den Edelstein Onyx. Das andere Wasser heißt Gihon, das fließt um das ganze Mohrenland. Das dritte Wasser heißt Hiddekel, das fließt vor Assyrien. Das vierte Wasser ist der Euphrat.«

»Köstliches« Gold, wahrscheinlich aus dem Fluß »gewaschen« (»geseift«), und ein Edelstein, der Onyx, werden – wie andere Bodenschätze an vielen Stellen in der Bibel – hervorgehoben[1] und als besonders bemerkenswert selbst im vollendeten »Garten Eden« angesehen. Der sich seiner Abhängigkeit von der Erde bewußte Mensch des Frühlichts der Geschichte weist auf Materialien hin, die die Erde zu seinem Nutzen birgt. Lange Zeit hindurch galt als sicher, daß die vermutlich zur Zeit der frühgeschichtlichen Uruk-Kultur in Babylonien eingewanderten Sumerer von allen Völkerschaften zuerst mit der Nutzung von Bodenschätzen begannen. Wie die Ergebnisse der jüngsten Forschung beweisen, ist diese Feststellung heute nicht mehr haltbar. Jetzt ist erwiesen, daß bereits zur Jungsteinzeit, etwa zwischen 8000 und 5000 v. Chr., bei Obsidian am Hasan-Dag südöstlich des großes Salzsees in Anatolien Bergbau (wahrscheinlich allerdings nur im Tagebau) betrieben worden ist.[2] In Persien (Samarra und Susa), in Nordwest-Mesopotamien (Tell Halaf), Kilikien (Mersin und Tarsos) und in Anatolien (Chatal) wurden die Bodenschätze mindestens ein bis zwei Jahrtausende eher als von den Sumerern genutzt, in Jericho sogar vier bis fünf Jahrtausende früher.[3] Begonnen haben die Sumerer als erste nur damit, der Nachwelt schriftlich über sich zu berichten, aus dem Dunkel der Vorgeschichte herauszutreten und ihre Auffassung über die Erschaffung der Welt, die Schöpfung des Menschen und der Tiere zu übermitteln und die Entstehung der sehr frühen Kunst, der Kultur und des Handwerks zu beschreiben. Mehr als 500000 aufschlußreiche Tontafeln aus der Zeit um 3000 v. Chr. wurden bislang gefunden.

Daß aus der vorderasiatischen Kulturstufe, die von mindestens zwei Völkerschaften verschiedener Herkunft bestimmt wurde, die älteste Bezeichnung für das geschichtlich und kulturgeschichtlich sehr wichtige »Eisen« stammt, kann nicht als Zufall gelten. Die Sumerer, die bereits um 3500 v. Chr. Städte und hochentwickelte Stadtstaaten kannten, kunstvollen Schmuck, Waffen, Arbeits- und Angelgeräte aus Metall, aus gehämmertem Kupfer, aus Blei, Gold und Silber fertigten und verwendeten sowie Texte mit einem großartigen »Schöpfungsepos« hinterließen, nannten das »Eisen«, das erstmals zur Zeit des Hethiterkönigs Anittas um 1750 v. Chr. im Zusammenhang mit dem eisernen Thron in Purus-chanda in Lakonien erwähnt wird[4] und rund 1000 Jahre später in Inschriften des assyrischen Königs Tiglatpilesar I. (746 bis 727 v. Chr.) erscheint, AN+BAR, »Himmelsmetall«. Als »hapalki« erscheint es im Chattischen[5] (kleinasiatisch). Ob mit der Bezeichnung »Himmelsmetall« meteorisches oder bergmännisch gewonnenes Eisen gemeint war, schien lange fraglich. Im alten Ägypten beispielsweise wurde der »Stahl« als »Metall des Himmels« bezeichnet, wobei nicht zweifelsfrei geklärt werden kann, ob der Name von »himmlischen Steinen« (Meteoriten) oder von der bläulichen Farbe des erhitzten Stahls und seiner farblichen Ähnlichkeit mit den Wolken des »Himmels« abgeleitet worden ist. Bei den Hethitern in Vorderasien jedenfalls wird das Meteoreisen ausdrücklich als Erzquelle genannt.[6]

Seit wann Eisen aus Erzen gewonnen wird, ist nicht zu ermitteln. Die in diesem Kulturraum erstmals für die Zeit des Hethiterkönigs Anittas um 1750 v. Chr. belegte[7] Kenntnis des Eisens und dessen systematische und zunehmende Nutzung seit der Amarnazeit (um 1400 v. Chr.) gibt auf diese Frage keine zuverlässige Antwort.[8]

Eisenerzgruben in der Nähe Mesopotamiens fanden sich am Urmiasee und in einem Nebenflußtal des Araxes nördlich von Fabris. Vermutlich ging die Eisenproduktion von Doliche nördlich von Aleppo (Chalpa) aus.[9] Wenn die Fertigkeit der Metallgewinnung und -bearbeitung den Bewohnern »Schumers«, des »Kulturlandes«, wie die Sumerer Südbabylonien bezeichneten, auch nicht, wie bislang behauptet wurde, von allen Völkerschaften zuerst bekannt gewesen ist, so haben sie doch die ältesten schriftlichen Zeugnisse hinterlassen, die über die Nutzung der Bodenschätze berichten. Ein religiöser Text aus der Zeit um 2300 v. Chr. überliefert[10] in zum Teil orientalisch bildhaften Wendungen, daß die Bodenschätze und ihre Gewinnung, zum Beispiel das »Läutern« von Gold und Silber, im Leben der Sumerer eine wesentliche Rolle spielten. »Ich möchte kostbarer sein in seinen Augen als ein Ring aus Diamant«,[11] heißt es in jenem Text, der Hinweise auf das »Gold aus den Bergen«, »aus den Tiefen«, enthält und die Bodenschätze »aus der Finsternis der Berge«[12] erwähnt. Daß damit nicht nur das Gold (wahrscheinlich schon aus Nubien) gemeint war, sondern mindestens auch Silber (im 2. Jahrtausend v. Chr. vom Bulgar-Dag im Taurus), Elektron (Gold-Silber-Legierung), Kupfer (wahrscheinlich vom Zagros[13]) und Lasursteine, Blei, Zinn und die »Bronze«, die in »der Stadt Aldaba ... in der Tiefe des Berges«[14] gewonnen wurde, kann als sicher gelten.

Flachbeile, Nadeln, Angelhaken und Schmuck aus Kupfer wurden schon sehr früh verwendet, so in Ninive, in Tell Halaf und in Tell Arpatschija. Gold, Silber und Blei wurden verarbeitet, Silberstücke als »Geld« verwendet. In der nach einem Fundplatz in Syrien als Sakschegözü-Stufe bezeichneten Kulturperiode zwischen 3500 und 3000 v. Chr. (gelegentlich auch auf 4500 bis 4000 v. Chr. datiert) war das Kupfer bekannt;[15] Funde aus Sialk bei Kashan, Tell Halaf, Tell Schagar Bazar, Ninive und Tepe Gaura bezeugen es. Reichen Metallbesitz (besonders von Gold) bezeugen die Funde aus den Königsgräbern von Ur. Schriftliche Belege weisen nach, daß es sehr früh, um hier nur einige Beispiele anzuführen, genaue Bezeichnungen für das »Läutern« von Metallen gab, für den »Blasebalg«, für die »Gußform« und die »Gießerei«, für den »Schmelztiegel« und das »Speisloch«.[16] Die in den deutschen Sprachschatz eingegangene Bezeichnung »Jaspis« geht auf das babylonische Wort ABAN-jaspu und das Wort »Beryll« auf ABAN-buralla zurück.

Funde aus alten Bronzegegenständen bezeugen, daß die Hüttenleute und Metallhandwerker im Alten Orient (in Sumer um 2700 v. Chr.) über differenzierte Fachkenntnisse bei der Gewinnung und Verarbeitung von Bronze verfügt haben müssen,[17] das sie zuerst unter Zufügung von Arsen, dann von Zinn hergestellt haben. Hauptsächlich scheint die Bronze (in Syrien/Palästina seit um 3000 v. Chr.) aus Zypern und Nuchasse in Syrien und aus anatolischen und wahrscheinlich auch transkaukasischen Orten gekommen zu sein. Untertagebergwerke sollen im Gebiet südlich von Kerasos in Kleinasien vorhanden gewesen sein. Was im 1. Buch Mose 4 und 5 nur angedeutet ist, eine hohe Kultur um 2500 v. Chr. im Territorium des einstigen »Garten Eden«, beweisen zuverlässige Texte und archäologische Funde.

Schwefel, Magnesit und Antimon (zunächst nur als antiseptische Schminke) von den Bergen am Fluß Iris in Nordanatolien, Gips und Asphalt von Rapiqum am Euphrat oberhalb Babylons, Naphtha (Erdöl) und Erdpech wurden verwendet. Die zum Teil gewaltigen Bauwerke der sumerisch-akkadischen Architektur konnten ohne Bindemittel, die ebenfalls zu den Bodenschätzen gehörten, nicht entstehen. Gelegentlich wurden allerdings auch Bauten aus Lehmziegeln hergestellt, die zur Zeit ihrer Verwendung noch nicht völlig trocken waren, so daß auf Bindemittel verzichtet werden konnte. Kalk-Sand- oder Zementmischungen als Mörtel waren noch unbekannt. Verwendet, auch bei der Herstellung von Perlmutt- und Elfenbeinarbeiten, wurden Erdpech, Mastix und Asphalt. De Genouillac weist bereits für sehr frühe Zeiten Mengen bis zu 1500 kg als Handelsware nach, die in Telloh als Kitt allein zur Herstellung von Schmuck vertrieben wurden.[18] Weitaus mehr aber haben die Architekten des Urnammu (um 2050 v. Chr.) verbraucht. Dieser baufreudige Herrscher und Begründer des neuen sumerischen Reiches hatte die Heiligtümer und Ortschaften neu errichtet, die von den Gutäern (einem aus dem Iran eingebrochenen und bislang nicht genau bekannten Volksstamm) zerstört worden waren. Die Tempeltüren von Uruk, Eridu, Lagasch, Nippur und anderen Städten wurden auf Urnammus Weisung wiederhergestellt. Auch die erst Mitte der zwanziger Jahre dieses Jahrhunderts ausgegrabene, noch teilweise erhaltene Nanna-Zikkurat von Ur, dieses mächtige, von einer wettersicheren Verkleidung mit Brandziegeln und einer doppelten, mit Asphaltmörtel zusammengehaltenen Ziegelmauer umgebene Bauwerk, ist ihm zu verdanken. Wenn dieser dreiterrassige, sich von Terrasse zu Terrasse verjüngende Stufenturm (der mit einer anderen Absicht als der im 1. Buch Mose 11 beschriebenen erbaute Turm von Babylon, dessen Errichtung möglicherweise die Zeit vor der Zerstörung Babylons durch die Hethiter um 1650 v. Chr. widerspiegelt und der die Verbindung zwischen Himmel und Erde herstellen und der Gottheit als monumentaler Altar dienen sollte) auch weder die gewaltigen Ausmaße beispielsweise der Cheops-Pyramide von Giseh in Ägypten noch die der späteren mesopotamischen Tempelbauten oder des babylonischen Zentralheiligtums Marduks mit dem sumerischen Namen Esangila erreichte, ist seine Beschreibung in diesem Zusammenhang aufschlußreich. Ohne die bergmännisch gewonnenen Rohstoffe hätte er nicht errichtet werden können. Hartmut Schmökel, ein guter Kenner der Geschichte des Alten Orients, beschrieb ihn 1958 wie folgt: Der Mantel aus quadratischen, »in Asphalt verlegten Brandziegeln, die alle Urnammus Stempel tragen, ist in der untersten Stufe 2,5 m dick, der Umfang des Stufenturmes beträgt an der Basis 62 mal 47 m. Die Wände sind hier im Abstand von 4,4 m durch Pfeiler aufgegliedert; jeder hat die Breite von 2,6 m und ragt 0,45 m vor, Witterungseinflüssen ist außer durch die Brandziegelschale durch eine sorgfältige Drainierung des Lehmkerns vorgebeugt ... Eine Mittel- und zwei Seitentreppen bilden den Anfang zum ersten Stock des heiligen Baus, dessen Pflasterung 11 m über dem Terrassenboden liegt. Die zweite Stufe mißt 36 mal 26 m und ist über 16 m hoch, die dritte überragt den Tempelhof mehr als 20 m und hat immer noch 20 mal 11 m Umfang. Ganz oben aber glänzt in blauen Glasurziegeln Nannas und Ningals Hochzeitsgemach, ein in seiner betonten Schlichtheit wunderschöner Einraumtempel, dessen Leuchten Utu, der Sonnengott, weit über das Land trägt.«[19]

Die großflächigen Terrassen der Zikkurat waren mit Asphalt bedeckt, die Wände des auf dem Gipfel der Zikkurat befindlichen Tempels mit Silber verkleidet. Ausdrücklich werden Erdpech und Glasurziegel (in Sumer nicht nachweisbar) als benutzte Baustoffe genannt. Das Erdpech als Rückstand asphaltischer Erdöle soll, wie das Gilgamesch-Epos überliefert, bereits von Utnapischtim, dem Ahnen des Gilgamesch, verwendet worden sein, um den Kasten zu verpichen, mit dem er, Utnapischtim, auf Ratschluß der sumerisch-babylonischen Gottheit Enki-Ea, dem Herrn der Wassertiefen und der Weis-

heit, die Sintflut überlebte. Über den biblischen Noah ist im 1. Buch Mose ähnliches überliefert. Auch ihm wurde aufgetragen, den Kasten, der ihn die Strafe Gottes überleben lassen sollte, »inwendig und auswendig mit Pech« zu verpichen (1. Mose 6,14).
Wie der judäische König David in der ersten Hälfte des 10. Jahrhunderts v. Chr. und sein Sohn und Nachfolger Salomo nach alttestamentlichen Berichten von ihren Expeditionen mitbrachten, was immer sie an Bodenschätzen erbeuten und ausfindig machen konnten, so ist beispielsweise auch von dem sumerischen Priesterfürsten Gudea (um 2100 v. Chr.), dem Vorgänger Urnammus[20] in Lagasch, überliefert, daß er zum Beispiel »Gold in Staubform« aus dem Gebirge Chachu (als Fundstellen werden auch genannt: Aralu, Kabchusi und Melucha), Steinblöcke aus dem Umanu, dem Gebirge von Menua, aus Basalla, dem Gebirge von Amurru, Marmor in Blöcken aus Tidanu, dem Gebirge von Amurru, nalua-Steine aus Barschib, Asphalt aus Magda, dem Gebirge am Fluß, und Kupfer aus Kagalad, dem Gebirge von Kimasch, holen ließ, wo es gefördert wurde. Diorit kam aus Tidanu. Umfangreiche Texte auf großen Tonzylindern, auf Tontönnchen, Kegeln, zahlreichen Stelen und Statuen bezeugen es. Als mögliche Silberfundstätten nennen die Inschriften Sarsu und Tunni im Taurus. Das Silber ist in jener Zeit offenbar höher als das Gold bewertet worden, wie die Zuordnung des Goldes an die Luftgottheit Enlil und die des Silbers an Anu, den höchsten Gott, vermuten läßt. Das Blei kam von Charcha und Maschdardanu. Verlassene Bleierzbergwerke wurden am Berge Nich in Chorassan und am Berge Segend beim Urmiasee entdeckt. König Rimusch von Akkad rühmte sich um 2300 v. Chr., eine Statue aus Blei hergestellt zu haben. Zinn und »Bronze«, die bei der Stadt Kinaki in Gizilbunda in Medien gefunden wurden, Antimon, Elektron (als Mischung von Silber und Gold auch in Babylonien hergestellt) und Stahl (»gekohltes Eisen«) sowie die Edelsteine Bergkristall, Beryll, Jaspis, Karneol, Lapislazuli, Malachit, Türkis, Smaragd – und wahrscheinlich auch der Diamant – wurden verarbeitet. Für das alte Zweistromland fehlen unmittelbare Quellen zur Geschichte des Bergbaus als Untertagearbeit, da zwischen Euphrat und Tigris Metallerze nicht vorhanden waren. Die allgemein durch Bergbau gewonnenen Bodenschätze wurden – offensichtlich systematisch geplant – ins Land geholt, wo sie verarbeitet worden sind.

Alte Kunstwerke aus Metall

Eine große Anzahl künstlerischer und »kunstgewerblicher« Schöpfungen aus dem vorderasiatischen Raum aus Metall, Basalt und Marmor, um nur diese Werkstoffe zu nennen, ist nicht nur in Fachkreisen bekannt. Zu den berühmtesten Hinterlassenschaften[21] gehören die vermutlich als Votivgeschenk gedachte Kupferquadriga aus Tell Agrab als älteste plastische Darstellung des Motives »Pferd und Wagen«, die Bronzegestalt eines nackten Beters auf einem vierfüßigen Bronzeständer aus dem Tempeloval von Chafadji und ein 65 cm langes silbernes Bootsmodell. Aber auch ein 47 cm hoher Bronzestier als Symbol der Fruchtbarkeit aus el-Obeid und ein 2 m breites und 90 cm hohes Kupferrelief vom Portal des Ninchursangtempels Aannepaddas von Ur in el-Obeid sind der breiteren Öffentlichkeit durch allgemeinverständliche Publikationen bekannt geworden, ebenso Hirsch- und Wisentfiguren aus Gold, Haarpfeile, Ohrringe, Halsketten und Armbänder aus Gold, Lapislazuli und Karneol aus den Königsgräbern von Ur. Kopfplastiken wie zum Beispiel das Kupferhaupt (wahrscheinlich) des Sargon von Akkad (um 2350 v. Chr.) aus Ninive und zahlreiche Sitzbilder aus Diorit, die teilweise Gudea zeigen, wurden berühmt. Kulturgeschichtlich bedeutsam sind auch die Kultvase Gudeas mit der ältesten Abbildung des »Äskulapstabes«, die Gesetzesstele Hammurabis aus schwarzem Basalt, der aus Gipsstein gehauene Symbolsockel des Tukultininurtas I. von Assur aus der Zeit um 1230 v. Chr. und die sieben Meter hohen reliefgeschmückten Bronzetore Salmanassars III. (859 bis 824). Allein in einer einzigen mittelassyrischen Gruft, die im Jahre 1908 geöffnet wurde, fanden sich zahlreiche Schmuckstücke aus Onyx, Malachit, Jaspis, Lapislazuli und Gold. Reiche Funde wurden aus den Gräbern der ersten frühdynastischen Zeit um 2600 v. Chr. ans Licht gefördert. Berühmt geworden ist auch die Silbervase des Entemenas von Lagasch (um 2400 v. Chr.). Die erhabene Würde, die von allen menschlichen und zum Teil auch tierischen Motiven ausstrahlt, das Entrückt-Weihevolle der dargestellten Gottheiten und der gutmütige Ausdruck des menschenfreundlichen Dämons Lamassu aus Assur lassen in den Schöpfern dieser Werke entweder erstaunlich kunstfertige Priester oder berufsmäßige Künstler vermuten.

Könige, Prinzen und »Söhne der Großen« als Aufseher

Sumers Kaufleute beschafften »Bergkristall und den bräunlichen Jaspis aus Armenien, den roten Karneol und die Berylle verschiedener Färbung aus Indien oder von den Bahrein-Inseln im Persischen Golf, wohin wahrscheinlich die Kauffahrteischiffe aus Indien kamen, der hochbegehrte und lebhaft nach dem Westen weitergehandelte dunkelblaue Lapislazuli kam gar aus dem fernen Afghanistan und vom Pamir nach Ur, Nippur oder Uruk, während die grünblauen Türkise aus Ägypten importiert wurden.«[22] Welchen Wert die Herrscher über Mesopotamien den Bodenschätzen beimaßen, erhellt ein interessantes Schreiben von König Schamschi Adad I., der von Assur aus ganz Mesopotamien und vermutlich auch Teile Syriens beherrschte. In diesem Schreiben wurde Jasmachadad, sein Sohn und Statthalter von Mari, um 1720 v. Chr. ersucht, »die Söhne der Großen und die Fachleute« anzuweisen, »das Kupfermineral auszusammeln«. »Sie sollen Unreines und Schmutz sorgfältig entfernen«, bevor das »Zerstoßen und Auflesen stattzufinden« hat, erläutert Schamschi Adad. Woher das Kupfer allerdings kam, ist aus dem Briefauszug, dessen Original sich neben vielen anderen Briefen und rund 20000 weiteren Korrespondenzbelegen im Archiv von Mari-Tell Hariri befand, nicht herauszulesen. »Was die Ausbeutung des Kupfermineral betrifft: In Ordnung!« schrieb der gestrenge Vater, mehr nicht. Lediglich daß die »Lastträger ... das Kupfer zehn oder zwanzig Doppelstunden heranschaffen«[23] mußten, wird noch erwähnt. Rund 400 Jahre später, um 1350 v. Chr., ließ der Kassitenkönig Burnaburiasch II. seinen ägyptischen »Bruder« Echnaton wissen, daß »Bruderschaft, Freundschaft, Bündnis und ein gutes Verhältnis zwischen den Königen« nur so lange bestünden, »wie Edelsteine, Silber und Gold gewichtig« seien. Er brauchte Gold aus der Nubischen Wüste. Häufig findet sich in der 1887 in Amarna, 280 km südlich von Kairo, entdeckten Keilschrift-Korrespondenz der Pharaonen Amenophis III. (1411–1375 v. Chr.) und Amenophis IV. (1375 bis 1358 v. Chr.) mit den Herrschern Syriens, Kleinasiens und Mesopotamiens der Beweis dafür, daß mesopotamische Fürsten die ägyptischen Pharaonen um Gold baten. Burnaburiasch I. war Herrscher zu einer Zeit, in der Babylonien im politischen Kräftespiel bereits so in den Hintergrund getreten war, daß der Pharao riskieren konnte, ihm »untergewichtiges« Gold zu senden. Burnaburiaschs Beschwerde über die minderwertigen Goldsendungen, gelegentlich als Ausdruck eines betonten politischen Selbstbewußtseins gewertet,[24] hat der Pharao vermutlich gar nicht beantwortet.

»Industrie«-Arbeiter in der Großen Königsliste

In awsanischen, hadramautischen, minäischen, sabäischen und quatabanischen Inschriften werden häufig Silber, Gold, Blei und Eisen genannt. Vom Bergbau selbst ist in den südarabischen Überlieferungen jedoch nicht die Rede. Lediglich einige bergmännische Arbeitsleistungen werden hervorgehoben: die Errichtung von Steindamm-Anlagen und der Bau von Brunnen zu Bewässerungszwecken. Auch Schmiede erscheinen gelegentlich, allerdings nicht so betont herausgestellt wie die sumerischen Schmiede beispielsweise zur Zeit Gudeas,[25] des Vorgängers Urnammus. Unter Gudea gab es Schmiede, die sogar Priester waren, »Priester der Nintudkalama«, die der Herrscher selbst zur Metallverarbeitung bewogen haben will. Als Meister der Kunst, Kupfer-Zinn-Legierungen herzustellen und Erzeugnisse aus Metall zu fertigen, die zum täglichen Leben gebraucht wurden und als Handelsobjekte innerhalb und außerhalb des Landes begehrt waren, standen sie in hohem Ansehen.
Selbst die Väter von nachsintflutlichen mesopotamischen Herrschern werden in der sogenannten Großen Königsliste (nach der Weld-Blundell-Tafel 444 des Ashmolean-Museums in Oxford) als Schmiede und Steinschneider bezeichnet, und eine Stadt Bad Tibira (11-12) erscheint dort bereits als vorsintflutliche »Stadt der Metallhandwerker«. Im Codex Hammurabi[26] (1728 bis 1686 v.Chr.), der teilweise eine erstaunliche Ähnlichkeit mit dem weit jüngeren juristischen Teil des alttestamentlichen »Bundesbuches« (2. Mose 20, 22-23, 33) aufweist, gehören die Metallarbeiter neben den Edelsteinarbeitern zu den besonders herausgestellten Berufen. Ausdrücklich wird im Codex Hammurabi auch Eisenmetall erwähnt.
Leider fehlen für den alten Orient und für den Fernen Osten hinrei-

chende Belege über die konkreten Arbeitsbedingungen der Arbeiter und über ihre »Entlohnung«. Sicher ist zunächst, daß es freie Lohnarbeiter gab, die sich, je nach Bedürfnis und Notwendigkeit, sogar auch nur tageweise zur Arbeit verdingen konnten. Die Tariflöhne für Lohnarbeiter schwankten. Der § 274 des Codex Hammurabi verfügt, Maurern, Rohrflechtern, Schuhmachern und Zimmerleuten im Monat 120 SCHE zu zahlen, während für Edelsteinarbeiter, Schmiede, Schneider und Töpfer 150 SCHE vorgesehen waren.
Der Bergmann im heutigen Sinne, als Untertagearbeiter, ist dort allerdings nicht zu finden. In einem Land, in dem es wahrscheinlich gar keinen Bergbau unter Tage gab, mußte das Augenmerk natürlich demjenigen gelten, der die importierten Bodenschätze verarbeitete – und nicht jenem, der sie außer Landes gewann. Ob die auf dem Königsfriedhof in Ur gefundenen – bis zu 30 m abgeteuften und zum Teil verzimmerten – Schächte allerdings Zeugnis für das »Elend des [doch gar nicht nachweisbaren Bergbau-]Proletariats« abzulegen vermögen, das sich gezwungen gesehen habe, die reichen Gräber auf solche Weise zu berauben, wie der Ägyptologe Helmut Wilsdorf meint,[27] ist nicht erwiesen. Mehr Wahrscheinlichkeit spricht für die Deutung Moortgats, der eine rituelle »Befreiung der Toten« mittels dieser Anlagen annimmt. Die besonders von Sir L. Woolley zwischen 1926 und 1931 erforschten Grabstätten, in denen um 2500 v. Chr. Könige, Fürstinnen und Hohepriesterinnen von Ur beigesetzt worden sind, waren aufgebrochen. Mehrfach fehlten die männlichen Bestatteten, für die die Grabstätten errichtet worden waren. Zurückgelassen hatten diejenigen, die die Gräber öffneten, die jeweils bis zu 80 – wahrscheinlich freiwillig – mitbestatteten Bediensteten, von denen 50 bis 60 mit Speeren und Kupferhelmen bewehrte Krieger waren. Und zurückgelassen waren auch der reiche Schmuck,[28] die kostbaren Weihgaben und zahlreiche andere überaus wertvolle Gegenstände, zum Beispiel der Goldhelm des Königs Meskalamdug und die 50 cm lange, 20 cm hohe und an der Basis 12 cm dicke, auf Lapislazuli-Grund gearbeitete Mosaikstandarte von Ur.
Als was man jene jahrtausendealten, bergmännisch kunstgerecht angelegten Schächte ansehen mag, ob als Sinnbilder des immerwährenden Bemühens des Menschen, auch das »Jenseits« beeinflussen und bewältigen zu können, oder aber als düstere Brandmale des Diesseits, eines bezeugen sie: Die bergmännische Kunst war auch zwischen

Euphrat und Tigris nicht unbekannt. Schwierige Tunnelbauten bestätigten dies außerdem. Zwölf Meilen lang, 40 Fuß hoch und 15 Fuß breit war nach Diodor (II, 13) der Tunnel, den die assyrische Königin Semiramis durch den Orontesberg für die Wasserversorgung von Ekbatana hauen ließ. Der unter dem Euphrat nach Babylon getriebene Tunnel war 5 Stadien lang (ca. 800 m), 15 Fuß breit und 12 Fuß hoch.[29] Obwohl die Menschen des Zweistromlandes bereits in der Dschemdet-Nasr-Periode (2900 bis 2600 v. Chr.), die nach dem gleichnamigen Fundort nordöstlich von Kisch benannt ist, damit begannen, mit Griffeln aus gespitztem Schilfrohr auf Tontafeln zu schreiben, sind nur mittelbare schriftliche Belege und bildliche Überlieferungen über die Gewinnung von Bodenschätzen vorhanden. Die ungewöhnlich zahlreichen Tontafeln (allein 20 000 im Palais von Mari), die in allen Teilen des Landes gefunden wurden, haben bisher nicht ausgereicht, das Dunkel aufzuhellen, das immer noch über den Anfängen eines der entscheidendsten Aspekte und Antriebe der Kulturgeschichte überhaupt liegt.

Die politische Bedeutung der Bodenschätze

Eine entscheidende Beziehung zwischen Bodenschätzen, Bergbau und Geschichte ist schon in Mesopotamien deutlich geworden: Im wechselvollen Auf und Ab der mesopotamischen Geschichte, im Kampf zwischen Sumer (am unteren Euphrat und Tigris), Babylon (wo die Flüsse Euphrat und Tigris sich einander nähern) und Assyrien (dem nördlichen Teil Mesopotamiens am Mittellauf des Tigris) erwiesen sich die Bodenschätze als Faustpfand in der Hand Assyriens, dessen Geschichte zugleich auch die Ernte der Geschichte Mesopotamiens geworden ist. Bis das Großreich Assyrien 612 v. Chr. zu Fall kam, hatten seine Herrscher von Assur, später von Kalach und Ninive aus, eine Machtfülle in ihren Händen vereinigt, die in der frühen Geschichte nahezu ohnegleichen ist. Zahlreiche Völkerschaften wurden unterworfen, ganze Städte und Stämme umgesiedelt. Unter Tiglatpilesar III. (746 bis 727) und Sargon (722 bis 705) fanden nach der Zerstörung der am sogenannten »Euphratknie« liegenden Stadt Chachum[30] und der Deportation der Bevölkerung, der ersten Massendeportation der Geschichte überhaupt große Massendeportationen statt: Syrer und Israeliten wurden nach Babylon und Medien gebracht, Babylonier und Araber nach Samaria geführt, Armenier nach Syrien und Moscher nach Elam verschleppt. Aus allen Teilen des Großreiches kamen Deportierte in die assyrischen Städte und Assyrer in die neu unterworfenen Gebiete. Die Grenzbevölkerungen wurden ausgetauscht, nationale Bestrebungen grausam unterdrückt, eroberte Städte dem Erdboden gleichgemacht, Gefangene wie Verbrecher hingerichtet. Niemand vermochte dem grausamen Machtrausch Einhalt zu gebieten. Alles wurde in seinen Dienst genommen, auch die Kunst, die dort nur im Relief zur wirklich großen Meisterschaft gedieh.

Vervollkommnet hingegen, fast perfektioniert, wurde die Kriegstechnik. Die Assyrer haben bereits um 1700 v. Chr. Belagerungsmaschinen[31] als entscheidende Faktoren im Kampf eingesetzt. Wendige Streitwagen zum Sturm und Durchbruch, von schnellen Pferden gezogen, waren die Schrecken der Gegner Assyriens, die seit Nebukadnezar I. auch von einer gut geschulten assyrischen Reiterei angegriffen wurden. Seit Assurnassirpal II. (um 850 v. Chr.) wuchs die Bedeutung der berittenen Krieger auf dem Schlachtfelde rasch; Fußvolk und »Pioniere« standen ihnen zur Seite. Panzer und Schilde, Setzschilde und Helme schützten die Kämpfer, die mit Pfeil und Bogen, Schleuder, Speer und Wurflanze, Axt und Doppelbeil, Streitkolben und Schwert ausgerüstet waren. In der Kriegstechnik sind die Assyrer allen Völkern voraus gewesen. Immer warteten sie zuerst mit entscheidenden Neuerungen auf, und immer ernteten sie die Früchte, die andere gesät hatten. Und von allen Völkern haben sie es zuerst auch am konsequentesten verstanden, das Eisen zu Waffen zu verarbeiten und in den Dienst ihrer Kriege zu stellen. Bis um 1200 v. Chr. vermochten die Hethiter das Geheimnis der Eisenverarbeitung sorgsam zu hüten. Ihre Schmiede waren Meister der Eisenverarbeitung, wenngleich Erzeugnisse des hethitischen Metallhandwerks auch nicht in überreichem Maße erhalten geblieben sind. Doch in Bogazköy, Alisar, Alaca und Kültepe fanden sich kunstvoll gefertigte Gegenstände aus Eisen, so daß es legitim ist, von einem nachweislich meisterhaft beherrschten Schmiedehandwerk zu sprechen. Zudem überliefern alte Texte, daß Geräte und Waffen, ja selbst Statuen[32] und Schmuck aus Eisen hergestellt worden sind. Das Eisen war kostbar. Wo immer der Feind vor der eisernen Waffe kapitulierte, mußte er – wie beispielsweise in Kargamis – in Kauf nehmen, daß das gesamte in seinen Städten vorhandene Metall vom Sieger abtransportiert wurde. Aber nicht nur das Metall nahmen die Sieger mit, sondern auch die Eisenschmiede wurden umgesiedelt. Seit alters haben die Machthaber diese Methoden immer wieder erneut geübt. Nebukadnezar rühmte sich, »die Schmiede der Aramäer mit sich geführt zu haben«, um ihre Fähigkeiten zu nutzen und von ihrer Kunst zu lernen. Auch das Alte Testament deutet im 1. Buch Samuel (13,19ff.) an, daß die feindlichen Philister um 1020 v. Chr. alle Eisenschmiede weggeführt hätten, so daß »kein Schmied im ganzen Land erfunden« wurde, der die Waffen, Pflugscharen, Hauen, Beile und Sensen für den Kampf gegen die Philister hätte schmieden und richten können. Die Großmächte unserer Zeit jagen einander die Raketen- und Atomwissenschaftler – die neuen »Rüstungsspezialisten« – ab.

Welche Bedeutung das Eisen in der Form von »gutem« oder »reinem« Eisen, also von Stahl, im 13. Jahrhundert v. Chr. hatte, in dem die Bronze immer noch das Material zur Waffenherstellung lieferte, geht beispielsweise aus einem Brief hervor, den der hethitische Herrscher Hattusili I. an einen namentlich nicht genannten Empfänger schrieb, bei dem es sich wahrscheinlich[33] um einen Assyrerkönig handelte: »Was das reine Eisen betrifft, um das Du geschrieben hast, so ist reines Eisen in Kizwadna in meinem verschlossenen Hause nicht vorhanden. Eisen zu machen, war jetzt eine ungünstige Zeit, aber ich habe geschrieben, reines Eisen zu machen. Bis jetzt hat man es noch nicht fertig. Wenn man es fertig hat, werde ich es schicken. Jetzt schicke ich 1 Dolch.«[34] Im Zusammenhang mit den assyrisch-kappadokischen Handelsbeziehungen taucht gelegentlich ein Erzeugnis der Bergbau- und Hüttentechnik mit dem Namen »amutum« (auch »asium«) auf. Von ihm heißt es, daß es 40mal teurer als Silber und 5mal so kostbar wie Gold gewesen sei.[35] Die Frage, ob es sich dabei um Eisen oder um Antimon gehandelt hat, muß weiterhin unbeantwortet bleiben. Jenes »amutum« jedenfalls kam zu Beginn des 2. Jahrtausends v. Chr. nur in sehr geringen Mengen vor und wurde auch wegen seines hohen Preises wenig gehandelt.

Anders verhielt es sich mit dem Zinn, das die assyrischen Kaufleute nach Kappadokien brachten und mit einem Reingewinn bis zu 100 Prozent und mehr verkauften. Sie zahlten 1 Sekel Silber für 20 Sekel Zinn und erhielten in Kappadokien für 6–10 Sekel Zinn 1 Sekel Silber.[36] Kappadokischen Tontafeln von Kültepe (nordöstlich von Kayseri) zufolge hat im 2. Jahrtausend v. Chr. ein reger Handel mit Bergbau- und Hüttenprodukten zwischen Assur und Kappadokien geherrscht, wo das Kupfer als hauptsächlicher Exportartikel in reichem Maße bei Haburatu, Tismurna und Washania[37] gewonnen wurde. Blei und Zinn zur Bronzelegierung aber fehlten und wurden von assyrischen Kaufleuten eingeführt. Auch das bezeugen zwei Tontafeln aus dem 19. Jahrhundert v. Chr. im Archäologischen Museum von Ankara. Die beiden Tafeln, die der Fachwelt von zuständiger türkischer Stelle allerdings sehr lange vorenthalten wurden,[38] bestätigen den damaligen Handel mit Blei und Zinn zwischen assyrischen Kaufleuten und einheimischen Anatoliern. So bekundet eine dieser Tafeln (10,1 cm mal 6,7 cm groß) den Handel mit Tuch und Blei zwischen Assyrern und Anatoliern. Bei der anderen Tafel (8,9 cm mal 6 cm) handelt es sich um eine Geschäftsurkunde, in der um die Aushändigung von 11 Sekel (100 Gramm) Zinn an einen Beauftragten gebeten wird.[39] Zahlreiche veröffentlichte assyrische (»kappadokische«) Tontafeltexte berichten über den zeitgenössischen Metallhandel.[40] Silber, bei den assyrischen Handelspartnern allerdings nicht Handelsartikel, sondern Währungsgrundlage, wurde bei Binarama, Kanei, Salahsuara und Salatuwar gewonnen.[41]

Als dann um 1200 v. Chr. die Völkerschaften aus dem Nordwesten hereinbrachen, mußten die Hethiter ihr Geheimnis preisgeben. Rasch verbreitete sich das Eisen über ganz Vorderasien.[42] Die Überlegenheit der Assyrer auf den Schlachtfeldern beruhte auf der Nutzung des Eisens. Wo die assyrischen Heere, eisenbewehrt, gegen Feinde mit bronzenen Waffen antraten, haben sie nahezu ausnahmslos den Sieg davongetragen. Die assyrischen »Rüstungsprogramme« waren auf diese Erfahrungen gegründet. In Kalach (Nimrud) zum Beispiel konnte zwischen 1842 und 1845 ein ganzes Arsenal von Eisenbarren ausgegraben werden, die der ehemalige Heerführer und spätere König Sargon II. (722–705 v. Chr.) für die Herstellung von Waffen gehortet hatte. 160 000 kg Rohluppen Eisen, Ketten und andere Gegenstände fanden sich im Jahre 1867 allein in den Trümmern des Palastes von Khorsabad. Die assyrischen Herrscher haben jedoch nicht dem

Eisen, dem sie viele ihrer Erfolge verdankten, Denkmäler (oft aus Bronze) gesetzt, sondern sich selbst und ihren kriegerischen Taten. Besonders seit Assurnassirpal (884-859 v. Chr.) verherrlichte die assyrische Kunst den König und das Reich. Der Rausch des Triumphes fand seine Sinnzeichen in den kraftstrotzenden Gestalten auf Metallreliefs. So haben assyrische Künstler beispielsweise in einem Relief auf dem Bronzetor des Salmanassar III. aus Balawat Szenen aus dem Phönizienfeldzug dargestellt: Da marschieren die kraftvollen Sieger, traben die Pferde und ziehen zweirädrige Streitwagen zu neuen Kämpfen, die neue Siege bringen sollen. Bogenschützen, Reiter und Wagenkämpfer beherrschen den oberen Teil des Bildes. Darunter aber werden Kriegsgefangene erbarmungslos niedergemetzelt. Geradezu wollüstig haben die Künstler die Qualen der Unterworfenen dargestellt. Nicht wenige künstlerische Hinterlassenschaften bezeugen, daß Despoten in ihrer Flucht vor dem Gewissen schon immer Zuflucht zum Bildwerk gesucht haben, das Macht verherrlicht. Und sie weisen auch überzeugend darauf hin, daß es zu allen Zeiten Künstler gegeben hat, die sich von der Macht des Herrschers blenden – oder zwingen – ließen. Besonders die Reliefkünstler, die mit dem Aufstieg Assyriens zunehmend an Bedeutung gewannen, haben sich in jenem alten Reich zur Verherrlichung der despotisch gehandhabten Macht mißbrauchen lassen. Auf Stelen wird dargestellt, wie unterworfene Könige niederknien, um den assyrischen Herrschern zu huldigen, wie gefangene Rebellenfürsten in »offiziellen Staatsakten«[43] vom Assyrerkönig persönlich geblendet werden und wie Abgesandte der Unterlegenen den Siegern auf silbernen Schüsseln Silber und Gold neben anderen Tributzahlungen darbringen. »Tribut Jauas von Bit-Humri: Silber, Gold, Eimer aus Gold, Bleistücke, (1 Barren) Zinn, Zepter für den König und Balsamodendron-Hölzer empfing ich von ihm«: das überlieferten die Steinmetzen im Auftrage Salmanassars III. von Assur der Nachwelt auf dem berühmten 2 m hohen »Schwarzen Obelisken« aus Alabaster, der im Britischen Museum in London aufbewahrt wird. »Jaua von Bit-Humri« war Jehu von Israel. Das ergänzende Relief zeigt leicht gebeugte, mit Schätzen beladene Abgesandte des Königs von »Bit-Humri« (Israel) auf dem Wege zum assyrischen König, der zugleich auch Herrscher über Syrien-Palästina war. In den Händen und auf den mit prachtvollen Tuniken bekleideten Schultern tragen die Abgesandten die Bleistücke, die Näpfe und Becher aus Gold, von denen die Keilschrifttexte berichten. Unter Salmanassar III. erscheint auch bereits Eisen als phönizischer Tribut. Zahlreiche Reliefs zeigen immer wieder die gleichen Motive: Marschieren, Kämpfen, Morden, Exerzieren und Beute machen. Und auch in anderen künstlerischen Werken jener Zeit ist die typische Glorifizierung der Macht sichtbar.

Ein Relief aus Ninive

Aus der thematisch bestimmten Sicht erscheint ein (heute allerdings nur noch in Bruchstücken erhaltenes) Relief[44] aus Ninive besonders erwähnenswert. Es zeigt Steinträger und Steinbrucharbeiter bei ihrer schweren Arbeit, die in der Antike ebenfalls als Bergbauarbeit galt. Während zahlreiche Gefangene (?) der Assyrer große zugehauene Steinblöcke nach alter orientalischer Gepflogenheit auf hölzernen Schleifen mühsam ziehen (bei den Ägyptern »Steine ziehen« genannt)[45], schleppen 14 Steinträger große Stein-(eventuell Erz-)Stükke bergan. Der Transport von Steinen, von Erzen und das »Steineziehen« waren im alten Orient Tätigkeiten, die nicht selten in Bildwerken festgehalten wurden. Von dem Ägypter Thothotep, einem Zeitgenossen Sesostris' III. (1878–1840), wird berichtet, daß er als »Gunst seitens des Königs« bezeichnet habe, in Hatnub eine 13 Ellen hohe Alabasterstatue für seine »untere Grabkapelle« errichten lassen zu dürfen. Voller Stolz hatte er auf seinem Grab den Transport jener Statue durch die von Nekropolenarbeitern und Steinmetzen unterstützte »junge Mannschaft« seines Gaues darstellen lassen,[46] die beim Einzug von den »versammelten Stadtleuten« feierlich begrüßt wurden. Schon in frühester Zeit sind die in hohem Ansehen stehenden »Schreiber« als Kontrollbeamte bei der Steingewinnung zugegen gewesen. Zur Zeit König Phiops I. (um 2320 v. Chr.) beispielsweise gab es darüber hinaus selbst einen »Vorsteher der Aufträge des Gottesopfers in den beiden Häusern, Ersten unter dem König, Richter-Untervorsteher« und einen »Richter-Archivar«[47] bei Steinbruch- und Transportarbeiten, die häufig von der Gaumiliz oder von der »Marine« – neben den Facharbeitern – ausgeführt wurden. Allerdings können die alten ägyptischen Vorstellungen und Auffassungen nicht einfach auf die Assyrer übertragen werden, zumal eine beträchtliche zeitliche Differenz zwischen den geschilderten Verhältnissen in Ägypten und der Schaffung des assyrischen Reliefs liegt; aber bestimmte Gemeinsamkeiten und Berührungspunkte der beiden Welten sind doch unverkennbar. Östliche, sogenannte »fortschrittliche« Historiker möchten in dieser assyrischen Darstellung von Ninive indes dokumentiert sehen, welch schweres Los die assyrischen Sklaven – vor allem im Rahmen des Bergbaus – zu tragen hatten.[48] Aber gerade in diesem Relief wird etwas ganz anderes angedeutet, nämlich die Anerkennung der »Bergarbeiter« (ganz gleich, in welcher Funktion – und gleichgültig auch, ob sie jüdische Fronarbeiter oder Assyrer waren), ohne die Assyrien seine Position mit Sicherheit nicht errungen hätte und ohne die es seine Macht so lange nicht aufrechterhalten hätte.

Die im Relief von Ninive dargestellten Stein- oder Erzträger gleichen den assyrischen Kriegern; ihre Bärte sind »reglementgetreu« onduliert, das Haar reicht bis auf die Schultern herab. Die knielangen Gewänder und Spitzmützen ähneln den entsprechenden Kleidungsstücken der im 16. Jahrhundert häufig dargestellten deutschen Bergleute; aber auch assyrische Krieger sind, wie zahlreiche Bildwerke überliefern, so bekleidet gewesen. Die auf dem Relief im Profil dargestellten Gesichter der Männer wirken edel; die weit geöffneten Augen scheinen ihnen den Ausdruck duldenden Gleichmuts zu verleihen. Überaus kraftvoll sind die Beinmuskeln ausgeprägt. Die Füße sind nackt wie die der assyrischen Soldaten im Kampf zu Pferde und zu Fuß. Trotz der schweren Last, die diese Schlepper den Berg hinauftragen, gehen sie kaum gebeugter als unbelastet bergan steigende Menschen. Alle halten sie die um die Steine (oder Erze) geschlungenen Tragriemen nur mit einer Hand. Die Arme liegen nahezu rechtwinkelig am Körper. Die Männer haben so viel Kraft, daß sie darauf verzichten können, die Halteriemen unmittelbar an der Brust herunterzuziehen, die Körper tief zu ducken und sich mühevoll bergan stemmen zu müssen. Sie haben eine Hand frei und stützen sie geöffnet auf die Knie der vorgesetzten angewinkelten Beine, was zuweilen so leicht geschieht, daß der Druck der Hand kaum als maßgebliche Anstiegstütze gemeint sein kann. Aber selbst dann, wenn das Bild eine gegenteilige Auffassung zuließe, spräche nichts gegen den »Bergmann«

als symbolisch aufgefaßtes Motiv in einer Umgebung, die in der physischen Macht ein erstrebenswertes Ideal sehen wollte. Immer sind auch sterbende Krieger in den Glorienschein eingewebt worden, wo der Krieg als »Vater aller Dinge« erschien. Warum sollte ausgerechnet eine der schwersten und gefahrvollsten Arbeiten gerade im Relief aus Ninive, vielleicht das einzige künstlerisch überlieferte Zeugnis über den mesopotamischen Bergmann, ohne Schatten bildhaft überliefert werden?

Der Reichtum des Perserkönigs Dareios

Außerhalb des Euphrat-Tigris-Gebietes bergmännisch gewonnene Bodenschätze sind in verarbeiteter Form im alten Mesopotamien auch nach alten literarischen Quellen in reichem Maße vorhanden gewesen. So berichtet beispielsweise der griechische Geschichtsschreiber Herodot aus Halikarnassos (um 485–425) über einen Tempel in Babylon: »In diesem befindet sich ein großes Bild des Bel in sitzender Stellung aus Gold und daneben ein großer Tisch aus Gold, und auch der Schemel und der Thronsessel sind aus Gold. Wie die Chaldäer behaupten, sind hier 800 Talente Gold verarbeitet. Vor dem Tempel steht ein Altar aus Gold. Aber auch ein anderer großer Altar ist vorhanden, auf dem man die voll erwachsenen Opfertiere schlachtet; denn auf dem goldenen Altar dürfen nur ganz junge Tiere, die noch Milch saugen, geopfert werden ... In diesem Tempelbezirk war zu jener Zeit auch noch ein Standbild [des Marduk, der Verf.], 12 Ellen hoch, aus gediegenem Gold.«[49] Das ist nur ein Beispiel; aber es zeigt bereits, welcher Reichtum allein an Gold vorhanden war.
Die Silbervorräte lassen sich aus den Steuern ablesen, die der persische König Dareios I. (521–485) während der Perserkriege den Babyloniern und Assyrern auferlegte. »Wie groß Reichtum und Macht von Babylon war, das kann man«, schreibt Herodot, »an vielen Dingen erweisen, vor allem an folgendem: Um für den Lebensunterhalt des großen Perserkönigs und seines Heeres aufzukommen (und zwar neben den Steuern), ist das ganze Land, das er beherrscht«, in 20 Satrapien (Provinzen) »aufgeteilt. Von den zwölf Monaten nun im Jah-

re sorgt durch vier Monate für diesen Lebensunterhalt Babylon allein. Durch acht Monate das ganze übrige Asien. So leistet das assyrische Land ein Drittel des ganzen übrigen Asiens... So brachte Babylonien Tritantaichmes, dem Sohne des Artabazos, der vom König dieses Amt erhalten hatte, täglich eine Artabe [= 55 Liter] Silber – das ist ein persisches Maß und beträgt um drei attische Choiniken mehr als einen attischen Medimnos.«[50] An Steuern hatten die Babylonier und das übrige Assyrien als eine der Satrapien des Dareios jährlich 1 000 Talente Silber zu entrichten, während die Ionier, Magneter, Aioler, Karer, Lydier, Milyer und Pamphylier zusammen nur 400 Talente an Abgaben aufbringen mußten. Insgesamt sind nach Herodot dem persischen König aus den jährlichen Steuern mehr als 14 560 Talente in euböischer Währung zugeflossen. Dabei verteilte sich die Summe auf 9 880 Talente Silber und 4 680 Talente Goldstaub, wobei das euböische Talent 26,196 kg wog. Hinzu kamen Tribute von den Inseln und von den europäischen Volksstämmen bis nach Thessalien hin. Diesen Reichtum an Gold und Silber[51] bewahrte Dareios auf folgende Weise auf: »Er ließ das Metall schmelzen und in irdene Gefäße gießen, und wenn das Gefäß voll war, nahm man das irdene Gefäß ringsum weg. Wurde dann Geld benötigt, so wurde dann soviel davon weggeschlagen, als man eben brauchte.«[52]
Die Möglichkeit, die Schätze der Erde zu schmelzen, sie – wie zum Beispiel Sargons Eisenbarren – dauerhaft zu lagern, zu »konservieren«, und jederzeit als ein Mittel von Macht und Reichtum zu nutzen, hat den Kriegen seit alters ein spezifisches Gepräge gegeben. Die erste große Expansion der Geschichte ist von ihrem Initiator nicht etwa zur Bereicherung mit Gold oder Silber unternommen worden, sondern zur Erbeutung von Kupfer. Seit 5 000 Jahren zeugt ein rund 60 cm hohes Relief aus Maghara mit dem Bildnis des ägyptischen Königs Semempses Semerchet aus der 1. ägyptischen Dynastie von den ersten militärisch organisierten und gegen die dort ansässigen Beduinen geführten Aktionen zur Befriedigung machtpolitischer Interessen. Das Ziel der Bestrebungen bildeten die Berge des Sinaigebirges, die Kupfererze enthielten. Das Kupfer konnte – im Gegensatz zum Gold – »praktisch« genutzt werden. Es bedurfte der Wertzuordnungen nicht, die den Edelmetallen später zugeschrieben worden sind.

Lydien, Kroisos und die Erfindung der Münze

Seit Herodot, auf den Reichtum und Prunk offenbar einen nachhaltigen Eindruck hinterließen, ausführlich über den geradezu sagenhaften Edelmetallbesitz des letzten lydischen Königs Kroisos (560–547) berichtete, ist der Königsname Kroisos ganz allgemein zum Sinnbild für Menschen mit großem Gold- und Silberbesitz geworden. Meist wird dabei an sehr viel Gold gedacht. In Lydien, das unter den bekannten Staaten Westkleinasiens zeitweise eine nennenswerte politische Rolle spielte, scheint es in beträchtlichen Mengen vorhanden gewesen zu sein.

Kroisos, auf Bündnisse mit Babylon, Ägypten und Sparta gestützt, fühlte sich durch seinen gewaltigen Goldreichtum, der nicht nur in der Antike bündnisfähig machte, mächtig genug, sogar den nach Kappadokien vorgedrungenen persischen König Kyros II. (559 bis 529) anzugreifen. Orakel hatten ihn mehrfach, allerdings vergeblich, vor kriegerischen Maßnahmen gewarnt. Der Mißerfolg seines Feldzuges war durch den Reichtum nicht mehr wiedergutzumachen, den seine Schatzkammern bargen. Nach der Niederlage bei Pteria wurde er in der lydischen Hauptstadt Sardes eingeschlossen und bei der Einnahme der Stadt gefangengenommen. Kyros schenkte ihm zwar das Leben; aber Lydien wurde persische Provinz. Kroisos hatte ein großes Reich zerstört, wie ihm von der Pythia in Delphi prophezeit worden war; es war aber nicht Persien, sondern sein eigenes Reich. Nachdem er, für jedermann sichtbar, das Orakel von Delphi falsch ausgelegt hatte, das im 6. und 5. Jahrhundert v. Chr. trotz der perserfreundlichen Einstellung der Priester einen bemerkenswerten politischen Einfluß ausübte, waren seine Macht und sein Ansehen dahin. Die Gunst der Gottheiten, die er durch umfangreiche Schenkungen zu erlangen versucht hatte, war ihm versagt geblieben. Dem Apollo-Tempel von Delphi hatte er unter anderem folgende Schätze gestiftet: vergoldete und versilberte Bettgestelle, goldene Schalen, mehrere tausend Opfertiere und wertvolle Kleidungsstücke. Alles wurde aufgeschichtet und verbrannt, das Gold aus der Asche herausgesucht und geschmolzen. Insgesamt 117 Ziegel aus Gold von je 44 cm Länge, 22 cm Breite und 7,3 cm Höhe sollen von den Lydiern geopfert worden sein, die Kroisos dazu aufgerufen hatte. 4 Ziegel waren aus Feingold im Gewichte von je 65,5 (oder 61,5)[1] kg, 113 aus Gold und Silber (Legierung) von je 54 (oder 48) kg Gewicht. Darüber hinaus war ein goldener Löwe aus purem Gold im Gewichte von 260 (oder 246) kg angefertigt worden. »Diese Geschenke schickte Kroisos nach Delphi und dazu noch folgende andere: zwei besonders große Krüge, den einen aus Gold, den andern aus Silber ... der goldene Krug ... wiegt achteinhalb Talente und 12 Minen [etwa 228 oder 214 kg]. Der silberne Krug ... faßt sechshundert Amphoren«,[2] deren Größe sich nicht mehr feststellen läßt. Ferner gehörten vier silberne Krüge und zwei Weihwasserkessel dazu, von denen einer aus Gold und der andere aus Silber war, ebenso eine Anzahl silberner Schalen und eine etwa 132 cm hohe vergoldete Statue einer Frau, bei der es sich offenbar um eine kleinasiatische oder lydische Gottheit handelte. Herodot bezeichnet sie mit den Delphiern als »Bäckerin des Kroisos.« Zahlreiche Schätze von Theben und Ephesos stammten aus Kroisos' Besitz. Von einem andern Lydier, der den Namen Pythios trug und vermutlich ein Enkel des Kroisos war, weiß Herodot zu berichten, daß er dem persischen König Xerxes ungeheure Mengen an Silber und Gold als Geschenk zum Zwecke der Kriegsführung angeboten habe.

Lydien wies nach Herodot »nicht gerade viele«[3] Sehenswürdigkeiten auf. Zu den wenigen Sehenswürdigkeiten aber zählte er den Tmolos, von dem mit dem Goldsand führenden Wasser des Baches Paktolos »Goldstaub herabkam«, das Sardes zur »goldenen Stadt« machte, ebenso das gewaltige Grabmal des Alyattes, der die Kimmerier aus Asien vertrieben hatte. Ausgesprochene bergmännische Fähigkeiten sind zur Errichtung des Grabmals nur mittelbar in Anspruch genommen worden. Aufschlußreich erscheint die Bestätigung eines doch wenigstens vereinzelten Wohlstandes oder gar Reichtums unter der lydischen Bevölkerung, die wie die Sumerer, Hethiter, Phrygier, Meder und Perser nichtsemitischer Herkunft war. Lydische Kaufleute, Handwerker und vor allen Dingen auch Dirnen[4] hatten von ihrem

Geld dem Vater des Kroisos das ungefähr 420 m umfassende Grabmal am Nordrand der Hermesebene errichten lassen. Fünf Gedenksteine überlieferten die Beträge, die zum Bau dieser Stätte gestiftet worden sind: »... danach ist die Beitragsleistung der Freudenmädchen« nach Herodot »die größte gewesen.«

Schon der Mermnade Gyges, zunächst nur ein ausgewählter heraklidischer Lanzenträger, hatte dem Orakel von Delphi, lange vor Kroisos, ein Geschenk von mehr als 730 kg Gold zugewandt. In Friedrich Hebbels Tragödie »Gyges und sein Ring« und in einigen Legenden lebt er als verführter Königsmörder fort. Auch Platon nahm die alte Geschichte als ein Grundmotiv in seinen »Staat« auf. Die »Geschichte«? Gyges hatte seinen König Kandaules auf Betreiben der schönen Königin Rhodope im Schlaf erdolcht, weil der König ihn, den Günstling und Freund, dazu angestiftet hatte, die nackte Königin im Schlafgemach zu beobachten. Nach dem so vorbereiteten Mord an Kandaules wurde er selbst König. Das Orakel von Delphi »bestätigte« ihn – und erhielt von ihm dafür erhebliche Goldzuwendungen.

Bisher konnte nicht festgestellt werden, woher die großen Edelmetallmengen in Lydien stammten und wie sie gewonnen wurden. Goldstaub gelangte vom Tmolos in die Hände der Goldarbeiter. Ob der Tmolos allerdings so goldreich war, daß Goldvorräte angehäuft werden konnten, wie es nach den alten Berichten geschehen ist, erscheint fraglich. Herodot hat den Tmolos wegen des Goldes zwar zu den »Sehenswürdigkeiten für eine Beschreibung« des Landes gezählt; aber diese Frage ist damit noch nicht beantwortet.

Von den Lydiern wurde die Münze geprägt und eine einheitlich aufgebaute Währung organisiert. Andere Völkerschaften haben beides, die Münze und die Währung, im Prinzip bald nachgeahmt. Als die Perser nach Lydien kamen, wo sie die Münze kennenlernten, galt in Persien, rund 100 Jahre nach der Prägung der Münze in Griechenland, das babylonische Talent. Von Lydien aus gelangte die Münze dann nach Persien wie auch in die griechischen Stadtstaaten an der Küste Kleinasiens und wurde bald auch im europäischen Hellas eingeführt. Die Periode des (Edelmetall-)Gewichtsgeldes war zu Ende. Ein Blick auf die Prägestempel ersetzte die langwierige Wiegearbeit, die bei den bis dahin verwendeten Gold- und Silberbarren stets geleistet werden mußte.

In der abendländischen Geschichte taucht die Münze erst relativ spät auf; es bedurfte der gut organisierten Staaten, deren Wappen oder Symbole für die Echtheit des Geldes bürgen und für den Feingehalt garantieren mußten. Der »lapis lydius«, der in Lydien gefundene lydische Stein, wurde im Zusammenhang mit der Prüfung des Feingehaltes der Münzen überall ebenso bekannt wie die lydische Münze selbst, die zu den ältesten Münzen der Welt gehört. Das im Alten Testament genannte »Geld« war noch Gewichtsgeld. Während Jakob in seiner Jugendzeit noch mit Vieh entlohnt worden sein soll, brachte Josef seinen Brüdern bereits 20 Silberstücke Gewichtsgeld ein, als sie ihn an die Ägypter verkauften. Als seine Brüder während der großen Hungersnot bei ihm, bereits Minister des ägyptischen Königs, erschienen, fanden sie nach biblischen Berichten ihr »Geld nach seinem Vollgewicht« in den Säcken »obenauf«. Und Gewichtsgeld war auch der jüdische Schekel noch.

Noch ist nicht bekannt, wo das Gewichtsgeld erstmalig geprägt wurde, ob in Mesopotamien, in Ägypten oder im alten Israel. Seit dem frühen 3. Jahrtausend v. Chr. ist Barrengeld in ägyptischen und sumerischen Urkunden erwähnt. Als geringerer, in beliebiger Menge abwiegbarer Geldersatz hat in verschiedenen Gegenden auch das Salz gedient, ebenso das ägyptische Natron, das aus dem Wadi Natrun (»Natrontal«) in Ägypten westlich des Nildeltas stammte und von den Hethitern als Waschmittel benutzt wurde. Mit der Erfindung der Münze jedenfalls wurde ein großes neues Abenteuer der Menschheit ausgelöst.

Urartu

Im Rahmen dieser Betrachtung ist noch ein anderes »Land« zu erwähnen. In den einheimischen Inschriften heißt es »Biaini.« In der Bibel ist von »Ararat« die Rede. Die Assyrer nannten es »Urartu«,[1] und das ist auch der Name, den die Nachwelt gewählt hat. Über die Frühzeit Urartus ist nur sehr wenig bekannt. Es taucht buchstäblich plötzlich in der Geschichte auf – und ist während seines Eintritts in die »abgesteckte« Geschichte bereits selbstbewußt genug, das im Altertum gefürchtete Assyrien zum Kampf herauszufordern. Unter seinen Königen Ispuinis und Menuas (828 bis 785 v. Chr.) war Urartu, gestützt auf seinen konsequent genutzten Reichtum an Bodenschätzen und auf die Früchte seines (zum erheblichen Teil mit militärischen Mitteln, vor allen Dingen den syro-hethitischen Staaten gegenüber) systematisch organisierten Außenhandels, besonders mit Gegenständen aus Metall, Großmacht geworden. Im Norden reichte das alte Reich (mit der Hauptstadt Tuschpa, heute: Van am Van-See) bis zum Araxes. Im Südwesten bildete Mesopotamien seine Grenze. Unter Argistis I. (um 785 bis 753) dehnte es seine Grenzen bis nach Südgeorgien und Aserbeidschan und unter Sardur II. (753 bis 735 v. Chr.) sogar bis nach Aleppo aus. Aber der Reichtum an Bodenschätzen und die weithin gerühmte Fertigkeit sowie der Kunstsinn der urartäischen Metallhandwerker verhalf den Herrschern des Landes nicht nur zu Macht und Ansehen, sondern brachte ihnen schließlich auch zahlreiche Feinde ein. So sah Urartu sich nicht nur von den Assyrern, sondern auch von den aus dem Norden vordringenden Kimmeriern bedrängt, die Phrygien um 690 v. Chr. vernichtet und Lydien um 652 v. Chr. verwüstet hatten. Erst nachdem die Kimmerier das Land verließen, konnten die Urartäer eine kurze Zeit wieder ihr Kernland frei verwalten, bis sie 585 v. Chr. endgültig den Skythen[2] unterlagen.

Der eigentliche Beitrag, den Urartu zur Kulturgeschichte beisteuerte, stammt aus den Händen seiner Metallhandwerker, seiner Bronzegießer und Goldschmiede. Sie waren vollendete Meister ihrer Kunst. Ihre Sujets, durch Funde, besonders von Vasen und Waffen aus Metall, von Möbelstücken, Gravierungen, Treibarbeiten auf Metallprodukten und gegossenen Gegenständen aus dem 8. und 7. Jahrhundert v. Chr. bestätigt, brauchen einen Vergleich mit der großen Kunst jener Zeit nicht zu scheuen.

Der Metallreichtum Urartus hat in früher Zeit selbst in der griechischen Mythologie eine Rolle gespielt. In den Sagen vom »Goldenen Vlies«, das die Argonauten im Auftrage des Königs Pelias aus Kolchis holen sollten, lebt ein Stück der Erinnerungen fort, die vom Reichtum an Goldvorkommen und anderen Metallen östlich des Schwarzen Meeres – und von den Fahrten der Griechen dorthin – zu erzählen wissen. Als ein Widderfell – der römische Geschichtsschreiber Gnaeus Agricola schildert es als Schaffell – wird das »Goldene Vlies« beschrieben, mit dessen Hilfe Phrixos und Helle den Hellespont überquerten. Aus Kolchis raubten es die von dem mythischen Griechen Jason vom Flaggschiff »Argo« aus geführten Argonauten mit Hilfe Medeas, der Tochter des Kolcherkönigs Aëtes. Antike Goldwäscher benutzten Felle, um die Goldstückchen aus dem goldhaltigen Wasser und Sand beim »Goldseifen« herauszuwaschen. Über ausgebreitete Widderfelle wurde das aufgewühlte Wasser geleitet, wobei die Goldkörnchen in der Wolle hängenblieben und von dort schließlich »ausgewaschen« werden konnten.

Auf dem Boden von Kolchis an der Ostküste des Schwarzen Meeres liegt heute die Sowjetrepublik Georgien. Nach dem Niedergang Urartus wurde Kolchis von den Armeniern besiedelt, die mit den Phrygiern oder Kimmeriern nach Kleinasien gekommen sind.[3] Die Metallarbeiter von Kolchis haben die technischen Fertigkeiten u. a. der finnischen und sibirischen Hüttenleute, das ausgesprochen künstlerische Gestaltungsvermögen der Skythen und die bis dahin innerhalb der eigenen Grenzen entwickelten Techniken für ihre Metallkultur auszuwerten gewußt. Die betonte Hinwendung zu einem weithin berühmt gewordenen Kunsthandwerk kam der Metallbearbeitung zugute, was prächtige Bronzewaffen und andere Gegenstände aus Metall eindrucksvoll bezeugen.

Aus dem erzreichen Boden Urartus[4] erwuchsen Macht, Reichtum und Ansehen in der Antike. Der größte Teil der urartäischen Metallarbeiten wurde für den Export hergestellt. Über einen Hafen an der Mündung des Orontes am Mittelmeer in Nordsyrien, das im 8. Jahrhundert v. Chr. im Zuge der Machtausdehnung unter die Gewalt und Herrschaft Urartus gezwungen wurde, gelangten diese Erzeugnisse nach Zypern, nach Griechenland und nach Etrurien. Die Erze barg der heimische Boden in reichem Maße; sie wurden gewonnen und verhüttet, die Metalle verarbeitet und schließlich auf dem Wege über die territoriale Expansion ertragreich exportiert. Aber der Reichtum an Bodenschätzen hat sich auch als Angriffsziel feindlicher Heere erwiesen, die mit reicher Beute von siegreichen Feldzügen heimkehren konnten, besonders nach 714 v. Chr., nachdem Sargon II. Urartu entmachtet hatte. Als Sargon im Jahre 714 v. Chr. die urartäische Stadt Musasir einnahm, waren seine Soldaten von der Qualität der Gegenstände aus Metall beeindruckt. Lebensgroße Statuen und Figurengruppen von seltener Schönheit schleppten sie neben ungezählten Gefäßen und anderen Gegenständen aus Metall als Beute mit. Nicht zufällig sind die schönsten urartäischen Metallarbeiten außerhalb des Ursprungslandes gefunden worden. Allerdings hat dazu auch der schwungvolle Metallwaren-Export beigetragen. Häufig haben Kunstschmiede außerhalb Urartus urartäische Arbeiten kopiert, was besonders den kunstfertigen etruskischen Schmieden gut gelang, wenn ihre Arbeiten auch die asiatische Auffassung der Urartäer vermissen ließen. Bronzegefäße, Widder- und Löwensitulae, Schüsseln mit menschlichen Büsten und anderen Gegenständen haben Archäologen gefunden. Bisher herrscht keine Einigkeit darüber, welche schöpferischen Vorstellungen von den Urartäern selbst ausgingen und welche Tendenzen von außen her auf ihre Auffassungen im Zusammenhang mit der Metallarbeit eingewirkt haben. Assyrische Einflüsse und Ideen und Erfahrungen aus dem Reich der Hurri werden angenommen, ebenso skythische. Wahrscheinlich ist, daß die Urartäer ihren eigenen Stil besaßen, der teilweise auf die anatolische Tradition zurückging und teilweise »original«, also urartäisch, gewesen ist. Nirgendwo sonst gab es zum Beispiel getriebene Ständer und Dreifüße wie in Urartu. Die medische und die achämenidische Kunst hatten dem urartäischen Einfluß viel zu verdanken. Die klassische griechische Kunst profitierte besonders von der Gestaltung der im 8. Jahrhundert v. Chr. exportierten Gefäße aus Urartu, das darüber hinaus auch die etruskische Kunst merklich befruchtete. Schmiede aus Urartu sind, besonders wahrscheinlich zur Zeit der Demütigung Urartus zwischen 742 und 585 v. Chr., nach Etrurien ausgewandert, wo sie in erheblichem Maße zur Entfaltung und Differenzierung der Metallverarbeitung beitrugen. Sehr häufig haben im Altertum Bergleute von Völkern, in deren Geschichte die unmittelbare Nutzung der Bodenschätze eine wesentliche Rolle spielte, ihre Schächte auf urartäischem Boden niedergebracht: Assyrer, Kimmerier, Finnen, Skythen, Armenier, Lydier und Phrygier, die wegen ihrer berg- und hüttenmännischen Fähigkeiten in den griechischen Bergwerken selbst als Bergbausklaven zu ungewöhnlichem Ansehen gelangten.[6]

Ägypten

Die Frage nach den Quellen: Ein Überblick

Über Ägypten sind zahlreiche thematisch bedingte Einzelheiten und Zusammenhänge bekannt, besonders seit Yong und Champollion im ersten Viertel des 19. Jahrhunderts den 1799 entdeckten Stein von Rosette entzifferten. Doch auch die im Jahre 1887 von einer Bäuerin zufällig gefundenen Tontafeln von Tel el Amarna trugen zur Erhellung der Geschichte bei, nachdem die Schriftzeichen kurz vor dem Ersten Weltkrieg durch den Assyriologen Knudtzon gedeutet werden konnten. Sie enthielten unter anderem Hinweise auf das erzreiche Land Nuchasse (griech. Chalkis). Nicht zuletzt aber haben die besonders im 19. Jahrhundert glücklich verlaufenen Ausgrabungen, die der Forschung zahlreiche archäologische Funde und schriftliche Zeugnisse der alten ägyptischen Kultur zugänglich machten, nach der Herkunft des Reichtums im alten Ägypten fragen lassen.

Stein für Stein konnte im Laufe der Zeit zum Mosaik Ägypten zusammengefügt werden; heute sind seine Konturen relativ deutlich, viele Ereignisse und ihre Beziehungsfunktionen im Rahmen der Kulturgeschichte erklärt und sachkundig belegt. Doch auf der farbenprächtigen Palette für jenes pittoreske Bild fand sich kaum ein Farbtupfen, der dazu bestimmt schien, die Bodenschätze als eine Basis jener alten und großen Kultur proportionsgerecht einzuzeichnen.[1] Obwohl Russegger[2] bereits zwischen 1841 und 1844 von seinen bergbaugeschichtlichen »Reisen in Europa, Asien und Afrika« berichtet, Alford[3] im Jahre 1901 über den Goldbergbau in Ägypten geschrieben, Schweinfurth[4] 1910 über die »Wiederaufnahme des Goldbergbaus in Ägypten und Nubien« gearbeitet hatte und Tageszeitungen[5] zu Beginn des 20. Jahrhunderts die Entdeckung jahrtausendealter ägyptischer Grubenanlagen meldeten, bedurfte es noch eines besonderen Anstoßes, um den Blick unserer Fachwissenschaftler auf den alten ägyptischen Bergbau zu lenken. Eigentlich erst 1922, nachdem das Grab des achtzehnjährig verstorbenen Tutanchamun aus dem 14. Jahrhundert v. Chr. entdeckt wurde und damit den unwahrscheinlichen Reichtum freigab, der dem unbedeutenden Jüngling mitgegeben worden war, haben Fachgelehrte diesen Mangel bemerkt. Auf einmal wurde nach dem frühen Reichtum an Edelmetallen, nach der Herkunft der Schätze und nach den Voraussetzungen zur Schaffung solcher künstlerischer Erzeugnisse aus Metall gefragt.

Allein die Grabkammer Tutanchamuns enthielt vier ineinandergeschachtelte, mit goldenem Stuck überzogene Schreine. Der äußere war (mit 5,10 m mal 3,30 m und 3,60 m Länge) fast so groß wie die ganze Grabkammer, die ursprünglich dem Priester und Nachfolger Tutanchamuns Eje zugedacht war und nur 6,50 m lang und 4 m breit ist. Im Innern der vier Schreine befand sich der Sarkophag »aus gelblichem kristallinen Sandstein mit einer rosafarbenen Granitdecke ... Dieser Sarkophag enthielt drei menschengestaltige Mumiensärge, einen äußersten aus Holz, mit Stuck überzogen und reich vergoldet, einen mittleren, gleichfalls aus Holz, mit Gold- und Glaseinlagen und einer in Goldblech gearbeiteten Fußplatte und einem innersten Schrein aus massivem Gold von rund 110 kg Gewicht ... In dem goldenen innersten Sarg«,[6] dessen Materialwert heute mit rund 4 325 000 DM zu schätzen ist,[7] »lag der König mit einem Diadem rings um seine Stirne, mit Amuletten und Pektoralien und einer Menge seines wertvollsten Schmucks. Der Kopf seiner Mumie war bedeckt mit einer Maske aus massivem Gold und sein Körper mit Staatsschmuck.«[8]

Die beträchtlichen Zuwendungen und Schenkungen von Bodenschätzen an Tempel durch Pharaonen seien hier nur am Rande vermerkt: Dem Osiris-Tempel von Abydos fielen die – allerdings weit vom Niltal entfernten – Goldgruben am Djebel Zabara »für alle Ewigkeit« durch Sethos I. zu. Durch ihn wurde auch das »Goldschiff« des Tempels von Steuerabgaben befreit.[9] Für die Regierungszeit Ramses' III. (1186 bis 1155) hat Schaedel[10] als königliche Schenkungen für den kleinen Tempel in Theben 156,5 kg Gold, für den Tempel in Heliopolis 133,2 kg, für den Tempel in Memphis 23,3 kg und für den anderen Tempel von Theben 16,5 kg nachgewiesen. (1 kg Gold kostete im Herbst 1983 39 330 DM.) Der besondere und eigentliche Wert jener Schenkungen wird erst durch die Feststellung deutlich, daß die Tempel (wenigstens im Neuen Reich) selber Goldbergbau betrieben haben. Der Pharao steuerte aus seinem reichlichen Überfluß bei. Ein Text zu einer bildlich dargestellten Szene der Goldablieferung im Grab des Ipw-im-Re in Schech abd el-Gurna weist darauf hin, daß die goldreichen Berge ihre Schätze für die Denkmäler des Amun (Windgott, im Mittleren Reich mit dem Sonnengott von Heliopolis verschmolzen) bereithielten. Thutmosis III. (1490 bis 1436) wird als derjenige genannt, der das Gold überwies. Ob hier allerdings königliche »Goldschenkungen« oder »tempeleigener« Goldbergbau gemeint sind, läßt sich schwer entscheiden. Nach den »Urkunden ägyptischen Altertums«[11] schenkte Thutmosis III. dem Amuntempel 36 692 Deben, das heißt 3 311,672 kg Gold (Elektron), einen Betrag, der nach dem Stand von 1983 rund 130 Millionen DM ausmacht. Zwar befanden sich im »Elektron« bis um 20 Prozent Silber; aber auch in Ägypten ist das Silber zeitweise höher als das Gold bewertet worden, da es seltener war, so daß die genannten 130 Millionen DM als entsprechender Gegenwert angesehen werden können.

Das Gold galt in Ägypten als »göttliches Metall«, das Unsterblichkeit verleihen sollte. Der Pharao trug den Titel »Gold-Horus«. Gottheiten und Könige wurden mit Gold geschmückt, die heiligen Bildnisse mit Gold überzogen. Die Horus-Mutter Hathor galt als die Verkörperung des Goldes. Sie hatte zahlreiche Heiligtümer und wurde besonders als Herrin des Bergwerkgebietes auf dem Sinai verehrt. Sethos I. bezeichnete das Gold in einer Widmungsformel, in der er den Ertrag der Goldgruben vom Djebel Zabara dem Osiristempel von Abydos zusprach, als den »Leib der Götter«, der den gewöhnlichen Sterblichen nicht zustünde. Und der König selbst erschien als das »Goldgebirge«, das wie der Gott des Himmels die ganze Erde überstrahlte.

Der Goldreichtum Ägyptens war im Altertum weithin bekannt. Nicht selten haben asiatische Herrscher die Pharaonen um Gold aus Ägypten gebeten, das dort, wie es in Briefen an Amenophis III. (1402 bis 1364) und IV. hieß, »wie Staub auf den Wegen« liegen sollte und nach phantasievollen griechischen Erzählungen[12] selbst als Material zur Herstellung von Ketten benutzt worden sei, mit denen die Gefangenen in Äthiopien angeblich gefesselt worden wären.

Doch nicht nur der ins Sagenhafte transponierte (Gold-)Reichtum der Pharaonen, von denen besonders diejenigen der 18. Dynastie (1551 bis 1306) durch ihren nubischen Goldbergbau zu den größten Goldbesitzern der antiken Welt geworden sind, dürfte die Wissenschaftler zur Erforschung des alten ägyptischen (Gold-)Bergbaus angeregt haben. Von großer Bedeutung für das alte Ägypten war auch die Gewinnung und Verarbeitung des Steins, durch den das Land in entscheidendem Maße Teile seiner charakteristischen äußeren Merkmale empfing.
Bereits zur Zeit der 4. Dynastie haben Steinbrucharbeiter und Steinmetzen die riesigen Granitblöcke für die großen Grabmäler gehauen, deren Bearbeitung mit Werkzeugen aus Stein undenkbar ist. Selbst Werkzeuge aus reinem Kupfer oder aus dem manganarmen ägyptischen Eisen mußten sich bei Arbeiten an Steinen als unzulänglich erweisen, deren Ausmaße uns noch heute in Erstaunen versetzen. Mit Stein-, Kupfer- oder Eisenwerkzeugen konnten beispielsweise der 42 000 kg schwere Block aus dem sehr harten Assuangranit im Taltor des Chephrentempels, die inzwischen zerschlagene Statue Ramses' II. mit einem Gewicht von einer Million kg vor dem Ramses-Totentempel von Theben und der liegengebliebene, mehr als 30 m hohe Obelisk aus der Mitte des 15. Jahrhunderts v. Chr. nicht bearbeitet werden. Und auch die in der Mitte des 3. Jahrtausends v. Chr. erbauten mächtigen Pyramiden mußten Fragen wecken, die mit der Nutzung der Bodenschätze zusammenhingen.[13] Sind doch für eine einzige von ihnen, für das Grabmal des Cheops von Giseh bei Kairo, 2,5 Millionen Kubikmeter Mauerwerk verarbeitet worden.[14] 110 000 kg[15] wog der aus sehr hartem Quarzit als Grabkammer des Amenemhet III. (1844 bis 1797 v. Chr.) bei Hawara ausgehauene Monolith. Was lag also näher als die Frage nach der eventuellen Anwendung von Geräten und Werkzeugen aus Metall? Daß die Errichtung der Pyramiden nicht in der Weise vor sich ging, wie Herodot (II, 125,5) sich hatte berichten lassen, ist inzwischen nachgewiesen worden.[16] Aber als richtig angesehen werden darf Herodots – allerdings bislang noch nirgendwo entsprechend berücksichtigter und ausgewerteter – Hinweis auf die Verwendung von Eisen beim Pyramidenbau.[17] Tatsächlich stammen die ältesten Eisenfunde in Ägypten aus der Zeit um 2880 v. Chr. Sie wurden im Jahre 1837 beim Absprengen einer Steinlage in einer inneren Stein-Lagerfuge der Cheopspyramide von Giseh

gefunden.[18] Bei jenem fast 5 000 Jahre alten Werkzeugrest handelt es sich um ein mit Nickelspuren durchsetztes weiches Eisen, dessen gebundener Kohlenstoff eine – oft vermutete – meteoritische Herkunft mit einiger Sicherheit ausschließt. In einem frühen Grab bei El Gerseh fanden sich Perlen aus Eisen.[19] Wahrscheinlich enthielt die alte Schrift, aus der dem »Vater der Geschichte« vom Dolmetscher vorgelesen wurde, genauere Angaben auch über die Menge des Eisens und über seine Anwendung überhaupt. War doch in ihr nach Herodot sogar der Betrag vermerkt, den die Arbeiter während der Zeit des Pyramidenbaus für Rettich, Zwiebeln und Knoblauch ausgegeben haben sollen. Seine Formulierung »wieviel muß dann ... für das Eisen, mit dem man arbeitete, bezahlt worden sein« (II, 125), könnte von konkreten Angaben in einer – leider unbekannten – zeitgenössischen Quelle ausgehen.

Eisenfunde aus sehr früher Zeit gibt es nur wenige. Eine geringe Anzahl von Gegenständen aus Eisen stammt aus den folgenden 15 Jahrhunderten. Sicher sind einige alte Erzeugnisse aus Eisen verwittert. Wesentlicher aber dürfte sein, daß das Eisen der Ägypter einen geringeren Wert als das Kupfer besaß, da der Kohlenstoffgehalt des ägyptischen Schmiedeeisens etwa 0,5 vom Hundert betrug, Eisen aber erst zu Stahl verwandelt werden kann, sobald es gelingt, den Kohlenstoffgehalt auf 2 Prozent zu erhöhen. Diesen Prozeß ließen die primitiven Mittel der Frühzeit nur bei der Verwendung von Manganerzen zu. Erst in die Hände der hethitischen Schmiede war es gelegt, diese Kunst zu vollbringen und ihren Herrschern nicht zuletzt dadurch selbst bei den mächtigen Pharaonen[20] Ansehen und Einfluß zu verschaffen.

Aber auch die alten ägyptischen Handwerker verfügten bereits über ausgezeichnete Werkzeuge: Schon die vor 5 000 Jahren auf harten Säulen und Vasen eingeschnittenen Hieroglyphen lassen vermuten, daß den Ägyptern die Technik des Schneidens mit Hilfe von Edelsteinen bekannt gewesen ist. Nach Entdeckungen von Flinders Petrie dürften sie auch bereits den mit harten Steinen besetzten Kernbohrer bei der Herstellung zum Beispiel von bergmännischem Handwerkszeug aus harten Basalten, Graniten und anderen Gesteinen vor mindestens 5 000 Jahren verwendet haben.

Eindeutige Beziehungen zum Bergbau setzten zudem die gewöhnlich tief unter Tage angelegten Grabkammern voraus. Besonders unter dem Grabmal des Königs Djoser, der das Alte Reich (um 2620 v. Chr.) begründete, fand sich ein beredter Hinweis auf die Beherrschung der bergmännischen Kunst durch die alten Ägypter, die zu der Zeit schon seit mehr als 400 Jahren Kupfer und Türkise im Sinaigebirge gewannen.

Unter der 8 m hohen Mastaba (arabisch = Bank), über die der zur Gottheit erhobene Baumeister Imhotep später eine 60 m hohe Stufenpyramide setzte, sind 30 m tiefe Schächte in die Erde gegraben. An der Sohle eines 28 m tiefen Schachtes befindet sich die granitene Sargkammer, in der Djoser ruht. Waagerecht in den Berg getriebene Stollen führen zu Kammern, von denen 3 Fayencebekleidungen und Reliefs des Königs an den Wänden aufweisen. Weitere (32 m tiefe) Schächte wurden als Verbindung zu den 30 m langen Quergalerien niedergebracht, in denen sich die Gräber der Königinnen und die Leichname der verstorbenen Kinder der königlichen Familien befinden. Wie hätte ein so schwieriges Werk ohne Werkzeuge aus Metall und ohne bergbaukundige Facharbeiter entstehen sollen?

Neben derartigen Anlagen haben sich überall auch die tiefen Brunnenschächte der alten Zeit als bergmännische Meisterwerke erwiesen. Bis in die neueste Zeit hinein wurde der wahrscheinlich gleichzeitig mit den Pyramiden entstandene Brunnen bei den Pyramiden von Giseh benutzt.

Im Wadi Jasous ließ der Sohn Ramses' II. einen tiefen Brunnen anlegen, der im Hafen Annäum am Roten Meer immer noch seinen Zweck erfüllt. Ähnliche Brunnen schufen die Brunnenbauer der Antike zwischen Bethlehem und Jerusalem (Davidsbrunnen) und bei Sichem,[21] wo sich der mehr als 3500 Jahre alte Jakobsbrunnen befindet. Eine der großartigsten Anlagen dieser Art stellt der rechteckig angelegte Josephsbrunnen bei Kairo dar. Zwei untereinanderliegende Schächte, von denen der obere 50 und der untere 40 m Tiefe messen, wurden durch eine in den Felsen gehauene Kammer miteinander verbunden. Ein von Ochsen in Bewegung gesetztes Becherwerk hob das Wasser aus dem unteren Schacht in die Verbindungskammer, von wo es wiederum mit Hilfe eines Becherwerkes die weiteren 50 m zur Erdoberfläche transportiert werden konnte. Die für den Göpelbetrieb notwendigen Ochsen gelangten durch einen spiralförmig um den oberen Schacht angelegten Gang zur Verbindungskammer zwischen den beiden Schächten unter Tage.

Die Untersuchungsergebnisse beispielsweise von Russegger, Alford und Schweinfurth, die wiederaufgefundenen alten Anlagen südöstlich von Assuan, die Interpretationen von Inschriften durch Gunn und Erman-Grapow, die Behandlung der ältesten Bergbaukarte unter anderem durch Sir Alan H. Gardiner[22] und die Entdeckung des Tutanchamun-Grabes endlich regten eine Anzahl neuer Forschungen über den Bergbau im alten ägyptischen Machtbereich an. Die Arbeiten von Rickard,[23] Stromer von Reichenbach[24] und von der Esch[25] fanden weithin Anklang und Interesse. Hermann Rankes (1923) kenntnisreiche Überarbeitung des Werkes von Adolf Erman aus dem Jahre 1886 erwies sich bereits als ein guter Überblick auch für Nichtfachleute. Fast 420 künstlerisch dargestellte Szenen (in Grabmälern) aus der Arbeitswelt der ägyptischen Metallarbeiter lassen gelegentlich sogar alte Techniken rekonstruieren.

Die Grundlagen der Macht

Ähnlich wie in Mesopotamien befanden sich auch in Ägypten die Bergbaugebiete im wesentlichen zunächst außerhalb der Reichsgrenzen, die dann später allerdings planmäßig wegen der Bodenschätze überschritten und ausgedehnt wurden. Semempses Semerchet I. hatte um 3000 v. Chr. am Sinai damit begonnen. Siegreich schwingt er auf dem rund 60 cm hohen Relief von Maghara die Keule über dem niedergezwungenen sinaitischen Beduinenfürsten, dem er die Kupfererzvorkommen vom Sinai streitig machte. Seinem Beispiel sind die Herrscher vieler Völker durch die Jahrtausende gefolgt.
Gänzlich ohne Bodenschätze ist das Niltal selbst nicht gewesen. Gold, Silber, Eisen, Kupfer, Alabaster, Basalt, Granit, Sandstein, Porphyr und Kalkstein zählte Fitzler 1910 in seiner Dissertation über »Steinbrüche und Bergwerke im ptolemäischen und römischen Ägypten«[26] auf. Wilsdorf konnte dem Katalog von Bodenschätzen in seiner 42 Jahre später geschriebenen Doktorarbeit Gips, Quarz, Ton, mineralische Grundstoffe für verschiedene Farben, Kalkkupfersilikate, Zinkoxyd, Kobalt und weitere »50 Worte für Gesteine und Mineralien«[27] anfügen.

Namhafte Forscher entdeckten alte Bergwerke und Verhüttungsanlagen neben Bergarbeitersiedlungen. Von der Esch beispielsweise hatte in der Bischari-Wüste unweit von Schellâl ein antikes Goldbergwerk, ein altes Kupferbergwerk, den »Ort der blauen Steine« (Amethyste) im Chor Dehmît und in einer Höhle Schriftzeichen gefunden, die den Hieroglyphen der Zeit des Königs Phiops aus der 6. Dynastie glichen. Er war steinernen Wegmarkierungen gefolgt, die nach seiner Ansicht bereits im alten Ägypten den Expeditionen und Karawanen die Wege zu den Bergwerken gewiesen haben. Die Annahme, daß die Ägypter schon vor Jahrtausenden die Wege zu den Gebieten, in denen Bodenschätze gewonnen wurden, durch Alamate gekennzeichnet haben könnten, ist nicht unbestritten geblieben. Eindeutige Hinweise auf alte Karawanenwege zu Minenbezirken jedoch sind die wiederentdeckten Brunnenanlagen, die von den ägyptischen Königen angelegt wurden, um die Expeditionen zu den Bergwerken und Hüttenanlagen in den unwegsamen und heißen Wüsten zu ermöglichen. Auch die an den Karawanenwegen angelegten »Stationen«, die zur Sicherung jener Unternehmungen dienten, weisen auf die Bodenschätze und den Bergbau und deren große Bedeutung für die Könige hin. So hatte beispielsweise Sethos I. bei Redesije gegenüber von Edfu eine Station im Wadi Abad (Kanais) ausgebaut, wo sich die zeitweilig sehr ertragreichen Goldgruben von Barramija befanden. Und auch die Festung Ramses' II. bei Kubban im Eingang zum Wadi Alaki, in dem die Goldminen von Um el Garajat lagen, gehören in diese Beweiskette.

Von einem Grubengebiet besitzen wir in dem 45 cm mal 53 cm großen Turiner Papyrusfragment sogar eine vierfarbig und nuancenreich gemalte und gezeichnete Bergwerkskarte aus der Zeit Ramses' II. um 1250 v. Chr. Diese älteste Bergbaukarte (und wahrscheinlich auch älteste Landkarte überhaupt) der Welt diente vor nahezu 3500 Jahren vielleicht als Wegweiser für die Goldexpeditionen, die von Koptos am Nil durch das Wadi Hammamât zu den leider nicht mehr genau zu lokalisierenden »Goldbergen« zogen, »in denen man das Gold« wusch. Möglich ist allerdings auch, daß diese Karte einst von Goldräubern angefertigt wurde. Neben den Wegen, »die zum Golde« und »zum Meer führen«, sind Aufbereitungsstellen und der »Brunnen Sethos' I.« eingezeichnet, ebenso die »Wohnstätten der Goldarbeiter« und ein Amunheiligtum für die Bergarbeiter auf dem »reinen Berg«.

Besonders bemerkenswert erscheint dabei, daß die Goldgruben von ausdrücklich bezeichneten Bergarbeiterwohnungen umgeben waren, eine Tatsache, die auch durch archäologische Forschungsergebnisse an anderen Stellen nachgewiesen werden konnte. Im Wadi Fawachir zwischen Koptos und dem Roten Meer wurden 1 300, südöstlich von Kubban im Wadi Alaki 400 Bergarbeiterhütten entdeckt. Die aufgefundenen Reste von Arbeiterwohnstätten bei den Kupferbergwerken auf der Sinaihalbinsel lassen diesbezügliche Feststellungen nicht mit Sicherheit zu, da fraglich bleibt, ob sich die ägyptischen Bergarbeiter dort längere Zeit hindurch aufhalten mußten; denn die Arbeiten begannen gewöhnlich im Januar und endeten wegen der unerträglichen Hitze bereits im Frühsommer, so daß die zerfallenen Hütten wohl als die Überbleibsel der behelfsmäßigen Unterkünfte der Berg- und Hüttenleute angesehen werden dürfen. Die außer dem bereits beschriebenen Papyrusfragment noch erhalten gebliebenen Reste der Bergbaukarte zeigen außerdem Bruchstücke der Steinbrüche von Hammamât.

Nach Funden aus spätneolithischen Hockerbestattungen sind vor 3000 v. Chr. gelegentlich auch Schmuckstücke wie Perlen, Arm- und Fingerringe aus Metall gefertigt worden.[28] Zahlreich sind die Belege durch kunstvoll gefertigte Denkmäler aus der folgenden Zeit des Alten Reiches, vielfältig schon die Spielarten der Metallverarbeitung.

Kupfer

Das Kupfer erscheint in Ägypten etwa zur gleichen Zeit wie in Mesopotamien. In der Badari-Periode, nach dem Fundort Badari in Oberägypten benannt, wo seit 1925 besonders Brunton und Caton-Thompson gegraben haben, sind in der ersten Hälfte des 4. Jahrtausends v. Chr. Gegenstände aus Kupfer gefertigt worden. Kalt bearbeiteter Kupferschmuck dürfte sogar noch früher hergestellt worden sein. Verhüttet wurde das Kupfer aus karbonatischen Erzen (Kupferlasur, Malachit) nachweisbar jedenfalls seit 3900 v. Chr. Schmuckstücke aus Fayence, aus Gold und aus Silber tauchen in der zweiten Hälfte des Jahrtausends auf.

In der unterägyptischen Merimde-Faijum-Stufe, die ihren Namen nach Merimde Beni-Salame im Faijûm erhielt,[29] beherrschte der Feuerstein noch das Bild der Kultur, die zeitlich der Badari-Periode entsprach. Daneben gab es polierte Beile, Nadeln aus Knochen, Knochenhaken, Schöpfgefäße und Löffel. Schmucksachen scheinen jedoch selten hergestellt worden zu sein. Nur gelegentlich sind Archäologen auf Steinanhänger und halbkreisförmige Schminkplatten gestoßen.

In der zwischen 3400 und 3100 v. Chr. liegenden Amrah-Kultur wurde das Kupfer bereits häufiger verarbeitet; besonders zahlreich sind Angelhaken gewesen.

Kupferne Flachbeile fanden sich in Ägypten erstmalig in der Gerzeh-Kultur zwischen 3100 und 2800 v. Chr. Um diese Zeit wurde das Reich durch die oberägyptischen Könige Narmer und Aha (nach griechischer Überlieferung Menes) vereinigt, die unter anderem Memphis bei Kairo gründeten.

Kupfer, das im Lande eigentlich nur im Djebel Baram östlich von Assuan, im Djebel Dara und im Djebel Chalela vorkam, besonders aber aus den Gruben vom Sinaigebirge[30] herangeholt wurde, gehörte seitdem zum kulturbestimmenden Grundstoff in dem Land, das die alten Griechen, entstellt aus Het-ka-Ptah (Memphis), »Ägypten« nannten.

Bald tauchten auch künstlerische Erzeugnisse der Bildhauerei auf, deren Kunstwerke mit Kupfermeißeln aus weichen Kalksteinen gehauen wurden. Die erste Beziehung zwischen Bodenschätzen, Bergbau und Kunst, wenn auch nur als mittelbare Berührung, ist der Entdeckung der Metallgewinnung recht bald gefolgt. Nicht nur Waffen und andere Gebrauchsgegenstände wurden aus Metall hergestellt, sondern auch Werkzeuge, die lediglich zur Fertigung von Schöpfungen dienten, die keinen praktischen Zweck erfüllten. Die frühen Künstler griffen zu den neuen Mitteln, die ihnen ermöglichten, nahezu jedes Material zu formen. Andererseits konnte ihnen das Metall als ein Stoff erscheinen, der für die Ewigkeit geschaffen zu sein schien und ein dauerhaftes Verwirklichungsmittel ihres Bedürfnisses war, das Dasein zu interpretieren.

Vielleicht ist das mit Kupfermeißeln aus Kalkstein gehauene lebensgroße Sitzbild König Djosers das älteste lebensgroße Königsbild überhaupt. Bekannt jedenfalls sind derartige Kunstwerke aus älterer

Zeit bislang nicht geworden. Ein Vierteljahrtausend später gab es schon zahlreiche Kalksteinplastiken, die königliche Beamte, Schreiber, arbeitende Mädchen und andere Personen darstellten. Um 2320 v. Chr. ist dann das 1,77 m hohe Standbild des Königs Phiops I. aus der 6. Dynastie unter Verwendung von Kupfer entstanden. Die aus Hierakonpolis stammende Königsgestalt wurde aus Kupferblech getrieben; einzelne Teile sind gegossen. Kupfernägel hielten die zusammengenieteten Metallteile an einem Holzkern fest. Der Mensch schuf sich nun seine Gottheiten aus »Gold, Silber, Erz ... Holz und Stein«, wie es im 5. Danielkapitel heißt, wo Belsazar das Grauen packte, weil er die Götzen angebetet hatte, die weder »sehen noch hören« konnten und auch »keinen Verstand« besaßen. Die ägyptischen Könige galten als Götter auf Erden, und wo immer sie an Festtagen erschienen, ertönte der mahnende Ruf: »Erde, sei auf der Hut! Es kommt der Gott!« Die Erde mußte die Schätze freigeben, die unter den Händen der Künstler zu jenen eindrucksvollen Abbildern menschlicher Selbstvergottung gediehen, deren sterbliche Gesichtszüge durch den dauerhaften Werkstoff in die Nachwelt hinübergerettet worden sind.

Ungefähr 20 000 Jahre liegen zwischen dieser Königsplastik und den Felsenbildern in den Höhlen in Lascaux und Font-de-Gaume in Frankreich und in Altamira in Spanien. Bergmännisch gewonnene Rohstoffe ließen die mesopotamischen und ägyptischen Reliefs und Plastiken von Dauer sein. Für die Felsenmalereien, die uns heute einen Einblick in die Glaubens- und Erlebniswelt des altsteinzeitlichen Menschen gestatten, wurde ein Farbstoff verwendet, der seit der Antike bergmännisch gewonnen wird und auch als Farbe für die Bilder der griechischen Maler Polygnot und Mikon diente: Ocker. Ocker ist ein reiches Eisenmineral, ein anorganisches Pigment, das in der Natur als Verwitterungsprodukt von Eisenerz und Feldspat entsteht. Der in der Natur seltener vorkommende rote Ocker ist das Anhydrit (die wasserfreie Form) des gelben Ockers, durch dessen Röstung rote Farbe entsteht. Das wußten und nutzten bereits die Steinzeitmenschen. Die erstaunlich gut erhaltenen Farben der Malereien, mit denen sie Mammuts, Rentiere und Hirsche, Wildpferde und wilde Rinder in ihre Gewalt bringen zu können meinten, sind durch einen Röstvorgang entstanden, bei dem gelegentlich auch Eisen produziert worden sein könnte. So hat der Mensch schon in bisher noch unerforschten Zeiten ganz nahe davor gestanden, den Stoff zu gewinnen, mit dessen Hilfe es ihm sehr viel später gelang, das Tier in seinen Dienst zu stellen, zu beherrschen und bedeutende Kräfte der Natur zu nutzen. Aber selbst heute nutzt der Mensch nicht überall seine Chancen und Möglichkeiten. Immer noch pflügen ungefähr 25 Millionen Bauern beispielsweise in Entwicklungsländern mit Hacken und Holzpflügen ihren Boden. Der Acker wird dort nicht richtig bestellt. Nur jeder siebte Mensch wird deshalb täglich satt. Etwa 40 Millionen Menschen sterben jährlich Hungers. Ungefähr 80% der Erdbevölkerung sind unterernährt und erreichen nur ein durchschnittliches Lebensalter von 30 bis 40 Jahren. Mehr als 500 Millionen Kinder von insgesamt rund 900 Millionen Jugendlichen unter fünfzehn Jahren hungern und siechen dahin. Von Unkenntnis getragen ist die immer noch vorgetragene Behauptung, daß der Mensch der Steinzeit, der noch keine Metalle kannte, körperlich gesünder und stärker gewesen sei als der heutige Mensch. Seine Lebensdauer betrug nicht einmal ein Drittel der des Menschen unserer Tage. Erst nachdem der Mensch den Boden zu bebauen, Früchte und Tiere zu züchten und schließlich Metalle zu gewinnen und zu nutzen verstand, vermochte er endlich sich zur »Krone der Schöpfung« zu erheben.

Da die Kupfererzvorkommen innerhalb der eigentlichen Reichsgrenzen den ständig wachsenden Bedarf nicht zu decken vermochten, mußten die Ägypter den wichtigen Rohstoff weit entfernt von ihren Städten gewinnen und auf beschwerlichen Wegen ins Niltal holen. Schon um 3433 v. Chr. hatte König Snefru im Wadi Maghara auf der Sinaihalbinsel eine künstliche Wasserversorgung für die Bergarbeiter der Kupfergruben anlegen lassen, die unter Ramses VI. (nach 1157 v. Chr.) zum Erliegen kamen, nachdem sie um 1500 v. Chr. ihre Blüte erlebt hatten. Spätere Versuche, sie erneut in Betrieb zu nehmen, blieben lange erfolglos. Erst im Jahre 1901 gelang es. Auch bei Akaba wurden vor 3500 Jahren größere Mengen Kupfererz abgebaut. Aber das reichte nicht aus, den Bedarf zu decken. Das Metall mußte zusätzlich auf dem Handelswege eingeführt werden.

Alte Korrespondenzbelege aus dem Archiv von el-Amarna bezeugen, daß die ägyptischen Könige das Kupfer zum Teil aus Zypern bezogen. Zypern, das kleine »Kupferland«, verdankte seinen reichen Kupfervorkommen eine beachtliche Position als führender Kupfer-

produzent unter den Mittelmeerländern im 2. Jahrtausend v. Chr., was es seinen Königen ermöglichte, selbst mit den mächtigen ägyptischen Königen »brüderlich« zu verkehren. Einige der bereits am Eingang dieses Kapitels erwähnten el-Amarna-Tafeln reden eine aufschlußreiche Sprache: »An den König von Ägypten, meinen Bruder! Der König von Alasija, Dein Bruder!«, so schreibt der König von Zypern (Alasija), der nicht einmal seinen Namen nennt und selbstbewußt voraussetzt, daß der Empfänger der Kupferlieferungen seinen Namen kennen müsse: »Mir geht es gut, meinem Hause, meiner Frau, meinen Söhnen, meinen Großen, meinen Pferden, meinen Streitwagen und meinen Ländern gar sehr ist Heil. Und meinem Bruder sei Heil! Deinem Hause, Deinen Frauen, Deinen Söhnen, Deinen Großen, Deinen Pferden, Deinen Streitwagen und Ländern gar sehr sei Heil!... Jetzt, mein Bruder, habe ich Dir 500 Stück Kupfer geschickt, als Geschenk für meinen Bruder habe ich sie geschickt. Mein Bruder, daß es so wenig Kupfer ist, mögest Du Dir nicht zu Herzen nehmen. In meinem Lande hat die Hand des Pestgottes Nergal, meines Herren, alle Leute meines Landes getötet. So findet keine Kupfererzeugung statt. Darum möge es mein Bruder sich nicht zu Herzen nehmen...«[31]
Eine andere el-Amarna-Tafel erwähnt 5400 kg Kupfer, das der König erhalten habe. Bemerkenswert erscheint, daß die Ägypter die Kupferlieferungen nicht als »Tribute« empfingen, sondern daß sie von ihnen zu »bezahlen« waren. Freilich haben sie es auch als willkommene Kriegsbeute »heimgebracht«, wie es im Grab des Rej-mj-Re heißt, wo des Sieges »über Retenu« gedacht wird.

Bronze und Eisen

Das Kupfer wurde rein verarbeitet, die Bronze (nach den bisherigen Feststellungen erst seit um 2000 v. Chr.) aus »Asien« eingeführt. Alle »angeblich älteren Bronzefunde aus Ägypten sind unbeglaubigt.«[32] Die ältesten einwandfreien Bronzegegenstände[33] mit einem Zinngehalt von 9,82 und 16,31 Prozent stammen aus dem Grab eines Fürsten der 12. Dynastie (1991 bis 1785 v. Chr.). Die Frage, woher die

Ägypter das Zinn für die Bronzeproduktion bezogen, ist allerdings noch nicht zu beantworten. Im östlichen Mittelmeergebiet jedenfalls wurde Zinnerz wohl nirgendwo gewonnen. Und auf der Sinaihalbinsel wurde erst im 20. Jahrhundert damit begonnen, auch Galmeivorkommen[34] (Zinkerz) abzubauen. Seit der Mitte des 2. Jahrtausends v. Chr. betrug der Zinnanteil der ägyptischen Bronze 12 bis 14 vom Hundert; spätere Legierungen enthalten ebenso auch Blei-, Nickel-, Antimon-, Eisen- und Arsenanteile. Noch seltener als Funde aus Zinn sind Funde aus Blei, das im Djebel Baram in der Nähe von Assuan als Bleiglanz abgebaut worden ist.

Die Geschichte des Eisens, das die Ägypter aus Äthiopien bezogen, wo das Eisenerz bereits sehr früh unter Verwendung von Bambusgebläsen in flachen Gruben verhüttet wurde, läßt sich in Ägypten relativ weit zurückverfolgen, wie dort auch eine der ältesten bildlichen (blaufarbigen) Darstellungen des Eisens im Grab Ramses' III. erhalten geblieben ist. Seit der 4. Dynastie (2570 bis 2460 v. Chr.) wurde es bei Serabit el-Khadur gewonnen. Die südwestlich von Assuan bei Hammami zwischen Nil und Rotem Meer geförderten Eisenerze gelangten auf dem Wasserwege zur Verhüttung ins Niltal. Auch in Nubien, wo es als Brauneisenstein sogar frei zu Tage trat, kam es in reichem Maße vor. Ob es dort jedoch abgebaut und verhüttet wurde, wird sich kaum noch beweisen lassen. Neuerdings geschieht das jedenfalls auf der Sinaihalbinsel. Während die Ägypter das Eisenerz auf dem Schiffswege zur Verhüttung transportierten, haben sie das Kupfererz der Sinaihalbinsel – wie auch später König Salomo[35] – an Ort und Stelle in der unmittelbaren Umgebung der Gruben geschmolzen.

Türkise vom Sinai

Von Maghara und Serabit-el-Chadem auf der Sinaihalbinsel holten die ägyptischen Bergwerksexpeditionen in der Zeit von um 2600 v. Chr. bis um 1100 v. Chr. die – besonders von den Frauen der Vornehmen – sehr begehrten Türkise. Der Weg führte beim heutigen Sues am südlichen Ende des Sueskanals über das Rote Meer und von dort den »Bergarbeiterweg« entlang zunächst nach Süden und bog dann über halsbrecherische Pfade in westlicher Richtung nach Serabit-el-Chadem ab, wo die – wohl aus sehr praktischen Motiven – auch besonders von Frauen verehrte Göttin Hathor als die »Herrin des Türkislandes« herrschte. Ihr waren auch die dortigen Tempelanlagen gewidmet.

In jüngster Zeit wurde in der Marcha-Ebene südlich vom heutigen Abu Zeneima eine kleine Hafenstadt entdeckt, die einst als Landeplatz für die Expeditionen diente. Damit lassen sich wohl auch die noch nicht eindeutig eingeordneten Titel »Kapitän« und »Käptn« erklären, die in den hieroglyphischen Texten im Zusammenhang mit dem Transport von Bodenschätzen anzutreffen sind, wo die Bergbauexpeditionen als »śśkd«, als (doch sicherlich auf Schiffen mit »Matrosen« und »Ruderern«) zum Bergwerk »Reisende«, bezeichnet werden.

Gold

Goldvorkommen sind im Altertum innerhalb der eigentlichen ägyptischen Landesgrenzen außer in den Stromablagerungen wahrscheinlich nur an zwei Stellen bekannt gewesen und bergmännisch gewonnen worden. Sie befanden sich in der zwischen Nil und Rotem Meer liegenden Gebirgslandschaft. Die wohl ältesten Vorkommen dürften dort an der vom Meer und von den Granitbrüchen nach Koptos führenden Gebirgsstraße abgebaut worden sein, an der auch beim heutigen El Fawachir die bereits erwähnten 1 300 Bergarbeiterhütten entdeckt worden sind, die allerdings zum großen Teil aus der spätägyptischen Zeit stammen. Die Urgesteinszüge der östlichen Wüste führten Gold[36] im Quarz, daneben auch Kupfer und geringe Mengen Silber, das im alten Ägypten bis zur Zeit der 12. Dynastie (1991 bis 1785) in seiner Wertschätzung vor dem Gold rangierte. Zur Zeit der 12. Dynastie dürften die Gold- und Silberpreise gleich gewesen sein. Seit Thutmosis III. stand das Gold an erster Stelle. In den letzten Jahrhunderten v. Chr. war es dann bereits 13mal so teuer wie Silber.

Der größte Teil des Goldes kam aus einem Teil des Gebirges, der geographisch schon zum »Goldland« Nubien gehörte,[37] dessen Name von der ägyptischen Bezeichnung »Nub« für Gold abgeleitet ist. Im Wadi Esuranib wurde eine Gewinnungsstätte entdeckt, die 17 Tagesmärsche von der Südgrenze Ägyptens entfernt liegt und durch trockene und heiße Wüsten führt. »Wer von der Südgrenze Ägyptens nach Osten zu volle 17 Tagereisen in die wasserlose glühende Bergwüste hineinreitet«, so heißt es bei Erman-Ranke, »der trifft an einer Stelle, die heute Eschuranib heißt (im alten Ägypten = Ekajate), auf diese noch völlig erhaltene Anlage. Tiefe Schächte führen in den Berg, zwei Zisternen sammeln das Wasser der Winterregen, und schräge Steintische stehen an ihnen, wie sie zum Waschen des Goldstaubes dienten. Etwa 300 Steinhütten liegen im Tal, in jeder steht noch eine Art granitner Handmühle, auf der einst der Quarzstaub zermahlen wurde. Heute liegt die Stätte einsam und verlassen, und nichts läßt mehr ahnen, daß sie mit dem Fluche von Tausenden belastet ist und Szenen des Elends gesehen hat wie wenig andere Stellen der Erde.«[38] Der hier nach Berichten des Agatharchides von Knidos (um 130 v. Chr.) »bezeugte« Fluch Tausender und die Szenen des Elends lasten auf dem Bild vom alten ägyptischen Bergmann wie ein undurchdringbarer Schleier. Erman,[39] Ranke, Freise, Neumann,[40] Kees und andere sind den eindrucksvollen Worten des in der Ptolemäerzeit (304 bis 30 v. Chr.) lebenden und von Diodor überlieferten Agatharchides gefolgt. Obwohl schon Adolf Erman im Vorwort zur überarbeiteten Ausgabe seines Buches durch seinen Schüler Hermann Ranke vorsichtig andeutete, daß er nach seinen Studien in Ägypten »fürchte«, das »Bild« vom alten Ägypten »trüber gefärbt« zu haben, »als nötig war«, ließen sowohl er als auch Ranke die für Historiker ungewöhnliche Formulierung stehen, es sei nicht einzusehen, »warum die Pharaonen menschlicher gewesen sein sollten als die Ptolemäer«. Auch die Verfasser neuerer Arbeiten sind in ihren Urteilen weitgehend Agatharchides verpflichtet geblieben. Seinen überlieferten Schilderungen begegnet der Leser lediglich in formalen und stilistischen Varianten. Nirgendwo sind seine Behauptungen in Frage gestellt und mit modernen Forschungsergebnissen konfrontiert worden. Es genügt daher zunächst, ihn hier zu zitieren: »In die Goldbergwerke überantworteten die Könige in Ägypten die wegen begangener Verbrechen Verurteilten und Kriegsgefangene, ferner die,

welche sich auf üble Verleumdungen eingelassen hatten, und solche, die auf Grund von Wutanfällen in Gewahrsam genommen wurden, und zwar teils sie selbst, teils obendrein ihre ganze Verwandtschaft. So üben sie zugleich Vergeltung an den Verurteilten und ziehen gleichzeitig hohe Einkünfte aus diesen Zwangsarbeiten ... Die [in die Bergwerke] Überantworteten – es sind ihrer eine große Menge – sind alle an den Füßen gefesselt und müssen tagsüber und die ganze Nacht hindurch in den Minen ausharren, ohne eine Erholungspause in Anspruch nehmen zu dürfen. Von jedem Fluchtversuch sind sie sorgsamst abgeschnitten, denn als Wachmannschaften sind Soldaten aus fremden Nationen und verschiedenen Sprachen eingesetzt, so daß keiner einen der Vorgesetzten durch freundlichen Umgang oder durch menschenfreundliche Aussprache bestechen kann.«
Nach Agatharchides mußten die Bergarbeiter nackt einfahren, nicht »einmal zur Bedeckung der Blöße« habe es »ein paar Lumpen« (Diodor III, 12,2 und 13,2) gegeben. Die Männer zwischen 17 und 30 hatten das gewonnene Quarzgestein mit eisernen Stempeln in Steinmörsern zu zerstoßen. Frauen und Greise zermahlten es zu Staub und wuschen es auf schrägen Steinplatten, wobei das Wasser die leichteren Bestandteile wegschwemmte und die Goldflitterchen zurückließ, so daß sie gesammelt werden konnten. Unter dem Zusatz von Blei und Salz wurden sie danach fünf Tage lang in verschlossenen, tönernen Schmelzpfannen geschmolzen. Über den sorgfältig berechneten und durch reiche Erfahrungen als erfolgreich bestätigten Prozeß der Goldgewinnung hat unter anderem Agatharchides in seinen »Fünf Büchern über das Rote Meer« berichtet: »Der Goldstaub wird gewogen und in ein irdenes Gefäß getan; dann setzt man nach Verhältnis einen Klumpen Blei, Kochsalzkrumen, ein wenig Zinn und Gerstenkleie zu. Darauf setzt man einen Deckel auf, den man gut verschmiert, worauf man das Gefäß ohne Unterlaß fünf Tage und fünf Nächte hindurch stark glüht. Ist dann das Gefäß abgekühlt, so findet sich in ihm nichts mehr als das zu einem Klumpen zusammengeschmolzene Gold, welches fast ebensoviel wiegt wie der Goldstaub, aus dem es entstanden ist.« Die ägyptischen Hüttenleute wußten also bereits, daß sich das im Gold enthaltene Silber mit dem Chlor des Salzes zu Chlorsilber vereint und aus dem Golde verflüchtigt, daß Blei und Zinn regulinisch mit dem Metall verschmilzt und die durch den Glühprozeß zu Kohle verwandelte Gerstenkleie die Oxydation

des Bleis und Zinns verhindert. Wahrscheinlich beruhte dieses Verfahren zur Zeit des Agatharchides schon auf einer sehr alten Tradition. 1300 Jahre älter als die Agatharchides-Schilderung sind die bildlichen Darstellungen der Goldgewinnung aus der Zeit Thutmosis' IV. (um 1436 bis 1402) in den Gräbern von Theben und Beni-Hassan. Danach schmolzen die Arbeiter den gewaschenen Sand in flachen Öfen mit Hilfe von Blasebälgen[41] und gossen das Gold in becherförmige Tiegel. Seit frühester Zeit finden sich Hinweise auf das Goldwaschen.[42] Wahrscheinlich aber ist das Gold anfänglich nicht immer sogleich an Ort und Stelle geschmolzen, sondern in Beuteln nach Ägypten gebracht worden.[43] Im Grab des Im-nhd aus der Zeit Amenophis' II. um 1450 wurde zum Beispiel Goldstaub in Beuteln als Tribut aus Nubien verzeichnet.[44] Silber haben sich die Ägypter später in ungeheuren Mengen als Tribut zahlen lassen. Bin-nirar (810 bis 781 v. Chr.) forderte und erhielt beispielsweise von Damaskus 64400 kg. Bei der Eroberung von Karchemis (717 v. Chr.) wurden 58800 kg Silber als Reparationen gefordert.

Die auch im antiken Laureion in Griechenland übliche Methode, Metall in Form von Ringen auf den Markt zu bringen, ist ebenfalls durch zahlreiche künstlerische Überlieferungen für das alte Ägypten bezeugt. Die bildlichen Darstellungen zeigen sehr oft die Kontrolle des Gewichtes der Ringe durch die hochangesehenen Schreiber, die das Goldgewicht sorgfältig in Bücher eintrugen. Geradezu unwahrscheinliche Mengen Gold und Elektron sollen besonders unter Thutmosis III. von den Beamten notiert worden sein.

Im Neuen Reich unterschieden die Ägypter folgende Goldsorten: Gold aus der Wüste von Koptos, nubisches Gold, asiatisches Gold, weißes Gold, gutes Gold, Gold zweiter Güte und Gold dritter Güte.[45] Das nubische Gold ist keineswegs reiner gewesen als das Gold aus Oberägypten; es war reichlich mit Silber vermischt. Bis ins Neue Reich hinein wurde das silberreiche, dadurch helle, messingfarbene Gold als »Weißgold« oder »Blaßgold«, nicht selten aber auch als Elektron bezeichnet, wie bei Plinius (nat. hist. XXXIII, 80). Seit dem 14. Jahrhundert v. Chr. stellten die Ägypter selbst Elektronlegierungen mit einem Silberanteil von 14 bis 22 Prozent her. Offensichtlich ist »Blaßgold« besonders beliebt gewesen.

Die Arbeitswelt der ägyptischen »Industrie«-Arbeiter

Die Autoren sind nicht müde geworden, immer wieder hervorzuheben, daß in Ägypten »der Stock des Aufsehers« die »Kranken, Weiber und Greise« zu allen Zeiten unerbittlich zur harten Arbeit in den nubischen Goldbergwerken angetrieben habe, in denen sie schließlich unter den Anstrengungen »den Tod fanden, der ihnen längst als das einzig Wünschenswerte erscheinen mußte«.[46] Zweifellos haben solche Verhältnisse im Bergbau seit dem Beginn der Ausbeutung der Sinai-Gruben in allen Kulturen gelegentlich das Bild mitbestimmt. Die Skala der Beweise beginnt vielleicht schon bei den von Semempses-Semerchet am Sinai besiegten Beduinen. Über die fast 3000 Jahre später von Agatharchides stilistisch so überzeugend gezeichneten Verbrecher und Kriegsgefangenen[47] in den Bergwerken zur Zeit der Ptolemäer und über die in die Steinbrüche und Gruben arbeitenden Sklaven in der hellenistisch-römischen Zeit in Griechenland reicht sie zu den Christen, die von den Römern zur Arbeit im Bergbau verurteilt wurden. Aber es haben fast überall auch Zustände geherrscht, die keineswegs als grundsätzlich und überall als jederzeit verbindlich bezeichnet werden dürfen. Bei den von Agatharchides bemitleideten Menschen handelte es sich vorwiegend um Verbrecher, die strafweise in den Gruben arbeiteten. Und auch der Einsatz von Kriegsgefangenen zur Grubenarbeit hat eine jahrtausendealte Tradition.[48] Im Alten Reich wurden die ägyptischen Kriegsgefangenen nicht mehr (wie ursprünglich) getötet. Die Sieger ließen sie am Leben; aber dieses Leben war hart und stand unter dem Zeichen der strafenden Feindschaft, wie auch das »skr nh« (gefangener Feind) soviel wie »lebendig Erschlagener« bedeutete. Ob diese Kriegsgefangenen nun Sklaven wurden und als solche in den Bergwerken arbeiten mußten, ist nirgendwo bezeugt. Überhaupt fehlen diesbezügliche Quellen bis zur Zeit des Neuen Reiches. Bislang gibt es keine eindeutigen Hinweise dafür, daß die Sklaven im Alten Reich und im Mittleren Reich (2040 bis 1650 v. Chr.) von den Königen zur Grubenarbeit herangezogen worden sind.

Neben schweren Leibesstrafen, Züchtigungen und Verbannungen zu Arbeiten in Arbeitskolonien wie nach Sile an die Delta-Ostgrenze, in die libyschen Oasen und vielleicht auch in die Bergwerke der östlichen Wüste wurden den ägyptischen Sträflingen zusätzlich die Nase oder die Ohren abgeschnitten. Abschneiden der Ohren und »Verschiebung der Grenzsteine« als Zwangsarbeit – gewöhnlich auf Lebenszeit – mußten auch schuldige Beamte durch Dekret Sethos' I. auf sich nehmen, wenn sie gegen Anordnungen verstoßen, falsche Eide geschworen oder Vertrauensbruch begangen hatten. Hochangesehenen Beamten, wie zum Beispiel einem »Schatzhausvorsteher«, wurden im Neuen Reich Amtsverfehlungen als »Todesverbrechen« vorgehalten, die darin bestehen konnten, nur über Untergebene in mißbräuchlicher Weise verfügt zu haben. Auch das widerspricht jenen durchweg unbewiesenen Behauptungen, die das Dasein der ägyptischen Bergarbeiter in der Antike als grundsätzlich unerträglich darstellen. Hätten neben gefangenen Feinden ausnahmslos Verbrecher und aus anderen Gründen schwer Bestrafte im Bergbau gearbeitet, hätte es in den Gruben besonders viele verstümmelte Menschen gegeben. Das aber ist nirgendwo bezeugt. Die Osarsephossage erzählt zwar, daß Amenophis III. 80 000 Aussätzige und Unreine in die östlichen Bergwerke zur Arbeit geschickt habe; aber sie stellt diese Maßnahme keineswegs als Strafe, sondern ausdrücklich als die Befolgung eines Orakelspruches hin. Noch ist unsicher, ob in den Bergwerken der Strafkolonie Kusch besonders Sträflinge gearbeitet haben; ein entsprechendes Dekret für die Zeit des Neuen Reiches (1551 bis 1070 v. Chr.) läßt sich dafür jedenfalls nicht vorweisen. Vorhanden allerdings sind Gerichtsprotokolle[47] von Zivilrechtsverfahren, aus denen (wie zum Beispiel vom Prozeß des Schatzhausschreibers Mes aus der Zeit Ramses' II. gegen Chaj) hervorgeht, daß die Zeugen unter der Belehrung schworen, bei nachweislich falschen Aussagen Nase und Ohren abgeschnitten zu bekommen und nach Nubien – zweifellos zur Arbeit im Bergbau – verbannt zu werden.

Daß andererseits gefesselte Bergleute[50] unter Tage unmöglich ertragreich arbeiten konnten, ist selbstverständlich, zumal die (verschiedentlich näher beschriebenen) Stollen meistens eng waren und den Quarzadern in tiefen Windungen in die Berge hinein folgten. »Noch nicht erwachsene Knaben«, überlieferte Diodor (III, 13,1), »tauchen hinunter bis zu ausgehauenen Örtern durch die Stollen, holen unter großen Anstrengungen den in kleinen Brocken zerschlagenen Felsbruch herauf und fördern ihn am Mundloch ans Tageslicht.«

Wahrscheinlich ist das nubische Gold in der Frühzeit zunächst besonders mit Hilfe von eingeborenen Hamiten und Sklaven gewonnen worden. Die Bedeutung der reichen nubischen Goldvorkommen für die planmäßige Unterwerfung und Ägyptisierung Nubiens dürfte bereits seit der 1. Dynastie außer Frage stehen. Schon in frühgeschichtlichen Gräbern fanden sich Schmuckgegenstände aus Elektron, dessen Herkunft aus Nubien allerdings nicht nachgewiesen werden kann. Die zunächst außerhalb des ägyptischen Staatsgebietes liegenden Goldgruben von Umm el Garajat haben bald zur Unterwerfung Nubiens bis zum zweiten Katarakt und seine planmäßige Sicherung durch die Könige der 12. Dynastie geführt, aus der sich besonders Sesostris III. durch die Einverleibung ganz Unternubiens hervortat. Unter Thutmosis III. wurden die Grenzen selbst bis über den 4. Katarakt hin ausgedehnt, so daß Nubien, das nie ganz in das ägyptische Reich integriert wurde, sogar eine eigene Verwaltung unter der Leitung eines Vizekönigs mit dem Titel »Königssohn von Nubien«, »Vorsteher der südlichen Länder« oder »Vorsteher der Goldländer« erhielt. Und von den Königen der 18. Dynastie (1551 bis 1306 v. Chr.), denen auch die Herrscher der 19. Dynastie (1306 bis 1186 v. Chr.) zugeordnet werden dürfen, konnte Hermann Kees mit Recht sagen, daß ihre Politik bereits bemerkenswerte Ansätze zeigte, »in ganz moderner Weise durch ›Gold‹ lebendige Kräfte im Ausland sich dienstbar zu machen zur Entlastung des eigenen Landes von der Kriegsfron«.[51] Wie später zum Beispiel das Festungsdreieck Sunion-Thorikos-Anaphlystos im Laureion in Attika als »Bergwerkswächter« fungierte, so sind auch in Unternubien, allerdings schon sehr viel früher, die Festungsbesatzungen von Kubban auf dem östlichen und die von Koschtamne auf dem westlichen Nilufer mit der Überwachung des Tores zum Bergwerksgebiet im Wadi Alaki betraut worden. Erst im Neuen Reich haben die Pharaonen wohl auch Kriegsgefangene zur Arbeit im Bergbau herangezogen. Und in der Ptolemäerzeit, sieben Jahrhunderte später, dürften schließlich auch alle diejenigen in die Bergwerke geschickt worden sein, die Agatharchides dort gesehen haben will. Es ist allerdings schwer zu entscheiden, was das für Leute waren, die »sich auf üble Verleumdungen eingelassen« hatten – und wen sie je »verleumdet« haben mögen. Deutlicher treten die Konturen derjenigen hervor, die »auf Grund von Wutanfällen in Gewahrsam genommen wurden« und durch ihr unsoziales Verhalten verschuldeten,

daß – nach Agatharchides – sogar auch ihre Verwandten zur Arbeit in die Bergwerke gehen mußten.
Die Expeditionen waren beschwerlich. Die Wege zu den Gruben führten durch nahezu unzugängliche, gebirgige Steinwüsten, über denen bei Tage auch zur sogenannten »rechten Zeit« (am Sinai war es die Zeit zwischen Januar und Frühsommer) eine unerträgliche Hitze und in den Nächten eine eisige Kälte lag. Ebenso groß wie Unbill und Strapazen aber war zuweilen auch der personelle Aufwand bei der Ausrüstung von Bergwerks-Expeditionen. Im zweiten Jahre Amenemhets III. (1837 bis 1789 v. Chr.) befand sich zum Beispiel eine Expedition mit angeblich 734 Soldaten,[52] vermutlich eher in der Funktion als »Arbeiter Seiner Majestät« als in der von Kriegern und Bewachungsmannschaften, mit Bergarbeitern, Schreibern, Priestern und Ärzten, mit Bildhauern und mit Chenti-Cheti-Hotep, dem »Schatzmeister des Gottes« und »Kabinettvorsteher des Schatzhauses«, im Wadi Maghara auf der Sinaihalbinsel, um Kupfererze und Türkise zu holen. Nur während weniger Monate ließ das Klima die Arbeit in den Gruben zu, die immer wieder schon Opfer forderten, bevor die Expeditionen überhaupt an Ort und Stelle waren. Aber die Könige haben sich darum bemüht, den natürlichen Schwierigkeiten zu begegnen. Daß dies auch mit Erfolg geschah, soll beispielsweise eine Inschrift bezeugen, die noch ungefähr 200 Jahre älter als die Inschrift des Chenti-Cheti-Hotep aus der Frühzeit Amenemhets III. ist und wie folgt lautet: »Die Soldaten gingen, ohne einen Verlust zu erleiden, kein Mann [von insgesamt 3000] kam um, keinem Esel wurde der Rücken gebrochen, kein Handwerker verunglückte.« Gelang es, die Expeditionen hinreichend mit Wasser zu versorgen, durfte auch damit gerechnet werden, daß sie mit reicher Ausbeute heimkehrten. So besagt eine Inschrift an der Wand des Sethos-Tempels im Wadi Abbad, daß König Sethos I. sich besorgt gefragt habe: »Wie schlecht ist doch ein wasserloser Weg! Was wird denn aus denen, die ihn entlang ziehen? . . . Womit kühlen sie ihren Hals? Womit löschen sie ihren Durst, da das Land fern und die Wüste weit ist . . .? Wie soll ich für sie sorgen und ihnen die Möglichkeit zum Leben geben? Wehe über einen Menschen, der durstig ist in der Wüste. Seine Majestät beschließt daraufhin, einen Brunnen zu graben: Wohlan! ich will etwas für ihr Wohlergehen tun, damit sie meinem Namen danken, nach den Jahren, die da kommen.«[53]

Auch von Ramses II., dessen Gold-Expeditionen wohl nicht immer so glücklich gewesen zu sein scheinen, wie die Inschriften bekunden sollen, wird gleiches auf einer Stele berichtet, die er bei Kubban hatte errichten lassen. Ramses habe dagestanden, wird dort behauptet, habe an die Länder gedacht, aus denen man das Gold brachte, und Pläne erwogen, wie man auf den wasserarmen Wegen Brunnen für Menschen und Tiere graben könnte: »Denn er hatte gehört«, daß es »zwar viel Gold im Lande Ekajate« gäbe: »aber auf dem Wege dahin ist kein Wasser; gehen einige von den Goldwäschern dort hinauf, so gelangt nur die Hälfte dorthin. Sie sterben vor Durst auf dem Wege, samt den Eseln«, und eben wegen des Wassermangels werde kein Gold aus diesem Lande gebracht. 120 Ellen (45 m) tief hatte Sethos I. einen Brunnen graben lassen;[54] er »wurde aber liegen gelassen, und es kam kein Wasser aus ihm.«[55]

Deutlich zeigt die Kubban-Stele des Ramses, daß die Könige gezwungen waren, den Bergarbeitern ein erträgliches Leben zu gewährleisten, wenn sie nach den strapaziösen Märschen in den Gruben (und im Wadi Fawachir auch im Tagebau) noch Gold gewinnen sollten. Der Bedarf an Bergarbeitern hätte nicht leicht gedeckt werden können, wenn sie rücksichtslos verbraucht worden wären. Nach Angaben von Diodor sollen die nubischen Goldgruben zur Zeit Ramses' II. jährlich eine Ausbeute gebracht haben, die heute mit rund 31 Milliarden 680 Millionen DM angesetzt werden kann. Auch das empfahl eine »gute Behandlung« der Bergarbeiter, die außerdem am Sinai durchaus dazu in der Lage waren, zu den sinaitischen »Asiaten« zu entfliehen, wie die Einheimischen in den Inschriften genannt werden. Eine Inschrift,[56] wohl aus der Zeit Amenemhets III., läßt vermuten, daß die Pharaonen den von Semempses bis Ramses VI. um 1150 v. Chr. aufrechterhaltenen Kupfererz- und Türkis-Bergbau[57] am Sinai nicht durchgehend betrieben, sondern die Expeditionen nach vorherigen »Abkommen« mit den jeweiligen Stammesfürsten als den – in den meisten Fällen wohl recht machtlosen – »Besitzern« der Gruben, nach dorthin entsandten. Dabei jedoch haben nicht die »Asiaten«, die inschriftlich – wie zu vermuten ist, als Bergbautechniker – erwähnt werden, die schweren bergmännischen Arbeiten unter Tage zu leisten gehabt, sondern das Aufgebot der Ägypter, deren Aufmerksamkeit also immer darauf gerichtet sein mußte, die Hauer, Förderleute, Grubenschmiede und anderen Handwerker bei Kräften zu erhalten. Eine Inschrift aus der Zeit Amenemhets III. nennt neben 209 Mann ausdrücklich 10 »Asiaten«, eine andere aus der gleichen Zeit zählt 30 Bauern, 20 Ruderer, 14 Zimmerleute (möglicherweise Bergleute), 200 Steinmetzen und 20 »Asiaten« auf. Heute ist allerdings nicht mehr genau festzustellen, unter welchen Verhältnissen die Bergarbeiter, Fronarbeiter, Hörigen, Kriegsgefangenen und (vor der Zeit des ptolemäischen Ägypten) wahrscheinlich auch Freiwilligen gearbeitet haben. Die von ihnen in den Gruben im 16. und 15. Jahrhundert v. Chr. hinterlassenen Schriftzeichen, die als »Sinai-Schrift«[58] und als Vorläuferin unseres Alphabets in die Kulturgeschichte eingegangen sind, reichen zur Klärung dieser Frage nicht aus. Drei wesentliche Momente aber bekunden sie: Die dort arbeitenden Bergleute waren schriftkundig, sie verfügten über ein bestimmtes Maß geistiger Selbständigkeit und bezogen sich in der Sinai-Schrift unter selbstbewußter Nennung der Namen – trotz vieler anders lautenden Urteile[59] – mit Sicherheit auf ihre Arbeit im Bergbau. Darüber kann es keine Zweifel mehr geben.[60]

Jene Bergarbeiter sind gewiß keine in Ketten unter Tage sich pausenlos bis zur »Erlösung« durch den Tod quälenden Menschen gewesen. Differenziert waren die einzelnen »Berufe« innerhalb der mit der Verhüttung und Verarbeitung der Bodenschätze beschäftigten Arbeiter und Handwerker, die sogar Verbänden und Berufsgenossenschaften angehört zu haben scheinen. Da gab es beispielsweise die allerdings nur für »Goldarbeiter« bezeugten Titel: Arbeiter, Oberarbeiter, Vorsteher der Goldschmiedewerkstätten, Obergoldfeinmacher, Graveure und deren Aufseher, Juweliere und Oberjuweliere, Vergolder und Obervergolder, Goldwäscher, Goldschläger, Goldgießer und Goldschmiede, die selbst einen Anspruch auf Urlaub gehabt haben dürften. So ist zum Beispiel auf der Wand eines Grabes aus der Zeit Sethos' I. oder Ramses' II. das Urlaubsgesuch eines Goldschmiedes erhalten geblieben, das an den Wesir Psj-wr gerichtet war, in dessen Diensten jener Schmied gestanden hat. »Amun stärke den Pharao«, wünschte der Urheber des Schreibens, der durch die Fügung des Pharao in der »Gunst« des Wesirs zu bleiben hoffte, »damit er [der Wesir] mir gebe meinen Urlaub, um den Amun zu sehen.«[61] Es ist unmöglich, die Ansicht von Erman und Ranke zu teilen, die in dem Urlaubsgesuch eine Einschränkung der persönlichen Handlungsfreiheit sehen wollen.[62] Auch heute darf kein angestellter Handwerker seine

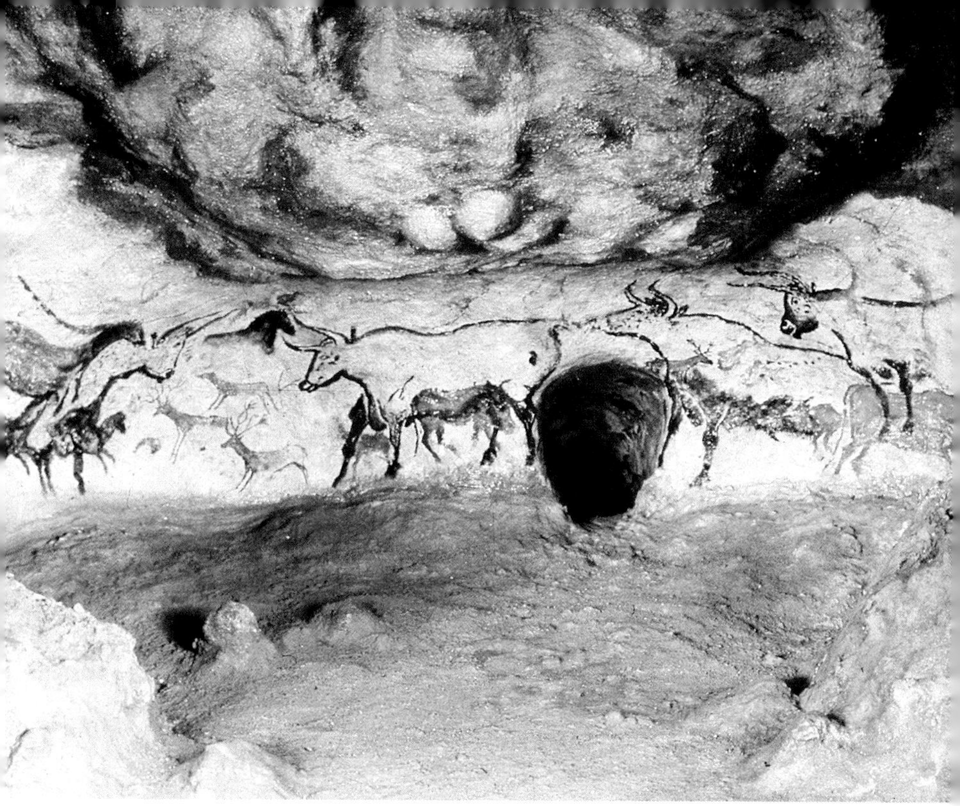

Oben: Höhlenmalerei aus der 1940 entdeckten Höhle von Lascaux in Frankreich. Die vor mehr als 20 000 Jahren geschaffenen Bilder wurden mit schwarzer Manganerde und mit dem sehr eisenhaltigen gelben und roten Ocker gemalt. Die erstaunlich farbenprächtig erhaltenen Bilder dürfen als die ältesten Zeugnisse der ersten Benutzung der Bodenschätze durch den Menschen angesehen werden. Bildausschnitt: 300 mal 225 cm.

Rechts: Assyrische Erz- oder Steinträger. Nachzeichnung nach einem Relief aus Ninive.

Oben: Ausschnitt aus dem um 850 v. Chr. geschmiedeten Bronzetor vor dem Palast von König Salmanassar III. in Balawat (Assyrien).

Links: Teilansicht des Schwarzen Obelisken Salmanassars III. im Britischen Museum in London. König »Jehu, der Sohn Omris«, König von Israel, wirft sich vor dem assyrischen König nieder. Seine Begleiter bringen dem Assyrerkönig Bodenschätze dar. Kalkstein: 2 m hoch. Nimrud, 841 v. Chr.

60 cm hohes Relief aus der Zeit um 3 000 v. Chr. vom Wadi Maghara auf der Sinaihalbinsel. Es zeigt den ägyptischen König Semempses Semerchet, der seine Keule über einem knienden Beduinenfürsten schwingt. Die Beduinen waren im »Besitze« der Kupfergruben auf dem Sinai. Die Ägypter machten sie ihnen mit Waffengewalt streitig und beuteten sie (von da ab bis zu Ramses VI. um 1150 v. Chr.) aus. Das Bild ist zugleich auch das erste kulturgeschichtliche Zeugnis und »Denkmal« für die gewaltsame Unterwerfung von Völkerschaften, die unterworfen wurden, nur weil sich in ihrem Territorium Bodenschätze befanden.

Um 2320 v. Chr. geschaffenes, 1,77 m hohes Standbild von König Phiops I. aus der 6. Dynastie in Ägypten. Die aus Hierakonpolis stammende Königsgestalt wurde aus Kupferblech getrieben. Einzelne Teile wurden gegossen. Kupfernägel hielten die zusammengenieteten Metallteile an einem Holzkern fest.

Arbeitsstelle nach eigenem Ermessen ohne Erlaubnis verlassen, um etwa an Feiern teilzunehmen, die außerhalb der gesetzlichen Ruhe- und Feiertage begangen werden.

Rechte der Arbeiter

Ein ganz besonders aufschlußreiches Zeugnis über die Arbeitsverhältnisse der ägyptischen Arbeiter im Altertum bildet eine rohe Kalksteintafel, die sich im Britischen Museum in London befindet. Fein säuberlich hat dort die Hand eines Vorarbeiters, eines »Großen des Trupps«, 43 Namen von Arbeitern und deren jeweilige Arbeitsleistungen notiert. Bemerkenswert erscheinen dabei die angeführten Entschuldigungsgründe für Arbeitsversäumnisse: »krank«, »vom Skorpion gestochen«, »dem Gott opfern«, und selbst das Unwohlsein der Frau oder der Tochter galt als hinreichender Grund zum Fernbleiben von der Arbeit, die einige sogar einen halben Monat hindurch versäumten. Manchmal findet sich auch nur der mit roter Tinte geschriebene lakonische Vermerk: »faul«. Jenem schriftkundigen Vorarbeiter, der in der Zeit Ramses' IX. (1142 bis 1123 v. Chr.) lebte, verdankt die Nachwelt einen Blick hinter den Schleier der Vergangenheit, der die Totenstadt Theben (heute: Luxor) und ihre alten Gräber zudeckt. Mit Metallarbeitern, Steinmetzen, Tischlern und anderen Handwerkern ist dieser Arbeiter-Chronist seinem Tagewerk hinter den Mauern Thebens nachgegangen. Er überliefert unter anderem, wie oft die Arbeiter »müßig« gewesen seien und wann sie »gearbeitet« hätten. Ihre Fische und Hülsenfrüchte, ihr Fett und Bier, ihr Getreide und das Brennholz sind ihnen jederzeit ausgehändigt worden, wenn dies zuweilen wohl auch mit orientalischer Unpünktlichkeit und Saumseligkeit geschehen zu sein scheint; aber prinzipiell ist die Versorgung doch offenbar von der Arbeitsleistung unabhängig gewesen. Überlieferte Beschwerdetexte bekunden allerdings, daß die Arbeiter verschiedentlich Klage geführt haben, weil der Proviant zu spät angeliefert worden ist. Das Recht zur Beschwerde bei Unregelmäßigkeiten erscheint bereits bemerkenswert. Doch den Handwerkern hat offensichtlich sogar das Recht zum Streik zugestanden.

Selbstbewußt erklärten sie auf eine Aufforderung, die nach der Verzögerung der Verpflegungslieferung niedergelegte Tätigkeit wieder aufzunehmen: »Wir werden nicht kommen, sage nur deinen Vorgesetzten: ›Wahrlich, wir haben [die Mauern] nicht [nur] wegen unseres Hungers überschritten. Wir haben ein großes Wort zu sagen: Wahrlich, an dieser Stätte des Pharao wird Böses getan.‹«[63] Ihr Streik, der erste nachweisliche Streik in der Geschichte überhaupt, blieb nicht ohne Erfolg. Lebensmittel und Brennholz wurden geliefert, die Mißstände behoben. Es ist nicht bezeugt, daß den Handwerkern Nachteile aus ihrem Verhalten erwachsen sind. Vielmehr sind sie sogar vor die Gerichte gegangen, die ihren Klagen stattgegeben haben, und auch in solchen Fällen beharrten die Arbeiter vor den Schranken des Gerichts darauf, daß in Theben »Böses« geschehen sei. Befanden sie sich im Recht, durften sie hoffen, selbst einflußreiche Gegner mit Hilfe der Gerichte davon abzuhalten, ihnen Unrecht zu tun. »Nimm mich nicht vor das Gericht«, bat der »Vorsteher« einer Rinderherde einen Hirten namens Thutmose, dem er einen ihm zustehenden Esel vorenthielt. Mehrfach sollen die Steinmetzen im Jahre 1169 v. Chr., zur Zeit Ramses' III., die Lieferung der Lebensmittel durch die Niederlegung der Arbeit erzwungen haben.

Das Urteil Ermans und Rankes über die Situation der Arbeiter im alten Ägypten stimmt zuletzt doch nicht mit dem Bild überein, das Agatharchides vom Bergmann der ptolemäischen Zeit skizzierte; aber Erman und Ranke lassen Agatharchides dort gelten, wo der Bergmann vor Ort – auch des Pharaonenreiches – gemeint ist. Ihr Fazit: Die Arbeiter »spielen in Ägypten die Rolle des Proletariats. Indes darf man sich ihr Leben nicht gar zu elend vorstellen. Im Gegenteil, der Arbeitsmann hat seine Frau oder häufiger eine Freundin, die mit ihm in wilder Ehe lebt, er hat ein Haus, das freilich zuweilen in der Totenstadt liegt, und er hat manchmal sein eigenes Grab. Er besitzt eine gewisse Bildung, er kann oft lesen und schreiben...«[64]

Wie einige dieser ägyptischen Arbeiter und Handwerker schreiben und lesen konnten, so war diese Fertigkeit auch den Bergarbeitern des 16. und 15. Jahrhunderts v. Chr. bekannt, die unter ägyptischer Regie in den Sinai-Gruben arbeiteten. Von ihren Kollegen, den Metallarbeitern, von denen mindestens einer nachweislich sogar einen Priestertitel führte,[65] und von den Steinmetzen ist überliefert, daß sie sich auf ihre Rechte (?) beriefen, daß sie der Arbeit fern blieben, daß sie streikten und daß sie über ein akzeptiertes Eigentum verfügten. Die Arbeiter waren in Trupps eingeteilt, in »Mannschaften«, die ihre Arbeit unter der Leitung relativ mächtiger Vorarbeiter verrichteten, die wohl auch manchmal, wie zum Beispiel im Falle des besonders verruchten Panebi aus der Zeit Sethos' II., »großzügig« in ihre eigene Tasche wirtschafteten, Diebstähle begingen, die Untergebenen tyrannisierten und sich wegen Nötigung zu verantworten hatten.[66] Wilsdorf möchte in den mit Vorliebe gewählten Bezeichnungen »junge Mannschaft« und »jugendlicher Arbeitertrupp« für die Fronarbeiter seit dem Mittleren Reich »eine unermeßliche Tragik zerstörter Lebenshoffnungen und Berufsneigungen, unterdrückter Persönlichkeitsentwicklungen und Freiheitsgedanken«[67] sehen. Zweifellos ist eher das Gegenteil anzunehmen. Stolz betont zum Beispiel Thothotep von Hermopolis im 19. Jahrhundert v. Chr. in einer Inschrift seines Grabes,[68] daß er den »viel schwieriger als sonst« zu leistenden Transport der 13 Ellen hohen Alabasterstatue für seine eigene »untere Grabkapelle« mit Trupps seiner »jungen Mannschaft« bewältigte, mit Nekropolenarbeitern und Steinmetzen, die bei ihrer Ankunft vom Steinbruch in Hatnub (»Goldhaus« bei Assuan, landeinwärts vom späteren Tell Amarna) von den »versammelten Stadtleuten« freudig begrüßt worden seien. Ebenso hat auch der »populär« gewordene Gaufürst Ameni von Beni Hasan es für wesentlich gehalten zu überliefern, daß er 400 Mann zur Begleitung einer Bergwerksexpedition ausschließlich »aus den Kindern« seines Hauses, aus dem Personal seines Tempels und »nicht aus einem anderen Trupp«[69] genommen habe, um nach der Teilnahme am Feldzug Sesostris' I. zusammen mit dem Sohn des Königs den »Goldbruch« aus Nubien heraufzuholen. Selbst die Dämonen, die nach der ägyptischen Mythologie das Sonnenschiff über Nacht durch die Unterwelt zogen, wurden in Ägypten als Mannschaft, als »Trupp« gedacht. Der arbeitende Mensch konnte sich selbst auch nur als sinnvoll in eine solche Ordnung eingefügt begreifen. Als Einzelperson galt er nur vor dem Gericht, dem er mit seinem eigenen Namen zugleich auch den Titel und Namen seines Vorgesetzten zu nennen hatte.

Leibeigene

Neben den freien und halbfreien Fronarbeitern gab es die Masse der mit Brandstempeln gezeichneten Leibeigenen. Sie waren straff wie Militär organisiert, als dessen Bestandteil sie nach Erman-Ranke »auch geradezu« galten – und verrichteten ihre Arbeiten unter der Aufsicht von Offizieren, die aus ihren eigenen Reihen genommen wurden. Häufig füllten Kriegsgefangene die Reihen der Leibeigenen auf. Verächtlich blickten die Schreiber auf sie wie auf Ochsen und Esel herab. Auf alten ägyptischen Bildern sitzt über den Leibeigenen der Aufseher, der ihnen und den Sklaven zu verstehen gibt: »Mein Stock ist in meiner Hand, seid nicht müßig!« »Faul seid ihr, faul« (2. Mose 6,17), »gehet nun hin und frönet« (18), mußten auch die von den Ägyptern eingesetzten »Amtleute« der »Kinder Israel« vom Pharao hören, als sie bei ihm Klage führten, daß die Juden von ihren Aufsehern geschlagen worden seien. Es ist daher schwierig, allein aus bildlichen Überlieferungen etwa den sozialen Status der jeweils dargestellten Personen abzuleiten. Große Ansammlungen von Leibeigenen, beim Tempel von Theben am Ende des Neuen Reiches allein mehr als 80000, mußten straff geleitet werden. Doch es ist bezeugt, daß die Metallhandwerker unter ihnen Begünstigungen erfuhren, die denen der Handwerker aus den Arbeitstrupps ähnlich gewesen sein dürften. Zwar läßt sich heute nicht mehr feststellen, wieviel Handwerker von den Tempeln als Hörige oder Sklaven in das Tempelvermögen einbezogen wurden, ob und in welchem Maße sie in den Tempeln als »Lohnarbeiter« arbeiten konnten und ob ein wesentlicher Unterschied zwischen den Handwerkern der Arbeitertrupps und denen der Leibeigenen innerhalb der Bediensteten der Tempel und Friedhöfe gemacht worden ist; aber es ist sicher, daß die Tempel ihre Handwerker auch aus den Reihen der Leibeigenen rekrutierten, wie es zum Beispiel im Falle des Metallarbeiters Pichare geschehen ist, der dem Amuntempel gehörte. Normalerweise hatten sie die einfacheren Arbeiten zu verrichten: Fische fangen, Holz zerkleinern, Futter für das Vieh besorgen, Wasser tragen und ähnliche Tätigkeiten mehr. Die bevorzugte Handwerkstätigkeit oblag gewöhnlich den Angehörigen der Arbeitertrupps.

Die Fragen nehmen kein Ende; die Antworten bleiben unbefriedigend. Wir wissen heute nicht einmal, welcher Herkunft die Fronenden waren, welche Arbeitszeit sie einzuhalten hatten, welches Entgelt sie bekamen und wieviel Freizeit ihnen zur Verfügung gestanden hat. Als sicher darf lediglich gelten, daß die Metallarbeiter bevorzugt wurden, und vielleicht auch die Hüttenleute und die Bergarbeiter vor Ort (und unter ihnen am ehesten wahrscheinlich die Arbeiter im Golderzbergbau), zu denen in der Antike ja auch all jene Berufe gehörten, die das gewonnene und geförderte Gut verarbeiteten, gleichviel ob sie ihrer Arbeit als freie Lohnarbeiter, als fronende Mitglieder der Arbeitertrupps oder als Angehörige der leibeigenen Handwerker der Tempel und Friedhöfe nachgingen. »Wir müssen uns damit abfinden, über die wirtschaftliche Lage des Bergmanns, über seine ›Einkommensverhältnisse‹ gar nichts sagen zu können. Selbst die soziale Stellung ist nur mit Vorbehalt zu umschreiben, doch ist hier manches deutlicher... Eine Differenzierung der ›Bergleute‹ ist unter den Pharaonen kaum greifbar, – im Gegensatz dazu steht die Abstufung der ›Hüttenmänner‹.«[70] Zwanzig Abstufungen »amtlicher Titel« weist Helmut Wilsdorf allein für die Arbeiter im Rahmen der Goldaufbereitung und Goldverarbeitung nach.[71]

Die bildende Kunst als historische Hilfswissenschaft

Als ein wesentlicher Faktor zur Fixierung der Stellung der ägyptischen Metallarbeiter im Altertum bietet sich die bildende Kunst an, wenn sie in der Literatur bislang auch noch kaum als entsprechendes Kriterium ausgewertet worden ist. Ein stilistisches Gesetz der ägyptischen Kunst verlangte bei der Darstellung von Personen beispielsweise, daß ein vorgestreckter Arm oder ein vorangestelltes Bein stets nur die Gliedmaßen auf der Seite der dargestellten Person abbilden dürfe, die dem Beschauer abgewandt erschiene. So konnte eine nach rechts blickende Person nur den linken Arm und das linke Bein vorstrecken.[72] Von Goethe ist bekannt, daß er in Weimar die Schauspieler ebenfalls anwies, sich in der gleichen Weise auf der Bühne zu bewegen. »Die ältesten Denkmäler zeigen die Menschen mit bald von vorn, bald von der Seite gesehenen Oberkörpern, ohne Unterschied

– jetzt ist das anders geworden. Nur das gemeine Volk darf im Profil erscheinen. Der König dagegen und seine Beamten müssen mit von vorn gesehenen Schultern gezeichnet werden, und auch im übrigen in der Ansicht, die von nun an für vornehme Ägypter als die allein schickliche angesehen wird.«[73] Arbeiter auf dem Felde, Holzfäller, Maurer, Hirten, Melker, Gärtner, Lederarbeiter, Sargtischler, Viehtreiber, Worflerinnen, asiatische Gefangene und Negersklaven: sie durften beliebig dargestellt werden, vom Rücken her, mit perspektivisch gezeigten Armen und Beinen; aber die ägyptischen Aufseher, Beamten, Schreiber und Könige hatten in »würdiger« Haltung, stets »vorschriftsmäßig« zu stehen. In diesem Prisma nun sitzen und stehen auch die Metallarbeiter fast ausnahmslos »richtig« – und stets (im Gegensatz zu den sonst dargestellten Arbeitern und Handwerkern) edel und betont würdig. So verhält es sich zum Beispiel mit den Goldschmieden im Grab des Wesirs Rech-mj-Re auf der Westseite von Theben aus der Zeit um 1450 v. Chr., mit den Schmelzern und Gießern im gleichen Grabe, mit den Bedienungsleuten der Blasebälge und mit den Metallträgern, den Männern, die Gefäße ziselieren, polieren, Kupferkessel treiben und was die Metallarbeiter sonst immer auch auf den vielen anderen Zeichnungen und Malereien tun mögen. Abweichungen sind Ausnahmen. Zufällig ist dies gewiß nicht geschehen. Fraglich ist, ob die Künstler es sich leisten durften, die Metallarbeiter so bevorzugt zu verewigen, nur weil sie selbst sich häufig lediglich als besonders begnadete Kollegen der Goldschmiede verstanden.

Bemerkt wurde in der Literatur lediglich, beispielsweise von Wilsdorf, daß der mit einem Stock bewaffnete Aufseher bei zahlreichen bildlichen Darstellungen von Metallarbeitern fehlt, während er, wie im Grab des Ipw-im-Re, auf Bildern mit anderen Arbeits-Szenen stets zu finden ist. Daß die Tätigkeit der Metallarbeiter dagegen von Schreibern überwacht wurde, ist selbstverständlich – und bestätigt nur ihre Wichtigkeit, zumal dann, wenn es sich bei dem zu bearbeitenden Material um Edelmetalle handelte.

Zweifellos haben sich die Goldarbeiter in einer besonders günstigen wirtschaftlichen Situation befunden; aber ihre bevorzugte Stellung wird in der Literatur doch wohl überschätzt. Der Beruf der Goldschmiede war von dem der Metallarbeiter nicht zu trennen, zumal sie jeweils zugleich auch andere Metalle verarbeiteten.

Lohn und Stellung

Unbeantwortet muß offenbar auch weiterhin die Frage bleiben, wie der Bergmann vor Ort im Alten Reich genannt worden ist. Im Neuen Reich findet sich die Bezeichnung kwr-w und kr-w, wahrscheinlich für die Hüttenleute, die im Alten Reich als »Gold- und Erzschmelzer« bezeichnet wurden. Die unter Tage tätigen Hauer und Schlepper sind für uns namenlos geblieben. Dafür aber bekunden Inschriften zum Beispiel des Alten Reiches, daß die Arbeiter »zufriedengestellt« worden seien. »Jeder Mann, der dies [Grab] gemacht hat, der war niemals unzufrieden«, ließ der »Hausälteste« Meni aus dem späten Alten Reich auf der Scheintür seines Grabes vermerken, denn »jeden Handwerker und jeden Nekropolenarbeiter [Steinmetz], den habe ich zufriedengestellt.«[74] Und eine andere Inschrift betont wie zur Ergänzung: Die Arbeiter »haben es gemacht für Brot, Bier, Zeug, Öl und Korn.«[75] Selbst den Sklaven sind Löhne für die geleisteten Arbeiten gezahlt worden. Aber die Überlieferungen sind leider doch so lückenhaft, daß die Frage nach der sozialen Lage und nach dem Verdienst der Angehörigen der »Arbeiter-Trupps« unbeantwortet bleiben muß. Vereinzelte Inschriften bezeugen lediglich, daß die Sklavenhalter Sklavinnen anderweitig zur Arbeit vermieteten, wobei der Lohn jedoch ausdrücklich an die Sklavinnen gezahlt wurde, die sogar beschwören mußten, ihn nicht ihren Herren ausgehändigt zu haben. Nach Gardiners Feststellungen[76] erhielt eine Sklavin zur Zeit der 18. Dynastie für sechs Arbeitstage einige Gewänder und acht Ziegen; bei einer anderen Arbeitsleistung von nur vier Arbeitstagen ist sogar ein noch höherer Lohn gezahlt worden.[77] Sklaven- und Kriegsgefangenenarbeit ist, wie Kees festgestellt hat, im Neuen Reich durch je zwei »Ringe« (ein Metallwert) pro Tag aufgewogen und durch Stoffe, Ziegen, Korn und Silber vergütet worden.[78] Derartige Ergebnisse lassen allerdings nur Mutmaßungen zu, soweit es sich um die Situation der Bergarbeiter handelt; aber sie werfen noch einmal Fragen auf, die nicht einfach übersehen werden können. Es ist nicht festzustellen, welche Arbeit beispielsweise von den so ungewöhnlich gut bezahlten Sklavinnen geleistet wurde, was sie (wie hier) mit den Ziegen beginnen konnten, die ihr Herr ihnen nicht abnehmen durfte,

und welche Entschädigung der Eigentümer der Sklaven erhielt. Die Arbeit des Berg- und Hüttenmannes aber ist genau bekannt. Da der Berg- und Hüttenmann zu allererst Facharbeiter sein mußte, dürfte sein Lohn nicht schlecht gewesen sein. Von einigen Ackersleuten aus der Zeit der 19. Dynastie (nach 1306 v. Chr.) wissen wir aus einem erhalten gebliebenen Beamtenbrief, daß sie einfach davongelaufen seien, weil der Stalloberst Neferhotep sie geprügelt habe.[79] Den Metallarbeitern sind derartige Strafen nach den vorhandenen Quellen nicht zugemutet worden. Sicherlich dürfen die Grabmäler und Stelen[80] als Zeugnisse ihrer wirtschaftlichen Lage und gesellschaftlichen Stellung gewertet werden. Gelegentlich sind leitende Handwerker seit der 5. Dynastie (um 2460 bis 2320 v. Chr.), seit deren Ende die magisch gesehenen Zusammenhänge auch im Bildwerk zurücktraten, um dem Individuum einen angemessenen Platz einzuräumen, bis zur 12. Dynastie zusammen mit den Toten in den Gräbern dargestellt worden, die zu Lebzeiten reich waren. Ermans und Rankes These, daß die verschiedenen Handwerkertitel auf den Grabsteinen in Abydos als Hinweise auf eine selbständige handwerkliche Mittelschicht im Mittleren Reich angesehen werden müßten, scheint dadurch gestützt zu werden. Bis zur 6. Dynastie (2320 bis 2150 v. Chr.) sind selbst höhere Beamte auf Grabsteinen anonym geblieben. Erst seit dem Mittleren Reich haben es sich Goldschmiede, Metallarbeiter, aber auch Maler, Zimmerleute, Wäscher[81] und andere Handwerker leisten können, sich Grabsteine errichten zu lassen, auf denen ihre Namen und Berufe genannt wurden. Im Alten Reich jedenfalls sah es in dieser Beziehung durchaus nicht ungünstiger aus. »Ein echt patriarchalisches Verhältnis herrscht vor, das die sozialen Unterschiede ... in weitem Maße überbrückt«, stellte Junker 1949 nach Untersuchungen über das Alte Reich fest, »Angestellte und Diener werden im Grabe des Herren durch Bild und Namen, gelegentlich auch durch ehrende Beischriften verewigt ... Wie die Reliefs zeigen, konnten Handwerker die gleichgeartete Auszeichnung in Gestalt von Goldschmuck erhalten wie die hohen Beamten«,[82] so daß der Forscher zu dem Ergebnis kam: »Die humane Behandlung« galt als »das Erstrebenswerte, als Ziel«.[83]
Bereits von einem Vorsteher der Goldgießer unter König Mykerinos (um 2470 v. Chr.) existiert ein goldener Siegeszylinder. Ein Vorsteher der Goldschmiede der 12. Dynastie wurde angeblich schon in seiner

Kindheit als Sohn eines Vorstehers der Goldschmiede vom König belohnt und später in leitenden Stellungen beschäftigt. Ein ungewöhnliches Selbstbewußtsein hat die Inschrift jenes »Vorstehers der Künstlerschaft« des Mittleren Reiches diktiert, der sich selbst und seinem Sohne ein Denkmal (Louvre C 14) setzte. Außer ihm und seinem Sohne sei es nach seinen Bekundungen keinem Kollegen vergönnt gewesen, einen so trefflichen Farbenschmelz zu erfinden, Fluß und Proportionen der Bewegung im Material nachzuvollziehen und andere wesentliche »Erfindungen« zu machen. Von seinem Sohn sagt Irtjsn: »Kein anderer trat mit solchem hervor außer mir und meinem ältesten Sohn aus meinem Leibe. Hatte Seine Majestät etwas befohlen, was er anfertigen sollte, so trat er damit hervor, wobei ich Augenzeuge der Leistungen seiner beiden Hände war, wie ein Meister der Arbeit sie tut in allen edlen Werkstoffen, Silber, Gold, Elfenbein und Ebenholz.«[84] Und ein Vorsteher »der Goldschmiede des Königs« im Neuen Reich nennt sich gleichzeitig Vorsteher der Künstler in Ober- und Unterägypten und berichtet, daß er »die Geheimnisse in den Goldhäusern ... gekannt«[85] habe.

Spätestens seit dem Beginn des Neuen Reiches gab es Amunpriester mit dem memphitischen Hohenpriestertitel »Größter Leiter der Handwerkerschaft«. Die Hochschätzung und Anerkennung auch der gewöhnlichen Metallhandwerker scheint verbreiteter gewesen zu sein, als die schriftlichen Zeugnisse es zu belegen vermögen. Überliefert konnte ihr Ansehen primär nur durch die stolzen und selbstbewußten Schreiber werden, denen daran allerdings wenig gelegen haben dürfte. Beredt genug sind die zynisch-spöttischen Bemerkungen eines Schreibers aus der Zeit des Neuen Reiches. Hinter seiner überheblichen Meinung verbirgt sich zugleich auch seine nicht zu verleugnende Mißgunst gegenüber dem Metallarbeiter: »Nie habe ich den Schmied als Gesandten gesehen oder den Goldschmied mit einer Botschaft. Doch habe ich den Schmied bei seiner Arbeit gesehen, am Loche seines Ofens. Seine Finger waren [hart] wie ein Krokodil, und mehr als Fischrogen [als Abfall von Fischen?] stank er.«[86] Noch Diodor hielt die Kunst der Goldgewinnung für so bedeutungsvoll, daß er sie ausführlich schilderte.

Nackt unter Tage

Daß die Bergleute nicht ständig unter Tage bleiben mußten, wie Agatharchides erzählt, bezeugen die zum Teil noch heute nachweisbaren Bergarbeiterhütten in der Umgebung einiger alter Gruben, wobei allerdings die wichtige Frage offenbleibt, wieviel Bergleute jeweils in den einzelnen Hütten Unterkunft finden mußten. Sicherlich darf vermutet werden, daß die Hütten nicht zu stark belegt worden sind. Wegen der großen Hitze hatten sie nur wenige Räume. Sie konnten ohne großen Kostenaufwand erbaut werden. Steine gab es in den Grubengebieten in Hülle und Fülle. Nur gut ausgeruhte Hauer und Schlepper vermochten in der Hitze ertragreich zu arbeiten. Die im Wadi Fawachir aufgefundenen Ruinen von 1 300 Arbeiterhütten stützen die Richtigkeit dieser Auffassung offensichtlich. Eindeutig läßt sich andererseits die alte Behauptung widerlegen, daß die Arbeiter gezwungen worden seien, in den Gruben nackt zu arbeiten, weil ihre Herren ihnen nicht einmal einen »Lumpen zur Bedeckung der Blöße« gegönnt hätten. Bereits Wilsdorf wies darauf hin, daß die Bergleute es als eine Erleichterung ansehen mußten, in der großen Hitze nackt arbeiten zu dürfen.
Noch in der Neuzeit arbeiteten die japanischen Bergleute völlig nackt in den in größerem Umfange erst 1620 in Betrieb genommenen Goldbergwerken von Sado auf der Insel Hondo. Von ihnen aber ist aus meterlangen farbig gemalten japanischen Rollbildern bekannt, daß zur Erleichterung ihrer Arbeit unter Tage sehr viel getan wurde. Gerade weil jene Rollbilder nicht mehrere Jahrhunderte alt sind, wie der Freiberger Oberbergrat Emil Treptow 1904[87] irrtümlich behauptete, dessen Auffassung der 1967 verstorbene Bochumer Museumsdirektor Heinrich Winkelmann 1957 bei ihrer Beschreibung[88] gefolgt ist, sondern bestenfalls dem beginnenden 19. Jahrhundert angehören, erweisen sie sich als eine besonders gute Möglichkeit zur eindrucksvollen Konfrontation zwischen Altertum und Neuzeit. Im neuzeitlichen Bergbau in Sado gehörten zu einer Gruppe von Hauern vor Ort jeweils drei Mann, von denen einer oder zwei ständig auf einem Ruhelager aus Bambusrohren rasteten, um den bei der Erzgewinnung auf Rohrmatten sitzenden oder knienden Kollegen mit frischer Kraft ablösen zu können. Durch Handbetrieb in Bewegung gesetzte Venti-

latoren sorgten für die Bewetterung (Luftregulierung); hölzerne Kübel in Stollennischen enthielten Wasser, mit dem die auffallend kräftigen und ausgesprochen fettleibig dargestellten Bergarbeiter sich erfrischen konnten. Die Beschäftigung von Kindern im Bergbau ist sicherlich so alt wie der Bergbau selbst. Noch vor weniger als 100 Jahren arbeiteten Kinder (selbst unter acht Jahren) als Klaubejungen und Schlepper zum Beispiel in den englischen Bergwerken, und auch Frauen sind bis in die jüngste Zeit in die Gruben eingefahren, wo sie halbnackt als Schlepper tätig sein mußten. Heute noch ist die Arbeit im Bergbau unter Tage eine Tätigkeit, die Hunderttausende russischer Mädchen und Frauen leisten müssen. Die Arbeit im ägyptischen Bergbau war daher durchaus nicht »barbarischer« und »unkultivierter« als die Arbeit im Bergbau des 19. Jahrhunderts in England oder des 20. Jahrhunderts in der Sowjetunion.

Einflüsse der Religion

Auch die religiöse Auffassung der alten Ägypter scheint sich durchaus nicht mit dem Bild über die Lebens- und Erlebniswelt des ägyptischen Bergmannes und Metallarbeiters vereinbaren lassen zu wollen, wie es seit Agatharchides immer wieder als verbindlich gezeichnet worden ist. Die Ägypter glaubten an ein Fortleben nach dem Tode und an ein von Osiris in der Unterwelt geleitetes Totengericht, das alles Tun des Menschen – wie die »Weisheitslehre für König Merikare« aus der Zeit um 2000 v. Chr. lehrte – gerecht aburteilt. »Und die Ägypter sind auch die ersten«, meinte Herodot (II, 123), »die das sagen, daß die Seele der Menschen unsterblich ist, und wenn der Leib zerfällt, immer wieder in ein anderes Lebewesen übergeht.« Der Totenkult, die prunkvollen Grabstätten mit zahlreichen Reliefs und Malereien (nicht in perspektivischer Sicht), die Einbalsamierung[89] der Toten, die vielen »Vorschriften« und Verhaltensregeln für die Verstorbenen und zahlreiche andere Sonderheiten sind Folgen jener Vorstellungen.
Die Pyramidentexte, die Totentexte, die Sargtexte und das Buch der

Toten zum Beispiel korrespondieren mit den magischen Szenen der Totenversorgung auf den Reliefbildern in den Grabkammern. Reichhaltige Bilderchroniken sollten die Natur des Menschen durch die ins Jenseits transponierten Diesseitsregeln eines erfolgreichen Lebens objektivieren. Was hier gelang und geübt worden ist, sollte auch »dort« möglich werden. »Sieh sorgsam auf die Amtshalle«, so wird ein neu eingesetzter Wesir brauchgemäß vom König nach Texten (vermutlich) aus dem späten Mittleren Reich belehrt, »wache über alles, was darin geschieht, denn auf ihr beruht die Ordnung des ganzen Landes. Nicht süß, nein, etwas Bitteres ist das Amt des Wesirs, es bedeutet, Erz zu sein, das das Gold des Hauses seines Herren umschließt. Es bedeutet, sich nicht den Fürsten und Behörden zu neigen und keine Anhänger sich unter jeglichen Leuten zu schaffen.« Und weiter heißt es: »Es ist ein Greuel vor Gott, wenn man Parteilichkeit zeigt. Kommt ein Bittsteller irgendwoher aus dem Lande, so mögest Du ja zusehen, daß alles getan wird nach seiner Ordnung, indem man jedermann zu seinem Rechte verhilft. Ein Fürst steht in der Öffentlichkeit. Wasser und Wind berichten über alles, was er tut; niemals bleibt unbekannt, was von ihm getan worden ist. Die beste Schutzwehr für einen Fürsten ist es, der Vorschrift gemäß zu handeln ... Der Bittsteller, der beschieden worden ist, soll nicht sagen: Mir ist nicht zu meinem Rechte verholfen worden! Sieh denjenigen, den Du nicht kennst, den, der dem König nahesteht, wie den, der fernsteht. Ein Fürst, der so handelt, soll fest bleiben hier an diesem Platze. Übergehe keinen Bittsteller, ohne daß Du seine Rede anhörst ... Gerate gegen niemanden in Zorn ohne Grund; werde nur zornig um dessentwillen, weswegen man erzürnt sein muß. Zuviel Furcht zu schaffen ist unklug, und die Menschen sagen dann nicht: Das ist ein rechter Mann. Vor allen Menschen ist der Wesir derjenige, der Gerechtigkeit üben soll.« Und König Achthoes II. gab seinem Sohne Merikare (um 2100 v. Chr.) folgende Lehre mit auf den Weg: »Tue das Rechte, solange Du auf Erden weilst; beruhige den Weinenden, quäle keine Witwe, verdränge keinen Mann von dem Besitze seines Vaters, schädige die Räte nicht in ihrer Stellung. Hüte Dich davor, ungerecht zu strafen. Sei nicht böse; freundlich sein ist gut. Mache Dir ein dauerndes Denkmal durch deine Beliebtheit. Das gute Verhalten des Rechtschaffenen wird [von der Gottheit] lieber entgegengenommen als das Opferrind dessen, der Unrecht tut.«[90]

Auch Amenemope hat diese Lehre noch 1000 Jahre später beherzigt, wie seine glaubwürdigen Worte bekunden: »Laß nicht einen Zwiespalt sein zwischen Deinem Herzen und Deiner Zunge. So geschieht es, daß Deine Pläne glücklich geraten und daß Du wichtig bist vor der Menge. Und so bleibst Du unversehrt in der Hand Gottes: Gott haßt den, der heuchlerisch redet, und sein großer Abscheu ist der Widerspruchsvolle. Wenn Du einen großen Schuldenrückstand bei einem Armen findest, so teile ihn in drei Teile, davon laß zwei fallen – das wirst Du wie die Wege des Lebens finden. Als Menschenfreund gelobt zu werden ist nützlicher als Reichtum im Vorratshause.«[91]
Trotz der geschichtlichen Erfahrung, daß solche Postulate und sittlichen Forderungen nicht immer und überall unbedingt befolgt worden sein müssen, berechtigt uns heute nichts dazu, die Wahrhaftigkeit jener Glaubenswelt anzuzweifeln und einfach zu behaupten, daß die religiösen Normen nur um des »schönen Namens« willen[92] für den Totenkult formuliert worden seien.

Ägypten, das Land am Nil, hat immer abseits unseres Denkens gelegen. Selbst namhafte Ägyptologen mußten das eingestehen. Ägypten hat niemals dazu beigetragen, unser Weltbild so spürbar auszuformen wie Israel und Griechenland, wie die Bibel und die griechische Philosophie. In der ägyptischen Geschichte meint man bestenfalls würdige Beispiele dafür finden zu können, wie man inmitten einer reichen Welt das Dasein gestalten, wie man scheitern oder obsiegen kann. Dennoch haben die ägyptischen Erfahrungen und Kenntnisse im geistigen und praktischen Leben seit Moses, den ein andersgläubiger Pharao mit dem schwer arbeitenden Volk der Bibel nach Kanaan ziehen ließ, über die Griechen der hellenistischen Zeit hinaus auch auf die Vorstellungen des Abendlandes eingewirkt. Selbst in unsere Sprache sind ägyptische Wörter aus dem Raum des Bergbaus eingedrungen. Die mineralogischen Fremdwörter Amethyst, Basalt, Hämatit, Malachit, Natron, Onyx, Smaragd, Smirgel, Stibium und viele andere stammen von dort.[93] Mehr als 60 bergbauliche Ausdrücke ägyptischer Herkunft wie »reichhaltig«, »Fundgrube« und »zutage fördern« hat allein Wilsdorf zusammengetragen.[94]

Solange die ägyptischen Könige als Eigentümer des Bodens und seiner Schätze unter der Bindung eines wahrhaftigen Glaubens gestanden haben, dürfte auch das Leben derjenigen erträglich gewesen sein, deren Aufgabe es war, die Bodenschätze zu gewinnen. Wo immer die

Proklamation einer ethischen Zielsetzung ohne praktische Korrespondenz mit den tatsächlichen Verhältnissen bleibt, muß das gesetzte Leitbild zur bloßen Formel werden. Im alten Ägypten spielte die Priesterschaft eine einflußreiche Rolle. Die Könige haben sie zu schätzen und in ihre Dienste zu nehmen gewußt. Wie spätere Sagen erzählen, sollen bereits die »frommen« Könige der 5. Dynastie damit begonnen haben, die Tempel durch reiche Geschenke zu Wohlstand zu führen. Gelegentlich hat der Wohlstand einen solchen Umfang angenommen, daß einige Tempel sogar eigenes Militär unterhalten konnten. Mit dem Beginn der Eroberung der nubischen Gebiete mit ihren Goldschätzen durch die Könige der 12. Dynastie floß auch den Tempeln eine beträchtliche Beute zu. Ausdrücklich wurde der Oberschatzmeister Ischernofret von Sesostris III. zu dem Zweck nach Abydos gesandt, »sein Denkmal für seinen Vater Osiris, den Ersten des Westens, zu machen und die heilige Stätte mit dem Golde zu schmücken, das er [der Gott] Seiner Majestät in Sieg und Triumph aus Nubien hatte bringen lassen«.[95] Mit dem Reichtum aber ging die Wahrhaftigkeit des Glaubens vielfach dahin. Die Könige ließen sich seit der Ausbeutung der nubischen Goldgruben bereits zu Lebzeiten Tempel errichten. Der »gute Gott« erschien in einem neuen – aber trüberen – Licht, nachdem das Gold aus dem »elenden Nubien« seine Priester blendete. In dem gleichen Maße etwa, in dem die (Laien als Stunden-)Priester – wenn zunächst wohl auch nur mittelbar – an der Ausbeutung der Minen beteiligt waren, büßten sie auch an Würde ein. Sie selber hielten es allerdings auch nicht mehr für wesentlich, der Nachwelt auf Grabsteinen zu übermitteln, daß sie an einem Tempel gedient hatten, wie es im Kultus des Mittleren Reiches noch verbürgt ist.

Die Stiftungsgüter der »Gottesopfer« galten als königliche Privilegien. Die in den Tempeln tätigen Arbeiter blieben dem Staat gegenüber als Angehörige »geschützter« Berufe steuerfrei. Der Staat unterließ es, von den Gewerbetreibenden der Tempel Steuern zu fordern, die auf Grund eines königlichen Dekrets jedoch rücksichtslos in Form von Naturalabgaben eingetrieben worden sind. Der Amuntempel von Theben, der reichste unter ihnen, empfing an Abgaben von Untertanen gegen Ende des Neuen Reiches zum Beispiel 51,833 kg Gold, 997,885 kg Silber, 2 395,120 kg Kupfer, weitere 328,155 kg Silber aus dem Erlös für verkaufte Abgaben, 309 950 Säkke (?) Korn, 866 Rinder und 82 hölzerne Schiffe; 421 362 Stück Vieh gehörten ihm und 65 Ortschaften. Die große Stunde der Tempel begann. Während der 18. Dynastie erlebten sie ihre Blütezeit als wirtschaftliche Machtfaktoren. »Was Thutmosis III. dem Amon schenkte, läßt sich nach den Resten einer Inschrift in Karnak noch annähernd beurteilen: Felder und Gärten von den auserlesensten von Ober- und Unterägypten, hochgelegene Grundstücke, mit Fruchtbäumen bewachsen, Milchkühe und Rinder, Gold und Silber und Lapislazuli in Menge. Sodann gefangene Asiaten und Neger ...«[96] Nach dem »Großen Papyrus Harris«, einer 45 m langen Rolle und 79 großen Blättern mit Aufzeichnungen über die Schenkungen und Gunsterweisungen Ramses' III., verfügte zum Beispiel der Amuntempel von Theben nach den 31 Regierungsjahren des Ramses über 2 393 qkm Land, einer Fläche, die fünfmal so groß ist wie Paris. 81 322 Menschen standen dem Tempel zur Verwaltung und Bearbeitung zur Verfügung. Schiffe, Äcker, Werften, Gold, Silber und Kupfer gehörten den Tempeln in geradezu unwahrscheinlich anmutenden Mengen; die pflichtmäßigen Lieferungen ihrer Untertanen waren beträchtlich. Allein für den Tempel von Heliopolis mit 12 963 Menschen verzeichnete der Große Papyrus Harris unter anderem 53,351 kg Silber, 114,660 kg Kupfer, 1 019 Kleider, 2 385 Gefäße Wein und Most (?), 482 Gefäße Weihrauch, Honig und Öl, 177,35 kg Silber aus dem Erlös von verkauften Abgaben, 77 100 Säcke (?) Korn, 4000 Bund Flachs, 4 800 Bund Gemüse und 8 hölzerne Schiffe.

Zwar waren der Privatbesitz und alle Rechte als königliche Schenkungen oder Übertragungen der königlichen Rechte zu begreifen; aber das blieb ohne Einfluß auf die tatsächlichen Verhältnisse. Was hätten dem Tempel von Theben zum Beispiel die 46 Werften genützt, wenn er sie nicht genutzt, nicht Schiffe gebaut und instandgehalten hätte? Ähnlich verhielt es sich mit den 433 Gärten desselben Tempels und seinen 2 393 qkm Ackerland, das in eigener Regie bearbeitet worden ist. Da den Tempeln auch Metallarbeiter und die Erträge von Erzgruben übereignet wurden, muß als sicher gelten, daß sie auch selber Bergbau betrieben haben.[97] Zu den Königen, großen Feudalherren und Privatleuten, zu denen gelegentlich selbst die Finder von Hartsalz-, Phosphat-, Gips-, Ocker- und Bitumenvorkommen gehört haben sollen, haben sich im Neuen Reich als weitere Bergherren auch die Tempel gesellt. »Im Neuen Reich müssen wir berücksichtigen, daß

Bergwerke« auch im »Tempelbesitz gewesen sind, wenn auch schwer zu bestimmen ist, welchen Umfang das Bergwerkseigentum der Priesterschaften hatte. Eher läßt sich über die Form des Eigentums etwas sagen. Wir kennen vier Urkunden, die königliche Bestätigungen von Bergwerksschenkungen an Tempel betreffen. Die älteste stammt vom Tempel am Wadi Abbad und bestimmt, daß die Erträge der Goldgruben diesem Tempel gehören sollen.«[98] Ferner waren die ebenfalls bereits erwähnten Golderzgruben am Djebel Zabara durch Sethos I. dem Osiris-Tempel von Abydos zugefallen, die Steuerabgaben des Goldschiffes des Osiris-Tempels durch das »Dekret von Nauri« vom selben Pharao von den Steuerabgaben befreit, und auch für die ptolemäische Zeit ist ein von Tempeln betriebener Bergbau vor allem durch die nach dem Buch von Brugsch benannte »Hungersnot-Stele«[99] bewiesen.

Im Neuen Reich, das den Tempeln mit ihren immer mächtiger werdenden Priestern (nunmehr ohne Laienelement) einen anderen Ort anwies,[100] haben Oberfeingoldmacher des Aton-Tempels, Goldschmiede des Amun, Goldschmiede der Psis und selbst Vorsteher der Goldschmiede des Amun als freie Lohnarbeiter und auch als Hörige in ihren Diensten gestanden. Die Verarbeitung der aus den Bodenschätzen gewonnenen Metalle fand in den Werkstätten der Tempel statt, deren Beamtenheere die Handwerker planmäßig einsetzten. Im Tempel von Denderah fand sich eine allerdings erst aus der griechischen Zeit (nach 330 v. Chr.) stammende Inschrift, die von einem »Napf für Gesteinsproben« sprach und so auf eine bereits praktizierte Untersuchung von Lagerstätten hinwies. Eine andere Inschrift auf einer Tür jenes Tempels deutete auf einen Raum hin, der einst als Goldschmiedewerkstatt diente. »12 Künstler, je nach ihrer Monatszeit, zusammen 48 Künstler«, hatten dort »alle Gegenstände aus Gold, Weißgold, Silber, Kupfer, ... Stein, schwarzem Granit, schwarzem ds-Stein und ... Holz zu verfertigen«.[101] Jedem Metallarbeiter war also eine Gesamtarbeitsdauer von vier Monaten aufgegeben,[102] wodurch noch einmal bestätigt wird, daß die Fronleistungen der Metallarbeiter durchaus erträglich gewesen sein dürften. Ärmliche und arme Leute hat es selbst unter den Priestern[103] sowohl im Mittleren als auch im Neuen Reich gegeben, in dem einzelne Priester sogar in die Grabräuberprozesse verwickelt und auch in anderen Zusammenhängen als Diebe angeklagt worden sind.

Im Denkraum des Buddhismus: Ein Exkurs

Religiöse Hindernisse, vom Glauben diktierte Beweggründe haben es den Tempeln in Ägypten in keiner Epoche unmöglich gemacht, etwa mit den eigenen Leibeigenen selber Bergbau zu treiben, wie es im Neuen Reich auch mit einiger Sicherheit geschehen ist. Solche Beziehungen sind in der Geschichte keineswegs selbstverständlich. Im Denkraum des Buddhismus hat der religiöse Glauben die Ausübung des Bergbaus gelähmt oder gar unterbunden. Dort wurde es nach den Geboten der Vinayapitaka (Ordensregeln) als Sünde angesehen, wenn ein buddhistischer Mönch die Erde umgrub oder auch nur umgraben ließ. Von daher erfährt auch die immer wieder aufgeworfene Frage ihre Beantwortung, warum der Bergbau im buddhistischen Denkraum, in Ceylon, Burma, Thailand, Kambodscha, in den Himalaya-Staaten Nepal, Bhutan und Kaschmir, in der Mongolei und in einigen sibirischen Landstrichen, in China, Tibet, in der Mandschurei, in Annam, Korea und Japan zum Teil gar nicht, zum Teil relativ spät in Erscheinung getreten oder lange nur von Fremden mit »imperialistischen« Methoden betrieben worden ist. Die »Ausländer« waren keine Buddhisten.

Erst nach dem Eindringen der Europäer und Nordamerikaner begann zum Beispiel der Golderzbergbau in China, in Korea und in der Mandschurei.

Ähnlich verhielt es sich mit dem Golderzbergbau in Japan. Wie fast überall, so wurde das Golderz auch dort bereits lange vorher durch Seifen, das heißt durch Auswaschen, gewonnen. Bin in die jüngste Zeit hinein waren es die Flüsse Abekawa, Kesen, Nayakawa, Oi, Setamai, Sho und Yoshinogawa, in denen Gold gewaschen wurde. Noch 1900 betrug der Anteil der japanischen Goldproduktion aus Seifen 20 Prozent der Gesamtproduktion; 1936 war es nur noch 1 Prozent. Der 552 n. Chr. durch den japanischen Kaiser angenommene Buddhismus unterband die Entwicklung des Bergbaus und die systematische Nutzung der Bodenschätze. Erst das in der Mitte des 16. Jahrhunderts nach Japan gebrachte Christentum als Gegengewicht gegen das konservativ-reaktionäre Mönchtum, dessen Ordensregeln die Entwicklung störten und teilweise unterbanden, förderte auch den Bergbau. 1542 war Golderz bei Sado entdeckt worden;

1556 nahmen einige Daimyos das Christentum an. Der Handel mit Europa begann.[104] 1620 nahmen die Japaner die Ausbeutung der Sado-Minen in größerem Umfange in Angriff. Die Hondo-Minen von Osaruzawa und Ashio sind noch jünger, ebenso die Golderzbergwerke auf der Insel Kiushiu und auf der Insel Yesso.

Heinrich Quirings[105] Vermutung, daß die Chinesen aus Furcht vor Dämonen vom Bergbau abgehalten worden seien, beruht auf einem alten Irrtum. Die Anfänge des chinesischen Bergbaus liegen im Gegenteil gerade in der Zeit, die unter dem Schatten der Dämonenherrschaft stand. Schon um 2000 v. Chr. soll Schin-Nong den »Heiligen Pflug« aus Eisen erfunden haben, das nach chinesischen Annalen bereits seit 2940 v. Chr. verhüttet und seit 2357 v. Chr. von den Bewohnern Tibets an Kaiser Yu entrichtet worden ist.

Seit der Shang-Zeit (1766–1122 v. Chr.) spielte die Bronze in China eine bedeutende Rolle. Gerade die vom Ahnen- und Dämonenkult beherrschte Religion, 1500 Jahre vor dem Einzug des Buddhismus, förderte den Bergbau, das Hüttenwesen und die von ihnen abhängigen Berufe. Symbolisierte die Bronze als Werkstoff und Material doch die Ewigkeit der Zusammengehörigkeit, die Endlosigkeit und Verbundenheit mit den Ahnen eindrucksvoller und zwingender als Knochen oder Ton. Inschriften der Chou-Zeit (1122 bis 249 v. Chr.) bezeugen den Wunsch, daß die Enkel die (Sakral-)Gefäße aus Metall dereinst in Ehren halten möchten. Jedes dieser Gefäße sollte für das Gedeihen der Familie in Gegenwart und Zukunft bürgen. Derselbe Stolz, der die Lebenden erfüllte, weil sie Bronzegefäße besaßen, sollte und würde auch die Ahnen erfüllen; denn ihr »strahlender Geist«, der nicht mit dem Körper verfiel und den Lebenden in (gegenseitiger) Abhängigkeit verbunden blieb, sollte für immer ansprechbar und fühlbar dauerhaft sein, wie eben die metallenen Gefäße.

In den Sakralbronzen haben die Chinesen ihre Vorstellung von sich und der Welt dargelegt. Sie bleibt uns weithin verschlossen, wie sie selbst den chinesischen Gelehrten bis zum heutigen Tage hin im Detail unerklärbar geblieben ist.

Wenn auch die chinesischen Angaben aus der Zeit vor 720 v. Chr. nicht zuverlässig sind, so ist doch sicher, daß der Bergbau auf Kupfer- und Zinnerze zum Beispiel südlich des gelben Flusses, in den »Kupfer-Bergen« nördlich von Anyang und im Yangtzegebiet, in jener Zeit nicht mehr unbekannt war. Allerdings haben die Erzvorkommen wohl nahezu ausschließlich den Herrschern zur Verfügung gestanden, die in ihrer unmittelbaren Nähe bei Anyang die Hüttenleute und Schmiede konzentrierten. Das Volk blieb arm, und so fand es im Buddhismus schließlich die Religion, die ihm die tröstliche Lehre brachte, daß der Mensch aus sich selbst nichts zu machen habe, wie Friedrich Hegel sich einmal ausdrückte. Erst mit dem Einbruch des Buddhismus unterblieb der Bergbau – oder ging radikal zurück. Helmut Wilsdorfs Behauptung, daß der Bergbau dort lediglich unerwähnt geblieben sei, verzeichnet die Geschichte, sein Versuch, sich über die völlig negative Quellenlage mit der Feststellung hinwegzuhelfen »Von Selbstverständlichkeiten spricht man nicht, geschweige denn, daß man Aufzeichnungen hinterläßt«, ist absurd.[106]

Der Stein

Das Porträt der ägyptischen Landschaft wurde jedoch noch mehr durch die Ergebnisse der Arbeit in den Steinbrüchen als durch den Erzbergbau bestimmt. Dennoch haben nicht die Steine Geschichte gemacht, wie beispielsweise in der Bretagne, sondern die Metalle. Die Steine, die in Ägypten indes Geschichte wurden, boten sich den Menschen im alten Ägypten als Werkstoff in reichem Maße an, als natürlicher Ausgleich für die Erzarmut des Niltales.
Im ganzen Niltal, »von der Deltaspitze bis hinauf, wo südlich Theben in der Gegend von Edfu der nubische Sandstein beginnt, steht mehr oder weniger guter Kalkstein an, der ›weiße Stein‹, der sich vortrefflich bearbeiten läßt.«[107] Durch die günstige Lage am Fluß konnten die – dazu noch im Tagebau gewinnbaren – Sandsteinvorkommen am Djebel Silsile zwischen Edfu und Kom Ombo als relativ bequem zu erreichende Vorratskammern mit dem Rohstoff für die thebanischen Tempel ebenfalls abgebaut werden. Die im Ostteil des memphitischen Gaues liegenden Brüche von Tura lieferten den leicht zu bearbeitenden und als »Bildgrund« ausgezeichnet geeigneten Kalkstein für die Grabreliefs der Residenzen, für die weißen Kalksteinsärge und für die Tempel des Alten Reiches. Deshalb war auch nicht verwunderlich, daß schließlich die beiden Hohenpriester des Ptah von

Memphis als die »großen Leiter der Künstlerschaft« und Ptah selbst als ihr Schutzherr erschienen. So merkwürdig es auch klingen mag: Die ägyptischen Architekten haben die von den Steinbrucharbeitern in den Steinbrüchen erfolgreich angewandte Methode, Stützpfeiler als Träger stehen zu lassen, auf die Bauweise der Hallen und Gebäudefronten übertragen.

Vom Djebel Ahmar (»Roter Berg«), einem Vorsprung des Wüstenplateaus bei Heliopolis, das bereits in der Sinuhe-Geschichte als »Steinbruchgebiet« erwähnt wird, und einem besonders von Theben ausgebeuteten Steinbruch in der Nähe von Gebelen holten die Steinexpeditionen den rötlichen und sehr harten Kieselsandstein (Quarzit), der von den Künstlern des Mittleren Reiches für Plastiken und zur Zeit des beginnenden Neuen Reiches für die Sarkophage der Pharaonen verwendet wurde.

Obwohl das Niltal nur spärliche Vorkommen an Urgesteinsarten aufwies, verstanden die Steinmetzen und »Künstler« es doch sehr früh, den Basalt von Kerdase nördlich von Giseh und den vom Fajum als wirkungsvollen Werkstoff zu verwerten. In der Frühzeit hat er u. a. als Rosengranit, Diorit und Basalt im Assuangebiet und als porphyrischer Stein, als Schist (Schieferart) und als Serpentin in der östlichen Wüste zur Herstellung von primitiv-farbenprächtigen Gefäßen gedient, die jedoch zur Zeit des Alten Reiches längst der Vergessenheit anheimgefallen waren.[108]

Unerschöpflicher als alle bisher genannten Steinvorkommen waren die Brüche im Wadi Hammamat. Aber die Entfernung zum Niltal, der mit dem Gewicht in keinem lohnenden Verhältnis stehende Wert der Steine und die zu überwindenden Hindernisse der Wüste münzten den Vorteil bei der Ausbeutung der Steinvorkommen zu einem Nachteil um. Es nützte weder den Steinbrucharbeitern noch denen, die jene Steine zu »ziehen« hatten, daß im Wadi Hammamat nach der Meinung eines Wesirs aus der 11. Dynastie (2040 bis 1991 v. Chr.) der »heilige Berg« lag, der »Gottespalast« im »Gottesland« des Min von Koptos, der dort als Schutzherr der Steinbrucharbeiter seine Heimat (»Nest des Horus«, des Min) haben sollte. Die langen und sehr beschwerlichen Wege, die nur unter großen Anstrengungen zu ertragende Hitze und der quälende Durst, die zu überwinden waren, ließen das »Nest des Horus« mit seinen Steinen unbeliebt und gefürchtet erscheinen. Dennoch blieben die Vorkommen dort nicht ungenutzt. Granit und Diorit (bei Fawachir), die im Mittleren Reich als sogenannte »schöne Bechen-Steine« beliebt gewesen zu sein scheinen, wurden auf hölzernen Kufen zum Beispiel zur Zeit Phiops I. unter der Aufsicht eines Richter-Untervorstehers, eines Vorstehers der Gottesopfer und eines »Schatzmeisters des Gottes« von dort zum Nil »geschleift«. Bei einem solchen Aufgebot an »hohen Herren« umfaßten die Unternehmungen natürlich eine entsprechende Anzahl von Teilnehmern, die überflüssig waren und die Expeditionen nur belasteten. An einer Expedition, die der Hohepriester Ramses-Nacht aus Theben zur Zeit Ramses' IV. persönlich leitete, sollen beispielsweise insgesamt 8 357 teilgenommen haben. Es ist nicht einfach, sich solche Menschenmassen vorzustellen, die vor 3 000 Jahren durch die sengende Hitze und durch unwegsame Wüsten zogen, nicht um Kriege zu führen, zu erobern und zu zerstören, sondern um diszipliniert zu arbeiten und zu bauen. Wenn die Chronisten die Wahrheit hinterlassen haben, dann hat es bei solchen Aktionen weder Hunger noch Durst, weder Krankheit noch Unzufriedenheit gegeben; denn ein Beamter Sesostris' I. überliefert, daß drei Karawanen vom Wadi Hammamat in einem allerdings günstigen Monat (März) mit je 2 000, 1 500 und 1 000 Mann und 80 Steinblöcken bereits nach zwei Wochen den Nilhafen (Koptos?) erreicht hätten, »ohne daß ein Mann schwach wurde, ohne daß es einen Durstigen unterwegs gab, sondern das ganze Heer kam unversehrt heim, satt an Brot, trunken an Bier, wie bei dem schönen Fest eines Gottes.«[109] Diese Versicherung ist nicht einmal singulär. Gegen Ende der 11. Dynastie (um 2060 v. Chr.) sollen 10 000 Mann im Frühjahr unterwegs gewesen sein, um neben dem Material für das Grabmal des Königs besonders auch den Block für den Sarkophag vom Wadi Hammamat nach Theben zu holen. Drei Wochen nach der Ankunft der Nekropolenarbeiter, Handwerker, Steinbrucharbeiter, Bildhauer, Maler, Goldarbeiter und Juweliere des Pharao[110] im Steinbruch haben sich wiederum 3 000 Ruderleute aus den unterägyptischen Gauen mit dem Sarkophagdeckel auf dem Heimweg befunden, und auch über den Transport wird vom Wesir gesagt: »Das Heer [allgemein seit dem Alten Reich: Gaumiliz und »Marine«-Kommandos] zog ab, ohne daß ein Trupp aufgehalten wurde, kein Esel starb, kein Handwerker wurde anfällig.«[111] Mit Ramses IV. gingen die Unternehmungen dem Ende entgegen, ihre Zeit war abgelaufen. Die viel zu vielen und nicht selten völlig überflüssigen »Großen«, die »hohen Herren«, hatten sich dabei längst als hinderlich erwiesen. Ramses-Nacht, ein Hoherpriester des Amun von Theben, zog beispielsweise, wie bereits erwähnt, selbst mit 110 Offizieren, 50 Geistlichen und Zivilbeamten, mit dem Bürgermeister von Theben, 5 000 Soldaten als Transportkommando, mit der »Abteilung der Fischer des Hofes«, mit asiatischen Kriegsgefangenen und 2 000 Tempelleuten, vermutlich Hörigen, 50 Polizisten – und mit nur 130 (!) Steinbrucharbeitern, 2 Malern, 4 Inschriftenschneidern, 3 »Obersten der Steinbrucharbeiter« und mit einem »Vorsteher der Handwerkerschaft«[112] aus, um wertvolle Steine nach Theben zu holen. 8 357 Mann, von denen nur 140 als bergbaukundige »Fachleute« bezeichnet werden können, mußten sich durch die Wüste quälen. Neunhundert Mann, »die Toten, die von dieser Liste ausgeschlossen sind«,[113] wie es in der zeitgenössischen Überlieferung sachlich und ohne einen Hinweis auf besonders große Verluste heißt, kamen nicht mehr in die Totenstadt zurück. Unternehmen solcher Art mußten sich wie ein Leichenbegängnis für eine geschichtliche Epoche ausnehmen, die unwiderruflich dahin war – und ohne spezifische Nachfolge geblieben ist.

Das Volk der Bibel

In den Jahren 1904 und 1905, zwei Jahrzehnte bevor Howard Carter das Grab des jung verstorbenen ägyptischen Herrschers Tutanchamun fand, hatte Sir Flinders Petrie die alten ägyptischen Erzbergwerke in Serabit el-chadem auf der Halbinsel Sinai untersucht und neben vielen ägyptischen Inschriften einige Graffiti entdeckt: Inschriften, die roh in Stein eingekratzt sind und häufig lediglich Namen nennen. Als »Sinai-Schrift« wurden die Schriftzeichen, die vereinfachten Hieroglyphen gleichen, der Fachwelt bekannt, besonders nachdem Sir Alan Gardiner im Jahre 1915 die ersten Ergebnisse einer auf akrophonischem Prinzip beruhenden Entzifferung veröffentlichte. Nach einer späteren Sinai-Expedition des amerikanischen Archäologen William Foxwell Albright, der 1948 eine weitere Entschlüsselung jener alten Zeichen vorlegte, die zwischen 1800 und 1500 v. Chr. entstanden sein dürften, ist es schließlich möglich, die Serabit-el-chadem-Funde Howard Carters in den Rahmen der Kulturgeschichte einzuordnen, auch wenn die Übersetzungen einiger Texte sehr differieren und zum Teil sogar zweifelsfrei unhaltbar sind.

Ein Land, dessen Steine Eisen sind

Serabit el-chadem war das Zentrum des alten Kupfererzbergbaus, den die Ägypter dort mindestens seit der 1. Dynastie (um 2900 bis 2620 v. Chr.) betrieben. An ihren Expeditionen zur Gewinnung von Kupfererzen und Türkisen sind sehr wahrscheinlich auch Nachkommen des nach biblischen Berichten (1. Mose 37) einst von seinen Brüdern nach Ägypten verkauften Joseph, Kinder und Kindeskinder seiner Brüder und deren – mit Jakob aus Kanaan eingewanderten – Verwandten bis zur Rückführung durch Moses um 1250 v. Chr. beteiligt gewesen. Ihre detaillierte Kenntnis des Bergbaus, der Verhüttungstechnik und Verarbeitung der Bodenschätze, ist jedenfalls – nicht nur durch biblische Belege – zuverlässig verbürgt. In den Texten von Bogazköy, in den Tel-el-Amarna-Tafeln, die den Briefwechsel der Pharaonen Amenophis III. und IV.[1] mit den kanaanitischen Fürsten und Statthaltern in Syrien und Palästina enthalten, und in einigen assyrischen Königs-Inschriften ist ausdrücklich von einem Lande Nuchasse die Rede, von einem Land, dessen Namen bereits auf den Erzreichtum hinweist; denn Nuchasse ist ganz offensichtlich von dem Wort nehosset, der Bezeichnung für Kupfer (beziehungsweise für Bronze), abgeleitet worden. Mehrfach wird es auch im Alten Testament genannt. Möglicherweise ist es mit Arâm zôba südlich von Damaskus identisch; ausgeschlossen erscheint allerdings auch die Möglichkeit nicht, daß es sich bei Nuchasse um ein Land handelte, das weiter nördlich lag, in der Gegend von Aleppo.

Seit der 19. ägyptischen Dynastie (1306 bis 1186 v. Chr.) ist das kanaanitische Wort für »Bergmann« in Ägypten als Lehnwort nachgewiesen. Und nachgewiesen ist auch, daß die Josephstämme während des (im 4. Buch Mose ausführlich geschilderten) Auszuges aus Ägypten in Serabit el-chadem verweilten. Dort war Moses nach der biblischen Überlieferung »auf den Berg gegangen ..., die steinernen Tafeln zu empfangen, die Tafeln des Bundes« (5. Mose 9), die er zugleich mit dem Auftrag entgegennahm, die Josephstämme in ein Land zu führen, dessen »Steine Eisen« (Erze) seien.
Gott verhieß Moses, daß er sein Volk nach dem Martyrium der ägyptischen Gefangenschaft endlich in ein »gutes Land« bringen werde. »Er wird dich in ein Land führen«, heißt es im 5. Buch Mose 8, in dem es Wasserbäche, Quellen und Fluten, Weizen, Gerste und Weinstöcke, Feigenbäume und Granatbäume, Olivenbäume und Honig in Hülle und Fülle geben werde. Und mehr noch: In diesem Land sollte das Volk Israel sein Brot nicht in Dürftigkeit essen, denn es würde ihm an nichts mangeln, da des Landes »Steine Eisen« wären und das auserwählte Volk »aus den Bergen ... Erz hauen« würde. Wasser, Getreide, Obst und Honig »in Hülle und Fülle« wurde den Israeliten verheißen, deren Auserwähltheit ihren realen Ausdruck jedoch vor

allem darin finden sollte, daß ihnen reiche Bodenschätze, Bergbau und Hütten-»Industrie« beschieden sein würden.
Serabit el-chadem und das biblische Dophka sind wahrscheinlich identisch. Erstmalig ist in der Bibel vom »Schreiben« die Rede, nachdem die auswandernden Juden Dophka verlassen und Raphidim erreicht hatten. Dort sprach »der Herr ... zu Mose: Schreibe dieses zum Gedächtnis in ein Buch« (2. Mose 17, 14). Eine verführerische und verschiedentlich auch ernstlich diskutierte Perspektive könnte sich hier auftun: Sollte Moses der Autor jener Tafeln gewesen sein, die der Archäologe Flinders Petrie dort ans Licht gefördert hatte? Zweifellos ist das nicht der Fall. Die Sinai-Schrift allerdings, die zudem konkrete Hinweise auf Bodenschätze enthält, ist ein Hebräisch, das in seinen wesentlichen Formen, im Wortschatz und im Satzbau, dem biblischen Hebräisch gleicht. Wesentlich ist dabei jedoch noch etwas anderes: Die von den alten semitischen Bergwerkssklaven – oder von den Leibeigenen aus dem ägyptischen Deltagebiet – schon vor Moses benutzte Schrift, in der sich auch nach den Forschungsergebnissen des einstigen Lehrers für semitische Sprachen an der Johns-Hopkins-Universität in Baltimore, William Foxwell Albright,[2] direkte Hinweise auf den Bergbau finden, hat die Welt erobert. Von Palästina, Kanaan, über die phönizischen Republiken und Griechenland ist sie nach Rom gelangt und von dort schließlich über die ganze Welt verbreitet worden.

Sinai-Schrift um 1500 v.Chr.	Früh-Hebräisch um 600 v.Chr.	Griechisch um 500 v.Chr.	Römisch um 100 v.Chr.
朱	∃	⋀ E	E
∿	५	⋀ M	M
↘	ら	↘ N	N
○	O	☐ O	O
◯	९	९ P	R

Im Rahmen dieser Darstellung erscheint nicht zuletzt auch von Bedeutung, daß es zweifellos einfache semitische Bergarbeiter waren, die sich der Schriftzeichen vor rund 3 500 Jahren bedienten, was für eine bemerkenswerte geistige Selbständigkeit im Zeitalter der Sklaverei spricht.

Die Bibel als Quelle

Die alten biblischen Chronisten und alttestamentlichen Propheten haben die Bodenschätze ausführlich erwähnt, wenn es galt, Israels Auserwähltheit, Reichtum und Macht zu dokumentieren. Wie es beispielsweise im 1. Buch Mose 13, 2 im Zusammenhang mit dem alttestamentlichen Patriarchen und Stammvater Abraham heißt, daß er »sehr reich an... Silber und Gold« gewesen sei und seiner Frau Sarah von dem Landesfürsten in Kanaan einen Begräbnisplatz für 400 Schekel Silber (1. Mose 23, 16), rund 6,5 kg, gekauft habe, so wird in den Büchern der Heiligen Schrift auch des ganzen Volkes und Landes in entsprechender Weise gedacht.

Immer wieder wird in den Büchern des Alten Bundes vom Erzreichtum, vom ertragreichen Handel mit Bodenschätzen (zum Beispiel bei Hesekiel 27: Silber, Eisen, Blei, Zinn und Mastix), von der Bedeutung der Metalle und ihrer vielfältigen Verwendung berichtet.[3] Die Bücher Samuel, Richter, Chronik, Hiob und vor allen Dingen auch die Bücher Mose vermitteln eine lebendige Vorstellung vom Verhältnis der alten Israeliten zu den Bodenschätzen. Wertvolle thematisch bestimmte Hinweise finden sich nicht zuletzt auch bei Josua, in den Sprüchen Salomos, in den Büchern der Könige, bei Esra und Jeremias. Nicht selten haben sich die Bücher des Alten Bundes selbst auch als praktischer Leitfaden beim Aufbau des jungen Staates Israel erwiesen, was Grubenanlagen und Hütten aus neuester Zeit auf jenem geschichtsträchtigen Boden bezeugen. Ein Beispiel nur: Als der findige Industrielle Xiel Federmann im 1. Buch Mose 19 über die Zerstörung von Sodom und Gomorrha las, ließ ihn der Passus aufhorchen: »... und siehe, ein Rauch stieg auf von der Erde, wie der Rauch eines Schmelzofens« (28). Federmann vermutete Erdgas. Wo Erdgas ist, wird oft Erdöl gewonnen. Federmann ließ an jener Stelle bohren, und seit November 1953 wird dort Erdöl gefördert.

Aufschlußreiche Hinweise auf gewaltsame, mit militärischen Mitteln erzwungene Bereicherungen mit Silber, Eisen, Blei, Zinn und Mastix und auf den Handel mit Bodenschätzen, unter anderem in Tyrus, Sidon und Damaskus, sind in biblischen Texten enthalten, Einzelheiten über alte berg- und hüttenmännische Techniken erwähnt, wie zum Beispiel bei Jeremias 6, 27–30, bei Hesekiel 22, 20, wo über den Schmelzvorgang in Krummöfen mit Hilfe von Blasebälgen (Silber, Eisen, Blei und Zinn) berichtet wird, und bei Hesekiel 22,18, wo der Bronzeguß beschrieben worden ist. Neben Jeremias (Prophet seit um 628 v. Chr.), bei dem (23,29) der eindrucksvolle und schöne bildhafte Satz steht »Ist nicht mein Wort wie Feuer (ist des Ewigen Spruch) und wie ein Hammer, damit man die Berge einwirft?« (zertrümmert), muß beispielsweise das 28. Hiob-Kapitel sogar als einer der ältesten – und zugleich ausführlichsten – Berichte über die Gewinnung von Bodenschätzen im alten orientalischen Raum angesehen werden. Die ersten 11 Verse verraten persönliche Kenntnisse des Autors vom (Kupfer-)Bergbau im 4. Jahrhundert v. Chr., wahrscheinlich von Punan oder Pinon, dem neuzeitlichen Chirbet Fenan oder Wadi Maghara auf der Sinaihalbinsel und lauten:

1. Denn es gibt einen Fundort für das Silber und eine Stätte für das Gold, das man wäscht (seift).
2. Eisen wird aus der Erde geholt und Kupfer aus Erzen ausgeschmolzen (es heißt im hebräischen Text: es wird gegossen).
3. Der Finsternis hat man ein Ende gesetzt und bis zur äußersten Grenze das Gestein der Finsternis und des Tiefdunkels (hier ist der Text wahrscheinlich nicht einwandfrei) durchforscht.
4. Er, der als Fremdling Weilende, trieb einen Schacht in den Kalkstein, die Vergessenen schwebten tief hinab, sie schwankten (auch hier ist der hebräische Text nicht einwandfrei).
5. Die Erde, aus der Brotkorn sprießt, wird innen vom Feuer umgewühlt.
6. Der Saphir findet sich bei ihren Steinen, Goldstäubchen hat er [der Saphir].
7. Ein Weg, den der Adler nicht kennt und den des Geiers Auge nicht erspäht.

8. Den nie betraten die stolzen [Raubtiere], auf dem der Löwe nie einherschritt.
9. An harte Steine legte der Mensch seine Hand und wühlte [alles] um von der Wurzel der Berge an.
10. In den Felsen trieb er Stollen, und allerlei Kostbares schaute sein Auge.
11. Die [verborgenen] Quellen der Ströme verstopfte er, daß sie nicht weinten [durchsickerten], und Verborgenes bringt er ans Licht.

Die im Jahre 1518 von Silvanu Otmar in Augsburg verlegte »Bibel teütsch«, eine der ersten Bibelübersetzungen ins Deutsche überhaupt, gibt Hiobs Umschreibung des Feuersetzens (28,5) auf folgende Weise wieder: »der stain der da ist gelösset vo der hitz wird gekert ...« Heinrich Veith hat diese bergmännische Technik in seinem »Deutschen Bergwörterbuch« von 1871 als die Art der Gewinnungsarbeit erklärt, »bei welcher die anzugreifenden Gesteinsmassen durch Feuer erhitzt, hierdurch ausgedehnt und auf diese Weise entweder zersprengt oder zertrümmert oder wenigstens so mürbe gemacht werden, daß die Gewinnung mittels scharfen Gezähes ... erfolgen kann«. Der Bericht und die Erklärung decken einander. Der Hiob-Text und Veiths Erklärung beschreiben den gleichen Vorgang. »Die Gesteine oder Gänge«, so heißt es als Erklärung des »Feuerns«, des »Feuersetzens« (der Erhitzung des Gesteins unter Tage und der anschließenden Abkühlung mit Wasser und seiner Bearbeitung mit Hämmern, Brechstangen, Schlägeln und Eisen) in Veiths Wörterbuch, die »nicht wohl möglich wegen der Feste mit der Hand oder Gezeug zu gewinnen ... pflegt man mit Feuer zu gewinnen«. Die von der Vulgata abhängige »Bibel teütsch« drückt diese Feststellung auch nicht summarischer mit dem Passus aus: »Die erde, von der ward außgangen das prot / ist umkeret mit feüwer in jrer statt.« Das einzigartige biblische Zeugnis für die Technik des Feuersetzens im alten orientalischen Raum wird durch einen Hinweis in Hiob 28,4 ergänzt, der bislang allerdings nicht eindeutig erklärt werden konnte. Im alten hebräischen Text des Hiob-Liedes 28,4 heißt es: Er, der Mensch, »riß einen Bach [einen Schacht, der Verf.] weg von dem als Fremdling Weilenden, die Vergessenen weg vom Fuß, sie wurden niedrig vom Menschen weg, sie schwankten«. Nach der Ansicht einiger Historiker enthält dieser Vers die älteste Andeutung über die

»Seilfahrt«, das heißt über die Ein- und Ausfahrt mit Hilfe von Seilen. Von Heinrich Veith wird die Seilfahrt nach Berichten aus dem 16. und 17. Jahrhundert als ein Vorgang beschrieben, bei dem die »Bergkleut... auf dem Knebel oder Hort an das Seil gebunden, in die Grüben«[4] eingefahren seien. Eine Gegenüberstellung der zweifelsfrei überlieferten historischen Details führt zu einem relativ eindeutigen Ergebnis: Das »schwankten« im Hiob-Text kann sich nicht auf das Schwanken der Bergleute am hängenden Seil beziehen, sondern auf ihr Schwanken vor Schwäche, da es sich bei denen, die der Autor des Hiob-Kapitels beschrieb, um Unfreie handelte, die im Dienste fremder Herren standen. Die Feststellung, daß die Bergleute »Fremdlinge« waren, die hier nur »weilten«, weist ebenfalls darauf hin, zumal ausdrücklich von »Vergessenen« die Rede ist, womit in der zeitgenössischen Diktion nur Gefangene, Bestrafte, Sklaven und Zwangsarbeiter gemeint sein konnten.

Während die Untersuchungen von Russegger, Schweinfurth, Alford, Rickard, Stromer und von der Esch wesentliche Beiträge zur Schließung der Lücken in der Kenntnis über die »Beschaffung«, Gewinnung und Nutzung der Bodenschätze im alten Ägypten lieferten, sind im Zusammenhang mit dem alten israelitischen Bergbau- und Hüttenwesen wesentliche Fragen offengeblieben. Auch Musil, Frank und Nelson Glueck, die weithin unbestritten anerkannten Forscher auf diesem Gebiet, vermochten sie nicht zu beantworten.

Die Gruben König Salomos

Bis in die jüngste Zeit hinein war unbekannt, wo die Gruben König Salomos gelegen haben und wie die Metallgewinnung vor sich gegangen ist. Erst 1959 entdeckte eine archäologische Expedition unter der Leitung von Beno Rothenberg im Timnatal in der südlichen Arabah, der Rift, die sich etwa 180 Kilometer zwischen dem Toten Meer und dem Roten Meer hinzieht und die Gebirgsketten des südlichen Negev von den Bergen Edoms trennt, Hunderte von Stollen, in denen sich Steinwerkzeuge, Mörser aus Granit, Hämmer und Ambosse aus dunklem Basalt und Reibsteine aus rotem Sandstein fanden. Sie stammten aus dem 11. und 10. vorchristlichen Jahrhundert aus der Zeit des Königs Salomo. Ruinenfelder, Gebäudereste, Schlackenhaufen, Tongefäßscherben, zehn zentrale Industrieanlagen (Kupferröstereien) allein im Gebiet der drei Arme des Wadi Timna (arabisch: Meneyyeh), Kupfererzablagerungen (Chrysokoll) und zahlreiche Herde – nicht, wie meistens behauptet, Schmelzöfen und Schmelztiegel, sondern offene Holzkohlenherde – sowie Hunderte von zuweilen bis zu zwanzig Meter tiefe Zisternen, die einst das Wasser für die im wesentlichen vermutlich aus Edom stammenden Bergarbeiter der Salomonischen Kupfer-»Industrie« enthielten, konnten als Zeugen einer biblisch überlieferten antiken Bergbauindustrie identifiziert werden. Und nicht nur das: Auch der Schmelzvorgang, den die Fachleute bis dahin nicht erklären konnten, ließ sich rekonstruieren. Auf vielen Flächen und Abhängen unterhalb der Felswände fanden sich tellerförmige Mulden mit einem Durchmesser von ein bis zwei Metern. Sie haben den damaligen Hüttenleuten als vorbereitende Arbeitsstellen gedient. Das aus den Gruben heraufgeholte kupferhaltige Gestein wurde hier zerschlagen und die an Kupfererz reichen Stücke ausgesondert, in die Röstereien transportiert, röstfertig gemischt und schließlich in offenen Herden geschmolzen, die einen Durchmesser von 60 bis 70 Zentimeter hatten. Das so gewonnene Kupfer gelangte zur Verarbeitung nach Ezeon Geber und ins Jordantal, wo es biblischen Berichten zufolge, wahrscheinlich von phönizischen Metallarbeitern, »in dicker Erde zwischen Sukkoth und Zarthan« (1. Könige 7, 46, und 2. Chron. 4,17) in vorbereiteten Formen zu verschiedenen Gegenständen gegossen wurde.

Die von dem Ingenieur James Neilson 1828 zum Patent angemeldete Erfindung des Heißluftgebläses für Hochöfen[6] ist – im Prinzip – für Südpalästina durch Funde in Nuce bereits für die Zeit zwischen 1500 und 500 v. Chr. nachgewiesen.[7] Dort haben die in der Bibel als besonders metallkundig bezeichneten Philister mehr als 2500 Jahre vor Neilsons Erfindung, vielleicht gerade zur Zeit Salomos, Hüttenstätten unterhalten, deren Öfen zur Eisenherstellung mit Vorrichtungen zur Erhitzung der Außenluft – bevor sie in den Ofen eintrat (Heißluftgebläse) – versehen waren. Unter den Resten der ausgegrabenen acht alten Hüttenstätten befand sich ein Ofen zur Eisenbereitung, der noch gut erkennbare Ringkanäle enthielt, die einst dem Zweck dienten, die beim Schmelzverfahren von außen eintretende kalte Luft zu erhitzen.

Der Tempel Salomos

»Eisen und Erz seien deine Riegel«, dem Sinne nach: dein Halt, deine Sicherheit, heißt es im 5. Buch Mose 33,25. Daß den alten Israeliten bereits sehr früh der Nutzen der Bodenschätze und die Technik des Bergbaus und Hüttenwesens bekannt waren, braucht hier nur noch einmal am Rande erwähnt zu werden, zumal allein die Texte des Alten Testaments die Kenntnis des Eisens, des Stahls, des Kupfers, des Bleis, des Silbers, des Zinnes, der Bronze, des Goldes und verschiedener bergmännisch gewonnener Kitte bezeugen.[8] Daß aus biblischen Berichten selbst auch Gewinnungsmethoden herausgelesen werden können, wurde im Rahmen dieses Kapitels ebenfalls bereits angedeutet. So bedarf es beispielsweise keiner besonderen Phantasie, um aus Hesekiel 22,18 eine Beschreibung des Bronzegusses herauszulesen: »... das Haus Israel ist mir zu Schlacken geworden und sind alle Erz, Zinn, Eisen und Blei im Ofen; ja, zu Silberschlakken sind sie geworden.« Und Jeremia 6, 27–30 enthält bereits einen Hinweis auf die Verwendung von Krummöfen mit Blasebälgen, ebenso Hesekiel 22, 20, wo folgendes geschrieben steht: »Wie man Silber, Erz, Eisen, Blei und Zinn zusammentut im Ofen, daß man ein Feuer darunter aufblase und zerschmelze es ...« Andere biblische Texte weisen auf einen bemerkenswerten Metallhandel hin, wie zum Beispiel Hesekiel 27, 12, der im Klagelied auf Tyrus bekundet, daß auf den dortigen Märkten Silber, Eisen, Zinn, Blei und Mastix gehandelt worden sind.

Besonders werden die Fähigkeiten des Meisters Bezaleel und seines Gehilfen Oholiab herausgestellt. »Und der Herr redete mit Mose und sprach«, heißt es im 2. Buch Mose 31, 1 bis 9, »... ich habe mit Namen berufen Bezaleel ... und habe ihn erfüllt mit dem Geist Gottes, mit Weisheit und Verstand und Erkenntnis und allerlei Geschicklichkeit, kunstreich zu arbeiten an Gold, Silber, Erz, kunstreich Steine zu schneiden und einzusetzen ... Und siehe, ich habe ihm zugegeben Oholiab ... und habe allerlei Weisen ins Herz gegeben, daß sie machen sollen alles, was ich dir geboten habe: die Hütte des Stifts, die Lade des Zeugnisses, den Gnadenstuhl darauf und alle Geräte der Hütte, den Tisch und sein Gerät, den feinen Leuchter und all sein Gerät, den Räucheraltar, den Brandopferaltar mit all seinem Gerät, das Handfaß mit seinem Fuß ...«

Ausführlich berichtet das Alte Testament von der gelegentlich ungewöhnlich verschwenderischen Verwendung von Metallen, wie zum Beispiel im 2. Buch Mose, wo die Einrichtung und Ausgestaltung des Heiligtums beschrieben werden. Gold, Silber und Erz (Bronze) werden häufig hervorgehoben. Im Zusammenhang mit der priesterlichen Kleidung nennt die Bibel die Edelsteine Sarder, Topas, Smaragd, Rubin, Saphir, Demant, Lynkurer, Achat, Amethyst, Türkis, Onyx, Jaspis. »Neunundzwanzig Zentner 730 Lot« Gold, »hundert Zentner 1775 Lot« Silber und »siebzig Zentner 2400 Lot« Erz verwandten die Israelis bei der Errichtung des Heiligtums auf Jahwes Geheiß.

Weitaus beträchtlicher noch sind die Mengen, die zur Zeit der Blüte des israelitischen Großreiches beim Bau des Tempels Salomos und des königlichen Hauses verwendet wurden. Als König Salomo im vierten Jahre seiner Regierung mit dem Bau des Tempels (1. Könige 6) und wenig später seines Hauses begann, bat er Hiram I., den König von Tyrus, ihm »einen weisen Mann zu senden«, so heißt es im 2. Buch der Chronik 2, 7, »der geschickt ist, in Gold und in Silber und in Erz und in Eisen und in rotem Purpur und in karmesinfarbigem [Zeug] und blauem Purpur zu arbeiten, und der versteht, Eingravierungen zu machen.« Stolzes Selbstbewußtsein verrät die detaillierte Aufzählung der überaus kostbaren Tempelgeräte und die Beschreibung des Tempelbaues selber. Das Gotteshaus wurde »ganz mit Gold überzogen« (1. Könige 6, 22). Der Raum für das Allerheiligste des Tempels, so wird im einzelnen überliefert, hatte eine Ausdehnung von 20 mal 20 Ellen und war mit reinem Gold im Gewichte von 600 Talenten (1 Talent = 58,944 kg) überzogen; das Gewicht der dazugehörigen Nägel betrug 50 Sekel (1 Sekel = 16,37 g) Gold. Der Altar war aus Kupfer gefertigt, umfaßte ebenfalls 20 mal 20 Ellen und wies die Höhe von 10 Ellen auf. Das dazugehörige, von zwölf kunstvoll geschmiedeten Ochsen getragene Meer (Wasserbecken) war aus Erz gegossen, hatte einen Durchmesser von 7,6 m und war 3,8 m hoch. Nach nicht mehr überprüfbaren Berichten aus 1. Chronik 22, 14 hatte David für den Tempelbau 100000 Zentner Gold und 1 Million Zentner Silber zusammengetragen. »Erz [Bronze] und ... Eisen« (nach 1. Chron. 29, 7 waren es 100000 Talente Eisen) waren nicht zu »wägen«.

80000 Steinmetzen, 70000 Lastträger und 3600 Aufseher stellten nach 2. Chronik 2, 1 das Gros der allein mit dem Tempelbau beschäf-

Oben: Älteste Bergbaukarte der Welt, Papyrusfragment aus der Zeit um 1250 v. Chr.: 45 mal 53 cm, Museum Turin. Die im Text ausführlich beschriebene Bergbaukarte bezeichnet Goldberge und die Wege, die zu ihnen führen, einen Brunnen Sethos' I., einen Amun-Tempel für die Bergleute auf dem »reinen Berg« und die Wohnstätten der Bergarbeiter.

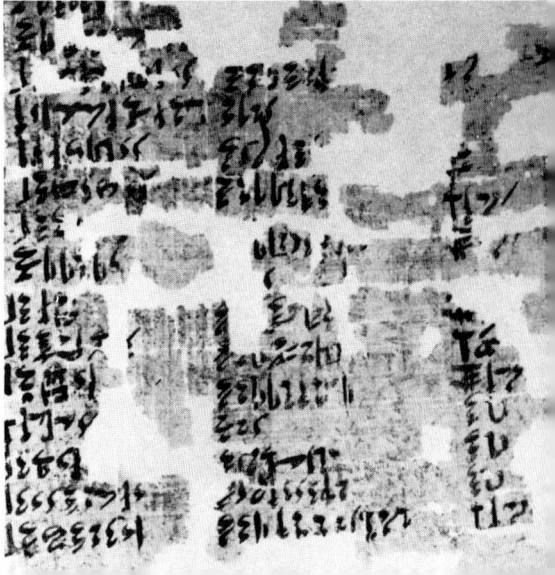

Rechts: Ägyptisches Papyrusfragment aus der Zeit um 1700 v. Chr. Diese Liste verzeichnet ägyptische Sklaven. Unter ihnen befinden sich auch einige Hebräer, die in jener Zeit mit Joseph in Ägypten weilten. Von den Hebräern, die dort mit dem Bergbau in Berührung kamen, stammt auch die seit 1310–1200 v. Chr. in Ägypten nachgewiesene kanaanitische Bezeichnung für »Bergmann«.

Oben: Kupferwerk im Timnatal in der südlichen Arabah, der Rift, die sich rund 180 km zwischen dem Toten Meer und dem Roten Meer hinzieht und die Gebirgsketten des südlichen Negev von den Bergen Edoms trennt.

Links: Tunnel von Gibeon bei Jerusalem. Der Tunnel wurde geschaffen, um Gibeon mit Wasser zu versorgen. Derartige Anlagen waren im alten Israel von entscheidender Bedeutung auch für die Verteidigung von Städten.

Unten: Berge des Negev im südlichen Israel. Dort werden heute Phosphate, Pottasche, Brom, Kupfererze, Manganerze, Feldspat, Glimmer, Quarzsand, Tonerde, Gips, Fluor, Chrom, Schwefel, Kaolin und Bitumengesteine gewonnen.

Rückführung des Schmiedegottes Hephaistos in den Olymp.
Pelike des Kleophon-Malers um 430 v. Chr.

tigten (Steine verarbeitenden) »Industriearbeiter«. Dazu kamen »allerlei Meister in allerlei Arbeit« 1.Chron. 22, 15), Schmiede und Graveure, Fachleute, die Tuch verarbeiteten, Stellmacher, Tischler und Ziegler. Und dies waren die kunstvoll gefertigten Tempelgeräte, die in 2.Chronik 4 näher beschrieben werden: goldene Kessel, 10 goldene Leuchter, goldüberzogene Tische und Tempeltüren, 100 goldene Becken, Näpfe, Messer und Löffel, kupferne Säulen und Knäufe, Schaufeln, Gabeln und Becken, Gitterwerk, Gestühle und Gefäße. »Und Salomo machte aller dieser Gefäße sehr viel, daß des Erzes Gewicht nicht zu erforschen war« (2.Chron. 4, 18).

Bodenschätze und »Industrie«-Anlagen

Nach diesen Darstellungen dürfte es schwer sein, weiterhin anzunehmen, daß alle Erzeugnisse aus Bodenschätzen, und vor allen Dingen die Bodenschätze selbst, von außerhalb des Landes eingeführt worden seien, dessen »Steine« in der Bibel als »Eisen« bezeichnet werden. Die in der Literatur verbreitete Behauptung, daß die alten Israeliten keinen Bergbau gekannt hätten, läßt sich nicht beweisen. Daß Angehörige der Josephstämme in Ägypten auch im Bergbau und Hüttenwesen arbeiteten, bezeugt nicht zuletzt auch 5.Mose 4, 20, wo berichtet wird, daß das Volk Israel von Moses aus »dem eisernen Ofen« Ägyptens herausgeführt worden sei. Die Verwendung des Eisens anstelle der Bronze hatte in Ägypten gerade in der Zeit immer mehr zugenommen, in der das Volk Israel Ägypten verließ und nach Kanaan zog, wo die »Steine«, die Eisen waren, ebenfalls längst ausgebeutet wurden. Der Einfluß der Kenntnisse der aus Ägypten heimkehrenden Josephstämme war diesbezüglich zweifellos nicht so erheblich, wie meist angenommen wird.[9]

Kupfer wurde am Gebel el-arba in Bei-riha südwestlich von Aleppo aus Mergellagern geschmolzen, die Kupfererze enthielten. Auch südlich von Gubb genin im Antilibanon ist Kupfererz – und zwar im Stollenbetrieb – gewonnen worden, ebenso bei Sobek, nördlich von Petra. Beträchtliche Kupfererzmengen kamen aus Chirbet es-samra in Nordarabien. Das Erz wurde bei Fenan verhüttet. Wie weit der Bergbau auf Kupfererze dort allerdings zurückreicht, ist bislang unsicher. Jedenfalls läßt er sich erst für die spätrömische und byzantinische Zeit an Ruinen nachweisen. Die Behauptung, daß auch bei Ikzim im Karmelgebiet Kupfererz abgebaut worden sei, ist wahrscheinlich nicht zu belegen. Bei den erst in jüngster Zeit entdeckten Schmelzöfen von Tell el-hesi und Tell dschemme handelt es sich offenbar um die im 1. Buch Mose 19, 28, 5. Buch Mose 4, 20, Jesaja 48, 10, Sprüche 27, 21 und Daniel 3, 6 angedeuteten Hüttenanlagen. Im Wadi sannin im Libanon wurde bei Mergiba ein altes Eisenerzbergwerk entdeckt. Von Idrisi aus der Nähe von Beirut gelangten beträchtliche Eisenerzmengen in die syrischen Städte. Nicht unbedeutend ist die Gewinnung von Eisenerzen im Tagebau und Stollenbetrieb in Muraret el-warde, in der Nähe von Ragib und am Gebel micrad bei Birma gewesen. Überall haben zweifellos israelitische Berg- und Hüttenleute gearbeitet.

Neben den umfangreichen Belegen solcher Art zeugen die Wasser- und Bewässerungsanlagen von der sicheren Beherrschung der bergbaulichen Kunst durch die Kanaaniter – und später die Israeliten. Die gelegentlich in und durch die Berge getriebenen Schächte und Stollen zur Wasserversorgung verraten überall ein hohes Maß bergbaulicher Fähigkeiten und Fertigkeiten. In Gezer ist vermutlich noch vor Beginn des 2. Jahrtausends v. Chr. ein bemerkenswerter Schacht in den Felsen gehauen worden. Die Meißelspuren an den Wänden des Stollens, der an einer Wasserquelle endet, lassen auf die Benutzung von Feuersteinwerkzeugen schließen. Der alte Schacht aus dem jebusitischen Jerusalem zur Marienquelle im Kidrontal ist ein bergmännisches Meisterwerk. In Belcame in Samaria, El-gib, Chirbet catan und Camman finden sich ähnliche Anlagen. Vielleicht darf darum vermutet werden, daß die alten Kanaaniter bereits Eisen und Kupfer abbauten, noch ehe die in Ägypten aufgewachsenen Israeliten unter Moses heimkehrten, zumal das Gestein der Berge Kanaans infolge des hohen Kalksteingehaltes nicht besonders hart ist.

Arbeitsethos und Selbstbewußtsein der »Industrie«-Arbeiter

Während die Arbeit im Bergbau, die Tätigkeit unter Tage, in einigen antiken Kulturkreisen nur gering geschätzt und zum Teil sogar verachtet wurde, ist sie im alten Israel ganz offensichtlich als eine besonders ehrenwerte Funktion – und Berufung – aufgefaßt worden. Andernfalls wären der Bergbau und die Bodenschätze nicht so oft auch im Zusammenhang mit den Vorstellungen erwähnt worden, die das israelitisch-religiöse Sozialethos determinierten. Durch die positive Wertung der Arbeit im Rahmen des jüdischen Glaubens mußte ihr schon als Handarbeit an sich eine positive Haltung entgegengebracht werden. Ausdrücklich betont die rabbinische Theologie, daß der Mensch sich mühen und mit den Händen arbeiten müsse, damit Gott seinen Segen schicke. Von mehr als hundert im Talmud genannten Rabbinern ist bekannt, welches Handwerk sie ausgeübt haben. Die berühmten Schriftgelehrten erwarben sich ihren Lebensunterhalt zumeist als Handwerker. Die Propheten, Priester, Könige, Richter, Schreiber und Lehrer erscheinen im Alten Testament als »Knechte«, »Diener« und »Arbeiter« Gottes. Melaka, die hebräische Bezeichnung für Handwerk, meint eine konkrete Aufgabe, die der Mensch im Auftrage Gottes erfüllt. Die Bibel kennt keine Trennung zwischen geistiger und körperlicher Arbeit. Der biblische Mensch im »Garten Eden«, in dem es nach 1. Mose 2, 10–14 Gold und Onyx gegeben haben soll, erfuhr durch Gott, daß er die Erde zu bebauen, zu bewahren und zu erhalten habe. Von daher mußte er die Arbeit als Dienst begreifen, der im göttlichen Heilsplan dann die sich bewährende Wahrnehmung menschlicher Möglichkeiten darstellte. Nirgendwo haftet der körperlichen Arbeit der Makel des Fluches oder der Schande an; denn »gearbeitet« hatte ja auch Gott. Nicht die Arbeit als solche war nach biblischer Auffassung über den Menschen als Strafe für den Sündenfall verhängt worden, sondern die Mühsal und Beschwernis, die bei der Verrichtung der Arbeit spürbar ist. Aus der Sicht der Bibel galt sie auch nicht als sichtbarer Ausdruck der Buße für begangenes Unrecht.

Die gewissenhafte Heiligung des Feiertages, allein im Pentateuch dreizehnmal gefordert,[10] hat zweifellos verhütet, daß im israelischen

Bergbau Zustände eintraten, wie sie im antiken Griechenland vielfach anzutreffen waren. Auch den Nichtjuden ist das kategorische Gebot zugute gekommen, den Tag des Ewigen durch die Ruhe zu heiligen.»... am siebten Tage sollst du ruhen, damit dein Ochse und dein Esel raste, und der Sohn deiner Magd und der Fremdling sich erhole«,[11] ist im 2. Buch Mose 23 kodifiziert. Dagegen wurde ein Einspruchsrecht nicht anerkannt. Nicht selten ist die Mißachtung des Gebotes mit der Todesstrafe geahndet worden. Verbindlich war für jedermann:»Ich bin der Ewige, dein Gott«, dessen Gebote zu erfüllen sind.

Die israelitischen Berg- und Hüttenleute dürften in der Antike eine Sonderstellung eingenommen haben. Die Eisenschmiede (charasch barzel), das ist verbürgt, bildeten ein angesehenes und geschätztes, von selbständigen Israeliten betriebenes Gewerbe, zu dem sich alle Metallhandwerker und schließlich auch die Bergarbeiter zählten. Verständig,»geschickt ... zu allerlei Werk, kunstreich zu arbeiten an Gold, Silber und Erz«, war der Schmied Bezaleel aus dem Stamme Juda, den Moses (II, 35) auf den Ratschluß Gottes zur Errichtung der Stiftshütte berief. Sehr früh schon war den kunstfertigen Schmieden auch der Stahl bekannt, den sie barzel eschoth nannten, wobei eschoth, als Adjektivum zu barzel gesetzt, soviel wie »durchs Feuer gegangen« ausdrückte und schließlich das durch Feuer »gehärtete Eisen« bezeichnete. Das Hesekiel (Berufungsjahr: 593 v.Chr.) 27, 19, erwähnte »polierte Eisen« oder Eisenwerk meinte ebenfalls kein einfaches Eisen, sondern Stahl, das im Rabbinischen (Talmud Berachoth, S. 62 b) als istama erscheint. Und auf den Gebrauch von Stahl weisen auch die Sprüche Salomos 27, 17 und das Gebot im 5. Buch Mose 27, 5 hin, wo erklärt wird, daß »ein Messer ... das andere« wetze und »kein Eisen« über die zu errichtenden steinernen Altäre fahren dürfte.

Einige namhafte Bergbauhistoriker sind fälschlicherweise der Ansicht, daß der israelitische »Metallarbeiter wenig Beachtung gefunden«[12] habe. Sie stützen sich dabei besonders auf Deuterojesaja 44, 12 und deuten jene Stelle wörtlich als »eine der wenigen lebendigen Schilderungen des handwerklichen Lebens und Arbeitens nicht nur im Alten Testament, sondern im Bereich des gesamten Alten Orients«.[13] Das aber beabsichtigte der »Zweite Jesaja« keineswegs mit seinem eindrucksvollen Bild »Es schmiedet einer das Eisen in der

Zange, arbeitet in der Glut und mit Hämmern bereitet es zu und arbeitet daran mit aller Kraft seines Armes; leidet auch Hunger, bis er keine Kraft mehr hat; trinkt auch kein Wasser, bis er matt ist«. Hier wurde der Götzenschmied, nicht aber der Schmied als Metallarbeiter gemeint. Der alttestamentliche Autor, der als ein entschiedener Verkünder des jüdischen Monotheismus (44, 6: »Ich bin der Erste und ich bin der Letzte, und außer mir ist kein Gott«) in die Kulturgeschichte eingegangen ist, beschreibt dort den irrenden und eitlen Menschen, der mit der ganzen »Kraft seines Armes«, selbst unter Hunger und Durst, bis zur Erschöpfung daran arbeitet, sich seinen Götzen zu machen, um schließlich dann auch noch vor ihm niederzuknien und ihn anzubeten (44, 15). Nicht die Grobschmiede sind gemeint, sondern diejenigen, »die einen Gott machen und einen Götzen gießen, der nichts nütze« (44, 10) ist. Ähnlich verhält es sich mit der Erwähnung der Erze und Metalle im Buch Daniel, dessen 2. Kapitel die Metalle symbolisch mit historischen Reichen in Verbindung setzt,[14] während das 5. Kapitel von der Vernichtung derjenigen spricht, die sich ihre Götzen aus Metall schmieden ließen. Belsazar, seine Gewaltigen und Hauptleute wurden bestraft, weil sie »Götter aus Gold, Silber, Bronze, Eisen, Holz und Stein« priesen, weil sie Götzen anbeteten, »die weder sehen noch hören« konnten und auch »keinen Verstand« hatten.

Der Siloah-Tunnel von Jerusalem

Für das Selbstbewußtsein der israelitischen Bergleute ist nicht zuletzt auch die sogenannte Siloah-Inschrift ein Beweis, die im Jahre 1880 von spielenden Kindern am Siloah-Teich in Jerusalem entdeckt wurde. Die aus der Zeit König Hiskias um 700 v. Chr. stammende Inschrift, die sich im Museum von Istanbul befindet, läßt sich auch als ein weiterer Beweis dafür anführen, daß einfache Bergleute des Volkes, in dem »des Büchermachens kein Ende war« (Prediger Salomo 12, 12), nicht nur lesen, sondern auch schreiben konnten – sehr lange bevor diese Fertigkeit zum Beispiel für die Handwerker und Arbeiter der griechischen Antike nachgewiesen werden kann, wie ja auch bereits die von Flinders Petrie 1904/05 entdeckte, mehr als ein halbes Jahrtausend ältere Sinai-Schrift möglicherweise von den aus

Ägypten ausziehenden Vorfahren der Josephstämme verfaßt wurde. Wie die Sinai-Schrift überliefert, wurden die Israeliten als einfache Bergarbeiter der Pharaonen »aus ihren Häusern ... herausgerissen« und mußten in den Kupfererz- und Türkisgruben am Sinai arbeiten.

Die Siloah-Inschrift berichtet über einen während der militärischen Bedrohung Jerusalems durch den assyrischen König Sanherib von den Israeliten in großer Hast angelegten unterirdischen Bewässerungskanal. Um die vom Feind belagerte Stadt Davids mit Wasser zu versorgen, hatten jüdische Bergleute und Tunnelarbeiter einen Stollen in 100 Ellen Tiefe gleichzeitig von beiden Seiten her durch den Berg getrieben[15] und die außerhalb der Stadtmauern liegenden Wasserquellen mit den Bewässerungsanlagen innerhalb der Stadtbefestigung verbunden.

Das 2. Buch der Chronik 32 (2–4) berichtet darüber: »Und da Hiskia sah, daß Sanherib kam und sein Angesicht stand zu streiten wider Jerusalem, ward er Rats mit seinen Obersten und Gewaltigen, zuzudecken die Wasser der Brunnen, die draußen vor der Stadt waren; und sie halfen ihm. Und es versammelte sich ein großes Volk und deckten zu alle Brunnen und den Bach, der mitten durchs Land fließt, und sprachen: Daß die Könige von Assyrien nicht viel Wasser finden, wenn sie kommen.«

Sanheribs Angriff auf Jerusalem und die Belagerung der Stadt blieben erfolglos. Der Siloah-Tunnel hatte die auf ihn gesetzten Erwartungen erfüllt, die Pest im assyrischen Lager einen weiteren Teil zur Rettung der Stadt beigetragen.

Stolz und Selbstbewußtsein sprechen aus der mit spürbarer Erregung und Begeisterung ohne nachweisbaren königlichen Auftrag[16] von den Erbauern des Tunnels, den »Steinhauern«, »Steinmetzen« (Esra 3, 7) und Bergleuten, in großer Eile an versteckter Stelle auf nur dürftig vorbereiteter Felsfläche in die Wand des mehr als 500 Meter langen, 60 Zentimeter breiten und 1,5 Meter hohen Siloah-Tunnels eingeschnittenen Geschichte dieser selbst für derzeitige technische Verhältnisse grandiosen Leistung.

In der Übersetzung lautet der Text:[17]

[Dies] ist der Durchhieb. Und dies war der Hergang des Durchhiebs: während [die Häuer] das Gezähe [schwangen], ein Mann gegen seinen Partner [vom anderen Mundloch] und während drei Ellen [noch] wegzuspitzen waren, da wurde [schon] die Stimme [gehört] von einem Manne, der seinen Partner anrief. Denn es war ein Spalt [?] im Fels von der rechten [bis zur linken Seite]. Und am Tage des Durchhiebs schlegelten die Häuer, ein Mann wider seinen Partner, Gezähe gegen Gezähe. Und es kamen geflossen die Wasser, von dem Mundloch [Ausgang] bis zu dem Teiche, auf 1 200 Ellen; und 100 Ellen war die Höhe des Berges über dem Kopf des Häuers.

Ophir und Punt. Salomo, Syrer und Phöniker

Daß der Wunsch, Bodenschätze zu besitzen, nicht selten zu wichtigen Erfindungen und Entdeckungen geführt hat, beweisen nicht wenige Beispiele. Wie Pytheas aus Massilia beispielsweise das Land der Teutonen entdeckte,[1] als er das Herkunftsland des Bernsteins kennenlernen wollte, so haben zahlreiche andere geschichtliche Gestalten verschiedenen Ranges bedeutsame Erfindungen und Entdeckungen als eine Folge ihrer Bemühungen gemacht, Bodenschätze oder ihre Fundstätten gewaltsam zu erobern, sie zu kaufen oder gegen andere Werte einzutauschen. So haben die Ägypter beispielsweise vermutlich bereits in der 2. Hälfte des 4. Jahrtausends v. Chr. erstmals Seeschiffe gebaut und auf das Meer hinausgesandt, um die am Nil benötigten Salz-, Stein- und Kupfermengen von weit her transportieren zu können. Im Grab des um 2300 v. Chr. verstorbenen Schiffssteuermannes Knemhotep aus Elefantine, einem Städtchen in der Nähe des ersten Nilkatarakts, wird ausdrücklich erwähnt, daß der Verstorbene mit seinem Kapitän einmal sogar die weite Reise in das sagenumwobene Goldland Punt unternommen habe,[2] das nach alten ägyptischen Überlieferungen mindestens seit um 3000 v. Chr. von ägyptischen Expeditionen aufgesucht worden ist, die gewaltige Mengen Elektron (eine Gold-Silber-Legierung) und Gold nach Ägypten holen mußten.

Wo das Goldland Punt lag, das die Ägypter ausschließlich um des Goldes willen aufsuchten, ist nicht mit absoluter Sicherheit zu beweisen. Heute wird vermutet, daß es in Transvaal oder in Südrhodesien am Unterlauf des Sambesi gelegen haben müsse. Von Nordägypten bis zum Sambesi sind 8000 km an der Küste und 500 km ins Innere des Landes zurückzulegen. In dem berühmten Papyrus Harris aus der Zeit um 1180 v. Chr. (Ramses III.) wird auf eine große ägyptische Bergmannskolonie in einem weit entfernt liegenden südlichen Goldland hingewiesen,³ die am goldreichen Sambesi angenommen wird. Wahrscheinlich sind die Ägypter bei ihrer Suche nach Gold bereits zur Zeit der 5. Dynastie mit den Eingeborenen am Sambesi zusammengekommen, die ihnen von den Goldvorkommen berichteten, zu deren Import während der 5. und 6. Dynastie und zur Zeit der Königin Hatschepsut, die von 1490 bis etwa 1468 v. Chr. regierte, aufwendige Expeditionen auf dem Seewege in Marsch gesetzt wurden.

Zum Import gewaltiger Edelmetallmengen aus heute unbekannten Gebieten sind nach biblischen Berichten auch Berg- und Hüttenleute König Salomos mit Seeschiffen unterwegs gewesen. Im 1. Buch der Könige 9,27 und 28 wird berichtet,⁴ daß König Salomo Schiffe und Seeleute, »die guten Schiffsleute«, die »auf dem Meer erfahren waren«, von König Hiram bekam, die Salomo mit ihren Besatzungen in das – ebenso wie Punt – sagenumwobene Goldland Ophir sandte, von wo sie »vierhundertzwanzig Zentner Gold« (1. Könige 9,28) und viel Silber (1. Könige 10,26) heimbrachten.

Wo Ophir gelegen hat, ist nicht bekannt. Vermutet wird unter anderem, daß sich Ophir, das in Schriften des Altertums auch als Insel »Urphe«, »Upher« und »Ofer« erscheint, im Hinterland der nachweisbaren alten Goldbergwerke von Massana in der Nähe des Ortes Keren am Roten Meer befunden habe, was zweifelhaft erscheint; denn die Feststellung 1. Könige 10,22 »Denn die Meerschiffe des Königs, die auf dem Meer mit den Schiffen Hirams fuhren, kamen in drei Jahren einmal und brachten Gold [und] Silber ...« deutet auf einen Ort hin, der sehr viel weiter von Ezeon Geber, der heutigen Hafenstadt Akaba am Roten Meer, entfernt gelegen haben dürfte. In drei Jahren konnten die Schiffe bis an die Südküste Ostafrikas fahren, dort die Bodenschätze verladen, die von den Prospektoren an Ort und Stelle festgestellt, von den Bergleuten gewonnen und verhüttet worden waren – und wieder nach Ezeon Geber zurückkehren. So wird denn neuerdings auch mit sachlich begründeter Berechtigung angenommen,⁵ daß Ophir an der Küste des südöstlichen Afrika gelegen haben müsse. Der deutsche Forscher Karl Mauch und auch Carl Peters haben bereits im 19. Jahrhundert die Vermutung ausgesprochen, daß das biblische Goldland Ophir wohl im Minendistrikt von Gwelo, Queque und Selukwe in der Umgebung der von den Phönikern – zur Sicherung der Goldvorkommen – angelegten riesi-

gen Festungsanlagen von Simbabwe (rund 30 km) südöstlich von Victoria im Süden der Republik Simbabwe zu suchen sei.[6]
In den assyrischen und ägyptischen Königsinschriften wird weder über den Bergmann noch über den Bergbau im syrisch-phönikischen Raum berichtet. Lediglich von Bodenschätzen, besonders von Gold, Silber und anderen Metallerzen, die assyrische und ägyptische Herrscher als Tributleistungen[7] erhielten, ist ausführlich die Rede. Doch »ergibt sich daraus nicht einmal ein sicherer Schluß auf einheimischen Bergbau, denn zur assyrischen Zeit ist Metallbesitz in jedem Lande selbstverständlich. Woher die Beute stammte, war Ägyptern und Assyrern gleichgültig, ein Interesse an ›Rohstoffquellen‹ oder ein solches an ›Facharbeitern‹ ging nicht so weit, sich darüber schriftlich auszulassen, es genügte eine summarische Mengenangabe der Beute an Menschen und Gütern. Daß die Metallarbeiter von den Siegern deportiert wurden«,[8] ist nicht selten in der Geschichte bezeugt.
Wie Wilsdorf bereits 1952 feststellte,[9] haben auch die Tontafeln von el-Amarna nur sehr wenig zur »Biographie« des Bergmannes beigetragen. Anders verhält es sich dagegen mit den Funden von Ras Samra, dem antiken Ugarit, die relativ viel Material zur Würdigung und Einordnung der Metallarbeiten lieferten, wenn sie auch dem Berg- und Hüttenmann kein unmittelbar faßbares Denkmal setzen. Metallarbeiten aus dem syrischen Gebiet sind uns durch die zahlreichen Ausgrabungen der letzten fünfzig Jahre so gut bekannt geworden, »daß wir eine zuverlässige Kenntnis von den Leistungen auf diesem Gebiet des Kunstgewerbes haben. Ugarit selbst hat manches gebracht, vor allem aber Byblos... Daneben steht Qatna (das heutige Mišrifeh), aus dem neben wichtigen gegenständlichen Funden ein Keilschrifttext ans Licht kam, der das ›Schatzhausverzeichnis‹ der Göttin Nin Egal darstellt; der Goldreichtum ist anscheinend nicht unerheblich gewesen... Unmöglich können hier alle Metallarbeiten, die der syrische Boden selbst und die Fundstätten des syrischen Exportes hergegeben haben, vorgeführt werden... Wichtiger ist die Erkenntnis, daß man bei der Auswertung der gegenständlichen Hinterlassenschaft selbst geringfügiger materieller Reste immer wieder auf die Arbeitsleistung des schlichten Werkmannes stößt. Und grundsätzlich ist diese Arbeitsleistung nicht nur Zeugnis eines privaten Fleißes, einer persönlichen Geschicklichkeit und individuellen Handfertigkeit, sondern Bestimmungsmerkmal für die soziale Lage, in der

sich der Werktätige befindet ... Wir sehen – wenigstens ungefähr – den Umfang des Bergbaus, der Hüttenbetriebe, der Schmiedearbeit, und unterscheiden, ob die Produktion zur Massenware herabsinkt, erkennen, ob Eigenbedarf oder Exportartikel hergestellt werden, und bemerken, ob der Hersteller an der geistigen Kultur vollen Anteil hat.«[10]
Rund 20 phönikisch-aramäisch-punische Inschriften aus einem Raum, der sich von Pul-i Daruntah und Taxila im indisch-afghanischen Grenzgebiet bis nach Tugga in Marokko ausdehnt, lassen mit einiger Sicherheit vermuten, daß es in diesem Kulturraum im Altertum ein relativ unabhängiges Metallarbeitergewerbe gegeben haben muß. Daß die Metallarbeiter (von den eigentlichen Bergleuten ist in den Texten, die in einem Zeitraum von mehr als 1 500 Jahren entstanden, nicht die Rede) auch eine proportionsgerechte Anerkennung fanden, kann allerdings nur vermutet werden. Ihre offensichtlich bemerkenswerten handwerklichen Fertigkeiten, die seit Homer[11] immer wieder rühmend erwähnt werden, haben nach Lage der Quellen nicht bewirkt, daß »literarische« Zeugnisse über ihre gesellschaftliche Position im Rahmen ihrer Welt, der Stadtstaaten, die auf ausgedehnte Handelsbeziehungen mit anderen Völkerschaften angewiesen waren, berichteten. Die im Laufe der Zeit entdeckten alten Gegenstände aus Metall, Exportartikel aus dem syrisch-phönikischen Gebiet, haben sich dagegen als recht aufschlußreich erwiesen. So schreibt Helmut Wilsdorf beispielsweise, um ihn hier noch einmal zu zitieren: »Stellen wir fest, daß im syrisch-phönikischen Raum Exportartikel hergestellt werden, so liegt der Schluß nahe, daß dadurch der Metallarbeiter in die Gefahr gerät, ausgebeutet zu werden, weil das händlerische Interesse vorwiegt. Vergleichen wir aber die phönikischen Metallarbeiten mit punischen, so sehen wir, daß erst diese Ausläufer der phönikischen Kultur eine ›kulturlose‹ Massenware herstellen, die darauf hinweist, daß die Verfertiger keinesfalls mehr Anteil an dem geistigen Leben haben. Kann man die phönikischen Erzeugnisse noch für die Produkte eines freien Handwerks in Anspruch nehmen, so erscheint die karthagisch-punische Produktion als Sklavenarbeit. Erweisen sich die Metallarbeiter des syrisch-phönikischen Raumes als aufnahmefähig für Einflüsse aus den heterogensten Bereichen, so ist die Anpassungsfähigkeit nicht nur als Faktor im Rahmen völkerpsychologischer Untersuchungen wichtig, sondern zugleich ein Kri-

terium soziologischer Untersuchungen. Diese Aufnahmebereitschaft bedeutet eine innere und äußere Selbständigkeit dieses Berufes insofern, als nur bei vollberechtigter Teilnahme am politisch-wirtschaftlichen Geschehen des Stadtstaates der einzelne Produzent mit den einströmenden fremdvölkischen Anregungen wirklich in Berührung kommen konnte, zugleich aber auch völlige Freiheit in der Entscheidung hatte, welche Anregungen aufzugreifen waren, um eine ökonomische Verwertung der handwerklichen Fähigkeiten zu erreichen. Wir sehen ja deutlich, daß die phönikischen Metallarbeiten keineswegs bloße Imitation sind, sondern die übernommenen Anregungen umgesetzt wurden und eine eigene stilistische Prägung erfahren haben. Als Produkte einer Sklavenarbeit sind sie daher wenig wahrscheinlich. Bei ihrem oft beträchtlichen Materialwert stellen sie auch, abgesehen von der aufgewendeten Arbeit, bedeutsame Wirtschaftsfaktoren dar. Dann aber sind die Produzenten im Aufbau der sozialen Ordnung wichtige Initiatoren bei der Entfaltung der wirtschaftlichen Kräfte der syrisch-phönikischen Stadtstaaten gewesen.[12]
Steinbaumeister, Eisengießer, ein »Eisenrecker«, ein Gießer, drei Bronzegießer, drei Goldgießer, ein Goldhändler und ein Eisenhändler[13] halbbarbarisch-berberischer Herkunft, um nur die wichtigsten Berufe zu nennen, verzeichnet eine Grabinschrift in Tugga in Mauretanien. Die alten griechischen Überlieferungen, die Texte des Alten Testaments und die archäologisch gesicherten Funde reichen nicht aus, ein auch nur einigermaßen lückenloses Bild vom Berg- und Hüttenmann des hier behandelten Kulturraumes zu zeichnen.

Griechenland

Älteste Funde

Während die Ägypter bereits in der vordynastischen Zeit Meteoreisen, Gold, Silber und Kupfer kannten und das Kupfer wahrscheinlich schon seit Beginn des 4. Jahrtausends v. Chr. aus karbonatischen Erzen (Kupferlasur, Malachit) verhütteten, war es den Griechen in der I. frühhelladischen Periode (3000 bis 2500) noch fremd. Erst in der II. Periode (2500 bis 2200) wurden die polierten Steinbeile und Schuhleistenkeile durch Gegenstände aus Metall ersetzt. Der von Heinrich Schliemann entdeckte »Schatz des Priamos« enthielt außer einem weiblichen Bleiidol, 15 Gold- und Silbergefäßen, 60 goldenen Ohrgehängen, 3 Golddiademen, goldenen Ringen und Röhren vier Prachtäxte aus Lapislazuli. In Sesklo und in Hagia Marina kamen Kupferdolche aus jener Zeit zum Vorschein.

Aus der – nach den Schachtgräbern von Mykenä und Tiryns benannten – Schachtgräberzeit (1600 bis 1500), der frühmykenischen Periode, stammt ein Bronzedolch aus einem Schachtgrab, das zwischen 1570 und 1520 v. Chr. angelegt worden ist. Nach gleichen Dolchen wird auch die erste Periode der germanischen Bronzezeit datiert. Einige Funde aus den Schachtgräbern, Gold- und Silbervasen, Stier- und Löwenköpfe aus Gold und Silber als Trinkgefäße und Ringe mit figuralen Darstellungen verraten kretischen Einfluß, was allerdings nicht für die Halsketten mit Bernsteinschmuck gilt.

Die Überlieferungen über den frühen griechischen Bergbau umfassen einen ganzen Katalog. Über die Anfänge aber gibt es keine Auskunft. Es nützt wenig, mit Xenophon zu wissen, daß der Bergbau zum Beispiel bei Thorikos und Laureion schon zu seiner Zeit so alt gewesen sei, daß niemand zu sagen gewußt hätte, wann er eigentlich begonnen habe.

Dem Silbererzbergbau sind die Griechen wahrscheinlich schon in mykenischer Zeit nachgegangen, ebenso der Zinnerzgewinnung in Delphi. Aber erst nach dem Zerfall der mykenischen Reiche und der damit zusammenhängenden Umgruppierung der alten bergbaulichen Großbetriebe ist der Bergbau so intensiv betrieben worden, daß es auch zur Erschließung neuer Bodenschätze wie Schwefel, Kohle und Ocker kam. Besonders Eisen-, Silber- und Kupfererze wurden nach der Neuformierung des Bergbaus in reichem Maße abgebaut. Die im 7. Jahrhundert v. Chr. aus Lydien in Griechenland eingeführte Münze ließ die Nachfrage nach Silber, das zunächst griechische Währungsgrundlage wurde, nicht mehr zur Ruhe kommen. Neben der Nutzung der eigenen Silbererzvorkommen wurde das Silber aus Sizilien, Sardinien und bereits auch aus Spanien eingeführt, wo die bergmännischen Lehrmeister der Griechen seit 1000 v. Chr. Silbererze gewannen. Und auch aus dem »Kupferland« Zypern, in dem es Kupfermünzen mit einem Silberkern gab, also »verkupferte« Silbermünzen, wurde Silber importiert. Außer zur Herstellung von Waffen, Geräten und Schmuck und zur Münzprägung in verschiedenen Währungen, wie zum Beispiel in der äginetischen mit dem Silbertalent im Gewicht von etwa 37 kg als Grundeinheit und der Drachme mit einem Gewicht von ungefähr 6,20 g als der gebräuchlichsten Münze, wurden Metalle seit Hesiod und Homer besonders auch zur Fertigung von Kultgeräten verwendet. Zahlreiche Kultgegenstände aus Metall gab es beispielsweise in panhellenischen Heiligtümern wie Olympia und Delphi.

Hinweise und Zeugnisse

Die Kunst des Bergbaus haben die Griechen von den Phönikern übernommen,[1] die von den Assyrern immer wieder gezwungen wurden, Bodenschätze zu erschließen. Von Zypern gingen sie nach Kreta, von Kreta nach Sardinien und von dort nach Spanien, nach Nordafrika und nach Griechenland, das zugleich mit der phönikischen Bergbaukunst auch das phönikische Alphabet kennenlernte. Selbst die phönikische Bezeichnung für Bergwerk, matala, ist in die griechische Sprache mit einer kaum merklichen Abänderung eingegangen. Die um 1100 v. Chr. von den Phönikern auf Kreta gegründete Hafenstadt Matala (»Bergwerk«) erhielt von den Griechen nach Strabon den Namen »Metallon«. Im Griechischen bezeichnete metallon die Grube, das Bergwerk, nicht aber Erz und »Metall« wie im Lateinischen, das unter anderem auch den »Stein« einbezog, die Marmorbrüche marmorum metalla und die Alaungruben stypteriae metalla nannte. Die Herkunft der spätlateinischen Bezeichnung »mina«, die schließlich in die neueren Sprachen eingegangen ist, bleibt unsicher. Kobell wollte sie von menare herleiten, von betreiben (mina = der Betrieb), während andere Interpretationen den Namen auf die von Plinius (XXXIII, 40) überlieferte Benennung der Sisaponensischen Zinnobergruben zurückführen, die »miniariae Sisaponenses« hießen.

Seitdem die Griechen erst einmal selbst Bergbau betrieben, verbreitete er sich rasch. Gesicherte Zeugnisse eines alten griechischen Bergbaus gibt es unter anderem auf Golderz für Siphnos, Thasos, Skapte Hyle, Daton, Krenides, Philippi, Pangaios, Lampsakos und (nicht gesicherte) auch für Laureion, auf Silbererz für Laureion, Siphnos, Pangaios und Damastion (Epirus), auf Kupfererz für Chalkis, Delos, Seriphos, Argolis und Sikyon, auf Eisenerz für Boiai, Euboia (Chalkis usw.), Boiotien, Andros (wo bis in die Gegenwart hinein ca. 50000 t 30 bis 35 Prozent Fe-haltiger Eisenerze aus der Antike lagern), Keos, Kythnos, Gyaros, für Seriphos bei Megalo Livathi, das in der antiken Literatur zwar nicht erwähnt wird, aber ungefähr 150000 t Eisenschlacken aufweist und (fragliche) auch für Melos, auf Schwefel für Melos, auf Bleierz für Makedonien und für Laureion, wo außerdem auch Quecksilber, Zinnober (oder Rötel), Ocker und einige andere Rohstoffe gewonnen wurden, die in der pharmazeutischen »Industrie« Verwendung fanden – oder, wie das Galmei, zu Legierungen benutzt worden sind. Selbst Smaragde[2] sollen in Thorikos bei Laureion gefördert worden sein. Zinnerz wurde bei Kirrha und bei Delphi gewonnen und Kohle in Eleia bei Olympia abgebaut.[3]

Die »königliche Kunst« in der antiken Literatur

Zahlreiche antike Denker haben sich mit dem griechischen Bergbau beschäftigt. Herodot, der über ihn recht gut unterrichtet war, berichtet über den Bergbau unter anderem in Siphnos, Thasos, Skapte Hyle, Daton, Pangaios und Laureion. Der Historiker Thukydides war selber Miteigentümer von Golderzgruben bei Skapte Hyle.[4] Diodor schrieb über den Golderzbergbau in Krenides, Strabon über den Kupfererzbergbau in Chalkis und Plinius unter anderem über die Grubenarbeit in Boiotien. Platon,[5] der die Sklaven um ihrer selbst willen gut zu halten empfahl, nannte die Bergbauarbeit (inmitten seiner vergeistigten aristokratischen Welt) eine »königliche Kunst«.

Der ägyptische, griechisch schreibende Priester Manetho und auch Pollux besaßen fachliche Kenntnisse aus der Welt des Bergbaus. Pindar, Euripides, Juvenal, Properz und Ovid meditierten über die Bodenschätze und versuchten ihren Einfluß auf das Denken der Menschen zu bestimmen, deren Beziehungen zum Bergbau schon konkret von den ältesten großen Griechen Homer (vor 700 v. Chr.) und Hesiod (um 700 v. Chr.) aufgezeigt werden.

Hesiods Lehre von den fünf Geschlechtern in den fünf aufeinanderfolgenden Zeitaltern, die er mit einer goldenen Ära beginnen und von einer silbernen Epoche ablösen ließ, um daran das eherne (bronzene) Zeitalter anschließen und wiederum vom heroischen verdrängen zu lassen, das schließlich in das eiserne einmündete, hat in einigen Kulturkreisen pittoreske Varianten inspiriert. Von Platons Metallmythos im dritten Buch über den »Staat« reichen sie – ob abhängig oder nicht – über die Deutung des konstruierten Nebukadnezartraumes im 2. Buch Daniel und die Ausformung des persischen Urmenschen Gayōmard zur Ausgestaltung im mittelpersischen Bahman Yast und anderen Vorstellungen.[6]

Hesiod und Homer, die beide auch schon Messing kannten, lebten im »eisernen Zeitalter«, in dem die Griechen bereits auch die Stahlherstellung beherrschten. Und ihnen, Hesiod und Homer, verdankt die Nachwelt auch die ersten literarischen Erwähnungen des Eisens und des Stahls – gelegentlich sogar im Zusammenhang mit der Andeutung einzelner Techniken. In den Bericht über die Blendung Polyphems durch Odysseus flocht Homer das Eisen bildhaft auf eine

Weise ein, die eindeutig bezeugt, daß die Griechen es zu seiner Zeit bereits verstanden, Stahl durch Ablöschen in kaltem Wasser zu härten. »Wie wenn ein Schmied«, schreibt er (Od. IX, 391) »die Holzaxt oder das Schlachtbeil / Taucht in kühlendes Wasser, das laut mit Zischen emporwallt. / Härtend mit Kunst, denn dieses erhöhet die Kraft des Eisens...«. Die Sichel des Kronos wurde nach Hesiods »Theogonie« (V. 181) aus grauschimmerndem Stahl gefertigt. Das Schwert des Herakles bestand aus Eisen, sein Helm aus Stahl. Veilchenblaues Eisen (Ilias XXIII, 850) winkte dem besten Bogenschützen als Preis aus der Hand des Achill. Homer besang den norischen Stahl des steirischen Erzberges. Horaz (Od. I, 16, 9), Ovid (Metam. XIV, 7.11.12), Plinius (hist. nat. XXXV, 14, 41) und Martial (IV, 55, 12) priesen es im Sinne Homers, der das Eisen und den Stahl gelegentlich als Metalle mit symbolischen Attributen für die Zuverlässigkeit eines Menschen, für Härte und Stärke herausstellte. In Homers Odyssee beweist der junge Telemachos seine Stärke und Kampferprobtheit, indem er die »Kampfeisen« meisterhaft zu stellen versteht. Stark und unerschütterlich, »fest wie Eisen«, ist das Herz der Eurykleia, als sie Odysseus zu schweigen gelobt. Das Eisen hat einen anderen Wert etwa als die weitaus älteren Edelmetalle, mit denen der blinde Homer im 19. Gesang die »Kunstwerke... umzogen« und kunstvoll gefertigte Lampen und Spangen zur »Zierde« versehen weiß, während er die um Gnade bittenden Freier im 22. Gesang »Erz und Gold zur Versöhnung« anbieten läßt. Penelopeia hört von dem verkleideten Odysseus, daß er ihrem Gemahl (Odysseus) einst ein »ehern Schwert« geschenkt habe.

Zur Zeit Alexanders des Großen (356–323) sollen die Griechen nach Daimachus bereits vier Stahlarten in Gebrauch gehabt haben: chalybischen, sinopischen, lakonischen und lydischen. Zimmermannssägen fertigten sie aus chalybischem, Bohrer und Feilen aus lakonischem und Schwerter aus lydischem Stahl.

Nicht viel jünger als die Stahlherstellung dürfte bei den Griechen auch die Kenntnis des Eisenschweißens gewesen sein. Herodot (I, 25) bezeugt sie mit den Worten: Glaukos war ein Hüttenmann, der »als einziger von allen Menschen die Eisenschweißung erfand«. Ob jener Grieche Glaukos nun wirklich der Erfinder des Eisenschweißverfahrens war, bleibt – selbst wenn diese Behauptung nur auf Griechenland beschränkt wird – unsicher, da alle Erfindungen bis ins

5. Jahrhundert v. Chr. hinein zunächst den Gottheiten und Heroen zugeschrieben und erst dann als besondere Leistungen mit den Namen historischer Persönlichkeiten verknüpft worden sind. Zwei Beispiele: Herakles »erfand« die Erschließung artesischen Wassers durch eine Tiefbohrung an der Stelle, an der heute der Ciminische See liegt. Prometheus brachte den Menschen das Feuer. Auch die Kenntnis des Gußeisens ist in Griechenland wohl schon mit dem 6. Jahrhundert v. Chr. zu datieren. Der Historiker Pausanias berichtete um 170 n. Chr., daß ein Mann namens Theodoros es bereits zur Zeit des 522 v. Chr. von den Persern in Sardes gekreuzigten Tyrannen Polykrates von Samos vermocht habe, das vermutlich in Schachtöfen oder in Tiegeln nach chinesischer Art flüssig gemachte Eisen zu Bildnissen zu gießen.

Der Bergarbeiter selbst aber hat sowohl in der griechischen als auch in der römischen Poesie und Prosa nur einen sehr dürftigen Raum gefunden. Das Leben der »Banausen«, die allgemein so schwer und so viel arbeiten mußten, daß sie nur wenig – oder gar keine – Zeit fanden, sich zu bilden, politisch zu betätigen und an sportlichen und religiösen Feiern und Festen teilzunehmen, der auf der körperlichen Arbeit lastende Makel und die Diesseitigkeit des Denkens konnten kaum als gute Voraussetzungen dafür gelten, Sklaven und andere Schwerarbeiter als Motiv zur schöpferischen Gestaltung zu wählen. Die Geringschätzung der körperlichen Arbeit im Rahmen des profilierten aristokratischen Zeitgeistes mußte eine direkte und positive literarische Beschäftigung mit der banausischen Arbeitswelt zumindest suspekt erscheinen lassen. Das Einzelschicksal eines (Hütten-)»Arbeiters am Ofen«, wie man das griechische Wort »Banause« übersetzen darf, konnte in der Umwelt kein Echo finden, so daß der Bergarbeiter im alten Griechenland fast gänzlich um das literarische Denkmal gebracht worden ist, das ihm in der Kulturgeschichte gebührt, zumal der Begriff Bergarbeiter auch bei den Griechen in der Antike weiter als heute zu fassen ist. Auch dort gehörten die Hüttenleute, Schmiede aller Art, Bergwerksunternehmer und Grubeneigentümer, die Rötelgrubenarbeiter und selbst die Steinbrecher dazu. Die Äußerung des Römers Plinius, daß der Bergbau »mille labores«, tausend Mühen, bereite, dafür aber auch »mille usus«, die tausendfache Verwendungsmöglichkeit seiner Produkte, garantiere,[7] findet in der breit angelegten Skala der Bergbau-»Berufe« eine Entsprechung, die

den Wert des Bergbaus bekundet. Die Kulturgeschichte aber muß jene tausend Mühen und die tausendfachen Verwendungsmöglichkeiten der Bodenschätze einerseits mit dem Weltbild derjenigen konfrontieren, die sich Bergleute nannten, und andererseits mit der Auffassung derer, die durch jene Mühen lebten und eben das Weltbild ausformten. Die wenigen zeitgenössischen Anekdoten, die etwas über die Erlebniswelt des Bergmanns durchblicken ließen, hatten den Bergmann nur eigentlich als konkretes Symbol vor die eigentlichen Motive gestellt, wie es – allerdings auf einer anderen Ebene – nicht eindrucksvoller als in Platons Höhlengleichnis geschehen konnte.
Dieses Dasein kennt keine Illusionen, keinen metaphysischen Glorienschein. Auch im Alten Testament fehlen illusionäre Vorstellungen über die körperliche Arbeit. Ausdrücklich wird dem Menschen gesagt, daß er »im Schweiße« seines Angesichtes sein Brot essen müsse; aber die Beziehungen sind doch grundlegend anders konzipiert. Die Konfrontation mit der biblischen Auffassung über die körperliche Arbeit schafft zwei Ebenen. Im Alten Testament arbeiten auch die Könige, die Propheten und die Priester mit den Händen, in der griechischen Antike sind es die »Banausen«, die Sklaven, die freien Lohnarbeiter und nur gelegentlich auch verarmte Aristokraten. Dort durchwirkt Jahwes Gebot das Tun der Menschen, die sich ständig auf dem Wege dahin wissen, sich die Welt untertan zu machen, hier ist es die logisch aufgefaßte Bindung, die höchste Steigerung der äußeren Ausstattung des Menschen inmitten des göttlichen Waltens nicht anzustreben. Denn nur soweit der Mensch die Arbeit und ihre Auswirkungen in der Hand zu behalten vermochte, sollte er es wagen, sie voranzutreiben. Ikaros mußte ins Meer stürzen, weil er jene Grenzen zu überschreiten versuchte. Das Streben der griechischen Denker, die diese Weltauffassung ausformten, war darauf gerichtet, die sittlich-intellektuelle Höchstform des Menschen, seine Tugend, zu verwirklichen. Dabei gebührte der Handarbeit nur eine untergeordnete Rolle; aber die Einflüsse in und aus der Arbeitswelt wurden berücksichtigt, wie die Überlegungen großer griechischer Geister über das Gold und über andere Bodenschätze beweisen.
Der Arbeit der griechischen Sklaven fehlte der außerhalb der Lebenserhaltung liegende verbindliche Sinn. Sie erschien nicht als ein göttliches Mandat, so daß sie für den Arbeiter weder sinnvoll noch ehrbar war. Hinter ihr stand nicht das biblische »Du sollst«, sondern das aus

anderen Motiven resultierende »Du mußt!«. Metallene Beinfesseln und Knochenreste eines Bergwerkssklaven aus Kamareza (Laureion) zeugen in der Bergakademie Freiberg in Sachsen noch heute von der Durchsetzung dieses »Du mußt!«. Die »Träume« der Griechen waren an die Erde gefesselt. Selbst ein Teil der den Körpern entwichenen Seelen kehrte nach Platon, in anderen Lebewesen wiederverkörpert, auf die Erde zurück.

Xenophon berichtet (memor. II, 8,1) von Eutheros, daß er seinem Freunde Sokrates klagend mitgeteilt habe, nach dem Verlust seines Vermögens »durch körperliche Arbeit seinen Lebensunterhalt verdienen« zu müssen. Durch der Hände Arbeit sein Leben zu fristen galt als wenig ehrenhaft. »Viele gibt es«, sagt Xenophon, »Athener wie Fremde, die körperlich weder arbeiten wollten noch könnten, aber mit dem Kopfe sich gerne den Lebensunterhalt verdienen würden.« Und Sokrates riet seinem Freunde, sich eine Stellung als Geschäftsführer bei reichen Privatleuten zu suchen, weil körperliche Arbeit schlecht zuträglich wäre.

Mit den Händen haben im antiken Griechenland allerdings nicht nur Sklaven gearbeitet. Bei den Bauarbeiten in der Stadt, in landwirtschaftlichen Betrieben und im Bergbau waren neben zahlreichen Sklaven auch freie Lohnarbeiter tätig, und Xenophon überliefert, daß es Lohnarbeiter gegeben habe, »die ... in den Gruben alt geworden«[8] seien, weil sie keine anderen Stellungen gefunden hätten.

Im Prisma der Dichter

Wo sich die Dichter des Berg- und Hüttenmannes annahmen, ließen sie ihn nahezu ausnahmslos eine »saure« und »schwere« Arbeit vor einem hoffnungslos düsteren Hintergrund vollbringen. Einige Beispiele, ein griechisches, ein römisches und zwei mittelalterliche Zeugnisse aus dem deutschsprachigen Raum, sind typisch dafür. Zahlreiche weitere Belege lassen sich anführen.

Über den Bergarbeiter in den Eisenerzgruben von Rhodos, die eine besonders reiche Ausbeute brachten, berichtete Apollonios (295–215 v. Chr.):

»Aber nur, wenn sie den eisenhaltigen, harten Boden durchschürfen,
Verdienen sie sich ihr Brot zum täglichen Leben.
Niemals geht ihnen der Morgen auf, ohne saure Arbeit zu bringen,
Schwarz, in Ruß und Qualm, müssen sie die schwere Mühe erdulden.«[9]
Und Lukrez schreibt:
»Kurz: wo man Gold- und Silberadern bloßlegt und mit dem Eisen das Verborgene der Erde bis ins Innerste durchwühlt – was für üble Schwaden von unten her haucht Grubenwald da aus! Wieviel Unglück geschieht, daß die goldreichen Metalle [giftigen Qualm] ausdampfen! Was für ein [entstelltes] Antlitz geben sie den Menschen und welche [bleiche] Farbe!
Sieht man nicht und hört man nicht, in welch kurzer Zeit sie gewöhnlich zugrunde gehen, und wie denen alle Lebensfülle fehlt, die der große Zwang des Unausweichlichen an solche Arbeit kettet?«[10]
Ähnlich heißt es auch bei Konrad von Megenberg um 1350 n. Chr.:
»Wann sôder erdisch dunst lang gestêt in der erden beslozzen, sô fault er an im selber und wirt gar vergiftig ... Wir prüefen auch daz an den perchknappen, die in die gruob varnt, die werdent etswie vil wirbig in irm haupt, alsô daz si gern verhtent sam die trunken läut.«[11]
Und auch Paul Schneevogel sagte im Rahmen seines Gerichts der Götter[12] über den Mann unter Tage: »Ihr Leib wird von der Erde verschlungen, durch böse Wetter erstickt; er wird trunken vom Weine, er leidet unter Hunger ... Die Luft im Berge, die sehr ungesund ist, nimmt ihnen [den Bergleuten] alle natürliche Farbe; sehr oft geschieht es auch, daß sie frühzeitig mit Tod abgehen.«[13]
Ob Bertolt Brecht, um die Beziehung von der Antike über das Mittelalter zur Gegenwart herzustellen, wohl versucht haben würde, die alte Patina auf dem Bild des Bergarbeiters durch eine neue Farbe zu ersetzen, wenn er den Bergarbeiter wirklich einmal vor Ort gesehen und erlebt hätte? Wohl kaum!
Heinrich Böll jedenfalls, der Dichter aus einem der wichtigsten europäischen Bergbaugebiete, schilderte den Bergarbeiter (des Ruhrgebiets) im Jahre 1958, 2200 Jahre nach Apollonios und 2000 Jahre nach Lukrez, in einer Zeit, in der die ersten Zechenanlagen bereits automatisiert waren, in einer Epoche, in der auf kostspielige technische Einrichtungen allein schon aus Profitgründen nicht verzichtet werden konnte, nicht anders: »Die Bedingungen, unter denen der

Mann vor Kohle, vor Ort, im Streb arbeitet, sind sehr unterschiedlich: In manchen Lagen vollzieht er seine Arbeit, wie sein Vorgänger in der Bronzezeit oder vor fünfhundert, vor hundert Jahren es tat: Nur liegend, gebückt, kriechend kann der Bergmann den kostbaren Stoff erreichen, den er mit der Hacke loshaut, jenen Stoff, ohne den weder Bomben noch Zahnbürsten, weder Kinderspielzeug noch Perlonstrümpfe herzustellen sind ... Unter Tage hat die Zukunft keine Chance, sie wird nie beginnen ... Das Gedinge ist der permanente Akkord, der jeweils zwischen Bergmann und Fahrsteiger nach den jeweiligen Bedingungen ausgemacht wird, dabei wird gehandelt, werden Interessen gegeneinander ausgespielt, aufeinander zu; dieser Handel findet an Ort und Stelle statt, unter der Erde, vor Ort, vor Kohle ... Der junge Mann, der eben in der Waschkaue unter der heißen Brause den dichten schwarzen Staub abwäscht, langsam seine Haut, sein Gesicht, seine Hände wiedererkennt ... ist achtundzwanzig Jahre alt, verheiratet, Hauer, hat zwei Kinder – und Schulden ... Raten sind überfällig, weil er schon am letzten Zahltag weniger ausgezahlt bekam, als er sich zehn Tage vorher ausgerechnet hatte: mehr Zeit als vorgesehen geht für die Abstützarbeit drauf; schwierigere Bedingungen. Das bedeutet weniger Geld ... In manchen Brennpunkten stirbt sogar das Chlorophyll, tragen Bäume keine Frucht mehr ... bewohnte Räume, auf die jährlich pro Quadratmeter 800 Gramm Dreck herunterregnen: fast ein Kilo auf eine Fläche, die halb so groß ist wie ein Bett ... Das sind 800 Tonnen pro Quadratkilometer ... Das Wort Fortschritt bleibt bittere Ironie, solange dem Menschen die Elemente: Erde, Luft und Wasser entzogen oder vergiftet werden ... Gase entweichen, gelbe Flammen entströmen, böse Lichter strahlen auf, zehn Minuten von Straßen entfernt, in denen Kinder ihre uralten Spiele spielen ... Sommer ist in diesen Brennpunkten nur ein klimatologischer Begriff ... nur selten dringt die Sonne durch die Dunstglocke, und dieser Raub geschieht seit einem Jahrhundert.«[14]

Die Bilder gleichen einander. »Unter Tage hat die Zukunft (offensichtlich auch in der Dichtung) keine Chance« gehabt. Die von Apollonios beschriebenen Bergarbeiter nannten ihre Arbeit schürfen, und so nennt auch der Mann sie noch, den Böll beschreibt. Apollonios bezeichnet seine dichterisch-schriftstellerische Tätigkeit als tief »schürfende« Gedanken formulieren, den Dingen auf den Grund gehen und »forschen«, und so wird auch Böll die seine nennen. Die Arbeit des Bergmanns trägt dort und hier den gleichen Namen, die Tätigkeit des Dichters auch. Ihre Bezeichnung ist aus der Welt des Bergbaus abgeleitet.

Älteste bildliche Überlieferungen

Die vorausgegangene Gegenüberstellung ließ deutlich werden, welcher Rang der dichterischen Aussage in Untersuchungen zur Kulturgeschichte des Bergbaus und Hüttenwesens zugeschrieben werden kann.
In ihrer Nähe muß auch die bildende Kunst angesiedelt werden. Ihre ersten Zeugnisse über den Bergmann in Griechenland stammen aus der Zeit des archaischen Griechentums. Es sind bemalte Tontafeln, die im Jahre 1879 in Penteskuphia bei Korinth am Abhang einer Schlucht gefunden wurden. Als Weihgaben waren sie einst im heiligen Pinienhain des Poseidon an die Äste der Bäume gehängt worden. Auf vielen Tafeln, die in den meisten Fällen leider zerbrochen sind, ist Poseidon selber als Gottheit des Meeres und des Fischfanges dargestellt; aber auch Krieger, Schiffer, Töpfer, Ofenarbeiter, Bergleute, Tiere, Schiffe und Gespanne sind auf solchen Tafeln zu finden. Eine der schönsten Tafeln, die zudem ein bergmännisches Motiv enthält und darüber hinaus auch nicht zerbrochen ist, bildet die sogenannte »Pinax aus Penteskuphia« (Weihetafel), eine Darstellung mehrerer Bergarbeiter unter Tage, die lange Haare tragen – wie es bei den freien Korinthern im 6. Jahrhundert v. Chr. üblich war. Die Tafel ist nicht nur besonders schön, sondern gehört auch zu den bedeutenden künstlerischen Zeugnissen des antiken Griechenland überhaupt. Die Ansicht Wilsdorfs, daß nicht Sklaven, sondern Freie als Stifter für die zwischen 600 und 550 v. Chr. dem Poseidon geweihte Votivtafel angesehen werden dürften,[15] scheint die bildliche Darstellung zu bestätigen. Die Köpfe der Sklaven wurden kurz geschoren. Wahrscheinlich muß der betont hervorgehobene Hauer als der Stifter angesehen werden. Möglicherweise handelte es sich bei ihm um den Besitzer der Grube, der unter Tage mitarbeitete, was bei den Korinthern vor allem zur Zeit des Verbotes der Sklavenarbeit selbstverständlich war. Diese

Tafel von Korinth jedenfalls ist das älteste bildliche Zeugnis über den griechischen Bergmann unter Tage. Später fehlt er überall, in der Vasenmalerei, in der Terrakottakunst der klassischen und nachklassischen Zeit, und auch in den hellenistischen Wandgemälden und Reliefs sind Bergarbeiter nicht dargestellt worden.[16] So reich die griechische Kunst in der Antike auch immer war, so wenig hat sie sich außerhalb des 6. Jahrhunderts v. Chr. doch des Bergarbeiters angenommen. Die orientalischen Einflüsse, die im griechischen Bergbau sonst nachweisbar sind, fehlen in diesem Zusammenhang.

Laureion

Nur über einen alten griechischen Bergwerksbezirk, über Laureion im südöstlichen Attika, existiert eine umfangreiche Literatur. Seitdem der Althistoriker Boeckh in den Abhandlungen der Preußischen Akademie der Wissenschaften seine Studie »Über die Laurischen Silberbergwerke in Attika«[17] veröffentlichte,[18] hat der laurische Bergbau das Interesse namhafter Fachautoren gefunden. Die Wiederaufnahme des dortigen Bergbaus im Jahre 1865 trug weiter dazu bei. Besonders die Arbeits- und Erlebniswelt der Bergarbeiter, die ihr Gezähe, ihre Werkzeuge, während des Sklavenaufstandes zwischen 104 und 102 v. Chr. niedergelegt hatten, fand großes Interesse. Noch heute gilt Ardaillons umfangreiche Arbeit über die laurischen Bergwerke im Altertum,[19] das Fazit direkter Forschungen in den alten Anlagen, als eine der maßgebenden Monographien über das antike Laureion, dessen Name bis jetzt nicht geklärt werden konnte. Zahlreiche Publikationen schlossen sich an. Sie reichen von Schönbauers Untersuchungen des Bergbaurechts (1929) über Grosbys Veröffentlichung der Grubenpachturkunden von Athen, Finleys gesammelte Grundpfandsteine (1951) und Wilsdorfs Darstellungen über die »Bergleute und Hüttenmänner im Altertum bis zum Ausgang der römischen Republik« (1952) schließlich bis zu dem bedeutenden zweibändigen Werk Siegfried Lauffers über die »Bergwerkssklaven von Laureion« (1955/56), das voraussichtlich so bald nicht korrigiert oder ergänzt werden kann. Doch die Ergebnisse der Forschungen über den laurischen Bergbau dürfen keineswegs auf den gesamten Bergbau des antiken Griechenlands übertragen werden. Für Laureion war die athenische Demokratie verbindlich. In den außerhalb der Herrschaft Athens liegenden Bergbaugebieten herrschten andere Verhältnisse; ihre Untersuchung und Darstellung fehlt heute noch.

Zur Orientierung über den geschichtlich berühmten Bergbau von Laureion sollen zunächst einige Daten dienen. Für die Zeit des beginnenden 6. Jahrhunderts v. Chr., die Zeit Solons, fehlen sowohl schriftliche Angaben als auch archäologische Funde über die Gewinnung von Bodenschätzen in Laureion, wo der Bergbau wahrscheinlich erst um 560 v. Chr. begann und für die Zeit des Beginns der Perserkriege zwischen 500 und 480 v. Chr. die ersten reichen Anbrüche mit der vermutlichen Erschließung Kamarezas datieren läßt. Seine Blüte dürfte zwischen 460 und 430 v. Chr. anzusetzen sein. Im Peloponnesischen Krieg (431 bis 404 v. Chr.) zwischen Athen und Sparta, besonders während des Sklavenaufstandes im Jahre 413 v. Chr., ist er offenbar wieder stark zurückgegangen. Der Wiederaufbau Athens und die Neuaufnahme des Bergbaubetriebes nach 400 v. Chr. litten unter starkem Kapital- und Arbeitermangel. In den folgenden fünfzig Jahren ist dann damit begonnen worden, die Schächte bis zu 111 m Tiefe niederzubringen und Stollen in ungefähr 50 m Tiefe in die Berge hineinzutreiben. Aber die Ausbeutung der Bodenschätze ging bis zum Ende des 4. Jahrhunderts infolge der makedonischen Konkurrenz immer mehr zurück. Als Athen in der Mitte des 3. Jahrhunderts v. Chr. zur politischen Bedeutungslosigkeit herabsank, begannen die laurischen Hüttenleute, die Schlacken des alten Haldensturzes durch eine verbesserte Hüttentechnik erneut zu verhütten, wozu sie vermutlich auch die großen Wasseranlagen schufen. Nach Strabon (IX, 399) »schmolzen die Arbeiter« das »ehemals als taub weggeworfene Gestein und die Schlacken nochmals aus und erhielten daraus noch reines Silber, da die Alten ohne Erfahrung zu verhütten pflegten«. Mit dem bereits erwähnten Aufstand der Sklaven in den Jahren zwischen 104 und 102 v. Chr. ist der Bergbau von Laureion zum Erliegen gekommen. Erst rund 2000 Jahre später wurde er wieder aufgenommen.

Im großen Perserkrieg (500 bis 449 v. Chr.) hatten die griechischen Hoffnungen buchstäblich auf den Schultern der Bergwerkssklaven geruht, die das Silber für die Finanzierung des Krieges gegen Persien im Laureion-Gebiet gewannen. Mit seiner Hilfe konnte Persien abgewiesen und die tödliche Gefahr von Griechenland gebannt werden. Der Erfolg wirkte auf den Silberbergbau zurück, der nun einen raschen Aufschwung erlebte. Athen und seine freien Bewohner empfingen ihren Wohlstand – und einige ihren Reichtum – aus den Gruben Laureions. Jeder Sklave brachte seinem attischen Sklavenhalter noch so viel an Mietzins ein, daß er die Hauptlast seines Lebensunterhaltes davon bestreiten konnte wie zum Beispiel Diokleides, der nur einen einzigen Sklaven zur Bergwerksarbeit vermietete und hauptsächlich davon lebte.

Die Bergwerkssklaven allerdings standen außerhalb jener Welt – nicht nur wegen der abseits und isoliert liegenden Grubengebiete. Aber sie bildeten in ihrer Geschlossenheit einen Faktor, der auch innenpolitisch nicht übersehen werden durfte. Nicht zuletzt haben blutige Aufstände die Herrscher gelegentlich daran gemahnt, sich derjenigen zu erinnern, die »vom Fuße vergessen« unter Tage ihrer schweren und gefährlichen Arbeit nachgingen. »So benutzen die Arbeiter Laureions zur Zeit des Peloponnesischen Krieges die allgemeine Niedergeschlagenheit, um sich zu erheben. Sie bewaffnen sich und verlassen ihre Arbeit in den Minen, überwältigen die Wachen und ergießen sich in wilder Wut über das ganze Gebiet und erschlagen alle, die sich ihnen in den Weg stellen. Sie brennen alles nieder. Sunion wird im Sturm genommen, die ganze Küste Attikas wird in ein Trümmerfeld verwandelt. Die Athener haben Mühe, diesen Aufstand der Silberarbeiter niederzuschlagen. Es geschieht dann aber ebenso blutig wie grausam. Das Kap Sunion wird befestigt und alle Maßnahmen ergriffen, um die Wiederholung eines solchen Aufstandes zu verhindern. Aber das ist nicht nötig. Die Zerstörung der Minen ist durch die Aufständischen sehr gründlich besorgt worden: die Ergiebigkeit läßt stark nach.«[20] Das waren Momente, die nicht nur die Unternehmer im Bergbau berücksichtigen mußten. Bis um 104 v. Chr. hat die zur Überwachung der Bergwerke seit dem Dekeleischen Kriege (413 bis 404) verpflichtete Besatzung des Festungsdreiecks Sunion-Thorikos-Anaphlystos ihrer Rolle als »Bergwerkswächter« (Poseidonios) einigermaßen[21] gerecht werden und die Existenz des Bergbaus sichern können. Aber mit dem Aufstand der Bergarbeiter und der Niederwerfung der Festungsbesatzung wurde auch der Bergbau vernichtend getroffen. Die Bergarbeiter, die in den privaten

Betrieben vermutlich nicht staatlich überwacht und auch nicht grundsätzlich mit Brandzeichen versehen worden sind, gingen nicht wieder in die Schächte zurück. Sie fielen nicht auf. Nur entlaufene Sklaven wurden nach ihrer Gefangennahme gebrandmarkt, wie Lauffer feststellt, der auch die dauernde Fesselung von Sklaven im laurischen Bergbau für unwahrscheinlich hält und dazu schreibt: »Woran sollten die Förderleute gefesselt worden sein? Nur bei stationären Arbeiten war es möglich und auch dabei nur in beschränktem Umfang, wenn die Arbeiten zweckmäßig ausgeführt werden sollten. Für die Hauer vor Ort war eine gewisse Bewegungsfreiheit bei der Arbeit in den engen Stollen wie bei der Schichtablösung unerläßlich; die Werkzeuge zur Befreiung von den Fesseln hatten sie in der Hand.«[22]

Die Bergwerkssklaven

Nicht nackter Zwang, nicht die Peitsche und glühende Brandeisen, sondern eine feste Betriebsorganisation mit Werkstättenleitern oder Betriebsvorstehern und anderen mit der Aufsichtsführung betrauten Fachleuten und Sklaven müssen den gut funktionierenden Arbeitsablauf im Bergbau geregelt haben. Das Verhältnis der Unternehmer zu ihren Bergwerkssklaven kann nicht grundsätzlich schlecht gewesen sein. Der Grubenbesitzer Pantainetos beispielsweise ließ selbst das Grubenpachtgeld seines Betriebes von Maroneia durch einen Sklaven zur Staatskasse nach Athen bringen.[23] – Aus anderen zeitgenössischen Überlieferungen wissen wir, daß Bergwerkssklaven sogar leitende Stellungen bekleidet haben. Ein solcher Sklave war beispielsweise der sachkundige Thraker Sosias, den der reiche Bergwerkseigentümer Nikias um 420 v.Chr. für den sehr hohen Preis von 1 Talent (6000 Denar; fortan Dr.) erwarb und als »Vorsteher« in seinen Bergwerksbetrieben einsetzte.[24] Er konnte schließlich selbst Bergbau unter eigener Regie treiben. Tausend Sklaven standen im Dienste des Sosias, der seinem ängstlich um die Existenz seiner Grubenbetriebe besorgten und deshalb ständig mit Wahrsagern korrespondierenden Herrn, dem athenischen Politiker und reichen Grubenbesitzer Nikias, offensichtlich nicht einmal Rechenschaft über den Mehrerlös abzulegen brauchte. Nicht selten haben Bergwerkssklaven, deren Unterhalt die Besitzer täglich lediglich einen Obolos (8 bis 10 Pfennige) kostete, sich ein privates Vermögen erarbeitet. Dabei handelte es sich durchaus nicht nur um Bergleute in unteren Leitungsfunktionen. Hauer, Erzklauber, Erzwäscher und andere gewöhnliche Bergwerkssklaven, die auf den Sklavenmärkten im 4. Jahrhundert v. Chr. in Athen je nach Herkunft, Alter, Leistungsfähigkeit und Ausbildung durchschnittlich zwischen 150 und 200 Dr. kosteten, waren in der Lage, Eigenbesitz zu erwerben. Darüber hinaus verfügten sie über das Recht, sich zu Vereinigungen zusammenzuschließen, religiöse Kulte zu pflegen und die ihnen zugestandene Freizeit auf eine ihrer Situation entsprechende Weise zu nutzen. Diese skizzenhaften Linien zum Porträt der griechischen Bergwerkssklaven, die schon seit dem Ende des 5. Jahrhunderts v. Chr. nur noch in der Minderheit Griechen waren, deuten bereits die Konturen eines Bildes an, das sich nicht unbedingt mit den Darstellungen decken will, die zahlreiche Autoren seit der Antike aus den Bemerkungen z. B. von Strabon (VII, 3; XI, 23), Polybios (IV, 38), Pollux (VII, 14), Demosthenes und anderen gezeichnet haben.

Die bergmännischen Lehrmeister der Griechen, die Phönizier, hatten die Bergbausklaven zu einer Ware degradiert. Darin sind die Griechen ihnen nicht gefolgt, wenn auch nicht wenige von ihnen gerade mit Bergwerkssklaven blühende Geschäfte machten. Doch das waren allgemeine Zeiterscheinungen, die durchaus nicht durch den Bergbau hervorgerufen wurden. Der Mietzins, den die Sklaven dem Eigentümer einbrachten, stellte für den Eigentümer grundsätzlich »eine Leibrente für den persönlichen Gebrauch dar.« Die Sklaven hatten »für ihn ausschließlich Rentenwert«.[25] Selbstverständlich war die Nachfrage nach Sklaven im Bergbau größer als in den einzelnen Werkstätten, die meistens nur wenige Sklaven beschäftigten. Zudem lag der Marktwert der Bergwerkssklaven keineswegs grundsätzlich unter dem der Tischler- und Schuhmachersklaven, die gelegentlich zwei und mehr Obolen täglich an Mietzins einbrachten, da auch Bergwerkssklaven, deren durchschnittlicher Mietzins im 4. Jahrhundert v. Chr. bei einem Obolos pro Kopf und pro Tag lag, dem Eigentümer zwei, drei und mehr Obolen täglich einbringen konnten, wenn sie besonders qualifiziert waren oder eine Vertrauensstellung innehatten. Deshalb »beteiligten« sich nicht nur athenische (bergbaufremde) Sklavenbesitzer indirekt am Bergbau, dem sie Sklaven zur Arbeit zuführten, sondern selbst Bergwerksunternehmer wie Nikias (1000 Sklaven), Hipponikos (600 Sklaven) und Philemonides (300 Sklaven). Sie verpachteten Bergwerkssklaven, die häufig eine sicherere Einnahmequelle darstellten als mancher Grubenbesitz mit seinen nicht vorauszuberechnenden Unwägbarkeiten (Grubenunglücke, Fundglück usw.). Die Bergwerkssklaven gingen ihrer Arbeit unter der Aufsicht der damit betrauten Freigelassenen oder gelegentlich auch noch im Sklavenverhältnis stehenden Sklaven wie Sosias, Xanthos, Mithridates oder Ianibelos nach.

Das persönliche Verhältnis eines Sklaveneigentümers zu seinen im Bergbau vermieteten Sklaven konnte kaum in die Erlebniswelt des Bergwerkssklaven hineinspielen, dessen Lebensrhythmus vor allem von den Verhältnissen im Grubenbetrieb abhängig war. Die Unternehmer mußten sowohl wegen des zuweilen recht beachtlichen Preises für gute Sklaven,[26] die zudem den Gesamtwert der Grubenbetriebe als Sachkapital mit einem Anteil von wahrscheinlich 80 vom Hundert[27] und mehr mitbestimmten, als auch wegen der besonders im Bergbau unerläßlichen Zuverlässigkeit manche Mühewaltung auf sich nehmen. Außerdem reichte das Sklavenangebot nur selten aus. Waren doch allein im laurischen Bergbau um 350 v.Chr. ungefähr 30000 Sklaven in den 2000 Schächten auf einem Raum von ca. 2000 ha tätig. Diese Verhältnisse änderten sich erst in der späthellenistischen und römischen Zeit, in der nach Strabon (XIV, 668) an einem einzigen Tage auf dem Sklavenmarkt von Delos im 1.Jahrhundert n.Chr. 10000 Sklaven gekauft und verkauft worden sein sollen.

Bergstrafrecht und Technik

Schon um des notwendigen Profits willen mußten im Bergbau- und Hüttenwesen auch »technische« Mittel eingespannt und »wissenschaftliche« Erkenntnisse nutzbar gemacht werden, die zwangsläufig gleichzeitig auch manche Arbeit und damit das Los der Sklaven erleichterten. Die Möglichkeit der Anwendung wissenschaftlicher Erkenntnisse und technischer Mittel setzten wiederum qualifizierte und willige Bergarbeiter voraus, so daß sich an diesem Punkte die Interessen sowohl der Unternehmer als auch der freien Lohnarbeiter und Sklaven begegnen mußten. Bedeutete doch bereits das Niederbringen eines neuen Schachtes ein Risiko für einen Unternehmer, der acht Sklaven in zwei ständig wechselnden Schichten zu je vier Mann insgesamt 41 Monate lang damit beschäftigen mußte, einen 100 m tiefen Schacht mit einem Querschnitt von zwei Quadratmetern im mittelfesten Kalkstein abzuteufen.[28] Es konnte auf die Dauer nicht genügen, ständig immer nur den Erzgängen dort zu folgen, wo man sie durch Verfärbung an der Erdoberfläche (Plinius, nat. hist. XXXIV, 142) erkannte, wie es in der Antike anfänglich üblich war, sondern es mußten auch die geologischen Theorien berücksichtigt werden, die sich im Laufe der Zeit durch die Erfahrungen unter Tage herausgebildet hatten.

Erfahrene Bergwerkssklaven wie Sosias, der reiche bergmännische Kenntnisse aus dem thrakischen Bergbau mitbrachte, konnten die Unternehmer in bedeutendem Maße unterstützen. Sie lebten häufig mit ihren Familien in separaten Wohnungen und sorgten selber für ihren Lebensunterhalt. Einige solcher Sklaven dürften sogar geometrische und markscheiderische Kenntnisse besessen haben.

Durch Anaximander hatten die Griechen um 550 v. Chr. den Gnomon (Sonnenuhr) kennengelernt, dessen Verwendung bei den Juden schon im 8. Jahrhundert v. Chr. durch Jesajas 38,8 mit den Worten nachgewiesen wird: »Ich will den Sonnenzeigerschatten des Ahas zehn Linien zurückziehen, über die er gelaufen ist.« Über Thales von Milet (620 bis 543), den Lehrer Anaximanders, waren geometrische Kenntnisse aus Ägypten zu den Griechen gelangt, die jene Lehren bei der Gewinnung von Bodenschätzen praktisch nutzbar zu machen suchten. Jedoch war Jahrhunderte hindurch die praktische Erfahrung des Bergmanns entscheidend. Erst das 3. Jahrhundert n. Chr. brachte mit Heron von Alexandrien große Möglichkeiten für den Bergbau. Zu ihnen gehörten unter anderem die Fähigkeiten, einen Berg nach der Angabe der beiden Endpunkte in gerader Richtung zu durchhauen und mit einem Schacht an einer bestimmten Stelle auf einen gegebenen Stollen unter Tage zu treffen. Das waren Neuerungen, die sich maßgeblich auswirken mußten. Auf welche Weise die al-

Rechts: Die von den Berg- und Hüttenleuten in der Antike verehrte Pallas Athene betrachtet nachdenklich ihre Tempelschätze. Athen, Akropolis-Museum; Weihrelief. Um 460 v. Chr. Dieses Werk wird wechselweise als »Sinnende Athena am Grenzstein« und als »Athena betrachtet ihre Tempelschätze« bezeichnet.

Unten: Römisches Sarkophag-Fragment, 4. Jahrhundert. Junge Israeliten weigern sich, eine Statue Nebukadnezars anzubeten, Marmor, 23,5 cm mal 41 cm.

Oben: Silberne Doppeldrachme mit dem Kopf der griechischen »Bergmannsgöttin« Artemis. Ephesus, 258–202 v. Chr. Durchmesser: 1,9 cm.

Oben: Die Argonauten beim Goldwaschen mit Hilfe des »Goldenen Vlieses«, das sie nach der Mythologie auf ihren »Weltreisen« suchten. Holzschnitt aus Agricolas »De re metallica«.

Rechts: Maske aus Bronzeblech (17,2 cm hoch, 11,5 cm breit und 0,75 cm dick) aus dem 3. Jahrhundert v. Chr. (Museum in Tarbes in Frankreich). Die aus dem pyrenäischen Raum stammende Maske diente offensichtlich als Verkleidung für eine Holzstatue. In den Augenhöhlen befanden sich ursprünglich Augen aus Email oder aus Glas.

Links: Älteste griechische Darstellung von Schmieden bei der Arbeit. Attische Amphora aus der Zeit um 500 v. Chr.

Oben: Siegerländer Rennfeuer-Betrieb der La-Tène-Zeit.

Unten: Darstellung der Wielandsage auf einem Kästchen aus Walroßzahn.

ten Israeliten um 700 v.Chr. den Siloah-Tunnel[29] in Jerusalem »berechneten«, ist unsicher. Er verbindet die Stollenausgänge nicht auf dem kürzesten Wege. Mehrfach begonnene Stollen wurden zur Richtungskorrektur verlassen. Ausdrücklich bezeugt die Inschrift, daß der Zuruf der von beiden Enden her vorgehenden Hauer nur drei Ellen weit zu hören gewesen sei, also nicht als »Kompaß« in Frage gekommen sein dürfte. Eine Methode, die vielleicht von den Griechen gelegentlich befolgt worden ist, schildert Herodot (IV, 200): »Als die Perser unter Amasis ... die hellenische Stadt Barka in Afrika belagerten und dabei bis in die Stadt hinein Minen gruben, entdeckte dies ein Schmied dadurch, daß er einen ehernen Schild auf den Boden stellte und horchte, wie dieser dröhnte, wenn unter ihm gearbeitet wurde. Dort machten dann die Barkaner einen Gegengang und töteten die persischen Grubenarbeiter.«

Gerade für den Bergbau im alten Athen müßte man ein differenziertes Bergrecht erwarten; aber es existierte als ein besonderes Bergregalrecht nicht. Ein »Bergstrafrecht« (Berggerichtsbarkeit) war jedoch vorhanden und wurde auch in Anspruch genommen, wie einzelne Anmerkungen antiker Autoren beispielsweise zu den Prozessen gegen Epikrates,[30] Pantainetos,[31] Phainippos[32] und Diphilos[33] zeigen. Diphilos mußte wegen des Abbaues von Sicherheitspfeilern das Gift des Giftbechers trinken, obwohl in seinen Gruben noch kein Unglück geschehen war. Nach Schönbauer,[34] dem wesentliche Kenntnisse über die Rechtslage im Bergbau des Altertums zu verdanken sind, befand sich der ganze Bergbau als Staatsdomäne in der Hand des Staates, der die Abbaukonzession nach Xenophon[35] selbst »jedem auf der Stufe der bürgerlichen Gleichberechtigung stehenden Nichtbürger« verlieh, wenn »er das« wollte. Die Konzessionen mußten nach drei Jahren erneuert werden, wenn es sich um Gruben handelte, deren Betrieb nur fortgesetzt wurde, während die Unternehmer neu eröffneter Gruben erst nach zehn Jahren um die Verlängerung der Konzession »nachzusuchen« hatten. Bestimmte Voraussetzungen, wahrscheinlich die Größe des Grubenfeldes, entschieden über die Höhe des Konzessions-»Preises«. Die in den Inschriften gelegentlich genannten »Kaufsummen« sind so unbedeutend (zwischen 160 bis 900 Drachmen), daß sie etwa dem Kaufpreis von einem bis fünf gewöhnlichen Bergwerkssklaven entsprachen, so daß damit gewiß nur die Summe gemeint sein kann, die zur Erlangung der Konzession und der Erfüllung der übrigen juristischen Formalitäten zu entrichten war. Ungewöhnlich niedrig erscheint auch der Anteil des Staates an der Ausbeute. Nur ¹/₂₄ des Bergsegens jeder Grube nahm er für sich in Anspruch. Aber solange »der Unternehmer die Abgaben zahlte, nicht gegen die Bergordnung verstieß und die Grube wirklich abbaute, hatte er Anrecht auf die Belassung seiner Konzession«.[36] Zu viele Kontroversen durchwirken die endgültige Klärung bergbaurechtlicher Fragen, weshalb sie hier besser unberücksichtigt bleiben.

Eine ganze Reihe offensichtlich grundsätzlich geübter und beachteter »Gebote« und Maßnahmen, wie beispielsweise die Abhängigkeit der wahrscheinlich zehnstündigen Schichtzeit von der Brenndauer der Grubengeleuchte, beantworten die Frage nicht, ob sie »bergrechtlich« geordnet waren. Gesetzlich verankert jedenfalls sind in der klassischen Zeit die Schutzmaßnahmen für Sklaven gewesen, so daß nicht nur wirtschaftliche Gründe dazu zwangen, in den Bergwerkssklaven Menschen zu sehen. Platon empfahl ihre gute Behandlung »um ihrer selbst« willen, und Xenophon (oecon. 7,37) riet, sie bei Erkrankungen ordentlich zu pflegen. In den Gruben und Hüttenbetrieben sorgten entsprechende Einrichtungen – Schornsteine zum Abzug der giftigen Blei- und Arsendämpfe beim Silberschmelzen und Gesichtsmasken bei der Zinnober- und Quecksilberbereitung – dafür, daß die Gesundheit der Sklaven möglichst wenig gefährdet wurde. Unter Tage wurde ebenso darauf geachtet, daß die Arbeitsbedingungen so günstig wie möglich waren. »Die an der Mündung gemauerten und aufgesattelten Schächte haben Felsstufen und in größerer Tiefe Bossen oder Zapfenlöcher für Leitern, die zur leichteren Benützung häufig als Wendeltreppen angelegt waren ... Absätze und bühnenartige Vorplätze, an denen Wasserbecken eingehauen sind, begegnen in regelmäßigen Abständen als Rast- und Ausweichstellen ... Zur Aufstellung von Geleuchten und Wasserbehältern dienen Nischen besonders an den Stößen der engen Stollen ... Zahlreiche gut gebaute Luftschächte ..., die zum Teil bei der Neuaufnahme des Bergbaubetriebs im 19. Jahrhundert wieder in Gebrauch genommen werden konnten, bewetterten die Stollen und Förderschächte.«[37] Zur Wasserhaltung in den Gruben wurden neben Wasserrädern, Eimer- und Kettenkombinationen, ja Schneckenpumpen, Saugpumpen und sogar Druckspritzen verwendet. Gut gebaute Luftschächte, Wetterscheider aus Holz und andere Ventilationseinrichtungen dienten der

Bewetterung in den Stollen und Förderschächten. Das aus bestem Eisen hergestellte bergmännische Gezähe erscheint auf bildlichen Überlieferungen bald als Doppelaxt, bald als Breithaue oder als Spitzhaue. Zur »Fahrung« (Ein- und Ausfahrt) in den zuweilen über 100 m tiefen Schächten, von denen aus nur selten mehrere Strecken in den Berg getrieben wurden, sind Treppen, Trittstufen, Leitern (»Fahrten«), Steigbäume und Sprossen benutzt worden. In ledernen Säckchen (in Laureion üblich) und Körben gelangte das erzhaltige Gestein auf diesem Wege durch die mit »ausschleppen« und »aussakken« bezeichnete Tätigkeit zur Erdoberfläche. In sehr flachen Bauen wurde das Gestein vielfach auch von Hand zu Hand gereicht. Auf Zimmerungen wurde weithin verzichtet, und nicht selten sind Flächen bis zu 1 000 Quadratmetern ohne Stützpfeiler abgebaut worden. Wo sich allerdings Sicherheitspfeiler zur Abstützung des Hangenden (Decke) als notwendig erwiesen, blieben Bergfesten stehen, deren Schwächung oder Entfernung in Laureion sogar – wie im Falle des Diphilos – mit dem Tode bestraft worden sind.

Von den attischen Bergbauunternehmern sagt Lauffer, daß sie ihre Gruben zweckmäßig anlegen und mit den notwendigen Einrichtungen versehen ließen. Sie achteten »darauf, daß auch die bauliche Ausführung der Arbeiten gut war. Man kann die Gruben in dieser Hinsicht den klassischen Bauwerken Athens zur Seite stellen; dasselbe Streben nach exakter Ausführung im einzelnen wie auch technischer Vollendung im ganzen zeigt sich bei den Bauten im Laureion wie bei den Bauten auf der Akropolis. Die Glätte der Wandflächen, die Genauigkeit der Einarbeitungen und Aussparungen sowie die statische Festigkeit der Stollen und Schächte setzen fertige Pläne, ständige fachkundige Aufsicht und ein hohes Können der Arbeiter voraus.«[38]

Berufe und Koalitionsfreiheit

Eine breite Skala bergmännischer Berufe läßt sich aus Berichten und Abhandlungen antiker Denker und Schriftsteller, aus alten Glossaren und anderen Überlieferungen zusammentragen.
Einige dieser Berufe sollen hier genannt werden: Goldgräber, Gold-

klauber, Goldscheider, Goldarbeiter, Goldschmelzer, Goldgießer, Goldschmiede, Vergolder und Goldhändler, Silberhüttenleute, Silbergießer, Silberschmiede, Verfertiger von Silberfiguren – und auch da wieder die Silberhändler.

Reicher noch sind die Berufe vertreten, die mit der Kupferverarbeitung beschäftigt waren, wie die bergmännischen Berufsbezeichnungen ja überhaupt weitaus mehr Vertreter des verarbeitenden Handwerks als der Untertagearbeit meinen. Da gab es Kupferschmiede, Kupferlöter, Kesselflicker, Kupferhammerschmiede, Bronzemischer, Kesselschmiede, Kupferfigurenmacher, Kupferarbeiter, Erzkünstler und Kupferhändler. Den Katalog vervollständigen Eisenarbeiter, Schabeisenmacher, Waffenschmiede, Dolchschmiede, Messerschmiede, Eisenschmiede, Eisenwäscher, Schmiede, Eisenhärter, Striegelmacher, Trompetenmacher, Schlüsselmacher, Schlosser, Helmschmiede, Schildmacher, Harnischschmiede, Klempner, Polierer, Graveure, Steinschneider, Zinngießer, Bleiarbeiter und natürlich Hochofenarbeiter, Schmelzer, Hüttenarbeiter, Erzklauber, Hauer, Steiger, Prospektoren, Geologen, Metallurgen, Vorsteher von Bergwerksbetrieben, Unternehmer und Hüttendirektoren.

Für die spätere Zeit sind Schlosserobermeister, Schmiedeobermeister und Obermeister der Messerschmiede nachgewiesen, ferner die Zunft der Silberschmiede und Goldgießer, die Zunft der Kupferschmiede und Metallarbeiter, der (jüngere) Vergolderverein und der »neue« Goldarbeiterverein.

Unter den Bergleuten des Laureiongebietes, in dem sehr viele Sklaven arbeiteten, ist es früh schon zur Bildung von Sklavenvereinigungen gekommen, wie Siegfried Lauffer, der besonders die Eranisten-Inschriften aus dem 4. Jahrhundert v. Chr. als sichere Zeugnisse dafür anführt und auch die athenischen »Freilassungslisten« aus der Zeit zwischen 340 und 320 v. Chr. als mögliche Beweise erwähnt, festgestellt hat.[39] Das (von Lauffer ebenfalls angeführte) platonische Eranistengesetz mit der Bestimmung, »jedermann« zu erlauben, »bei seinem Befreundeten Beiträge erheben« zu dürfen, scheint ebenfalls selbständige Sklavenvereinigungen für jene Zeit zu bezeugen. Und nicht nur das. »Während sich die freien Bergleute des Mittelalters ihre Bruder- und Knappschaften und ebenso die Bergarbeiter in neuester Zeit ihre Gewerkvereine und Gewerkschaften in langwierigen sozialen Kämpfen erst erringen mußten, war den antiken Laureions-

(Bergwerks-)Sklaven das Organisationsrecht und die Koalitionsfreiheit... von vornherein gegeben.«⁴⁰
In Freiberg, in Kuttenberg und Goslar, um an dieser Stelle nur einige Beispiele anzuführen, haben die Bergleute im 15. Jahrhundert noch um Rechte kämpfen müssen, die den griechischen Bergwerkssklaven zwei Jahrtausende zuvor bereits zustanden. Sie haben sich mit allen Mitteln, gelegentlich sogar unter Lebensgefahr, gegen Organisationsverbote auflehnen müssen und doch nicht erreicht, was ihre Kollegen, wenn auch nur Sklaven, im antiken Griechenland zum Teil längst für selbstverständlich hielten. Verbote, die die Bildung von Standesorganisationen unter den Bergleuten zum Gegenstand hatten, waren noch im spätmittelalterlichen deutschen Sprachraum an der Tagesordnung. So drohten im Jahre 1346 beispielsweise die Bergrechte von Gastein und Rauris Strafen »an Leib und Gut«⁴¹ für den Fall an, daß die Bergleute sich zu selbständigen Vereinigungen zusammenschlössen. In Hall erfuhren die Salinenbergleute Ende des 14. Jahrhunderts ähnliche Androhungen.⁴² Herzog Ludwig der Reiche wandte sich 1454 nachdrücklich gegen die Bestrebungen der Arbeiter der Hammerwerke von Sulzbach,⁴³ besondere Vereinigungen ins Leben zu rufen. Bergmännische Organisationen wurden als Druckmittel zur Durchsetzung von Forderungen aufgefaßt und unterbunden, was aus der Sicht der Rechtsgeber durchaus verständlich erscheint, zumal die zum Teil sehr selbstbewußten Bergleute Waffen (u. a. Spieße, Wurfbeile, Schilde, Armbrüste und Harnische, lange Schwerter und Messer) trugen⁴⁴ und körperlich durchweg kräftige und strapazierfähige Männer waren, die ihren »Arbeitgebern« im Rahmen von Organisationen empfindliche Schwierigkeiten bereiten konnten. Die Tatsache, daß Bergleuten, vor allen Dingen den Edelmetallerzbergleuten, für die damalige Zeit so bemerkenswerte Sonderrechte wie Freizügigkeit, Zufluchtsstätten und zeitlich begrenzte Befreiungen von Schildverfolgungen zugestanden wurden, auf die sie sich selbst zur Zeit des Niederganges des Bergbaus berufen durften,⁴⁵ spricht nicht dagegen. Den Landesherren, die höchste Richter auch im Bergbau waren, lag daran, die Bergleute nicht nur als wertvolle Facharbeitskräfte für die Gruben zu erhalten, sondern auch als Faustpfand im Kampf gegen die Grundeigentümer um das Abbaurecht ohne Zustimmung der jeweiligen Grundeigentümer zur Hand zu haben.

Der attischen Demokratie waren private Vereinigungen als Absicherung gegen reaktionäre Bestrebungen der aristokratischen Verbände nur willkommen. Da immer mehr Nichtbürger des freien Standes, besonders seit dem 5. Jahrhundert v. Chr., nach Athen zuwanderten, um in der »Schatzkammer« Laureion eine Arbeit als Bergmann oder als Handwerker in den zahlreichen Werkstätten zu finden, entstanden dort nicht wenige Vereinigungen, die zuweilen ausgesprochen bergmännische Einflüsse verrieten, zumal diese Nichtbürger von den bürgerlichen Kultvereinen ausgeschlossen blieben. Doch nicht nur sie, sondern auch die Bergwerkssklaven sind in vereinsartigen Organisationen des Laureiongebietes feststellbar. Wie Überlieferungen bezeugen, hat die Bergwerkssklaven weder der soziale Status noch die schwere Arbeit davon abgehalten, sich gelegentlich auch dem Vereinsleben zu widmen.

Bergmannsgötter und religiöse Kulte

Ursprünglich scheuten sich die Griechen, ihre Gottheiten darzustellen. Mit der zunehmenden Beherrschung der Metallgewinnung trat ein Wandel ein. An die Stelle der Fetischsteine und Hermen wurden prächtige und wertvolle Götterplastiken gesetzt, die zum Teil bedeutende Künstler aus Metall schufen. Daß die metallenen Götzenbilder wohl seltener eigentliche Kultobjekte waren denn Geschenke an die Gottheiten, ist dabei nicht so wesentlich.
Im antiken Griechenland glaubte der Bergmann an bestimmte Gottheiten. Von ihrer Gunst wähnte er seine Arbeits- und Erlebniswelt abhängig, wenn die Überantwortung auch nicht unter der Ausschließlichkeit stand wie das Verhältnis des israelitischen Bergmanns zu dem »Einen Ewigen«.[46]
Hephaistos, der hinkende Schutzgott der Bergleute und Metallarbeiter, hatte neben den Gottheiten Homers und Hesiods im Olymp seinen Platz gefunden. »Also umgießt ein Mann«, sagt Homer im 23. Gesang seiner Odyssee, »mit feinem Golde das Silber,/Welchen Hephaistos selbst und Pallas Athene die Weisheit/Vieler Künste gelehrt, und bildet reizende Werke.« Kyklopen, Pygmäen, Kabiren,

Daktylen und Telchinen wurden Hephaistos zugesellt. Von den Telchinen, den neun hundeköpfigen, flossenhändigen Kindern des Meeres und Dienern der schönen Artemis, weiß die Mythologie zu berichten, daß sie bei der Schmiedegöttin Rhea in gutem Ansehen standen, auf Rhodos die Städte Kameiros, Ialysos und Lindos gründeten und als erste Eisen auf Kreta und Rhodos schmiedeten, das auch als Telchinis bekannt geworden ist. Mit der von den Telchinen gefertigten Sichel hat Kronos nach dieser Überlieferung seinen Vater Uranos entmannt. Nach Hesiod[47] sind dann auch die als Brontes, Arges und Steropes bekannten Kyklopen (Schmiede) vorübergehend aus dem Tartaros erlöst worden, der so tief unter Tage lag, daß ein Schmiedeamboß neun Tage lang hätte fallen müssen, bis er unten angekommen wäre. In den Tartaros waren sie auf Geheiß ihres Vaters Uranos geworfen worden, weil sie sich gegen ihn aufgelehnt hatten. Aber ihre Freiheit über Tage währte nicht lange; denn Kronos verbannte sie wieder dorthin, nachdem er seine Schwester Rhea, der von Schmieden verehrten Göttin, zur Frau genommen und die Herrschaft an sich gerissen hatte.

Vielschichtiger sind die Überlieferungen über die Daktylen. Nach einigen Alten[48] sollten sie an der Stelle der Erde entsprungen sein, an der Rhea in ihren Schwangerschaftswehen die Finger in den Boden gekrallt habe, bevor sie Zeus gebar. Die vier männlichen Daktylen (neben fünf weiblichen) waren Schmiede, die nach einer Marmorchronik im Jahre 1432 v. Chr. in der Nähe des Berges Berekynthos auch das Eisen entdeckt haben sollen. Nach einer anderen Überlieferung[49] sind sie die Kureten gewesen, denen der Schutz der Wiege des Zeus auf Kreta anvertraut war. Ihre Namen sind überliefert als Herakles, Paionios, Epimedes, Iasios und Akesidas. Eine weitere Spielart,[50] in der die drei ältesten Daktylen durch Ableitung vom Schmiedehandwerk als Akmon, Damnameneus und Kelmis bezeichnet werden, schildert sie als bedeutende Meister des Schmiedehandwerks. Kelmis, der die Göttin Rhea beleidigte, wurde von ihr in Eisen verwandelt. Lange Zeit hindurch galt er als Personifizierung des geschmolzenen Eisens, was zugleich Rheas Abneigung gegen ihn ausdrückte, da sie nur Gold, Silber, Kupfer, Blei und Zinn als irdische Metalle anerkannte.

Meteoreisen allerdings dürfte gelegentlich ebenfalls sehr geschätzt worden sein; denn auf einem ausgegrabenen neolithischen Kultplatz

bei Phaistos fand sich ein unbearbeitetes Meteoreisenstück neben Opferschalen und Meermuscheln – wohl als Weihgabe – bei einer Tonfigur der kauernden Schmiedegöttin Rhea.
Mit dem Eindringen der Dorer, die Eisenwaffen trugen, verfiel der Rhea-Kult allmählich. Die mit Hämmern und Zangen dargestellten Kabiren oder Patäken wurden als Kinder des großen Gottes Ptah von Memphis verehrt, dessen Namen Freise[51] vom phönizischen Wort patakh (=»öffnen«) ableiten und mit der Aufschließung der Berge und der Gewährung des Fundglücks in Verbindung bringen will. Kabirenkulte gab es in Berytus, Tripolis, Orthosia, Tyros, Paltos, Samothrake, Kreta, Kasius in Ägypten, Memphis, Delos, Puteoli und in einigen spanischen Bergstädten. Doch die Kabirenkulte wurden von der Hephaistos-Verehrung noch übertroffen. Von Ägypten kam Hephaistos nach Griechenland und von dort zu den Römern (Vulkan) und Germanen (Wieland der Schmied). Überall erscheint er als der hinkende Götze; überall hat man ihm die Kraft der Beine nehmen wollen, um ihn an der Flucht zu hindern. Wie die Götter ihn brauchten, so haben erst recht auch die Menschen nicht auf den Schmied verzichten können oder wollen. Selbst den Prometheus-Kult vermochte der »Schmied« Hephaistos im Laufe der Zeit zu verdrängen, so daß der Dichter Kallimachos (um 310 bis 240 v. Chr.) in seinem »Zeushymnos« sagen konnte, daß die Werkleute Anteile jenes Gottes wären. Ebenso wurde der Athene als »Beschützerin der Arbeit« – besonders von den Schmieden – gehuldigt. Am 30. Pyanopsion (Oktober/November) feierte die arbeitende Bevölkerung der Unterstadt Athens ihr »Schmiedefest«. Auch die Bergwerkssklaven von Laureion müssen ihr Weihungen dargebracht haben. Jedenfalls fand sich ein Reliefteil einer Weihinschrift,[52] die der Athene von einem laurischen Bergwerkssklaven Paphlagon (-ides?) gewidmet worden ist. Nach den von Siegfried Lauffer angeführten Sklavenweihungen aus dem Laureiongebiet galt eine der Athene, zwei – aus Kamareza und Agrileza aus dem 4. Jahrhundert v. Chr. – waren der Artemis zugedacht, drei weitere vermutlich Herakles[53] und eine dem Heros.
Auch Herakles hatte einen weiten Weg zurückgelegt. In Ägypten entsprach er wahrscheinlich dem ältesten Amun-Sohn, der unter dem Namen Khunsu als Mondgott verehrt wurde. Der einst von Zeus entrückte griechische Heros, dessen zwölf Heldentaten in hellenistischer Zeit kanonisiert worden sind, genoß als Symbol der Überwin-

dung von Gefahren ein bedeutendes Ansehen unter den Arbeitern und Handwerkern – und besonders natürlich unter den von ständigen Gefahren unter Tage bedrohten Bergarbeitern. Wie er den Riesen Antaios besiegte, dem ständig durch die Berührung mit der von Herakles überlisteten Mutter Erde neue Kräfte zuwuchsen, so mag er den Bergarbeitern unter der Erdoberfläche auch als ein Heros und Gott erschienen sein, dem sie sich vertrauensvoll unter Tage überantworten durften.

Im Laureion scheint besonders auch Artemis, die »Göttin des Draußen«, von griechischen Bergleuten verehrt worden zu sein, obwohl sie keine ausgesprochene Gottheit des Bergbaus war und ebenso im gebirgigen Südosten Attikas als Mittelpunkt der – wahrscheinlich altattischen – Kulte anzutreffen gewesen ist.

Durch Peisistratos war ferner Brauronia nach Athen gelangt, wo sie in den Reigen der von den Bergarbeitern verehrten Götter eingeordnet wurde. Dorthin gehörte auch Kolainis von Myrrhinus.

Die Gottheit, an die sich besonders die zahlreichen kleinasiatischen Bergarbeiter im Laureion-Gebiet wandten, war der von Nilson[54] als ausgesprochener »Sklavengott« bezeichnete Mondgott Men, dessen Kult in Kleinasien weit verbreitet war. Im Laureion wurden die Wünsche der nichtgriechischen Bergarbeiter als Machtfülle in ihn hineintransponiert. Seine eigentliche »Aufgabe«, den Boden vor übermäßiger Trockenheit zu bewahren, die Brunnen zu schützen und die Quellen nicht versiegen zu lassen, ließ sich ohne Veränderung der kennzeichnenden Gottheitsattribute auf den Bergbau übertragen. Der Boden mußte fündig sein und bedurfte der göttlichen Zuneigung. Dem Schutz der Brunnen konnte der Schutz der Bergwerksschächte zugeordnet werden, wie es auch in der babylonisch-assyrischen Religion der Fall war, wo die Metalle als Erdschätze ebenfalls zu Ea, dem Gott der Wassertiefen, in Beziehung gesetzt worden sind. Wie Men in Kleinasien dafür Sorge zu tragen hatte, daß die Quellen ständig Wasser aus dem Inneren der Erde spendeten, so durften die Bergleute hier erwarten, daß ihr Gott die Erdschätze nicht versiegen ließe.

Das vermutlich älteste Zeugnis des Men-Kultes in Attika (Ende des 4. bis Anfang des 3. Jahrhunderts v. Chr.), ein dem Ehepaar Mitradates von Thorikos zugeschriebenes Weihrelief, das möglicherweise aus dem Men-Heiligtum von Laureion in das nur 3 km entfernt liegende

Thorikos gelangt ist, zeigt den »Bergmanns«-Gott, wie er auf einem Hahn reitet. Die Inschrift nennt ihn lediglich »Men«; auf den nahezu ein halbes Jahrtausend jüngeren Weihungen des Lykiers Xanthos[55] (1. Jahrhundert n. Chr.) heißt er »Men Tyrannos«. Weder aus den Inschriften noch aus der bildlichen Darstellung läßt sich eine Beziehung zum Bergbau feststellen, es sei denn, man sieht in der phrygischen Mütze, die Men auf dem Mitradates-Weihrelief auf dem Kopfe trägt, einen Hinweis auf den sagenhaften phrygischen König Midas, dem alles zu Gold wurde, was er berührte. Auf jeden Fall aber ist der fremde Gott unter Griechen von den nichtgriechischen Bergarbeitern verehrt worden.

Von Xanthos, einem Sklaven des Orbius, ist aus einer Inschrift bekannt, daß er Men Tyrannos ein Heiligtum stiftete und als Priester des Heiligtums fungierte. Dabei handelte es sich gewiß nicht um einen Einzelfall, da es einen besonderen, hierarchisch gegliederten Priesterstand nicht gab und die Priesterämter selbst an großen Heiligtümern auf dem Wege über Pachtverträge zur Wahrnehmung der heiligen Riten vergeben wurden.

In der Kultvorschrift des Xanthos wird die Bitte formuliert, Men Tyrannos möge »allen, die mit einfachem Sinn« kämen, um ihn zu verehren, »gnädig sein«. Alle Opfer bedurften danach der Kontrolle des amtierenden Priesters Xanthos, dem selber ein entsprechender Anteil der Opfergaben zufiel. Eine Einmischung in kultische Angelegenheiten duldete der Stifter nicht, der sogar seinen Nachfolger für den Fall ernannte, daß ihm »etwas Menschliches« zustoßen sollte. Zuwiderhandlungen – und dabei zeigt sich noch einmal der Hellenismus besonders deutlich – waren sündhaft und konnten nicht gesühnt werden. In der 21. Zeile der Inschrift wird die Gründung eines jedermann zugänglichen Kultvereins angekündigt, in dem Xanthos von den Eranisten als Anführer des Vereins mit »Kranz und Binde« bestätigt werden müßte.

Das alles aber setzte finanzielle Mittel und ebenso auch eine entsprechende »Freizeit« voraus. Über beides haben die Bergwerkssklaven verfügt. Reiche Sklaven waren bereits gegen Ende des 5. Jahrhunderts v. Chr. in Athen keine Seltenheit.[56] Zehn arbeitsfreie »Festtage« für die Sklaven hatte schon Boeckh vermutet. Bis zu Lauffer hin standen einer Zustimmung aber die Berechnungen Xenophons (vect. 4, 23) im Wege, der bei seiner Kalkulation über Rentenerträge[57] aus der

Vermietung von Sklaven 360 Tage angegeben hatte. Die meisten Fachhistoriker schlossen daraus, daß die Sklaven 360 Tage ununterbrochen arbeiten mußten. »Aber Xenophon rechnet nicht mit 360 Arbeitstagen, sondern Miettagen, wobei der durch Erkrankung von Sklaven und andere Betriebsstörungen erzwungene Ausfall von Arbeitszeit zu Lasten des Unternehmers geht, der auch für die verlorenen Arbeitstage den Mietpreis der Sklaven an deren Eigentümer zu bezahlen hat. Dabei müssen die kultischen Feiertage einbegriffen sein, da die Zahl von 360 Miettagen bei der Länge des attischen Gemeinjahres von 354 Tagen und einer wechselnden Anzahl von Schalttagen als durchschnittliche Jahreslänge anzusehen ist.«[58] Es war in Athen überhaupt üblich, das allgemeine »Geschäftsjahr« ohne besondere Berücksichtigung der Festtage mit 360 Tagen anzusetzen. Die Arbeiter, gleichgültig, ob freie Lohnarbeiter oder Sklaven, wurden mit Sicherheit auch an freien Tagen bezahlt. Wieviel Tage den Sklaven allerdings zur Verfügung standen, ist eine Frage, die hier nicht beantwortet werden kann. Die Mutmaßungen schwanken zwischen »keinem Tag«[59] und 50 bis 60 Tagen.[60] Die Unklarheit ist durch alte schriftliche Belege leider nicht zu beseitigen. Eleusinische Baurechnungen aus der Zeit um 330 v. Chr. bezeugen lediglich, daß auch Ruhetage bezahlt worden sind. Man wird Lauffers Vermutung teilen dürfen, daß die attischen Hauptfeste durch Arbeitsruhe respektiert worden seien. Seine Feststellung hingegen, daß die Unternehmer darüber hinaus wohl auch die bergmännischen »Spezialkulte« durch die Gewährung freier Tage berücksichtigt hätten, erscheint – schon aus betriebstechnischen Gründen – sehr zweifelhaft, zumal die Bergwerkssklaven überwiegend Nichtgriechen gewesen sind.[61]

»Glück auf« in der Antike

Nicht auf seiner Hände Kraft allein vertrauend, hat sich der antike Bergmann in Griechenland bittend an seine Gottheiten um die Gewährung reichen Fundglücks gewandt. Auf griechischen bergmännischen Inschriften läßt sich die bergmännische Zuwunschformel »Glück auf« schon im 4. Jahrhundert v. Chr. nachweisen. Mit »Glück auf« unterschrieben sind auch die Briefe Platons an Dion von Syrakus und an den makedonischen König Perdikkas III. Wenn bislang zwar die Echtheit gerade dieser beiden Briefe nicht nachgewiesen werden konnte, so atmen sie doch Platons Geist. Der in seiner Echtheit unbestrittene 7. Brief aber enthält im Text ebenfalls diese Gruß-Formel, die sich ebenso auch bei Aristoteles findet.

Während das »Glück auf« bei Platon noch einen allgemeineren – nicht unbedingt bergmännischen – Sinn haben kann, ist es vom Sinngehalt her bei Aristoteles mit dem bergmännischen »Glück auf« unserer Tage durchaus vergleichbar, das im Jahre 1597 erstmalig in der Literatur[62] auftaucht und zunächst noch als allgemeiner Heilszuwunsch gemeint ist, 1625 aber bereits als spezifisch bergmännische Grußformel auf Paradetrachten von Bergleuten aus Markirch im Elsaß[63] anzutreffen ist.

Bei Aristoteles bezeichnet die Zuwunschformel das Glück beim Erlangen von Gütern, die die Glücksgöttin gewährt,[64] ebenso die glückliche Errettung[65] aus Bedrängnis.

Siegfried Lauffer, der das »Glück auf« auch in antiken griechischen Weiheformeln der Bergwerkssklaven von Laureion nachweist, erklärt: Glück auf (oder »zu gutem Glück«) bezeichnet »in diesem Fall das ›Glück‹ des Bergmanns durch Gewinnung reicher Erze in einer fündigen Grube oder auch die heile Rückkehr von der Grubenarbeit mit ihren Unfallgefahren«.[66] Die der Schutzgott dargebrachten Weihungen im Sinne einer göttlichen Glücksfügung[67] enthielten zugleich den Wunsch der Bergleute nach künftigem Fundglück und dessen Erhaltung.[68]

Sklavenpreise und Grabsteine

Wären die griechischen Bergarbeiter des Altertums wirklich die arbeitenden Tiere mit Menschenantlitz gewesen, als die sie oft so eindrucksvoll gezeichnet worden sind, hätte ihnen am allerwenigsten an einem reichen Fundglück und an dessen Erhaltung liegen können. Selbst die gesunde Rückkehr aus der Grube hätte ein schlechtes Leben mit seinen ständigen Qualen doch nur verlängern können. Es ist vielmehr bezeugt, daß die Sklaven zum Beispiel bei Bauarbeiten am Erechtheion in Athen sogar einen zusätzlichen Lohn für außerhalb der Verpflichtungen geleistete Akkordarbeiten erhielten. Ob das allerdings auch im Bergbau der Fall war, ist nicht sicher. Von Vitruv (VII, 7, 1) ist überliefert, daß die Bergarbeiter die Ockerlager mit großem Eifer ausbeuteten. Da der Ocker aus Laureion weit bekannt und gesucht war – auch die berühmten Maler Polygnot und Mikon benutzten[69] ihn –, erscheint durchaus denkbar, daß eine reiche Ausbeute auch den Bergleuten Sondervergünstigungen einbrachte, zumal er in einem solchen Umfange gewonnen wurde, daß sich die Anstreicher leisten konnten, selbst die Wände damit zu tünchen. Ob die Gewinnung des gesundheitsschädigenden Zinnobers besonders honoriert worden ist, muß dagegen eine reine Vermutung bleiben. Der von antiken Schriftstellern bestätigte Arbeitseifer der Bergarbeiter bei der Gewinnung von Bodenschätzen, an deren Besitz den Unternehmern besonders lag, scheint dafür zu sprechen.

Interessant, leider jedoch äußerst fragwürdig, erscheint in diesem Zusammenhang Helmut Wilsdorfs Berechnung des Betrages, den ein Bergwerkssklave jährlich mindestens verdienen mußte. Wilsdorfs Ergebnis, daß der Sklave »mehr als das Doppelte, fast das Dreifache seines Kaufpreises« mit »seiner Hände Arbeit« einbringen mußte, setzt sich aus folgenden Posten zusammen: »60 Drachmen für den Eigentümer, 125 Drachmen für die eigene Ernährung (nach Tempelrechnungen von Delos aus dem 3. Jahrhundert v. Chr.), ferner 25 Drachmen für seine eigene Kleidung, außerdem das Öl für das Geleucht, die Abnutzung des Werkzeugs – und abermals (geschätzt) etwa 60 Drachmen Reingewinn für den Mietsherren.«[70] Daß sich aus solchen Feststellungen eine »geradezu ungeheuerliche Ausbeutung der griechischen Bergwerkssklaven«[71] folgern läßt, scheint verständlich. Aber die Verhältnisse lagen doch ein wenig anders; denn weder der Sklavenpreis noch der »Reingewinn« des Mietsherren läßt sich in einer solchen Weise festlegen und auswerten, wie ja auch der Betrag von 25 Drachmen für die Bekleidung der Sklaven auf die Delischen Tempelrechnungen zurückgeführt wird, die erst im Jahre 179 v. Chr. ausgestellt wurden. Zudem erhielten die Sklaven in der Regel keinen Lohn, so daß auch von keiner eigentlichen »Ausbeutung« gesprochen werden kann; sie tritt doch erst ein, sobald der Unternehmer sich am Gewinn bereichert, der sich aus dem Verhältnis zwischen Arbeitslohn und Unternehmergewinn ergibt. Die Sklaven standen sich besser als die freien Lohnarbeiter. Diese hatten für ihren Lebensunterhalt selber Sorge zu tragen, während die Sklaven von den Unternehmern mindestens ausreichend versorgt werden mußten, zumal sie einen beträchtlichen Anteil des Sachwertes der Unternehmen darstellten. Ein Unternehmer, der seine Sklaven schlecht versorgte, schmälerte seinen eigenen Besitz in zweifacher Weise: Er brachte seine Arbeitskräfte um die Fähigkeit, wirklich ertragreich arbeiten zu können, und er verringerte den Sachwert, über den er verfügte.

Schwerer noch ist die Frage zu beantworten, ob es den Bergwerkssklaven gestattet war, die öffentlichen Theater zu besuchen. Den attischen Sklaven blieb das allgemein untersagt. Entsprechende Zeugnisse fehlen, wenn auch das im 3. Jahrhundert v. Chr. in der Bergstadt Thorikos errichtete Theater mit 5000 Plätzen eine solche Möglichkeit anzudeuten scheint. 5000 Theaterplätze für eine Stadt wie das antike Thorikos wären gewiß zuviel gewesen, wenn die Sklaven auch an Festtagen in den Gruben und in ihren Unterkünften hätten bleiben müssen, ohne die Vorstellungen besuchen zu dürfen, zumal die Bergbaugebiete von den vornehmen Griechen meist gemieden wurden. Für Platons Bruder Glaukon beispielsweise waren die Berg- und Hüttenbetriebe ein »ausreichender Grund, nie dorthin gekommen zu sein« (Xenophon, memor. III, 6, 12), wo die »schwere« Luft allein der Bergbau-»Gegend«, nicht einmal der Grubenarbeit selbst, das Leben »ungesund« sein ließ und die »bleiche Hautfarbe« bewirkte, von der auch Vitruv (VIII, 6,11) und Lukrez (VI, 808 f.) sprachen.

Die Verpflichtung der Sklavenhalter, ihren Sklaven nach dem Tode ein würdiges Begräbnis zu gewähren, rundet das Bild über die Berg- und Hüttenleute im alten Griechenland ab. Gut gestellte Freigelassene und vermögende Sklaven haben sich bereits zu Lebzeiten Grabsteine gekauft und mit Inschriften versehen lassen, von denen einige erhalten geblieben sind. Nicht selten finden sich auf diesen Grabepigrammen literarische Wendungen und Anklänge an Homers Dichtungen. Wahrscheinlich wurden sie in den meisten Fällen von »Lohndichtern« verfaßt, die dabei häufig auch auf den Beruf des Auftraggebers eingingen und dessen Fähigkeiten in epischem Stil bezeugten. Eine solche Grabstele,[72] die leider verschollen ist, stammt aus der zweiten Hälfte des 4. Jahrhunderts v. Chr. und wurde im Auftrage des Bergmanns Atotas angefertigt, der sowohl Grubenarbeiter

als auch Hüttenfacharbeiter (wahrscheinlich in leitender Stellung) gewesen sein dürfte. Er ließ sich als Nachkomme des paphlagonischen Fürsten Pylaimenes bezeichnen, was durchaus möglich ist, aber nicht stimmen muß.
In der Übersetzung lautete die Inschrift:

»Der Bergmann Atotas. Vom Pontos Euxeinos ein Paphlagoner, der großgesinnte Atotas, ließ fern seiner Heimat den Leib von den Mühen ruhen. An Kunst nahm es keiner [mit mir] auf; von des Pylaimenes Stamme bin ich, der von Achilleus' Hand bezwungen fiel.«[73]

Skythen am Pontos Euxeinos

Im Epigramm des Bergmanns Atotas wird gesagt, daß der Verstorbene vom Pontos Euxeinos gekommen sei, vom »gastlichen Meer«, wie das Schwarze Meer bei den Griechen hieß. Xenophon wußte von den chalybischen Bewohnern an der Küste des Pontos Euxeinos zu berichten (exped. Cyri V, 282), daß sie von der Gewinnung der Eisenerze und ihrer Verhüttung lebten. Nicht wenige Berg- und Hüttenleute scheinen von dort nach Griechenland gekommen zu sein, wo selbst die Bezeichnung des Stahls von den Chalybern übernommen worden ist.

Am Schwarzen Meer hatten sich griechische Kolonien gebildet, deren Existenzgrundlage zum großen Teil die Bodenschätze des Landes bildeten. Die Kolonisten belieferten die benachbarten Skythen mit Bronze- und Eisenwaffen, mit Silber- und Goldschmuck mit bemalten Vasen, Stoffen, Weinen und Ölen und tauschten dafür Pferde und Getreide ein.

Die Skythen hatten neben den Finnen, Germanen, Sarmaten und Slaven schon in der Frühzeit Teile Rußlands besiedelt. Bis heute ist jedoch ungeklärt, woher sie stammten und wer sie eigentlich gewesen sind. Möglicherweise ist der Name als eine griechische Sammelbezeichnung für verschiedene Völker zu verstehen. Herodot lernte die Skythen auf seiner Reise an die Nordküste des Schwarzen Meeres kennen. Ausführlich schilderte er ihre Lebensgewohnheiten im vierten Buch seiner Geschichte. Da sie sich in verschiedener Hinsicht rasch der griechischen Kultur anzupassen wußten, gelangte Herodot zu dem Urteil, daß es kein Volk innerhalb des Pontos gebe, das wegen seiner Wissenschaft auch nur einigen Ruhm besäße, und daß man dort – außer Anacharsis – auch keinen Mann kenne, der infolge seiner Gelehrsamkeit bekannt geworden sei. Die skythischen Zeugnisse der bildenden Kunst aus Metall allerdings sind häufig nur schwer von den Metallgegenständen der Griechen zu unterscheiden. Nicht zufällig wurden die damaligen Nachbarn der Griechen in Südrußland als »Halbhellenen« bezeichnet.

Ihre Bewaffnung bestand neben Pfeil und Bogen aus Äxten, kleinen Bronzedolchen und Speeren. Die vornehmen Skythen trugen Schwerter, deren Scheiden und Griffe mit Gold verziert waren. Schilde und Harnische aus Elfenbein und Bronze vervollständigten die Rüstung. Reicher Goldschmuck zierte Waffen und Pferdegeschirre. Ohrringe, Halsbänder und Münzen wurden sowohl von den Männern als auch von den vornehmen Frauen getragen, die außerdem polierte Bronzespiegel zu benutzen pflegten. Den verstorbenen Königen wurden, wie Herodot erzählt, neben einer Konkubine, einem Diener, einem Botenmeister, neben dem Koch, Mundschenk und Stallmeister »auch Pferde, Stücke von allerlei anderen Dingen und goldene Schalen« in die Gräber gelegt, die sich vermutlich in der Gegend zwischen Nikopol und Saporoshje befanden.

Daß die Skythen weder Silber noch Kupfer brauchten, wie der in dieser Hinsicht offenbar nicht hinreichend informierte Herodot behauptet, trifft nicht zu. Zahlreiche Funde widerlegen den »Vater der Geschichte«. Der russische Archäologe Valentin Schilow barg im Herbst 1959 allein aus einem Grabhügel in der Nähe von Jelisawetinskaja bei Rostow am Schwarzen Meer ungewöhnlich zahlreiche Gegenstände aus Gold, Silber, Bronze und Eisen. Aus der steinernen Gruft eines etwa fünfunddreißig- bis vierzigjährigen Skythenfürsten förderte er ungefähr viertausend Gegenstände aus Gold, Silber, Bronze und Eisen zutage, von denen allein etwa 1700 Stücke aus reinem Gold sind. Bei den kostbarsten Fundstücken handelt es sich um griechische (spätklassische) Treibarbeiten. Auf den Goldplatten eines Holzfutterals für Pfeil und Bogen sind Szenen aus dem Leben des Achill dargestellt.

Die kunstvoll gefertigten Totenbeigaben bestätigen eindrucksvoll, was besonders seit den Funden von Panagjurischte in Südbulgarien im Jahre 1949 bezeugt ist: Die frühhellenistische Goldschmiedekunst war weit verbreitet. Das Goldgewicht der im Museum von Plowdiw in Bulgarien aufbewahrten Schätze von Panagjurischte (vier Trinkhörner, drei Weinkannen, eine Amphore und eine Schale, alles wahrscheinlich aus Attika) beträgt mehr als sechs Kilogramm. Die frühhellenistischen Metallarbeiten sind bis weit in die heutige Sowjet-

union hinein gelangt. Sie haben Kulturen beeinflußt, Beziehungen geschaffen und gefördert, die ohne jene Hinterlassenschaften aus Metall nicht so plastisch auch in ihrer Wechselwirkung verstanden werden könnten.
Aufschlußreich sind weitere jüngere und jüngste Funde auch in thematisch bestimmter Sicht. So entdeckten Ende 1967 russische Archäologen bei dem Dorf Orlowka an der Mündung der Donau in der Sowjetunion einen Bronzetopf mit Münzen aus der Zeit Alexanders des Großen, den Alexanders Soldaten während eines Feldzuges gegen die Skythen vermutlich vergraben haben, um ihn zu verstekken. Die mit einem aufgeprägten Thunfisch, dem Stadtwappen von Kisik, einer alten griechischen Kolonie am Ufer des Marmarameeres, versehenen Statere, wie die Münzen hießen, enthalten aufschlußreiche Prägungen: unter anderem das Porträt eines bärtigen Skythen und Bildnisse der von Berg- und Hüttenleuten in Griechenland verehrten Gottheiten Athene und Artemis.
Über die Gewinnung und Verhüttung der Bodenschätze im alten »Rußland« ist an dieser Stelle wenig zu berichten, was von kulturgeschichtlicher Bedeutung sein könnte. Im europäischen Rußland hat die Kupfer- und Bronzeverarbeitung niemals einen hohen Stand erreicht. Waffen, Werkzeuge und Schmuck aus Kupfer oder aus Bronze wurden aus den griechischen Schwarzmeerkolonien und aus dem Gebiet der Donau eingeführt. Ebenso sind aus Skandinavien, aus Sibirien, aus dem Ural, aus dem Kaukasus und aus Kleinasien Metallprodukte dorthin gelangt. Stilkritische Untersuchungen führten zu der Vermutung, daß gelegentlich mesopotamische und ägyptische Erzeugnisse als Vorbilder gedient haben dürften.
Lediglich in Sibirien gab es eine hochentwickelte eigene Kupferindustrie. Tausende von Messern, Dolchen und Schwertern aus Kupfer sind in der Gegend von Minussinsk südlich von Krasnojarsk gefunden worden. Auch im Altai und im Ural betrieben turkmenische Berg- und Hüttenleute eine ausgedehnte Kupfererzeugung und -verarbeitung; ihre Bergwerke wurden entdeckt, als die Zaren Sibirien kolonisierten.
Seit dem Beginn der Eisenzeit, die im Süden Rußlands um 700 v. Chr. ihren Ausgang nahm, haben die nach Rußland (besonders zu beiden Seiten des Uralgebirges, im Kamagebiet und an der Wolga) eingewanderten Finnen, in alten russischen Quellen »Tschudj« oder

»Ugrier« genannt, eine besondere Rolle im Bergbau- und Hüttenwesen gespielt. Im Ural sind sie dem Mineralbergbau nachgegangen. Wegen ihrer Fähigkeiten als Schmiede wurden sie, wie oft in primitiven Kulturen, zugleich bewundert, geächtet, verflucht und gefürchtet. So begegnet man auch heute noch beispielsweise bei den Jakuten und Burjeten in Sibirien der Vorstellung, daß der Schmied ein Diener und Vertrauter des bösen Geistes sei, der ihm die Macht zum »Zaubern« verleihe.

Der Bernstein

Ein – im »klassischen« Bergbau allerdings unbeachtet gebliebener – Zweig besonders des deutschen Bergbaus hat bereits in alter Zeit eine kulturgeschichtlich interessante und bemerkenswerte Rolle gespielt: der Bernstein. Zwar fehlt er bislang im Katalog der nach dem Berggesetz verleihbaren Mineralien, doch gehört er infolge seiner Entstehung aus fossilem Harz und tertiären Nadelhölzern – und nicht zuletzt auch auf Grund der angewandten Gewinnungsmethoden – zu den Bodenschätzen.
Wie das Gold, so wird auch der Bernstein sowohl durch Seifen (besonders an der Samlandküste in Ostpreußen, an der Elbmündung, und in der Nordsee) als auch bergmännisch im Tagebau (in Palmnicken in Ostpreußen) gewonnen.
Die Bezeichnung des »Steins«, von »bernen« abgeleitet, beruht auf der niederdeutschen Form von »brennen«, wodurch der Bernstein vermutlich sogar den Edelsteinen zugeordnet werden sollte.[1] Homer hat ihn »Elektron« genannt und so mit einer Bezeichnung des Sonnengottes »Strahler« in Verbindung gebracht. Der lateinische Name sucinum lehnt sich vielleicht an sucus (»Saft«) und möglicherweise auch an das norddeutsche Wort »Harz« an, wie ja auch Plinius und Tacitus gelegentlich die germanischen Wörter glaesum und glēsum als Bezeichnung für den Bernstein wählten.
Der frühe Bernsteinhandel hat das nördliche Europa mit dem Süden zum erstenmal in Verbindung gebracht. Von Mykenä (wo Heinrich Schliemann riesige Mengen Rohbernstein von der Ostsee fand) über Ungarn bis nach Nordeuropa reichte der durch den Bernsteinhandel ausgelöste Einfluß, dessen sichtbarer Ausdruck die reiche germanische Bronzezeit geworden ist. Pytheas aus Massilia, dem heutigen Marseille, segelte von Thule nach dem Osten, um das Herkunftsland des Bernsteins kennenzulernen, der im 4. Jahrhundert v. Chr. neben

dem in großen Mengen aus Britannien geholten Zinn ein besonders begehrtes Handelsgut darstellte. Auf dieser Reise »entdeckte« er in der Nähe der Eidermündung das Land der Teutonen für die alte Welt.

Lange bevor die Christianisierung der deutschen Ostgebiete begann, sind »ostpreußische« Bernsteinhändler von der Samlandküste bis nach Griechenland unterwegs gewesen, und auch griechische und römische Bernsteinhändler kamen nach »Ostpreußen«, obwohl die Griechen nach Plinius und Strabon auf den sagenumwobenen »Elektriden« auch Bernstein (Elektron) gefunden haben sollen. Auch im Römischen Reich waren die von Tacitus als »Aestii« bezeichneten und zu den Germanen gerechneten samaitischen »alten Preußen« als Bernsteinhändler bekannt.

Die Funktion und Bedeutung der Bodenschätze für die Kulturgeschichte hat sich jedoch nirgendwo nur in der sichtbaren Welt manifestiert, was an einem exemplarischen Beispiel ausführlicher gezeigt werden soll. Die an der ostpreußischen Bernsteinküste lebenden Samaiten sind durch die griechischen Bernsteinhändler – und durch eigene Handelsreisen nach Rom und nach Griechenland – mit dem griechischen Geistesgut in Berührung gekommen. Mit eigenen und römischen Vorstellungen zu einem Bild verwebt, lebte es in der Heimat Immanuel Kants weiter. Auch die sechs christlichen Jahrhunderte haben es in Ostpreußen nicht ganz auszulöschen vermocht.[2]

Ein eindrucksvolles Zeugnis aus der Feder des polnischen Magisters Vincentius aus dem 13. Jahrhundert überliefert: »Alle Geten [die alten Preußen, der Verf.] teilten den Wahn, daß die vom Körper getrennten Seelen von neuem eingeflößt würden in künftig geborene Körper, manche würden auch tierisch durch Annahme tierischer Körper.«[3] Daß diese Vorstellungen den Vorbildern gleichen, die Platon in seiner Kosmologie und Naturphilosophie entworfen hat, ist sicher kein Zufall. Platon erklärt im »Timaios«, daß der Schöpfer zunächst die Unsterblichen, die Untergötter und Dämonen und dann die Sterblichen, die Menschen, geschaffen habe. In das Gefäß, in dem er die Weltseele mischte, wurden nun noch einmal dieselben Stoffe getan und daraus so viele Seelen geschaffen, daß sie der Anzahl der Gestirne entsprachen. Jede dieser Seelen hatte nach göttlichem Ratschluß eine bestimmte Zeit auf dem ihr zugewiesenen Stern zu verbleiben, um Aufschluß über die Zusammenhänge der höheren

Weltordnung zu erlangen. Dann wurde sie in sterbliche Leiber gepflanzt, um mit diesen zusammen die sterblichen Wesen zu bilden. Die Seelen, die während ihres leiblichen Lebens der Sinnlichkeit und Leidenschaft Herr zu werden vermochten, durften nach dem Tode ihres Leibes wieder auf ihren Stern zurückkehren und schließlich ein seliges Leben führen. Die anderen Seelen dagegen, die das hohe Ziel verfehlten, kamen als Frauen wiederverkörpert auf die Erde zurück, um sich nochmals einer Bewährung zu unterziehen. Versagten sie auch diesmal, wurden sie zu Tieren erniedrigt. Tyrannen und andere Frevler wurden Habichte, Geier und Wölfe (Phaedr. 82a), die Knechte der sinnlichen Lust und Begierde fanden sich später in Eseln wiederverkörpert.

Platons Vorstellung von der Unsterblichkeit der Seele, die nur nach der Überwindung der Leiblichkeit in ihren Urzustand zurückkehren könnte (Tim. 42 c.d.), war den Prusai, wenn vielleicht auch nur vage und teilweise umgedeutet, durchaus nicht unbekannt. Sein Totengericht (Gorg. 523 ff., Phaedr. 249, 108 ff., Rep. X, 613 ff.), dem sich die abgeschiedenen Seelen zu stellen hätten, dürfte auch ihnen vertraut gewesen sein. Die übereinstimmend überlieferte Heldenhaftigkeit der Prusai,[4] viele Randbemerkungen und der Tenor in manchen Chroniken bezeugen, daß die »alten Preußen« dem Körper weder eine ursprüngliche noch eine wesentliche Beziehung zur Seele zugeordnet haben, was uns wiederum auch in der Philosophie Platons entgegentritt. Die »Könige« der Prusai entleibten sich vor versammeltem »Volk«, wenn sie zur Überzeugung gelangt waren, daß sich kein wahres Königtum in ihnen verkörpere.

Auch aus Rom haben die Bernsteinhändler möglicherweise Glaubenselemente nach »Ostpreußen« gebracht. In einem Jesuitenbericht von 1583 heißt es u.a.: »Dem Perkun unterhielt man in den Wäldern ewiges Feuer, wie die Vestalinnen in Rom es taten.«[5] Perkun galt als Hauptgott. Er war der alte arische Himmelsgott und wurde besonders als Gott des Donners und Gewitters verehrt. Im griechischen Zeus mochte er seine Entsprechung finden, wie auch beiden die Eiche heilig war.

Besonders seit Beginn der römischen Kaiserzeit hat der Bernsteinhandel diese Wechselbeziehungen – auch zu den Griechen – wieder intensiviert. Plinius[6] und Tacitus[7] berichten sogar über Fundstätten des begehrten Steines, den die Römer auch zum Schweißen von

Gold, Bronze und Eisen benutzten, wie sie es von den sehr metallkundigen Etruskern gelernt hatten.[8] Die Beziehungen der Griechen zum »Elektron«, von dessen Bezeichnung die »Elektrizität« ihren Namen erhalten hat, waren weniger engagiert, als es bei den Römern der Fall gewesen ist, was ganz besonders für die römische Kaiserzeit zutrifft. Die Griechen haben den Bernstein in vielen Fällen lediglich als eine seltene Erscheinung betrachtet. Ihr Boden war so reich an Bodenschätzen, auch an Edelmetallerzen, daß sie des leicht brennbaren[9] und spröden Schmucksteines nicht unbedingt bedurften.

Der »Augstein« (mittelhochdeutsch: agestein), wie auch der sächsische Bergmannspfarrer Johannes Mathesius den Bernstein noch zur Lutherzeit nannte, hat um 325 v. Chr. den Griechen Pytheas zu den Fundstätten an die Nordsee gelockt; er war den Spuren der besonders metallkundigen Phönizier gefolgt, die den Bernstein, der nach Rom und Griechenland vorwiegend auf dem Landwege gelangte, auf dem Seeweg in die Mittelmeerländer brachten.

Gefehlt hat der Bernstein nirgendwo in den großen alten Kulturen, so daß an dieser Stelle auf umfangreichere Darstellungen und Dokumentationen verzichtet werden kann.

Germanen, Illyrer, Kelten und Römer

Eine Einführung

Dreitausendfünfhundert Kilometer Luftlinie liegen zwischen Bagdad und Stockholm, eine Strecke, die mit Überschallflugzeugen in weniger als einer Stunde zurückgelegt werden kann. Die Kenntnis der Gewinnung des Kupfers und seiner Verarbeitung dagegen benötigte für ihre Ausbreitung vom tiefen Süden zum hohen Norden mehr als 2000 Jahre. Die Kupferfunde in Sakschegözü in Syrien, in Sialk bei Kashan, Tell Halaf, Tell Schagar Bazar, Ninive und Tepe Gaura gelangten zwischen 3500 und 3000 v. Chr. – und möglicherweise sogar noch früher – in den Fundboden. In Skandinavien lebten dagegen die Menschen noch bis 1500 v. Chr. in der Steinzeit.

Nachdem der Mensch einmal den Gang über die Erde als homo faber angetreten hatte, als sinnvoll handwerkender »Schmied«, begannen die schwierigen Pfade ebener, die Strecken kürzer und die Möglichkeiten zu ihrer Überwindung vielfältiger zu werden. Das Eisen benötigte nur noch drei Viertel der Zeit für die Strecke vom Vorderen Orient bis nach Skandinavien. Etwa 1500 Jahre liegen zwischen seiner Nutzung im kulturträchtigen Süden und seiner Verwendung in dem um 8000 v. Chr. noch nicht eisfreien Skandinavien.

Von etwa 500 v. Chr. bis 1060 n. Chr., bis zum Ende der Wikingerzeit, war das Eisen in Skandinavien ein bedeutsamer kulturgeschichtlicher Faktor, der sich bis zum heutigen Tage hin auch in der Technik und selbst in der Kunst immer wieder neu als bemerkenswerter Grundstoff erweist.

Um 2000 v. Chr. waren die Bootaxtleute, wahrscheinlich aus dem Südosten über Mitteldeutschland und Norddeutschland, nach Skandinavien gelangt. Ihre Ganggräber, lange, mit großen Steinen abgedeckte Kammern, bewahrten Waffen, Geräte und Schmuck vor der

Zerstörung. Seit 1500 v. Chr. lassen sich bei den Nordgermanen die ersten Erzeugnisse aus Metall, aus Kupfer, Bronze und Gold, datieren. Bis um 500 v. Chr. bestimmten das Kupfer und die Bronze eine Seite der skandinavischen Kulturgeschichte. Bronzegegenstände wurden in den Tälern Glomma, Gudbrandsdalen, Hallingdal und Waldres entdeckt. Zuerst wurden kleine Schmucksachen aus Metall hergestellt, dann Waffen, Ausrüstungsgegenstände und Kultgeräte. Die Metalle waren dort jedoch Mangelware und mußten, wie zum Beispiel Kupfer und Zinn, eingeführt werden. Während die verstorbenen Vornehmen Schwerter, Dolche, Armreifen, Gefäße, Schilde, Helme, Kultgegenstände und Schmucksachen sogar in ihre Baumsärge gelegt bekamen, lebten die Armen weiter in primitiven steinzeitlichen Verhältnissen und arbeiteten mit Geräten aus Knochen, Feuersteinen und Holz. Die Metallwaffen wurden aus dem Süden importiert. Gelegentlich haben sie über ihren eigentlichen Zweck hinaus auch den Herstellern der Feuersteinschwerter als Modell gedient. Doch der Stein mußte sich immer als zu spröde in der Hand des »Schmiedes« erweisen, dem weder Eisen noch Bronze zur Verfügung standen.

Lange sind dort die Menschen als Hirten mit ihren Herden durch die Täler gezogen. Bauernhöfe und ansässige Dorfgemeinschaften kannten sie nicht. Die Almwirtschaft ist in Skandinavien älter als der Bauernhof. Erst in der frühen Eisenzeit trat ein grundsätzlicher Wandel ein.

Wo der Mensch als Hirte lebte, konnte der Bergbau keine dominierende Rolle spielen. Das Metall erschien dem Hirten, der »Leben« hütete, als ein Werkstoff für Waffen, die schließlich doch immer nur den Tod brächten. Außerdem waren die Tätigkeiten außerhalb des Rahmens der Viehzucht nicht gut angesehen.

Die geographischen Bedingungen Skandinaviens ließen erst relativ spät einen planmäßigen Ackerbau zu. Hier war der Bergbau von diesen Voraussetzungen abhängig.

Bronze und Eisen

Die drei Kulturgruppen, der germanische Kreis im Norden, der illyrische Kreis im Osten und der keltische Kreis im Westen, hatten um 1500 v. Chr. in der Bronze das kulturbestimmende Material gefunden.
Im Raum des germanischen Kreises, der Südskandinavien, Dänemark, Schleswig-Holstein, Mecklenburg und einen Teil des heutigen Landes Hannover umfaßte, wurden besonders Flachbeile und Randleistenbeile aus Bronze, Dolchstäbe mit angegossenen Griffen und Stabdolche ohne Griffe, Lanzenspitzen, Fuß- und Armringe gefunden.
Die Funde im Bereich des illyrischen Kreises, mit der nach dem Fundort Unetice im Bezirk Smichow in Böhmen benannten Aunjetitzer Kultur, umfaßten neben Randleistenbeilen, Stabdolchklingen und Dolchstäben mit Bronzegriffen besonders zyprischen Schleifennadeln, böhmischen Ösennadeln, Nadeln mit durchlochtem Kugelkopf, Vasenkopfnadeln, Scheibennadeln und Rudernadeln.[1]
Der keltische Kreis unterschied sich kaum vom illyrischen. Bei den Illyrern war die Bronze zwischen 1200 und 1000 v. Chr. nicht so reichlich vorhanden wie im germanischen Kreis. Lappenbeile, gekrümmte Sicheln, Griffangelmesser, Lanzenspitzen, stark gerippte Armringe, Kugelkopfnadeln und Kolbenkopfnadeln fanden bei ihnen Verwendung.
Seit 1000 v. Chr., besonders zwischen 900 und 750, gab es im germanischen Kreis die Antennenschwerter, die Möhringer Schwerter und Avernierschwerter. Aus dem etruskischen Italien gelangten Metallprodukte als Importware dorthin, ebenso in den illyrischen Kulturbereich, besonders nach Schlesien und in das übrige Ostdeutschland, wo Eisenschwerter an die Stelle der bronzenen Waffen traten. Zwischen 750 und 400 v. Chr. wurden sie durch Hallstattschwerter und Lanzen aus Eisen ersetzt.
Das Eisen ist vermutlich über die Kelten zu den Germanen gelangt, die jedenfalls das keltische Wort »isarnon« für Eisen übernommen haben, das im Urkeltischen »isarno«, im Althochdeutschen »isarn«, im Mittelhochdeutschen »isen« hieß und heute noch in »eisern« jene Wurzel verrät. Aus ihren Kämpfen gegen die Römer hatten die Kel-

ten römisches Kulturgut mit zum Teil deutlichem griechischem Einfluß übernommen. Grabfunde in der Champagne, in George-Meillet und in Somme-Bionne bestätigen die Berührung, ebenso im westdeutschen Rheingebiet, in Bad Dürkheim, Schwabsburg, Armsheim, Schwarzenbach, in Weißkirchen an der Saar, in Besseringen, Klein-Aspergle bei Ludwigsburg, Rodenbach und in Ladenburg.
Das Eisen war im Vorderen Orient bereits in Gebrauch, als in Skandinavien noch die Steinzeit herrschte; in den Alpenländern und in Süddeutschland tauchte es zwischen 1000 und 700 v. Chr. als neuer Werkstoff auf. In Norddeutschland wurde es indes erst seit etwa 500 v. Chr. verarbeitet, und erst seitdem fand es, vermutlich über Schleswig-Holstein, auch in Skandinavien Eingang. Aus den Gräbern jener Zeit stammen fast gar keine Bronzegegenstände. Geräte und Waffen wurden aus Eisen geschmiedet, ebenso auch der Schmuck, der allerdings noch nicht die gelungenen Formen der vollendeten Bronzestücke aufwies. Mit der bevorzugten und notwendigen Verwendung der Bronze ging auch die Fertigkeit verloren, das Metall mit der Sicherheit zu bearbeiten, die nur der Guß zuließ. Aber das Eisen hat sich dennoch durchgesetzt. Der Schmied beherrschte sein Handwerk im Norden noch nicht so wie der Bronzegießer oder wie der Schmied im Süden, Südwesten und Südosten. Die Eisenfunde in Gräbern von Jütland, an der norwegischen Küste, von Schonen und von der Ostseeinsel Gotland bezeugen eine einfache und künstlerisch anspruchslose Form.
Unsere Kenntnisse über die frühgeschichtlichen Kulturen verdanken wir, besonders in den schriftlosen Territorien, den archäologischen Funden, die in den meisten Fällen die jahrtausendealten Gräber bargen. In Skandinavien versiegen diese Quellen nach dem Beginn der skandinavischen Eisenzeit plötzlich – für 350 Jahre, vorübergehend auch auf der Insel Gotland. Erst für die Zeit um 150 v. Chr. lassen sie sich wieder feststellen. Sollten jene 350 Jahre in Skandinavien eine menschenlose Zeit gewesen sein? Diese Frage hat die Fachleute lange bewegt. Der Schwede Rutger Sernander schien 1910 die richtige Antwort gefunden zu haben. Ein plötzlich eingetretener Klimawechsel von ungewöhnlicher Kraßheit, so meinte er, habe die Bewohner dazu bewogen, das unwirtlich gewordene Land zu verlassen. Es ist jedoch erwiesen, daß dieser Klimawechsel auch die Menschen in ihren Pfahlbauten am Bodensee und die Bergleute im Salzkammergut be-

troffen hat, während er die Verhältnisse im übrigen Zentraleuropa nur in geringerem Maße beeinflußte. Sernander fehlten zwingende Beweise. Nur die Edda schien sie zu enthalten. Dort wird erzählt, daß der Götterdämmerung der »Fimbulwinter« in grausiger Strenge und Härte vorausginge. Nicht wenige Forscher sind mit Sernander der Meinung, daß diese Textstelle in der Edda eine in Sagenform gekleidete Erinnerung an jene Klimaverschlechterung während der Eisenzeit in Skandinavien darstelle.

Die Fundstellen der älteren Eisenzeit liegen entlang der Küste zwischen Oslo und Bergen, am Oslofjord, im Ytre Grenland, Lista, Jaeren und Sunnhordland. Stellenweise sind sie außerordentlich zahlreich; »aber sie fehlen vollständig talaufwärts«.[2] Die Täler haben lange öde und verlassen gelegen, während sich an der Küste in der Eisenzeit der Bauernhof mit seinen umliegenden Äckern herausbildete. Damit hatte sich die soziale Struktur der Gesellschaft zu verändern begonnen.

Wandel der sozialen Struktur und der Grabriten

In der Bronzezeit herrschten krasse soziale Unterschiede. Den Reichen, deren Gräber kunstvoll gefertigte Bronzeerzeugnisse mehr als zwei Jahrtausende aufbewahrten, stand der arme Steinzeitmensch gegenüber. Seine sterbliche Hülle konnte schon von der nächsten Generation nicht mehr aufgefunden werden.[3]

»Alle Männer an die Arbeit«, hieß es plötzlich in der Eisenzeit: »Keiner konnte mehr Herr, Händler oder Fürst spielen. Sie rodeten mit gemeinsamen Kräften den lichten Fichtenwald, sie bauten neue feste Bauernhäuser, sie sammelten Wintervorräte für das Vieh.«[4] Müßiggang und herausragender Reichtum hatten dort keinen Platz mehr. Mit der sozialen Überlegenheit mächtiger Häuptlinge und wohlhabender Händler war es nun vorbei. Wozu und warum sollten Kriege geführt werden? Eisen gab es nur aus Moorerzen. Die Metalle mußten von außerhalb des Landes kommen; Bronze gelangte nur noch in geringem Maße nach dem europäischen Norden. Für wen sollten nunmehr die großen und festen Gräber errichtet und wem die reichen Schätze ins Grab gelegt werden? »Der stattliche Grabhügel und die Großzügigkeit an Beigaben«, stellte Oxenstierna fest, »waren ein wichtiges Instrument, um die soziale Sonderstellung des Verstorbenen und seiner Sippe zu bekunden. Mit der Entstehung des Bauernhofes, der Bauernfamilie, geht auch dieses Bestreben im Grabritus verloren«, dessen Wechsel und Abhängigkeit von der Nutzung der Bodenschätze allerdings erst 1948 entdeckt wurde. Die »unscheinbare Verbergung der Knochenhäufchen irgendwo gleich unterhalb der Grassohle, die Einheitlichkeit der Grabanlage, entspricht genau der sozialen Einheitlichkeit der Dorfgemeinschaft, so wie wir auch in dem Bauernhaus keine Trennung zwischen Bauern und Knechten merken«.[5]

Schon die ausgehende Bronzezeit war stellenweise arm an Gräbern. Die Grabstätten waren bereits kleiner, unscheinbarer, flacher und ungeschützter als zuvor angelegt worden. Regen und Frost hatten auch die Knochen der Verstorbenen bald völlig vernichtet. Bronzebeigaben fehlten. Zwischen 500 und 150 v. Chr. sind Gegenstände aus Eisen den Toten nicht auf den Scheiterhaufen und nicht in das Grab gelegt worden. Die Gegenstände aus dem neuen Metall konnten nur schwer wieder ersetzt werden. Die Hinterbliebenen nahmen Rücksicht darauf. Sogar die Pflüge, die den Gottheiten geopfert wurden, sind meist nicht mehr brauchbar gewesen. Häufig bestanden sie aus weichem Lindenholz, das mit nicht mehr verwendbaren Pflugteilen als Grabbeigabe zu symbolischen Pflügen zusammengesetzt worden war. So fehlen denn auch Gegenstände aus Eisen in den seitdem auftretenden Brandgrubenfeldern, die oft Hunderte dicht nebeneinander liegender Gräber vereinten, in denen Männer, Frauen und Kinder Seite an Seite ruhten. Wer hätte die Einzelgräber suchen sollen, die bis dahin angelegt worden sind? Selbst wo gelegentlich Eisengegenstände in die Gräber gelangt sein mögen, sind sie in der feuchten Erde rasch verrostet. Kaum ein halbes Dutzend ist auf dem schwedischen Festland aus jener Zeit geborgen worden. Es sind Kropfnadeln, Gürtelhaken, Ösenringe und Spiralspangen, die von den germanischen Schmieden vornehmlich nach keltischem Vorbild – meist vereinfacht – nachgebildet worden sind. Aus der Brandgrubenzeit dagegen kennen wir zahlreiche Eisenfunde, wenn es sich dabei weithin auch nur um kleinere Gegenstände wie Sicheln – und mehr als 270 Gürtelschließen auf Gotland – handelt. Aus den Funden lassen sich gelegentlich Rückschlüsse auf das Können der Schmiede ziehen, der einzigen Spezialisten in den Dorfgemeinschaften. Welches Ansehen sie genossen, läßt sich daraus allerdings nicht ablesen. Aus der vorchristlichen Zeit sind keine Zeugnisse bekannt geworden, die von einer besonderen Stellung der Schmiede berichten. In nachchristlicher Zeit wurden ihnen gelegentlich Hämmer, Zangen, Ambosse und andere Schmiedewerkzeuge in die Gräber mitgegeben.

Auch eine andere Frage ist noch offengeblieben: Welche Funktion haben diejenigen ausgeübt, deren Gräber bereits wieder Schwerter, Speerspitzen und eiserne Schildbuckel aufwiesen?

Bis zur Zeitenwende hat die skandinavische Eisenzeit unter starkem keltischem, seitdem unter römischem Einfluß gestanden, der zuerst Dänemark berührte.

Kelten
Stollen und Geheimgänge

Über den Bergbau der Kelten schrieb der 1961 während eines Forschungsunternehmens tragisch ums Leben gekommene Heidelberger Althistoriker Jacques Moreau in seiner »Welt der Kelten« unter anderem: »Besonders entwickelt war die Eisengewinnung und -verarbeitung, die schon als eine Großindustrie angesehen werden kann, die viele Arbeiter beschäftigte. Cäsar berichtet über die großen Erzbergwerke in Aquitanien und im Gebiet der Biturigen; Strabon erwähnt auch wichtige Bergwerke im Bêrigord. Als Beispiel eines großen Unternehmens auf industrieller Ebene kann der Camp d'Affrique in der Nähe von Nancy gelten. Auf einem Felshügel hatten die Kelten einen doppelten Ringwall errichtet, der neben dem Hochplateau auch ein tiefer liegendes umfaßte. Innerhalb des Ringes standen die Wohnhäuser; an den Hängen des Hügels waren Bergwerkstollen angelegt worden, die eine Tiefe von 100 m erreichten. Auf dem unteren Plateau befanden sich die Rennöfen und Werkstätten, die das Roheisen in Pyramidenform oder zu Eisenbarren verarbeiteten, ferner die Schmieden, in denen Schwerter, Dolche, Pferdegeschirre usw. angefertigt wurden. Ähnliche Anlagen gab es auch in Böhmen

und Mähren, wo viele Adelssitze in unmittelbarer Nähe von Eisenvorkommen errichtet worden sind. Überall im ehemaligen Keltengebiet fand man Anhäufungen von Eisenschlacken, die noch einen hohen Prozentsatz von Metall enthielten und im vorigen Jahrhundert von den Hütten ausgebeutet wurden. Sie weisen auf eine lang andauernde Tätigkeit und verhältnismäßig umfangreiche Produktion der Verhüttungsplätze hin."[6]
In Mühlbach-Bischofshofen, in der Nähe von Salzburg, sollen die Kelten zwischen 1600 und 700 v. Chr. ca. 30000 t Kupfererz gefördert haben, und auch bei Baigory haben ihre Bergarbeiter ungefähr 50 Schächte und Stollen zur Kupfererzgewinnung in den Berg getrieben. Der Untertagebau war ihnen früh bekannt.
Wie die jüdischen Bergleute durch einen Stollenbau zur Wasserversorgung Jerusalem davor bewahrten, von Sanherib erobert zu werden, so haben sich auch die Kelten auf ähnliche Weise der Angriffe der Römer in Gallien zu erwehren versucht. In seinem »Gallischen Krieg« berichtet Caesar (III, 21, 3 und VII, 22, 2), daß die bergbaukundigen Bewohner zweier Städte Stollen und Minen gegen die römischen Belagerungswälle in der Hoffnung vorgetrieben hatten, sich und ihre Städte retten zu können. Von den Sotiaten in Aquitanien schreibt Caesar (III, 21, 3): »Die Feinde versuchten [56 v. Chr.] einen Ausfall und trieben dort Minengänge, in deren Anlegung die Aquitanier große Erfahrung haben, weil es bei ihnen an vielen Orten Erzgruben gibt, an den Damm und die Belagerungsmaschinen heran.«
Ähnlich klingt sein Bericht (VII, 22, 2) über die gallische Kampfesweise beim alten Avaricum (Bourges) im Jahre 52 v. Chr.: »Den Angriffsdamm unterminierten sie mit um so größerer Sachkenntnis, als es bei ihnen Erzgruben gibt und alle Arten von Minengängen bei ihnen bekannt und gebräuchlich sind.« Mehr als 1500 Jahre später, im Jahre 1482, schlug Leonardo da Vinci seinem Fürsten Ludovicus Sforza die für sehr bedeutsam gehaltene »Erfindung« vor: Ich »habe ... Pläne für Stollen und gewundene Geheimgänge, die ohne jedes Geräusch angelegt werden, so daß man bis zu einem bestimmten Ort gelangen kann, auch wenn man unter den Gräben oder irgendeinem Fluß durchdringen muß.«[7]

Geschnitzte Holzpfosten der Kirchentür von Hyllestad (Norwegen).

Oben: Schnitt durch ein Bergwerk des 16. Jahrhunderts. Holzschnitt aus Agricolas »De re metallica«. Die Buchstaben bezeichnen nach Agricola: A einen Schacht, B und C einen Querschlag, D einen weiteren Schacht, E einen Stollen und F das Stollenmundloch. »Über Tage« ist ein Mann mit der Wünschelrute zu sehen, der »Glücksrute«, der Agricola den Vorzug vor dem Markscheidewesen einräumte.

Rechts: Schnitt durch einen Stollen, in dem zwei Bergleute durch Wedeln mit einem Tuch (B) für die Verbesserung der Wetterführung (Luftzuführung) sorgen (Agricola, »De re metallica«).

Links: Holzschnitt aus Agricolas »De re metallica«. Das Bild stellt das Vermessen eines Schachtes dar, der auf einen von rechts nach links vorgetriebenen Stollen treffen soll. Das Joch A. Das Querholz B. Der Schacht C. Die erste Schnur D. Das Gewicht der ersten Schnur E. Die zweite Schnur F. Ihre Befestigung im Boden G. Der Anfang der ersten Schnur H. Das Stollenmundloch I. Die dritte Schnur K. Das Gewicht der dritten Schnur L.

Rechts: Schnitt durch ein Bergwerk des 16. Jahrhunderts. Holzschnitt aus Agricolas »De re metallica«. Die Buchstaben bezeichnen nach Agricola: A einen Bergmann, der auf einer »Fahrt« (Leiter) »einfährt« (einsteigt), B einen Bergmann, der auf einem Knebel einfährt, C einen Bergarbeiter, der auf dem Leder (»Arschleder« oder »Bergleder«) einfährt und D einen auf den Stufen, die ins Gestein eingehauen sind, einfahrenden Bergmann.

Unten rechts: Holzschnitt aus Agricolas »De re metallica«. Ein Bergmann betätigt den Blasebalg, dessen Mundstück (C) in ein Rohr (B) mündet, das in den Stollen (A) führt und der Luftzuführung unter Tage dient.

Links: Georg Agricola. Federzeichnung.

Unten: Blechhammer. Ausschnitt aus dem Gemälde »Die Schmiede des Vulkan« von Jan Breughel (1568–1625).

Keltische Schmiede

Über die Arbeits- und Lebensverhältnisse der keltischen Bergarbeiter wissen wir wenig. Auch die Besitzverhältnisse im keltischen Bergbau liegen im Dunkel der Geschichte. Man muß sich zunächst mit dem Hinweis zufriedengeben, daß der keltische Bergmann relativ frei war, solange sich die Bergbaugebiete in keltischen Händen befanden. Mit der Einbeziehung in den Bannkreis der römischen Waffen hat jene Freiheit – wie überall im römischen Machtbereich – aufgehört.

Anders als mit dem in der Überlieferung zurücktretenden Bergarbeiter verhält es sich mit dem keltischen Schmied. Er befaßte sich bereits seit dem 4. Jahrhundert v. Chr. gewerbsmäßig mit der Erzeugung und Verzierung von Eisengegenständen und war als Meister der Metallverarbeitung bekannt und geschätzt. Ihr Ansehen verdankten die Schmiede dem ausgeprägten Form- und Kunstgefühl, das sich an den Gegenständen aus Metall nachweisen läßt, die einst von ihnen bearbeitet worden sind. Sehr früh schon beherrschten sie die »Technik des Ätzens meisterhaft. Die Zeichnungen wurden in säurefestem Wachs aufgetragen und das Eisen dann in eine ätzende Flüssigkeit gelegt, die die freigebliebenen Teile etwas abtrug, so daß ein erhabenes Muster entstand. Auch die Technik der Metalleinlage war schon in der Hallstattzeit üblich«,[8] in der das häusliche Gewerbe zugunsten von Werkstätten verdrängt wurde, in denen sich besonders die Adeligen ihre Waffen und ihren Schmuck fertigen ließen. »Die Bronze-, Silber- und Goldverarbeitung war den Kelten geläufig. Sie kannten und wandten alle Techniken der Metallverzierung, Vergoldung, Versilberung, Verzinnung, Emaillierung usw. an. In der Hallstattzeit war die Bronzeblechbearbeitung schon sehr entwickelt. In Alesia ... hat man die Grundrisse von Werkstätten aufgedeckt, deren Fundgegenstände beweisen, daß in diesem oppidum eine hochentwickelte Bronzeindustrie bestand. Als wichtigstes Zentrum des Emaillierungsgewerbes ist Bibracte bekannt, in dessen Hütten Schmelzglasarbeiter und Gießer ihre Öfen hatten.«[9]

Der Schmied in Mythologie, Geschichte und Sage

Die keltischen Schmiede genossen ein so großes Ansehen, daß sie in der inselkeltischen Sage selbst den Göttern gleichgestellt erscheinen. Das ist allerdings keine singuläre Auffassung, wie die Ausführungen über den Schmied im alten Griechenland zeigten. Bei den Kayn Dajak auf Borneo ist es eine Ehre für die Götter, so geschickt zu sein wie die Schmiede. Die afrikanischen Akamba und Akikuyn sind davon überzeugt, daß die von ihren Schmieden ausgesprochenen Verwünschungsformeln unabwendbar sind. Die alten javanischen Fürsten und Schmiede galten als Blutsbrüder, und in der Edda verrichteten selbst die Götter Schmiedearbeiten: Sie setzten Herde, schmiedeten Erz und schufen Gerät. Zahlreiche Sagen wissen von magischen Fähigkeiten der Schmiede zu erzählen, denen auch heute noch gelegentlich übernatürliche Fähigkeiten zugeschrieben werden. Ihre Beziehungen reichen von den Gottheiten über die griechischen Heroen bis zu den Zauberern und Dienern des Teufels. Prometheus raubte den Göttern das Feuer und beseelte gegen den Willen des Zeus damit die von ihm aus Ton geschaffenen Menschen. Der Gott der Schmiede, Hephaistos, schmiedete ihn wegen dieses Frevels an den Felsen; der ebenfalls von den Schmieden Griechenlands verehrte Herakles befreite ihn. Diese Zwiespältigkeit leuchtet durch die Vorstellungen, die sich um den Beruf des Schmiedes seit je ranken.

Immer steht der Schmied im Spannungsfeld der verschiedenen Wertungen, die primär aus den Beziehungen resultieren, die der Mensch zum Metall hat. Auch in der germanischen Sage von Wieland dem Schmied wirken die extremen Bilder nach, die das Gesicht des Schmiedes als Januskopf sehen. Wegen seiner Kunstfertigkeit will König Nidhad ihn durch die Verletzung seiner Beine an einer Flucht hindern. Der Schmied aber versteht sich Flügel zu fertigen, um mit ihrer Hilfe zu entkommen – nicht ohne vorher den Sohn des Königs getötet und dessen Tochter geschändet zu haben.

Das Eisen als Geschenk der Götter, sowohl als »himmlisches« Meteoreisen, aus dem auch das Schwert des Pharaos Tutanchamun geschmiedet sein sollte, als auch als Produkt aus bergmännisch gewonnenem Eisenerz, ward ihm seit alters zur Vollendung in die Hand gegeben, in die Hand, die von daher verurteilt oder begnadet schien.

Nicht selten sind die Schmiede deshalb auch – wie zum Beispiel in Java – an der für jedermann sichtbaren Konzipierung der Geschichte beteiligt gewesen, die sie nicht immer hinter dem Amboß hat stehen lassen. So weiß auch Plinius von einem keltischen Schmied namens Helicon zu berichten, der bereits vor den keltischen Raubzügen nach Italien in Rom gewesen sei, von wo er eine Traube, Öl, Wein und eine Feige mitgenommen habe, was die Gallier schließlich zu ihren Feldzügen nach Italien veranlaßt hätte.
Im französischen Sudan bilden die Schmiede eine besondere Kaste. Ihre Freiheit ist beschnitten, ihre Rasse gilt als besonders gering. Ein von einem Schmied berührtes Kleidungsstück oder Tuch wagt niemand an sich zu nehmen, weil der Teufel durch den Schmied in diesen Gegenstand gekommen sein soll. Bevor ein Massai einen von einem Schmied hergestellten Gegenstand in die Hand nimmt, reibt er diesen mit Fett ein, um selbst die mittelbare Berührung mit dem Schmied zu vermeiden. Männer, die zu Frauen aus einem Schmiedekral körperliche Beziehung pflegen, müssen nach dem Glauben der Massai jederzeit darauf gefaßt sein, den Verstand zu verlieren. Und mehr noch: Sogar die von ihnen nach dem Verkehr mit solchen Frauen mit anderen Frauen gezeugten Kinder werden Krüppel, oder der nun ständig bedrohte Massai fällt im nächsten Feldzug. Jedermann hütet sich, seinen Nächsten »Ol kononi« (Schmied) zu nennen, sobald die Sonne am Horizont verschwunden ist, weil feindliche Überfälle und Bedrohungen durch gefährliche Raubtiere dadurch heraufbeschworen werden könnten. Das Schmiedehandwerk ist unrein, obwohl auch kein Massai ohne Schmied leben könnte.[10] Nicht anders ist es bei den Somali. Bis in die jüngste Zeit hinein mußten abessinische Schmiede während der Arbeit Ketten an den Füßen tragen, und auch heute noch gehört es dort zum Umgang mit Schmieden, sich vor der Begegnung mit ihnen magischer Sicherungen zu bedienen. Dach und Eßgeschirr teilt kein Toubou mit einem Schmied, dessen »Berufs«-Bezeichnung eine tödliche Beleidigung darstellt, sobald sie auf einen Nichtschmied angewandt wird.
In Hirtenvölkern lebt nicht selten eine alte nomadische Tradition fort, die besonders in den Jägervölkern mit ihren Blut-Tabus eine außerordentliche Rolle spielt. In Afrika zum Beispiel lassen sich solche Beziehungen an der Stellung des Schmiedes in der Gesellschaft besonders eindrucksvoll nachweisen. Der französische Völkerkundler

Pierre Glemmer konnte feststellen, daß der Schmied bei den hamitischen Volksgruppen gering geachtet wird, die an der Südgrenze der Sahara entlang von Westen nach Osten in Richtung auf Ostafrika – und dann in einem Bogen nach Süden zu den großen Seen hin als Viehzüchter leben.

Seit alters verbindet sich im Denken der Primitiven mit der Eisengewinnung die Vorstellung einer magischen Beziehung zum Blut. Zenon erzählte, daß zwei Brüder ihren jüngeren Bruder umgebracht und in einem Berg begraben hätten, wo sein Körper sich zu einem Klumpen Eisen umgebildet habe. Wie so häufig in der Mythologie, so haben auch hier sicherlich tatsächliche Erfahrungen dazu geführt, derartige Zusammenhänge zu konstruieren.

Immer noch färben Krieger und Jäger australischer Völkerschaften ihre Bumerangs und Lanzen mit roter Erde, die stellvertretend für Blut benutzt wird und ein Tabu anzeigt. Einige australische Stämme beuten Ockergruben aus, die unter einem magischen Tabu stehen, in dem Ocker und Blut die entscheidende Rolle spielen. Selbst feindliche Stämme lassen Ockerkarawanen ungehindert passieren, um das Blut-Tabu nicht zu verletzen.

Das Blut wird durch roten Ocker symbolisiert, der schon von den altsteinzeitlichen Höhlenmalern verwendet wurde, um ähnliche Erfolge zu erwirken: Das Tier sollte an den Ort gebannt und von den primitiven Waffen des Jägers erlegt werden können.

Zahlreiche Sagen ranken sich um den magischen Zusammenhang von Blut und Ocker einerseits und dem Eisen andererseits, das aus Ocker gewonnen werden kann. So soll das angeblich schon »immer« von den Arunta ausgebeutete Ockerlager bei Stuahol am Fincke-Fluß aus dem Blut zweier menstruierender Frauen entstanden sein, die darüber hinaus auch weiter östlich noch mehrere andere Ockerlager auf die gleiche Weise entstehen ließen.

Andere Vorstellungen herrschen in Zonen, in denen die »Technik« dominiert, zu der in der Frühzeit – und jetzt in den Entwicklungsländern – neben der Gewinnung von Bodenschätzen und ihrer Verarbeitung auch der Ackerbau zu zählen ist. In den großen Ackerbaugebieten Westafrikas und am Kongo gehört der Schmied zu den angesehenen »Zivilisatoren«. Die Bauern bedürfen seiner handwerklichen Fähigkeiten und Fertigkeiten, die gleichsam Ursache und Folge des menschlichen Sieges über den alten Aberglauben sind. Die Tabuvorstellungen der Ahnen haben dort ihren unheimlichen Zauber verloren, was sich jedoch nicht nur auf die Gewinnung und Nutzung der Bodenschätze ausgewirkt hat. Erst nachdem der Mensch in der neolithischen Zeit ansässig wurde, Bauernhöfe errichtete und Pflanzen- und Viehzucht zu treiben begann, begann er auch damit, die Schätze des Bodens zu gewinnen und zu nutzen. Und mit den neuen Fertigkeiten und Einsichten verloren auch die alten Vorstellungen ihre Macht über ihn. Mit der Bearbeitung des Bodens, und mit der planvollen Gewinnung und Nutzung der Bodenschätze war der Mensch weniger als vorher vom Zufall abhängig. Und auch der Unterschied zwischen Mensch und Tier trat eigentlich erst jetzt unverwischbar hervor. Während auch das Tier, der Affe beispielsweise, gelegentlich Stöcke und Steine als Waffe und Wurfgeschoß zu benutzen versteht, ist es doch allein dem Menschen vorbehalten, planvoll zu konstruieren. Nur er ist fähig, Erze zu gewinnen, zu schmelzen und zu Gegenständen zu verarbeiten.

Handel und Verkehr

Nicht nur der Bergbau auf Eisenerze hat Gallien zu einem maßgeblichen geschichtlichen Faktor in der alten Geschichte werden lassen, sondern auch der Reichtum an Gold, das sowohl – wie Diodor bezeugt – durch Seifen als auch durch Untertagebau gewonnen worden ist. Der »Umstand, daß die Flüsse in zahlreichen Windungen dahinfließen, dabei gegen die bergigen Ufer stoßen und große Erdmassen wegspülen, füllt diese mit goldhaltigem Geröll. Dieses sammeln diejenigen, welche mit solcher Arbeit (sie gehört zum Bergbau) beschäftigt sind; sie mahlen es oder zerklopfen die Klumpen, die den Goldkies enthalten. Mit Hilfe des Wassers spülen sie alles Erdige ab und übergeben das Erz zum Ausschmelzen in die Öfen. So sammeln sie eine Menge Gold.«[11] Reich waren die Goldvorkommen in den Pyrenäen. Toulouse verdankte seinen Wohlstand nicht zuletzt dem aus den Flüssen gewaschenen Gold, das von den Cevennen und Pyrenäen heruntergespült wurde. »Auch in der Gegend von Aosta, am

Rhein und an der Donau werden von den römischen Schriftstellern Goldwäschereien erwähnt. Goldsand führende Flüßchen und Bäche gab es in der Schweiz, im Gebiet der beiden Emmen, wo teilweise noch bis ins 19. Jahrhundert Gold gewaschen wurde.«[12] Silber und Gold bildeten seit dem Ende des 5. Jahrhunderts v. Chr. den Prägestoff für Münzen, von denen die südgallischen wegen des bedeutsamen Handels zwischen Südgallien und der Iberischen Halbinsel zuweilen sogar eine zweisprachige Umschrift erhielten.

Dieser Handelsverkehr bewegte sich auf Straßen, die vornehmlich dem Transport der Bodenschätze dienten. Seit alters haben die Bodenschätze und der Bergbau sich auch unmittelbar auf den Ausbau von Verkehrswegen ausgewirkt. Auf den oft eigens dafür angelegten Straßen und Wegen wurden das in großer Menge benötigte Holz und die Bodenschätze transportiert, und auf denselben Wegen sind die Heere marschiert, die zur Besetzung von Bergbaugebieten auszogen. Die Römer kämpften um den südfranzösischen Küstenstreifen, um die Ausfuhrstraße der spanischen Bodenschätze, die Straße des Herkules, sichern zu können, die Spanien mit Italien verband.

Mit der Intensivierung der Ausbeutung der Bodenschätze breitete sich überall das Verkehrsnetz aus. Die Handelsbeziehungen belebten die Straßen und führten Kontakte zwischen Völkerschaften herbei.

Der relativ hohe Stand der keltischen Technik hatte schon in der Bronzezeit dazu geführt, daß sich zahlreiche Vorratslager fahrender Händler und Werkstätten in Bergbaugebieten bildeten, die durch Handelswege verbunden werden mußten. Dabei war gleichgültig, ob es sich um den Bergbau auf Erze, auf Gold oder auf Salz handelte, das die Kelten an der Atlantikküste und auf den bretonischen Inseln gewannen – und um dessentwillen sie viele ihrer Kriege in Mitteleuropa und in Gallien führten. Zu ihren wichtigsten Straßen gehörten die Zinnstraßen, die durch Gallien zu den Mittelmeerhäfen führen, wo das in Cornwall gewonnene Zinn verschifft wurde.

Zinn

Die Zinngewinnung ist in diesem Kulturraum kaum jünger als der Kupfererzbergbau, wenn es bisher auch nicht gelang, Zinnerzabbaustellen aus so früher Zeit freizulegen. Die genaue Datierung und Lokalisierung wird durch die prähistorischen Zinnerzvorkommen und deren Gewinnung durch Seifen erschwert. Seit der Zeit um 1000 v. Chr. bis in die ersten Jahrhunderte n. Chr. ist es auf den Märkten des Mittelmeerraumes als »kassiteros« besonders in Form von dünnen, zu Ringen gebogenen Stäben, leichten halbzylindrischen Barren und in Gestalt von Barren gehandelt worden, deren Grundriß einer römischen Eins (I) glich. In Cornwall, im Erzgebirge, in der Bretagne und in Spanien konnte es infolge seines Vorkommens an der Erdoberfläche durch Tagebau gewonnen werden. Wegen seines größeren spezifischen Gewichtes ließ sich der Zinnstein aus dem Oberflächenschutt zinnführender Urgesteine (vornehmlich Granit) durch ein Schwemmverfahren – wie bei der Aufbereitung der Kupfererze – vom tauben Gestein trennen.

Wann die Zinnseifner im europäischen Raum allerdings damit begannen, das Zinnerz auf diese Weise für die Bronzelegierung zu gewinnen, wissen wir nicht. In England und in Spanien beispielsweise scheint es mit einiger Sicherheit zu Beginn der Bronzezeit geschehen zu sein. Herodot, Strabon und Plinius nennen Britannien als Hauptzinnland. In Assyrien und Kappadokien hatte das Zinn bereits in den sehr frühen Handelsbeziehungen eine wesentliche Rolle gespielt. In der Literatur taucht es früh auf. Homer erwähnte es in der Ilias[13] mehrfach, Hesiod deutete sogar seinen Schmelzvorgang an. Im Altindischen hieß das Zinn »naga« wie das an der hinterindischen Westküste liegende Land, im Jüdischen, Chaldäischen und Syrischen »anak«; in Äthiopien wurde es »naak« genannt, und die Römer nannten es mit den Griechen »kassiteros« und »kassiteron«, nannten es aber auch »plumbum album« und »plumbum candidum«.

Wie lange, mit welcher Intensität und mit welchem Erfolg das Zinnseifen und der Zinnerzbergbau in frühgeschichtlicher Zeit in den Zinnländern betrieben wurden, läßt sich aus den spärlichen Funden nicht feststellen. Sicher hingegen ist, daß der Zinn-, Gold- und Bernsteinhandel, der entlang der Küste betrieben wurde, vor mehr als

4000 Jahren zu kulturgeschichtlichen Berührungen zwischen Spanien, Frankreich, England und Irland führte. Nordeuropa, Deutschland und Skandinavien wurden in den kulturgeschichtlichen Raum einbezogen, in dem der Mensch als Herr der Bodenschätze an ein Fortleben nach dem Tode zu glauben begann. Mit den bergmännisch gewonnenen Bodenschätzen breiteten sich Vorstellungen aus, in denen der durch die Bestätigung seiner Fähigkeiten immer selbstbewußter werdende Mensch sich nicht mehr als zufällig und willkürlich auslöschbar begreifen wollte.

Die Römer

Keine »Kunde, ja nicht einmal eine Sage erzählt von der ersten Einwanderung des Menschengeschlechts in Italien«, schreibt Theodor Mommsen in seiner »Römischen Geschichte« und fährt fort: Es »ist bisher nichts zum Vorschein gekommen, was zu der Annahme berechtigt, daß in Italien die Existenz des Menschengeschlechts älter sei als ... das Schmelzen der Metalle«.[14] In den Skelettgräbern von Remedello Sotto bei Brescia, die der Epoche zwischen 1800 bis 1600 v. Chr. den Namen Remedello-Kultur gaben, wurden neben Tongefäßen und Feuersteingeräten auch kupferne Flachbeile, Dolche und eine silberne Nadel gefunden.

Aber so weit braucht man die Geschichte nicht zurückzuverfolgen, um die Anfänge des römischen Bergbaus zu finden. Er ist sehr viel jünger. In der Terramare-Kultur der Bronzezeit zwischen 1600 bis 1200 v. Chr. tauchen in Norditalien bereits Dreikantdolche und -dolchstäbe, Lappenbeile, Kurzschwerter und Tüllenlanzenspitzen (zum Beispiel im Pfahlbau von Peschiera im Gardasee), später bronzene Lappenbeile, Schwerter, Sicheln, Violinbogenfibeln und schließlich Tüllenbeile, Bogen- und Schlangenfibeln auf. Seit der ersten Hälfte des Jahrtausends v. Chr. allerdings wurde der Einfluß der etruskischen Einwanderer und griechischen Kolonisatoren spürbar, die neben bergbaulichen Kenntnissen kleinasiatische Kulturelemente nach Italien hineintrugen. Die Römer selbst trieben anfänglich keinen Bergbau. Sie waren Bauern und gingen hauptsächlich dem Akkerbau nach. Nach einer Äußerung von Plinius[15] ist der Bergbau in Italien, das angeblich keinem Lande an Erzreichtum und »an Metallen aller Art« nachgestanden habe, durch einen besonderen Senatsbeschluß verboten worden. Das ist jedoch eine Behauptung, die nicht zutrifft; denn im eigentlichen Italien konnte der Bergbau auf Erz niemals eine Rolle spielen. Erst auf das römische Weltreich übertragen, ließ sich ein Teil von dem begründen, was Plinius (nat. hist. III, 20) erklärt hatte: (es) »steht keinem anderen Lande im Reichtum an Metallen aller Art nach«. Doch welches Land lag zu der Zeit noch außerhalb des römischen Machtbereiches?

Etruskische Technik
Die Schiffe des Caligula

Von einiger Bedeutung allerdings dürfte schon in früher Zeit der Bergbau der Etrusker auf der Halbinsel bei Populonia (Kupfer, Silber, Zinn und Eisen) gewesen sein. Die wichtigsten etruskischen Eisenerzgruben lagen im toscanischen Erzgebirge, besonders am Monte Argentano. Riesige Schlackenhalden auf der Halbinsel Populonia weisen noch heute auf jenen frühen Bergbau hin. Schriftliche Zeugnisse stehen jedoch nicht zur Verfügung. Über die Herkunft und Sprache der Etrusker wissen wir nahezu gar nichts. Seit Kaiser Claudius' Werk über die etruskische Sprache haben sich die Etruskologen mit wechselnden Ergebnissen um die Einordnung der etruskischen Sprache bemüht. Einhelligkeit herrscht bisher lediglich darüber, daß sie indogermanisch, jedoch mit keiner alten oder neuen Sprache verwandt gewesen ist. Der französische Sprachforscher Zacharie Mayani will sie neuerdings aus dem Albanischen ableiten, in dem die illyrisch-hethitische Sprache fortlebt.
Daß die Etrusker nicht in der Isolation lebten, bezeugen Funde aus Metall. In Corneto fand sich zum Beispiel ein ägyptisches Fayencegefäß mit der Inschrift des Pharao Bokchoris (Regierungszeit: 718–711). Reiche Gold- und Silberfunde, darunter phönikische Silberschalen, gaben die Gräber von Vulci, Corneto-Tarquinia und von Chiusi frei.

Die etruskische Kultur hat besonders seit 700 v. Chr. in Italien eine reiche Entfaltung erlebt. Kunstvoller Schmuck aus Gold, Silber, Elfenbein und Bernstein wurde im Lande hergestellt.

Früh schon verfügten die Etrusker über eine meisterhafte Guß-, Niet- und Schweißtechnik. So konnte der Italiener Pericle Perali zu Beginn der dreißiger Jahre des 20. Jahrhunderts nachweisen, daß die Etrusker den (vermutlich aus Ostpreußen importierten) Bernstein zum »Schweißen« benutzt haben. Sie verstanden es bereits, Gold mit Gold, Eisen mit Eisen und Bronze mit Bronze zusammenzuschweißen. Ihre Metallhandwerker streuten Bernsteinpulver auf die Nahtstellen der vorbereiteten Metalle und brannten es ab. Dadurch »elektrifizierte« es sich und erzeugte eine Hitze bis zu 3000 Grad. Das abbrennende Bernsteinpulver ersetzte die Sauerstoffflamme, die heute den autogenen Schweißprozeß bewirkt. Die Römer übernahmen diese Technik. Bei der Bergung der im Nemisee gesunkenen Schiffe des Kaisers Caligula (37 bis 41), dessen Pferde aus goldenen Krippen fraßen, konnten eindeutige Schweißstellen an den Metallen festgestellt werden.

Mit den griechischen Kolonisten des 8. Jahrhunderts v. Chr. waren starke kulturelle Impulse nach Italien gelangt, und zwar besonders nach Etrurien, wo sich um Tarquinia die nach Villanova bei Bologna benannte Villanova-Kultur entwickelte, die sich bis um 500 v. Chr. zwischen Po und Mittelitalien ausbreitete. Der Einfluß der Griechen, von denen unter anderem die süditalienischen Silbererzgruben erschlossen wurden, war so stark, daß die Etrurier ihre eigenen Inschriften bald mit griechischen Buchstaben schrieben.

Die Cloaca maxima

Am 21. April 753 v. Chr. soll, wie die Sage berichtet, Rom gegründet worden sein. Bis dahin scheint Bronze in Italien als Metall vorgeherrscht zu haben. Doch in den darauffolgenden beiden Jahrhunderten hatte sich das Eisen bereits seinen Platz – sogar zur Herstellung von Waffen – erobert. In jene Zeit fällt auch der Bau der Cloaca maxima, eines 800 m langen Stollens von 2,15 m bis 4 m Breite und

3 m Höhe. Angeblich ist sie zur Zeit des Königs Tarquinius Priscus (616-578 v. Chr.) aus dem sagenumwobenen Geschlecht der Tarquinier zur Trockenlegung des sumpfigen Tales des Forum Romanum, des Velabrum und Forum Boarium, angelegt worden. Zweifellos gehört diese Anlage zu den ältesten Zeugnissen bergmännischer Kunst aus dem alten Italien. Im Laufe der Jahrhunderte sind weitere Anlagen solcher Art hinzugekommen. Ebenbürtig der Cloaca maxima ist beispielsweise das »im sechsten Jahre der Belagerung von Veji, das heißt 398 v. Chr. ... begonnene Emissarium des Albaner Sees«, das zur Verhinderung der »periodischen Überschwemmung der Campagna und der Nutzung des Wassers angelegt wurde. Einen anderen großartigen Stollenbau stellt das von Kaiser Claudius hergestellte Emissarium des Fuciner Sees dar. Wenn infolge anhaltender Regengüsse oder mehrerer aufeinanderfolgender nasser Jahre sich die Wasserzuflüsse aus den den See umgebenden Abruzzenbergen mehrten, stieg der Wasserspiegel des Sees, der eines unmittelbaren Abflusses entbehrte und von dem benachbarten Garigliano (Liris), der in den Busen von Gaëta mündet, durch den 300 m hohen, steil abfallenden Rücken des heutigen Monte Salviano getrennt war, oft um 10-12 m, so daß die im Uferbereiche gelegenen Orte wiederholt überschwemmt und die stark bebauten Landstriche verwüstet wurden. Um diesen Mißständen zu steuern, ordnete Claudius eine Tieferlegung des Sees an und ließ nach dem Liris einen 5 700 m langen Abzugsstollen graben, dessen Höhe 3 m, dessen Breite 1,8 m und dessen Gefälle 1,5‰ betrug. Hierdurch wurde, wie Spuren von römischen Städten im Seegebiet dartun, die Seefläche von 15 000 auf 7 000 ha vermindert. Wie Sueton berichtet, waren 30 000 Menschen elf Jahre lang beim Bau tätig. Zur Richtungsanweisung und Förderung waren 40 seigere Schächte von 80-122 m Tiefe und eine noch größere Zahl flacher Schächte von 16-20° Neigung vorhanden.«[16]
Zwischen der Anlage der Cloaca maxima, durch deren Hauptstollen nach Plinius (hist. nat. XXXVI, 24) ein Wagen mit einem Fuder Heu fahren konnte, und der Schaffung des 5 700 m langen Stollens zur Verhütung von Überschwemmungen des Fuciner Sees lagen ungefähr 600 Jahre. Am Beginn hatten besonders etruskische Bergleute die sachkundige Arbeit geleistet; zur Zeit des Claudius waren es bereits Bergleute aus »aller Welt«.

Das Geheimnis der »Weltmacht« Rom

Roms Aufstieg vollzog sich auf Kosten der Nachbarn, die über Bodenschätze verfügten. Sie standen im Mittelpunkt der römischen Expansionsinteressen. Die Geschichte des römischen Bergbaus beginnt überhaupt erst mit den römischen Eroberungen – und mit der Unterwerfung fremder Bergbaugebiete, in denen wiederum fremde Bergleute in den Dienst der Römer treten mußten, die es den Einheimischen nur auf Widerruf gestatteten, für sich selbst dem Bergbau nachzugehen. Nachdem die Römer Mittelitalien erobert hatten, gelangten sie erstmalig in den Besitz von Bergwerken, die lange schon von den Etruskern ausgebeutet wurden. Nach dem Sieg über die Karthager kam der Bergbau in Sizilien, Sardinien und Spanien hinzu, und auch in Kleinasien, Griechenland und Makedonien waren die Römer bald die Herren über den Bergbau, ebenso in Asien, Ägypten, Nordspanien, Gallien, im Rheingebiet und in Britannien nach den Feldzügen von Cäsar, Pompejus und Augustus.
In einem unwahrscheinlichen Tempo holte Rom nach, was es in der Geschichte – im Vergleich etwa zu Ägypten – versäumt hatte. Im Jahre 430 v. Chr., zwanzig Jahre nach der Konzeption des ersten geschriebenen Gesetzes, des sogenannten Zwölf-Tafel-Gesetzes, wurde das Warengeld abgeschafft. Die Bußen waren jetzt nicht mehr mit Rindern und Schafen, sondern mit Kupfergeld zu entrichten. Eine wesentliche Voraussetzung für die Entwicklung des Handels war damit geschaffen. Die Ausbeutung der Bodenschätze hat sie möglich gemacht. Zweihundert Jahre hindurch herrschte in Rom die Kupferwährung, deren Grundlage das mit Zinn und Blei legierte ein Pfund schwere »As« mit dem römischen Wappen und dem Vorderteil eines Schiffes auf der einen und mit dem Kopf einer Gottheit auf der anderen Seite war. Herkules, Janus, Jupiter, Merkur und das Symbol der Roma wechselten einander als Münzbild ab.
Im Krieg gegen Pyrrhus von Epirus, den Herrscher von Tarent und Vetter Alexanders des Großen, lernten die Römer die griechischen Silbermünzen – und auch bereits Goldstücke – kennen. Doch sie bedienten sich auch weiterhin noch ihrer Kupfermünze.
Das Edelmetall blieb zunächst noch unberücksichtigt. Gaius Secundus Plinius der Ältere (um 23 bis 79), Autor eines Handbuches der

Naturwissenschaften (Historia naturalis), hat dieses Verhalten als Ehrfurcht vor dem Acker auslegen wollen, der dem ursprünglichen Bauernvolk das Leben garantierte. Neben dieser Auffassung darf vielleicht nicht unberücksichtigt bleiben, daß die Römer möglicherweise darauf verzichteten, Münzen aus Silber und Gold zu schlagen, weil sich in ihren Tempeln seit den Tarquiniern, einer vermutlich etruskischen Dynastie, Kultgegenstände und Geräte aus Edelmetall befanden. Noch schienen die Römer sich in ihrer Glaubenshaltung von den jenseitsgläubigen, angstvoll auf ein Leben nach dem Tode hoffenden Etruskern zu unterscheiden, die überdies bereits seit 535 v. Chr. die Goldmünzprägung der Phokaier nachahmten und ab 500 v. Chr. auch Silbermünzen prägten. Und noch scheinen auch die traditionellen Einflüsse stark genug gewesen zu sein, die Bauern-Soldaten vor der Magie des Edelmetalls zu bewahren. Aber das änderte sich im Zuge der Eroberungen rasch.

Nachdem Rom die süditalischen Küstenländer unterworfen und den Apennin mit den reichen Silbergruben in seine Hand gebracht hatte, besaß es nicht nur die wertvollen Bodenschätze, sondern zugleich auch genügend fremde sach- und fachkundige Bergarbeiter für den ungesunden Grubenbetrieb in den Silberbergwerken.

Die Römer paßten sich nun den Griechen an. Um 270 v. Chr. prägten sie die erste Silbermünze, den römischen Silberdenar. Sein Vorbild war die attische Währung. Die silbernen Geräte in den Tempeln der Gottheiten hinderten den Auffassungswandel nicht mehr. Im Gegenteil: Der einst von den Tarquiniern errichtete Tempel der Juno auf dem Kapitol in Rom beherbergte jetzt sogar eine Münzprägestätte. Das Münzbild auf dem römischen Silberdenar wurde fortan zum Sinnbild der römischen Eroberungspolitik. Auf der einen Seite sprengten die Dioskuren Kastor und Pollux mit eingelegten Lanzen unter dem Morgen- und Abendstern dahin, während auf der anderen Seite des Denars der Helm auf dem Haupt einer Frau als Sinnbild der Roma Flügel aufwies. Wie mit Flügeln eilte nun auch Rom durch die Geschichte, die ihm reiche Bodenschätze und damit Glanz und Macht bescherte.

Mit den römischen Heeren kam das Silbergeld unter die unterworfenen Völkerschaften, und mit ihnen fanden auch die Silbergruben neue Besitzer. Das Kupfergeld war fast bis zur Bedeutungslosigkeit herabgesunken. Sein Wert betrug nur noch den zweihundertund-

fünfzigsten Teil des Silbers, um das es den Römern nun hauptsächlich ging.
Im Jahre 264 v. Chr. kam Sizilien, im Jahre 238 v. Chr. Sardinien durch den 1. Punischen Krieg an Rom. Auf der metallreichen Insel Sardinien hatten die Etrusker und Karthager – wie auch auf Sizilien, Korsika und in Spanien – bereits einen intensiven Bergbau entwikkelt. Man wird die vielerorts verfochtene Ansicht kaum teilen können, daß die Eroberung der Insel durch die Römer zum Niedergang des etruskischen Bergbaus geführt habe. Das römische Bedürfnis nach Bodenschätzen war längst geweckt, ihre Notwendigkeit erkannt.
Der 1. Punische Krieg hatte Rom einen Teilerfolg beschert. Nun richtete sich das Trachten seiner Herrscher um so nachdrücklicher auf die Silbererzvorkommen in Spanien. Auf der Pyrenäenhalbinsel waren die Erzlager Almerias wahrscheinlich schon in der Kupferzeit ausgebeutet worden. In Andalusien, in den Bergen der Provinz Cordoba, in Sevilla und Huelva (Cerro Muriano, Mina 'la Preciosa u. a.), in Extremadura (Cabeza de la Vaca), in Südportugal (Algarve) und in Asturien sind bis in die Neuzeit hinein Gruben mit Resten von Werkzeugen zur Kupfergewinnung erhalten geblieben; in Asturien (Aramo) fanden sich sogar noch Leder- und Holzreste.
Auch für Nordkatalonien (Riner bei Solsona) ist der einheimische Bergbau bereits für die Kupferzeit nachgewiesen. Um 1000 v. Chr. hatten die Phöniker den Bergbau in Spanien gefördert, nach dem Aufstieg Karthagos die Karthager. Solange sie die Besitzer der reichen Silberminen in Spanien waren, konnten sie den »internationalen« Silberhandel beherrschen und das 814 v. Chr. von Tyrus als phönikische Kolonie gegründete Karthago zu einer blühenden Stadt mit einer Million Einwohnern anwachsen lassen. Durch die Karthager war Cadiz in Südspanien zum Umschlagplatz für Metall geworden. Aus England gelangte Zinn, aus Spanien Gold und Silber dorthin.
Bis zum 1. Punischen Krieg war das Verhältnis Karthagos zu Rom gut gewesen. Handelsverträge von 509 und 348 v. Chr. und das Kriegsbündnis aus dem Jahre 279 v. Chr. gegen Pyrrhus ließen nicht unbedingt erwarten, daß Kriege ausbrechen und eine grundsätzlich andere Situation schaffen würden. Allerdings hatten die Karthager seit dem zweiten Handelsvertrag mit Rom einigen Anlaß, die expansiven Bestrebungen der Römer besorgt zu beobachten, die sich neben

der Vorherrschaft in Latium das Recht für Kaperfahrten ins westliche Mittelmeer bis nach Spanien zusichern ließen. Dort beherbergte der Boden den Reichtum, den die rivalisierenden Mächte zur Verwirklichung ihrer »Weltmachtpläne« brauchten. Rom war noch auf Tributleistungen Karthagos angewiesen. 3200 Talente Kriegsentschädigung (16,5 Millionen Goldmark) flossen nach dem 1. Punischen Krieg von Karthago nach Rom, das auf dem bis dahin karthagischen Westteil Siziliens die erste militärisch besetzte und sowohl von einem Praetor als auch von einem Quaestor geleitete römische Provinz errichtete – und damit dem Herrschaftssystem der Karthager (über die Griechen- und Sikuler-Städte der Insel) folgte. Roms Handel blühte auf. Der Überseeverkehr entwickelte sich; aber immer noch befanden sich die reichen spanischen Silbererzgruben im Besitze der Karthager, und immer noch beherrschten sie von daher den Silberhandel. Den Römern konnte das nun nicht mehr gleichgültig sein, wenn sich wohl auch nicht nachweisen läßt, daß sie den 2. Punischen Krieg provoziert haben; denn der Beginn der Eroberung (236 v. Chr.) des erzreichen Hinterlandes der spanischen Ostküste durch Hamilkar, die Gründung von »Carthago nova« (227 v. Chr.) durch seinen Schwiegersohn Hasdrubal und die Einnahme Sagunts durch Hannibal (219 v. Chr.) konnten von den Römern nicht unbeantwortet bleiben. Der neuerliche karthagische Anspruch auf das westliche Mittelmeer mußte den Bestand ihrer neuen Provinzen bedrohen. Sie forderten Hannibals Auslieferung von Karthago, das diesem Ansinnen nicht nachkam. Der 2. Punische Krieg zwischen Rom und Karthago wurde dadurch ausgelöst.

Mit 50000 Mann Fußvolk, 9000 Reitern und 37 Elefanten rückte Hannibal durch Spanien, Südfrankreich, über die Alpen nach Italien vor. Selbst der heutige Mensch, der über Flugzeuge, Eisenbahnen, Panzer und wahre Wunderwerke der Technik verfügt, muß eine Alpenüberquerung noch als eine großartige Leistung anerkennen. So hat Hannibals Zug über die Alpen auch immer wieder die Historiker beschäftigt. Erst im Jahre 1959 machte sich einer von ihnen mit einem zahmen Elefanten auf den Weg, um Hannibals Alpenüberschreitung etappenweise zu rekonstruieren; doch das Unternehmen mißlang. Der Elefant »Jumbo« versagte. Hannibals Soldaten aber haben dieses gewaltige Naturhindernis mit Hilfe der bergmännischen Technik des Feuersetzens überwunden. Livius berichtet ausführlich darüber

(XXI, 36, 37). Die karthagischen Soldaten fällten Bäume und schichteten sie zusammen mit großen Ästen auf, steckten alles in Brand und brachten das Gestein der Berge zum Erglühen. Das auf diese Weise erhitzte Gestein wurde mit Essig übergossen und mürbe gemacht. So ließ sich dann mit Hilfe eiserner Werkzeuge das Gestein beseitigen, das den Soldaten, Lasttieren und Elefanten den Weg versperrte.
Hannibals Erfolg schien unabwendbar; aber die Römer wußten, woher die Mittel kamen, die es den Karthagern ermöglichten, nach einer mit beträchtlichen Tributen belasteten Niederlage erneut einen Krieg gegen Rom mit Aussicht auf Erfolg beginnen zu können. Allein am Trasimenischen See hatten die Römer im Jahre 217 v. Chr. 30 000 Mann gegen Hannibal eingebüßt. Doch es ging keineswegs zuerst um neue militärische Reserven. Im Jahre 215 v. Chr. standen 21 Legionen zu je 4 200 Mann und im Jahre 207 v. Chr. sogar 23 Legionen zu je 4 200 (insgesamt 96 600) Mann unter römischen Waffen. Die Römer mußten mehr als je zuvor erfahren, welcher finanzielle Aufwand nötig war, um solche Massen auszurüsten und zu unterhalten. Plinius berichtet (nat. hist. XXXIII, 6), daß Hannibal täglich 300 Pfund Silber aus den Gruben Neu-Karthagos erhalten habe.
Die Römer mußten Hannibal dort treffen, wo kriegführende Heere stets entscheidend zu treffen sind: an der Truppenversorgung, die ohne Geld nicht möglich ist. Sie schnitten ihm durch eine Landung bei Marseille die Landverbindung nach Spanien ab. Das Silber der spanischen Gruben konnte Hannibal nicht mehr erreichen. Rom kam nicht in seine Hand. Er mußte fliehen und wurde schließlich im Jahre 202 v. Chr. endgültig geschlagen.

Reichtum aus spanischen Gruben

Am Ende des 2. Punischen Krieges war auch Roms Staatsschatz aufgebraucht; aber der Einsatz hatte sich gelohnt. Spanien war gewonnen; Karthago mußte an Rom 50 Jahre hindurch eine gewaltige Kriegsentschädigung entrichten. In riesigen Mengen floß nun das Silber in den Tempel der Juno, wo es zu Münzen geprägt wurde. »Ein wahrer Silberrausch setzt in Rom ein. Nachdem die Feinde ge-

schlagen, die Schlachten siegreich beendet sind, wird der Erfolg eines Feldherrn oder eines Statthalters in den neu eroberten Provinzen endgültig erst an der Menge des Silbers gemessen, die er nach Rom bringt. Im Triumphzug werden die Barren mitgeführt, dem staunenden Volk gezeigt.
Scipio ist einer der erfolgreichsten Silbersammler. Als er von Afrika zurückkommt, im Triumphzug in die Stadt Rom einzieht, da führt er nicht weniger als 120 000 Pfund Silber mit. Andere bringen ähnliche Beute. Marcus Porcius Cato zum Beispiel bringt 25 000 Pfund Silber und 1 400 Pfund Gold aus Spanien nach Rom.
Rom wird von einer Silberwoge erfaßt und emporgetragen. Nun fehlt dem Staat nichts mehr, um sein wirtschaftliches Leben zu entwickeln.«[17]
Unmittelbar nach der Unterwerfung Spaniens machten sich Spekulanten, Goldbesitzer und ein Heer von Glücksrittern auf den Weg dorthin, um persönlichen Anteil haben zu können an dem Reichtum, den dieser Boden barg. Schon um 1000 v. Chr. waren seine reichen Bodenschätze den Phöniziern bekannt gewesen. Mit allem Nachdruck wurden nun die spanischen Silberbergwerke ausgebeutet, wobei die Römer den einheimischen Pächtern (es bestand kein Vorrecht am Bergbau für römische Bürger) kaum den Anteil zugesichert haben dürften, der ihnen vorher von den Karthagern zugebilligt worden ist. »Nachdem die Provinz befriedet war«, schrieb Livius vielsagend, setzte Cato (234–149), der in Spanien das System der Verleihung von Gruben an Privatleute gegen Zahlung von bestimmten Abgaben einführte, »große Abgaben aus den Eisen- und Silbergruben fest. Durch diese Feststellungen wurde die Provinz für die Folgezeit ergiebiger gemacht.«
Nach Polybios brachten die Gruben von Neu-Karthago täglich einen Reingewinn von 25 000 Drachmen für den demos Rhomaion, für den dort in der Mitte des 2. Jahrhunderts v. Chr. ungefähr 40 000 Bergleute[18] einfuhren. Catos Maßnahmen sollten den Ertrag im Bergbau wieder steigern, der vermutlich durch Bestechungen, Korruptionen, Spekulationen und andere Händel zurückgegangen war. Doch der römische Staat beanspruchte noch nicht das Monopol am Bergbau, wenn auch für die Zeit nach der Eroberung ein Staatsbergbau in Spanien nachgewiesen werden kann, der im Laufe der Zeit allerdings wieder zurückging. Hierzu steuerte Strabon (um 63 v. bis 20 n. Chr.)

einen Hinweis bei: »Es gibt auch jetzt Silbergruben, aber keine staatlichen, weder hier noch anderwärts, sondern sie sind alle in Privateigentum übergeführt. Die Goldbergwerke aber werden in der Mehrzahl staatlich betrieben« (III, 2, 10). Jetzt wurden ganze Sklavenheere in die Gruben geschickt.

Von den Griechen hatten die Römer gelernt, billige Arbeitskräfte in den Dienst zu nehmen. Aufschlußreich ist, was Diodor (V, 36) berichtet. Er schildert, wie sich die Italiker nach der Unterwerfung der spanischen Halbinsel im Bergbau engagierten: »Wegen ihrer Geldgier«, sagt er, »schleppten sie große Reichtümer weg. Sie kauften nämlich eine Menge Sklaven und übergaben sie den Schachtmeistern (Steigern?) für die Bergbauarbeiten.« Diodor (V, 36) bezeugt, daß zur Römerzeit viele Italiker im spanischen Bergbau Reichtümer erworben haben, wie auch das später zum Teil durch den Bergbau erworbene Vermögen des Crassus[19] in dem Zusammenhang weithin bekannt gewesen zu sein scheint. Vielleicht darf man auch da schon den nicht geringen Anteil von Privatbesitz an Gruben und Marmorbrüchen hinzuzählen, die sich auch später noch in privater Hand in Spanien und in anderen Provinzen befanden.

Bergbau auf unmittelbare Rechnung des Staates ist zur Zeit der Republik offenbar nicht betrieben worden. Staatliche Großbetriebe im Bergbau scheinen gar nicht existiert zu haben. Überall gingen Privatleute und die Erwerbsgesellschaft der »publicani«, die als Pächter in privater Regie auf Staatsgruben Bergbau betrieb, dem Bergbau nach. Viele Römer sind zur Zeit der Republik nach Plinius (nat. hist. XXXIV, 17, 49) durch den Abbau von Bodenschätzen auf ihren Ländereien in den Provinzen reich geworden. Auch in der Kaiserzeit, in der der kaiserliche Fiskus als Eigentümer aller im Boden befindlichen »metalla« auftrat, ist der Bergbau in der Regel von Privatleuten betrieben worden, die den Fiskus im Bergbau nirgendwo als ernsthaften Konkurrenten zu fürchten brauchten.

Die Verhältnisse zur Zeit der römischen Republik

Über den Bergarbeiter aus der Zeit der römischen Republik wissen wir trotz aller Überlieferungen und schriftlichen Hinweise sowohl von Zeitgenossen als auch von späteren Autoren wenig. Er ist buchstäblich »unter Tage« geblieben. Kein einziges Selbstzeugnis eines römischen Bergmannes ist übermittelt, der zur Zeit der römischen Republik sein Leben als Untertagearbeiter gefristet hat. Lediglich von Metallarbeitern existieren sechs Inschriften. Einige hat Helmut Wilsdorf dankenswerterweise publiziert und kommentiert. Seinen Kommentaren ist nichts hinzuzufügen. Deshalb wird beides hier zitiert. Die erste Inschrift lautet:

> Fremder, bleib stehen, und sieh auf dies Grabmal zur Linken, worin enthalten sind die Gebeine eines guten, mildtätigen Menschen, eines Freundes der Armen!
> Ich bitte Dich, Wanderer, tu diesem Monumente keinen Schaden.
> Gaius Atilius Euhodus, des Servianus Freigelassener, ein Edelsteinarbeiter von der Via sacra, ist in diesem Grabmal beigesetzt. Wanderer, leb wohl!
>
> Laut Testament ist es nicht statthaft, in diesem Monument jemanden beizusetzen oder zu bestatten, mit Ausnahme von diesen Freigelassenen, denen ich das im Testament zugestanden und vermacht habe.

Wilsdorfs Kommentar: »Vielleicht hat einer der letzten Angehörigen der zu Caesars Zeiten schon ausgestorbenen ›gens Attilia‹ diesem ›guten Menschen‹ einen Teil des Familienvermögens samt der Freiheit geschenkt, so daß der griechische Sklave Euhodos sich einen gewiß recht teuren Verkaufsstand auf der Via sacra in Rom kaufen konnte, die im alten Rom die Straße der Juweliere war wie heute in Amsterdam Leevens Gracht. Der Verstorbene ist unverheiratet geblieben und hat wiederum einige (aber nicht alle) Freigelassene im Testament bedacht. Diese Testamentsklausel mag die gute Meinung, die der Tote von sich hatte, beglaubigen. Der Tenor der Inschrift klingt schon fast christlich: gut, mildtätig, Freund der Armen – wenn die Emendation berechtigt ist ...

Auch die zweite Inschrift ist sehr rührend. Wir lernen in ihr nicht nur einen Silberschmied, sondern auch einen Verseschmied kennen. Es sind drei jambische Senare und zwei trochäische Septenare, die der ›Bechermacher‹ Lucius Maecius Philotimus, einst auch ein griechischer Sklave, mit Müh und Not zusammengeschweißt hat...«
Der Text der Inschrift:

> Mein lieber junger Mann, auch wenn Du's eilig hast,
> Hier bittet Dich ein Steinchen: sieh es Dir doch an,
> Und lies dann, was geschrieben: Hier ist das Gebein
> Beigesetzt des Bechermachers Lucius Maecius
> P(h)ilotimus.
> Ich nun wollte nicht, es blieb' Dir unbekannt.
> Leb wohl!

Wilsdorfs Kommentar: »Wichtiger ist uns, abgesehen von der gewiß sehr bedeutsamen rein menschlichen Seite solcher Dokumente, das historisch ergiebigere Postscriptum:

> Für die Nachkommen dieses,
> Lucius Maecius Salvus, Freigelassener des Lucius
> Manchas, Sohn des Manchas
> Rutilia Hethera, Freigelassene der Rutilia
> Maecia, Tochter des [obigen] Lucius.

Wilsdorfs Kommentar: »Die ›Nachkommen‹ sind hier die zur Benutzung des Grabes Berechtigten, unter denen sich ein Freigelassener des Philotimus und ein freigeborener Jude namens Manchas befindet, was immerhin auffällig ist...
Aus zwei anderen, weit weniger aufschlußreichen Inschriften lernen wir noch einmal einen Goldschmied von der Via sacra in Rom kennen, der einer Göttin ein Gelübde erfüllt... und so dann einen Silberdiener Nicophorus, den Sklaven einer hochstehenden Dame, der Caecilia Crassa, die eine Tochter des Caecilius Metellus Creticus war und den Sohn des berühmten Triumvirn M. Licinius Crassus geheiratet hatte, so daß sie sehr wohl einen eigenen ›Silberdiener‹ gebrauchen konnte... Sie scheint ihn nicht eben schlecht behandelt zu haben, sonst hätte er kaum die Kosten aufbringen können, sich zu verewigen.
Mehr Interesse verdient der Silberschmied (vascularius) Publius Monetus Philogenes, der ein Freigelassener irgendeiner Sozietät war. Er

hat sich und seiner Gattin, die ebenfalls eine Freigelassene des Gaius Veturius Salvius war, ein bescheidenes Grab errichten lassen. Gern wüßten wir, was das für eine Sozietät gewesen ist, doch ist darüber nichts zu ermitteln. Vielleicht war es eine Organisation von Silberschmieden, doch ist jede andere Vermutung ebenso möglich, so daß sich ein Eingehen darauf nicht lohnt...
Schließlich taucht auch aus der Provinz noch ein Goldschmied auf, der wie alle anderen hier besprochenen Metallarbeiter ebenfalls einen griechischen Beinamen trägt: Decimus Segulius Alexander (oder Alexandrinus?) aus dem kleinen Ort Sabina...
Das halbe Dutzend Inschriften... gestattet nur in sehr begrenztem Maße einen Einblick in die Verhältnisse der Metallarbeiter am Ausgang der römischen Republik. Es ergibt zwar einige persönliche Züge: Wir hören davon, daß diese Handwerker zum Teil recht begütert sind, so daß sie Geschäfte an der Via sacra in Rom haben, daß sie es sich leisten können, ihre eigenen Sklaven freizulassen – es sind unter den 6 Inschriften 4 von Freigelassenen, 1 Sklaveninschrift, 1 ungewisse –, daß sie Freigeborene in ihren Unternehmungen beschäftigten, wie Lucius Maecius Philotimus den Juden Manchas. Wir sehen aus den zwar recht kümmerlichen Versen, daß sie Wert auf eine gewisse ›höhere Bildung‹ legen, wie auch ihr Latein ziemlich korrekt ist, daß sie ihre sittlichen Anschauungen betonen wie Euhodus, der zudem eigens ein Testament zugunsten seiner Freigelassenen errichtet, also in jeder Weise bestrebt ist, das ›Humanitätsideal‹ der Gebildeten sich zu eigen zu machen und stets korrekt zu sein. Auch zeigt die Sklaveninschrift des Silberdieners der Caecilia Crassa, daß selbst der Unfreie in diesem Berufe wenigstens in Einzelfällen ein erträgliches Leben führt. Im großen und ganzen aber ist auch hier das Bild düster: Die 6 Inschriften zeigen mit unbarmherziger Deutlichkeit, daß nur verschwindend wenige Menschen dieser Sozialstufe ein Andenken hinterlassen haben. Dabei will es der Zufall, daß alle wesentlichen Berufe in ihnen vertreten sind: aurifex: der Goldschmied (zweimal), vascularius: der Bechermacher/Silberschmied (zweimal), argentarius: der Silberdiener/Silberschmied (einmal) und margaritarius: der Edelstein-/Perlenarbeiter/Juwelier (einmal). – Freilich ist die Einschränkung auf die Bearbeiter der Edelmetalle notwendig: uns ist nicht ein einziges Zeugnis von einem Verfertiger von Eisenwaren oder Kupfergeräten erhalten. Wie sich deren Lebensverhältnisse

gestaltet haben, ist nicht zu ermitteln ... Vom Bergmann schweigen alle Quellen aus dieser Zeit, es vergeht noch ein volles Jahrhundert, ehe er in Erscheinung tritt, und auch dann spricht nur die Obrigkeit, die seine Verhältnisse regelt, während uns sein Selbstzeugnis überhaupt versagt bleibt.«[20]
Bis jene obrigkeitlichen Regelungen aber in den alten Kupfergruben zwischen Ourique und Messejana entdeckt wurden, vergingen nahezu zwei Jahrtausende. Rund ein Jahrhundert ist vergangen, seit sie zutage gefördert wurden. Die römische Bergbaupolitik in Spanien kannte jedoch keine Unterbrechungen.

Ohne Unterlaß wurden die spanischen Silbergruben sowohl in der Republik als auch in der Kaiserzeit ausgebeutet. Nicht immer behielt der Staat die Zügel dabei in der Hand. Zahlreiche Quellen lassen den Schluß zu, daß Spekulation und Korruption nirgendwo so sehr wie im Zusammenhang mit dem Bergbau an der Tagesordnung waren. Dennoch kam der Fiskus nicht zu kurz. 22 000 Pfund Silber, 16 810 Pfund Gold und 61 Millionen Pfund geprägtes Silber betrug der Staatsschatz im Jahre 157 v. Chr. Das Edelmetall wurde gehortet, zu Schmuck und Tempelgeräten verarbeitet, der Wirtschaft jedoch entzogen. Soziale Spannungen wuchsen mit den Gegensätzen zwischen arm und reich. Reformversuche wurden unterdrückt und scheiterten, auch die der Brüder Gracchus, deren Bodenreformvorschläge noch nicht auf ihre Beziehung zum Bergbau untersucht worden sind.

Die Jagd nach Gold

Das Volk von Bauern, das die Tätigkeit im Bergbau immer noch geringschätzte und die Unterworfenen zur Arbeit in den Gruben zwang, der Magie des Edelmetalles aber doch so schnell erlegen war, brauchte stets Geld. »Die Politik der Beutezüge wird fortgesetzt. Damit kann Roms Geldhunger wenigstens zuweilen befriedigt werden. Aber diese Kriege um Edelmetall, um das benötigte Geld, führen zu den verschiedenen Spannungen im römischen Geldwesen. Das ist besonders in dem Augenblick der Fall, da ein Goldstrom zur Verstärkung des Geldflusses beiträgt.«[21] Reiche Edelmetallmengen brachte Lucullus (†57 v. Chr.) als Beute vom Pontos und aus Griechenland nach Rom mit.

Aus dem Ausland kannten die Römer zwar Goldmünzen, und sie benutzten das Gold auch im internationalen Handelsverkehr; aber sie selber blieben doch recht lange bei der Silbermünze. In den letzten beiden Jahrhunderten der Republik stand das Gold zum Silber im Verhältnis 12 zu 1. Mit der Entdeckung der Goldvorkommen in Noricum, den heutigen österreichischen Alpenländern, in Griechenland, in der Po-Ebene, in Spanien und in den gallischen Flüssen sank der Goldpreis beträchtlich. Nicht einmal 345 kg, die nötig waren, um den Abzug der Gallier erkaufen zu können, hatten sich im Jahre 388 v. Chr. im Staatsschatz gefunden, so daß die Frauen (Livius V, 50) ihr Gold dem Lösegeld beifügen mußten. Sieben Jahre vor dem 3. Punischen Krieg aber betrug der Staatsschatz bereits 6000 kg Gold, und im Jahre 90 v. Chr. waren es sogar 559 287 kg. Nur noch auf 9 zu 1 belief sich das Verhältnis, nachdem Caesar, der überdies als erster lebender Römer seinen Kopf an der Stelle von Göttern auf eine Münze prägen ließ, große Goldmengen von seinen Eroberungszügen aus Gallien mitbrachte. 200 Goldstücke ließ er jedem Soldaten am Tage seines Triumphes im Jahre 46 überreichen. Zur Jagd nach Silber hatte sich die Jagd nach Gold gesellt. Ungefähr 7000 kg Gold haben die Römer nach Plinius jährlich allein aus Asturien, Gallaecien und Lusitanien nach Rom geholt. Überall dort, wo Golderzvorkommen festgestellt wurden, mußten sie rigoros ausgebeutet werden.

Gewinnungsmethoden und staatliche Maßnahmen

Über die Methoden der Goldgewinnung im spanischen Nordwesten wird im 33. Plinius-Buch (4, 21) eindrucksvoll berichtet. »Von Tage aus«, schrieb Plinius, »treibt man ein System von Stollen und Strekken kreuzweise während vieler Tage und Nächte tief in den Berg, indem man das Gestein mittels Feuersetzens oder Schlägel- und Eisenarbeit bezwingt. Trifft man hierbei auf Kieselstein, so umgeht man

diesen mit der Strecke. Wenn man den Berg hinreichend weit durchquert zu haben glaubt, so geht man daran, die zwischen den einzelnen Strecken stehen gelassenen Bergfesten durchzuhauen, um das Zubruchgehen des Hangenden zu beschleunigen. Eine auf der Spitze des Berges stehende Wache beobachtet den Anfang des Niederbrechens und benachrichtigt die Häuer davon, die darauf eilends ihre Arbeit verlassen, während bald darauf der Berg zusammenstürzt. Der ganze Berg zerfällt in Trümmer, der Krach ist entsetzlich, der Luftdruck ganz fürchterlich. Die Leute schauen triumphierend der Vernichtung zu, haben aber noch kein Gold, konnten auch während des Grabens gar nicht wissen, ob sie welches bekommen würden.« Sobald der Berg auf diese Weise »zu Bruch« gebaut war, wurden die Erze aus den Schuttmassen des Berges durch oft von weit her umgeleitete Bäche oder Flüsse herausgewaschen. Das Gold fing sich im Tal in den vorbereiteten Gerinnen oder im ausgelegten Ginster, der verbrannt wurde und das Gold freigab. Auch das schildert Plinius: »Meilenweit leitet man die Wasser über die Berge, dabei muß man das Gefälle bis zur Mündung möglichst stark nehmen, also das Wasser von den höchsten Gegenden herholen. Täler werden überbrückt und das Wasser darüber fortgeleitet. Wo zu steile, unzugängliche Felsen sind, werden sie zur Aufnahme der zum Kanalgerinne nötigen Balken und Bohlen ausgehöhlt. Die diese Arbeiten verrichtenden Leute hängen an Seilen, so daß sie von ferne nicht einmal wie ein Wild, sondern wie ein Vogel aussehen. Sie schweben in der Luft hin und her und zeichnen dem Kanal den Weg vor; ihre Hände räumen den Schutt und das Geröll in Körben fort ... An den obersten Abhängen der Berge legt man Teiche als Wasserreservoirs an, 200 Quadratfuß groß bis 10 Fuß Tiefe. An ihnen läßt man fünf je drei Quadratfuß große Auslauföffnungen. Sobald ein Reservoir voll ist, zieht man die Schütze, und der Strom stürzt mit solcher Gewalt fort, daß er Felsen fortbewegt ... Hierauf beginnt die Anreicherungsarbeit in der Ebene.«
Nur um den Profit schien es noch zu gehen. Die Sicherheit der Arbeiter unter Tage war nicht entscheidend, da sie jederzeit durch neue ersetzt werden konnten. Rücksichtslos wurde die einheimische Bevölkerung von den Römern überall zur Arbeit in den Bergwerken gezwungen. Gewaltsam sind zum Beispiel die Dalmatiner von Vibius[22] zum Bergbau auf Gold gezwungen worden, und auch die Umsied-

lung der Pirusten aus Dalmatien und Pannonien nach Dazien beruhte auf bergbaulichen Interessen der Römer.

Die Habgier vieler Bergbau-Unternehmer hat den römischen Staat veranlaßt, im Berggesetz die konkreten Sicherheitsvorkehrungen rechtlich genau zu fixieren, die eigentlich selbstverständlich gewesen sein sollten. Im Paragraphen 6 wird bestimmt, daß die Grubenbesitzer das Holz des Ausbaus unter Tage zu ersetzen haben, sobald es morsch geworden ist. Pfeiler und Stützen, auf denen die Firste (Decke) ruht, haben stehen zu bleiben, ihre Entfernung oder die Schwächung der Pfeiler (Bergfesten) ist streng verboten. Da es sich hierbei nicht nur um eine (Holz-)Verzimmerung oder um einen gemauerten Ausbau handelte, sondern auch um Stützen und Pfeiler aus natürlichem Gestein, das erzhaltig sein konnte und wohl nicht selten »durchörtert« (durchbohrt) und »geschwächt« worden ist, darf vermutet werden, daß der Gesetzgeber seine Maßnahmen auch da aus Erfahrungen ableitete. Allerdings sind derartige Sicherungsbestimmungen und Strafandrohungen wohl überall im antiken Bergbau vonnöten gewesen, wo Sklaven als Bergarbeiter einfuhren. Wie drastisch die Strafen gelegentlich ausfielen, teilt Plutarch (mor. 843 d) im Zusammenhang mit der Verurteilung des laurischen Unternehmers Diphilos mit. Von Lykurgos (um 330 v. Chr.) wurde er dazu verurteilt, den Giftbecher zu leeren, weil er die Bergfesten (Stützpfeiler) in seinen Gruben aus Profitsucht hatte weghauen lassen. Sein beträchtliches Vermögen von 160 Talenten (mehr als eine halbe Million Mark) wurde auf herkömmliche Weise unter die Bürger verteilt.

Kaiserliche Diebe
Das Los der Berg- und Hüttenleute

Da der Kampf um die spanischen Silbererzgruben nicht aufhörte, schalteten sich dann auch die Kaiser so erfolgreich ein, daß sie die Bergwerke schließlich unter Ausnutzung ihrer Macht einfach als dem Fiskus oder dem Patrimonium Caesaris (zum Vermögen des Kaisers) gehörig erklären konnten. Sueton berichtet, daß »Kaiser Tiberius selbst vor einem Diebstahl nicht zurückgeschreckt ist. Er konfisziert einfach die reichen Minengebiete in Gallien, Spanien und Syrien bei der Eroberung dieser Länder. Er reißt die Ausbeutungsrechte an sich und legt denen Abgaben und Steuern auf, denen diese Lagerstätten gehört haben, nämlich Privatleuten oder auch Städten. Tacitus berichtet über eine andere Schandtat des Kaisers Tiberius. Der Kaiser bemächtigt sich der Minen des Sextus Marius, der als reichster Mann Spaniens gilt, und klagt ihn öffentlich der Blutschande an, um seinen Diebstahl zu rechtfertigen. So geht eine Mine nach der anderen in kaiserlichen Besitz über. Die Ströme edlen Metalls, die aus dem Boden der eroberten Provinzen fließen, liefern die Mittel, mit denen die Kaiser in Rom ihre Vergnügungssucht befriedigen.«[23]

Den Bergarbeitern in Spanien dürfte allerdings kaum nach »Vergnügungen« zumute gewesen sein, zumal sie ihre schwere Arbeit wahrscheinlich (im Bruchbau zumindest) in völliger Dunkelheit zu verrichten hatten, obwohl anderswo im römischen Bergbau längst auch Petroleum (bitumen pissasphaltum) als Leuchtstoff für die Geleuchte (deren Brenndauer nach Plinius XXXIII, 70 die Arbeitsdauer angab) benutzt wurde. Wo Geleuchte zur Verfügung standen, hingen sie entweder von der Firste herab, oder sie wurden in den Nischen des Stoßes aufgestellt, gelegentlich aber auch vor der Stirn getragen, was Herodot und Homer offensichtlich dazu bewog, ihre einäugigen Arimaspuer und Polyphem zu ersinnen.

Strafe für Verbrecher und Christen

Tausende arbeiteten oft auf engem Raum in den einzelnen Grubengebieten. Von Plinius (XXXIII, 21) wissen wir, daß der römische Staat es der Erwerbsgesellschaft der »publicani« im Bergbau auf Golderz in Vercellae untersagte, mehr als 5 000 Bergarbeiter zu beschäftigen. Truppen mußten sie überwachen und bewachen, zumal die Gruben häufig abseits der Städte lagen und ebenso häufig von Verbrechern und zwangsweise zur Arbeit »in metallum« mit schweren – und zur Arbeit »in ministerium metallicum« mit leichteren Fesseln verurteilten Bergarbeitern bevölkert waren. Brandstifter, Diebe, die mit Waffen in den Händen überrascht wurden, Wegelagerer, Männer, die der Prostitution unter Männern überführt worden waren (ein Passus, den Diokletian eingefügt hatte), des Diebstahls in kaiserlichen Gruben Überführte, Grenzverletzer, wegen Notzucht oder der Gewaltanwendung gegenüber römischen Bürgern Verurteilte: sie alle waren unter den Arbeitern in den Bergwerken zu finden. Verbrecher sahen das Licht des Tages nicht mehr. Sie wurden unter Tage festgehalten, um ihre Flucht zu vereiteln. Auch der Apostel Paulus brachte einen Teil seiner Haft hundert Meter »in der Tiefe« (2. Kor. 11, 26) in Kleinasien und in Philippi zu, wo ihn die Römer in die Kerker unter Tage warfen.

Nach Sueton (Caligula, 27) trugen die Bergwerkssklaven die Brandmale ihrer gnadenlosen Herren als Erkennungszeichen auf der Stirn, seit Kaiser Konstantin (um 280-337) in die Hände und auf die Waden gebrannt. Nicht selten quälten sich selbst auch Frauen, als zur Arbeit »in metallum« Verurteilte, in Schwefelgruben, in Salzbergwerken und in Kalkbrüchen neben Christen, die seit Hadrian (76-138) – wie vorher auch die Juden unter Kaiser Titus (39-81) – zur Grubenarbeit gezwungen wurden. Besonders zur Zeit des Commodus (180-193) haben zahlreiche Christen in den römischen Gruben beispielsweise in Sardinien gearbeitet. Ein unbekannter zeitgenössischer Autor berichtete in seinen »Philosophumena«, daß die zur Arbeit im Bergbau verurteilten Christen freigelassen worden seien, weil Marcia, eine den Christen gewogene Geliebte des Commodus, erwirkte, daß der Bischof Victor ein Verzeichnis der Namen der christlichen Bergarbeiter vorlegen durfte und der Priester Hyacinth schließlich den Auftrag erhielt, hinzugehen und den Verurteilten mitzuteilen, daß der Caesar sie begnadigt habe.[24]

Seit 200 n. Chr. wurden die alten Kupfererzgruben bei Beni-Melout am Djebel Sidi Rgheis in Algerien unter Severus nach Bemerkungen von Tertullian[25] von Christen betrieben. In den Kupfergruben bei Sigus am Ampsagafluß arbeiteten seit 257 zum Beispiel der Bischof Cyprianus von Karthago, neun andere Bischöfe, Priester, Diakone und viele Laienchristen auf Befehl der Prokonsuln Valerianus und Gallicus als Bergarbeiter.

Auch Soldaten wurden in der Kaiserzeit zur Grubenarbeit kommandiert. Tacitus überliefert (Annales XI, 20), daß viele Soldaten des Claudius in allen Provinzen Klage geführt hätten, im Bergbau tätig sein zu müssen. Sie beschweren sich, obwohl sie – wie andere freie Arbeiter auch – nur als Facharbeiter, als Geräteschmiede, Steinschneider, Steinspalter, Brunnengräber und Zeichner beispielsweise bei Arbeiten in Steinbrüchen eingesetzt worden sind, in deren unmittelbarer Umgebung häufig ganze Bergbaubetriebe mit Werkstätten zur Herstellung von Geräten und Werkzeugen entstanden wie bei Mons in Belgien und bei Syrakus auf Sizilien. Im Rheingebiet konnten in jüngster Zeit Kultplätze aufgegraben werden, auf denen einst römische Soldaten Hercules Saxanus, dem Gott der Steinmetzen, geopfert hatten.

Wieviel schwerer mußte die Arbeit der Bergwerkssklaven unter Tage sein, die nicht immer so jung und so gesund wie die Soldaten gewesen sein dürften. Zudem blieben den Grubensklaven die Arbeiten vorbehalten, die kein Legionär in den zuweilen Hunderte von Metern tiefen Schächten mit ihren verschiedenen Sohlen und Strecken zu verrichten gezwungen war. Bis zu 420 m Tiefe maßen einzelne Römerbaue (beispielsweise in den Pyrenäen), die mit den recht primitiven Vorkehrungen zur Wetterversorgung in den oft mehrere Kilometer langen unterirdischen Strecken nur unzureichend mit frischer Luft versorgt werden konnten und deshalb häufig ungesunde Arbeitsbedingungen boten.

Das Problem der Wetterversorgung hat die damaligen Bergarbeiter zuweilen vor schier unlösbare Aufgaben gestellt, die in Steinbrüchen natürlich niemals in der Weise auftraten. Von den Arsenikgruben bei Pompejopolis erzählte Strabon (XII, 40, 841), daß sie so ungesunde Wetterverhältnisse aufgewiesen hätten, daß die Grubenarbeiter »wie Fliegen« dahingestorben seien, und auch der römische Architekt Vitruv (88–26 v. Chr.) bemerkte (VIII, 7) in diesem Zusammenhang: »Beim Brunnengraben strömen die giftigen Dünste hervor und belästigen die Arbeiter, die, wenn sie nicht schnell flüchten, ihnen erliegen. Man läßt ... eine brennende Lampe in den Schacht, der ohne Gefahr befahren werden kann, wenn die Lampe brennend bleibt. Verlöscht aber das Licht, so gräbt man einen zweiten Schacht, mit dem man den Dunst verjagt.« Gelegentlich haben die Römer die Wetterverhältnisse – wie in Deutschland noch in der Neuzeit – durch Schwingen von Tüchern zu verbessern versucht.

Die Erztafel von Aljustrel

In einer verlassenen Kupfererzgrube in der Nähe des portugiesischen Dorfes Aljustrel wurde 1876 eine Erztafel gefunden. Sie enthielt Hinweise rechtlicher Natur auf allgemeine Einrichtungen dieser alten Bergwerkskolonie. Als »Berggesetz von Vipaska« lebt der interpretierte Text in der Fachliteratur fort. Zu ihm gesellt sich ein weiterer Fund von Aljustrel aus dem Jahre 1906. Auch dabei handelt es sich um ein schriftlich fixiertes Überbleibsel aus einer Reihe von Aufzeichnungen des allgemeinen römischen Berggesetzes; wahrscheinlich stammt er aus der Zeit Kaiser Hadrians. Diese Funde erlauben, nähere Einzelheiten über den Bergbau der römischen Kaiserzeit zu rekonstruieren.

Besonders aufschlußreich nehmen sich die Paragraphen 5 bis 7 aus. Sie beziehen sich auf die Bestrafung von Erzdieben durch den »procurator metallorum«, der als Vorstand des Bergbaugebietes fungierte und als solcher zugleich Verwaltungsbeamter und Richter und vor allen Dingen Finanzbeamter mit der Aufgabe war, die Teile oder Gruben zu verkaufen, die dem Fiskus gehörten oder zufielen.

In der Kaiserzeit unterstanden ihm die in einem Distrikt zusammenliegenden Gruben, gelegentlich wohl sogar alle gleichartigen Minerallagerstätten einer Provinz.[26] Als Richter oblag ihm unter anderem die Überwachung der Vorschriften, die zum Beispiel der bergbaulichen Betriebssicherheit dienten, wozu schließlich auch die Ahndung von Erzdiebstählen gehörte. Erzdiebe, gleichgültig, ob Sklaven oder Freie, sahen sich stets vor die Konsequenz gestellt, nicht mehr im Bergbau tätig sein zu dürfen.

Sklaven wurden ausgepeitscht und darüber hinaus dazu verurteilt, lebenslänglich in Fesseln über Tage arbeiten zu müssen (eine Strafe, die nur für Erzdiebstahl verhängt wurde), niemals mehr aber im Bergbau oder in einem Bergbaugebiet arbeiten zu dürfen. Noch im Edikt des Kaisers Antonius Pius (83–161) war gerade das Gegenteil verfügt worden: Arbeit im Bergbau.

Freie, die wegen eines Erzdiebstahls verurteilt wurden, verloren ihr Vermögen an den Fiskus und zugleich das Recht, jemals wieder in einem Bergwerksgebiet ansässig sein zu dürfen.

Die Verhältnisse im Bergbau können für die Bergarbeiter also auch hier nicht grundsätzlich unerträglich gewesen sein. Nach dem Inhalt der Strafandrohungen ist eher das Gegenteil anzunehmen. Ähnlich wie im laurischen Bergbau gab es auch im römischen eine Anzahl ehemaliger Bergwerkssklaven, die in Bergwerken und Steinbrüchen als Freigelassene in leitenden Stellungen tätig waren. Die Bezeichnung der Werkmeister als »philosophi« (Mathematiker) in den pannonischen Steinbrüchen scheint darauf hinzuweisen, daß jene (unfreien) Arbeiter neben der unerläßlichen Vertrauenswürdigkeit unter anderem auch über qualifiziertes Fachwissen verfügt haben müssen.

Mit dem römischen Engagement im Bergbau änderte sich die Situation der römischen Sklaven. In der römischen Frühzeit spielte die Sklaverei eine verhältnismäßig geringe Rolle. Der unfreie Knecht aß die gleiche Kost seines Herrn am gleichen Tisch und war dem »Zwölftafelgesetz« (VIII, 3) zufolge »mit dem halben Wergeld eines Freien gegen Personalverletzung geschützt«. Hatte sein Herr ihn freigelassen, blieb er ihm dennoch treuepflichtig und konnte das Bürgerrecht (im Gegensatz zu später) nicht erwerben. Aber auch der Fremde war grundsätzlich rechtlos in Rom und bedurfte des Schutzes eines einflußreichen Bürgers, wenn er nicht den stammverwandten Latinern oder einer Gemeinde angehörte, der das commercium, die Gleichstellung mit den Bürgern in privatem Rechtsverkehr, zugestanden worden war.[27] Mit dem Beginn der planmäßig organisierten römischen Bergbaupolitik änderten sich auch diese Verhältnisse, zumal die Bodenschätze fast ausschließlich in den Kolonien vorkamen, deren Bevölkerung sich in der Stellung der Halbfreien befand und Rom auf »Gnade und Ungnade« ergeben sein mußte. Das Provinzland war Staatseigentum. Nach einer allerdings erst für das 2. Jahrhundert n. Chr. bezeugten Theorie beanspruchte das römische Volk die Oberhoheit am Grund und Boden, den die Provinzialbevölkerung nur widerruflich zur Nutzung übertragen erhielt. Dafür hatte sie einen jährlichen Tribut zu zahlen, wenn sie keiner föderierten Gemeinde angehörte. Dem Besitzer des Grund und Bodens stand nach der Auffassung der Digesten als Äquivalent für die »Früchte des Feldes« das Recht zu, die im Boden vorhandenen Erze, Mineralien usw. bergmännisch zu gewinnen.[28] Ein »vom Eigentum geschiedenes Bergrecht war dem römischen Recht unbekannt«.[29] In der Spätzeit des Römischen Reiches existierten Beschränkungen des Eigentums

zur Förderung des Bergbaus.[30] Das Muster bildeten wohl die gelegentlich vorgenommenen Enteignungen zur Anlage von Straßen und Wasserleitungen, die dem öffentlichen Interesse dienten.
Erst eigentlich seit der Interpretation[31] der Funde von Aljustrel ist uns vergönnt, einen Einblick in die Welt des Bergmanns der römischen Kaiserzeit zu gewinnen.
Nach den Bestimmungen des römischen Berggesetzes fielen die Gruben oder auch nur Teile von Gruben an den Fiskus zurück, wenn der occupator (Pächter oder Gesellschaft) seinen Zahlungsverpflichtungen gegenüber dem Fiskus nicht nachgekommen war. Die ganze Grube sollte dann wieder vom Prokurator verkauft werden, vermutlich einschließlich auch der Teile, die sich der Fiskus grundsätzlich vorbehalten hatte. Bereits am Schluß des ersten Paragraphen wird gesagt, daß der Fiskus sich die Hälfte des Ertrages vorbehielte, und im Paragraphen 2 heißt es weiter, daß er seine Anteile aus Silbergruben gegen einen vom Kaiser festgesetzten Betrag von 4000 HS an den Erstzahlenden weitergeben könnte.
Straff hielt der Fiskus die Zügel im Bergbau in der Hand. Neben den hohen Abgaben, die außer der Hälfte der geförderten Erze noch verschiedene Gebühren einschlossen, erhielten die Unternehmer rigorose Verpflichtungen auferlegt. So wurde im Paragraphen 3 gefordert, daß ein Unternehmer, der auf fünf Schächten arbeiten ließ, aber nur mit einem dieser Schächte auf ein Erzlager oder auf einen Gang stieß, auf allen Schächten weiterarbeiten lassen müßte. Tat er es nicht, fielen seine Gruben »ins Freie«; jeder konnte sie in Besitz nehmen. Zur Beschaffung der erforderlichen Betriebsmittel blieben dem Unternehmer 25 Tage. Begann er vor Ablauf der Frist mit den Arbeiten und ließ sie aus irgendwelchen Gründen dann zehn Tage hintereinander ruhen, verlor auch er alle Rechte, und die Grube fiel wieder »ins Freie«. Innerhalb einer festgesetzten Frist mußte mit den Arbeiten begonnen werden, und auch die Dauer der Unterbrechung wurde genau fixiert.
Von den »ins Freie« gefallenen Gruben stand die Hälfte des Ertrages dem Fiskus zu, sobald die Gruben wieder belegt wurden. Niemals gab der Staat seine Rechte vollständig auf, auch dann nicht, wenn der erste Erwerber der Abbaurechte ein pretium (Kaufpreis) an den Fiskus gezahlt hatte. Der Kaufpreis stellte lediglich eine Entschädigung für ein vom Staate überlassenes nutzbares Eigentumsrecht dar, zu

dem auch immer noch die Einziehung der zu zahlenden Naturalabgaben gehörte.
Bereits diese knappen Ausführungen zeigen deutlich, daß der Staat, beziehungsweise der Fiskus als Regalherr, als einziger Eigentümer aller im Boden befindlicher Mineralien anzusehen war. Ein echtes Privateigentum an Gruben war also ausgeschlossen; lediglich als Pächter unveräußerlichen Staatseigentums konnten Privatleute oder Gesellschaften auftreten. Wo die Mineralien grundsätzlich so mit dem Grundeigentum verbunden waren, daß nur der Grundeigentümer sie abbauen durfte, konnte es kein Bergwerkseigentum mit selbständigem Inhalt geben.
Die Bedingungen waren verschieden, unter denen Bergbau betrieben werden konnte. Maßgeblich blieb dabei zunächst die Art und Weise, in der die Rechte erworben wurden. In jedem Falle aber sahen sich die Bergwerksunternehmer einem straffen und harten Partner gegenüber: dem Fiskus. C. Neuburg, ein guter Kenner der Verhältnisse, charakterisierte ihre Situation im Jahre 1907 auf folgende Weise: »Das Los des römischen Bergwerksunternehmers war ... kein beneidenswertes, er war nicht besser daran als sein Nachfolger in späterer Zeit, der mittelalterliche Gewerke. Er durfte seinen Betrieb nicht nach seinen Wünschen und Bedürfnissen einrichten, sondern mußte Vorschriften befolgen, deren Tendenz sich ganz einfach dahin kennzeichnen läßt, daß durch sie nur ein Ziel verfolgt und wohl auch regelmäßig erreicht wurde, und das war die Füllung des Säckels des Regalherrn. Damit er seine Abgaben erhielt, mußte der Betrieb möglichst wenig unterbrochen werden, einerlei, ob der Unternehmer dabei auf seine Rechnung kam oder nicht. Wir können wohl auch in der Tat annehmen, daß schon im Altertum von letzteren nur verhältnismäßig wenige als besondere Günstlinge des Glücks wirklich bedeutende Gewinne erzielten. Meist wird das, was etwa trotz der hohen Abgaben vielleicht im Anfang des Betriebes aus reichhaltigen Erzen bei geringen Betriebskosten gewonnen war, später bei den infolge des Betriebszwanges erforderlichen Zubußen wieder verloren gegangen sein.«[32]
Das Los der Unternehmer aber ist niemals schlechter gewesen als das ihrer Arbeiter. Wie es um die Arbeiter bestellt war, können wir hier nur aus der Situation der Unternehmer kombinieren. Ein Auszug aus dem Spezialgesetz von Vipasca, in dem von der Gebühr für die Stein-

und Erzförderung die Rede ist, läßt sicherlich einige diesbezügliche Schlüsse zu. »Wer innerhalb der Grenzen des Bergwerksdistrikts von Vipasca Kupfer- und Silbererze oder den aus denselben gewonnenen Staub und Roherze nach Maß und Gewicht pochen, fertig machen, brechen, scheiden und waschen will oder einen Steinbruch zu eröffnen gedenkt, möge Sklaven und Tagelöhner schicken und innerhalb dreier Tage die Meldung machen; er hat dann dem Pächter am Ende eines jeden Monats eine Anzahl [die bestimmte Zahl fehlt im Text] Denare zu entrichten, widrigenfalls er das Doppelte zu bezahlen hat.

Wer aus anderem erzreichen Gebiete Roherz von Kupfer oder Silber nach Vipasca schafft, hat dem Pächter für 100 Pfund (37,6 kg) einen Denar zu entrichten. Wurde dies nicht an dem dafür bestimmten Tage vollzogen, so ist das Doppelte zu zahlen, und der Pächter hat das Recht auf das gereinigte, gepochte, fertig gemachte, gebrochene, geschiedene Erz und auf die Steine und fertig gehauenen Steinplatten in den Steinbrüchen, solange die schuldige Gebühr nicht bezahlt wurde. Von der Pfändung sind ausgeschlossen Sklaven und Freigelassene, welche im Dienste ihrer Herren und Patrone die Kupfer- und Silberschmelze besorgen.«[33]

Schon den unmittelbaren Pächtern der Abbaurechte war es zu der Zeit nicht vergönnt, Reichtümer zu erwerben. Wer die Betriebsrechte nicht direkt vom Fiskus, sondern von einem anderen Pächter gepachtet hatte, durfte noch weniger damit rechnen, reich werden zu können. Daß die Situation der Bergleute davon entscheidend abhängig war, kann nach den vorhandenen Quellen nicht angezweifelt werden.

An der Schwelle des Mittelalters

Im 4. Jahrhundert scheint sich die Situation der Sklaven und Freigelassenen merklich gebessert zu haben. Die Unternehmer konnten den Bergbau wieder privatwirtschaftlich betreiben, und die Bergarbeiter erhielten das Recht, die Gruben zu verlassen, wenn sie einen neuen Herren erhielten, zu heiraten, Eigentum zu erwerben und auszuwandern. Besonders von der letzten Möglichkeit scheinen sie regen Gebrauch gemacht zu haben; denn im Jahre 424 sah Kaiser Theodosius sich sogar dazu genötigt, zu verordnen, daß die scharenweise auswandernden Bergleute unverzüglich in ihre Heimatorte zurückzukehren hätten, wo jene infolge eines schlecht funktionierenden Bergbaus wirtschaftlich litten. Aber die Bergleute scheinen unzufrieden geblieben zu sein; denn als die Goten einfielen, waren es zuerst die Bergarbeiter, die sich ihnen anschlossen. Der Bergbau kam zum Erliegen. Nicht selten haben jene Bergleute sich in Belagerungskriegen als wertvolle Fachkräfte beim Bau von Stollen erwiesen. Als weithin bekannt dafür galten damals die am Fuße des Hämus im Gebiet des Nestus lebenden Besser, die besonders in Makedonien einen guten Ruf als Grubenarbeiter besaßen.

Aus dieser Zeit stammt ein bedeutendes römisches Zeugnis bergmännischer Kunst: ein großer Teil der weltbekannten Katakomben in Rom, der zahlreichen unterirdischen Begräbnisstätten unter den Stadtmauern der »Ewigen Stadt«. Rund 170000 Christen liegen in dem etwa 150 km langen und zwischen dem 1. und 5. Jahrhundert n. Chr. angelegten Gangsystem bestattet, das noch nicht vollständig erforscht worden ist.[34] Wenn es sich bei diesen gewaltigen Anlagen auch nicht um bergmännische Hinterlassenschaften im eigentlichen Sinne handelt, so ist doch selbstverständlich, daß sachkundige Bergleute mit ihren Erfahrungen und Fähigkeiten eine wesentliche Rolle bei der Schaffung der unterirdischen »Stadt« gespielt haben müssen. 7 bis 8 m tiefe Treppenschächte stoßen auf die horizontal angelegten sogenannten »Korridore« oder »Galerien« (im Bergbau: Strecken), die 0,80 bis 1,00 m breit und 1,5 m bis 10 m hoch sind. A. Zippelius beschreibt die Anlagen wie folgt: »... Abzweigungen folgen nach längeren oder kürzeren Abständen und führen zu parallel oder quer verlaufenden Korridoren. Mit ihren geraden Fluchtlinien, ihrem meist sehr sorgfältigen Ausbau mit gewölbter Firste, den häufigen Abstützungen durch Ziegelmauerwerk erweckt dies System von Korridoren den Eindruck einer vorbedachten planmäßigen Anlage, zumal man berücksichtigen muß, daß sich die Ausdehnung des unterirdischen Netzes richten mußte nach der Größe einer bestimmten, an der Erdoberfläche festgelegten Parzelle.

Rein räumlich bildet dieses Korridorsystem den Hauptbestandteil der unterirdischen Totenstadt. Seine Wände nehmen gleichzeitig die

Hauptmasse der seitlich in den Tuff gehauenen Nischengräber auf, Abzweigungen führen zu größeren Grabkammern hochgestellter und besonders verehrter Persönlichkeiten. Weitere Treppenschächte führen in größere Tiefe zu darunterliegenden ›Etagen‹ oder ›Stockwerken‹. So konnten bei der Kallistus-Katakombe nicht weniger als fünf Etagen untereinander festgestellt werden; die Sohle der untersten lag 22 m tief, knapp über dem Grundwasserspiegel. Luft- und Lichtschächte eckiger oder runder Form führten senkrecht zur Oberfläche, oft mehrere Sohlen schneidend und die Wetterführung regulierend.«[35]

J. Wilpert fragte bereits im Jahre 1903,[36] wer wohl die Menschen gewesen seien, denen »das Riesenwerk der Katakomben sein Dasein« verdanke. Einige schriftliche Urkunden, zahlreiche Inschriften und rund ein Dutzend bildliche Darstellungen in den Katakomben geben eine Antwort. Danach wurden die Arbeiten an und in den Katakomben von den sogenannten »fossores« geleistet. Wie bereits ihre Bezeichnung verrät, waren sie Männer, die »gruben«, unter Tage tätig waren. Der spätrömische Begriff »fossor« geht auf das lateinische »fodere« (graben) zurück, so daß unter einem »fossor« ganz allgemein ein »Gräber« zu verstehen war. Wie Wilpert feststellte, haben römische Schriftsteller die Bezeichnung »fossor« nicht selten auch auf den Bergmann unter Tage übertragen,[37] und einer der hervorragendsten Kenner der Katakomben, Henri Leclercq,[38] ist sogar der Überzeugung, daß die inschriftlich und urkundlich bezeugten[39] Fossorenkollegien und -bruderschaften, die dem letzten Stand des niederen Klerus angehörten, nicht etwa als »Totengräber-Vereinigungen«, sondern eher als eine »Bruderschaft der Arbeiter unter Tage«[40] bezeichnet werden müßten. In einer Fortsetzung des berühmten Cosmas von Prag aus dem Jahre 1220 ist von »fossoribus auri« die Rede, womit wahrscheinlich die Goldbergleute gemeint sind, die zu der Zeit in Schlesien tätig waren.[41] Und auch bei dem Augsburger Maler Johann Georg Pintz (1697? bis 1767) erscheinen die Bergleute im Rahmen einer Bibelillustration als »metalli fossores«.[42] Die Arbeiten in den Katakomben, die Planung, die eine genaue Kenntnis der Gesteinsverhältnisse, der Schichten, der Druckverhältnisse, der Lagerungsbedingungen und Vermessungstechnik unter Tage voraussetzte, die Anlage von Treppen (Schächten) und Wetterschächten, die Schaffung des unwahrscheinlich weit verzweigten Gangsystems, der

Nischengräber, der Krypten und Kammern und nicht zuletzt auch der Abtransport des anfallenden Erdwerks und Gesteins, waren ohne eine hervorragende bergbaukundige Leitung gar nicht zu bewältigen. So hebt eine Katakomben-Grabinschrift denn auch hervor, daß sich der unter Tage beigesetzte und namentlich genannte Bergmann Debestus bei den Arbeiten in den Katakomben »sehr verdient« gemacht habe.[43]

Die zusätzlich bildlich mit einer Keilhaue (Bergmannsgerät) gekennzeichnete Grabinschrift aus der Zeit um 500 in der Sankt-Agnes-Katakombe lautet:

DEBESTUS MONTANARIUS
QUI LABORAVIT PER OMNIUM
CLIMITERIUM MERITUS FECIT[44]

»Hier ruht der Bergarbeiter Debestus, der in allen Katakomben gearbeitet hat und sich sehr verdient machte.«

Über die Bestattung eines anderen Bergmannes, dessen Mitarbeit an den Katakomben allerdings nicht bezeugt wird, berichtet ein ebenfalls aus den Katakomben stammender Grabstein des Lateran-Museums:

IC POSITUS EST SILBANUS MARMORARIUS
QUI AN. XXX ET FECIT CUM UXXORE AN. III
ET MENSIS III DEPOSITUS III KAL. JULIAS[45]

»Hier wurde im Alter von 30 Jahren Silvanus, ein Arbeiter aus den Marmorbrüchen, der drei Jahre und drei Monate verheiratet war, am 28. Juni beigesetzt.«

Der bildlich überlieferte, mit drei großen Hakenkreuzen auf seiner Kleidung dargestellte »fossor« Diogenes in der aus der Zeit um 350 stammenden Diogenes-Krypta der Domitilla-Katakombe mit der Inschrift »Diogenes, ein fossor, in Frieden beigesetzt am 8. vor den Kalenden des Oktober«[46] (24. 9.) ist nicht der einzige Vertreter seines Berufes, der in Rom »unter Tage«, fern vom Fuße weg, wie es im Alten Testament heißt, seine letzte Ruhestätte fand – und dort auch durch ein Bild rühmend geehrt worden ist.[47]

Auf »deutschem« Boden

Die Anfänge

Die erste schriftlich überlieferte Frage nach der Gewinnung und Nutzung der Bodenschätze auf »deutschem« Boden hat wahrscheinlich Tacitus im 5. Kapitel seiner »Germania« gestellt: argentum et aurum propitine an irati dii negaverint dubito. nec tamen affirmaverim nullam Germaniae venam argentum aurumve: quis enim scrutatus est?
... Gold und Silber haben die Götter den Germanen – »ich weiß nicht, ob aus Gnade oder im Zorn versagt« – schreibt er und fährt fort: »Doch will ich nicht behaupten, es gäbe in Germanien überhaupt keine Gold- oder Silberader. Denn hat schon jemand danach gesucht?«
Gold und Silber? Das ist auch heute noch nicht mit Sicherheit zu beantworten. Zwischen 2000 und 1800 v. Chr. sollen Goldgräber im Auftrage kretischer Metallhändler oder Könige nach Mitteleuropa gekommen sein und dabei unter anderem auch in Thüringen und im Fichtelgebirge nach Goldvorkommen gesucht haben. Vom römischen Geschichtsschreiber Diodorus Siculus (um 60 v. Chr.), von Poseidonios (um 50 v. Chr.) und von Strabon (um 25 v. Chr.) wissen wir, daß die Kelten Münzen aus dem Gold prägten, das sie hauptsächlich aus dem Sand ihrer Flüsse herauswuschen. Die keltischen Helvetier gewannen es durch Seifen beiderseits des Rheins zwischen Basel und Mainz, von wo es in »alle Welt« gelangte. Um 500 n. Chr. war es sogar im Niltal bekannt.[1] Das Gold des Rheins, in der Edda und in der Nibelungensage erwähnt, wurde auch in kriegerischen Zeiten mit gravierenden Folgen systematisch gewonnen. »Weder die Eroberung des damals gallischen Rheintales durch die Römer noch der Einbruch der Alemannen (260 n. Chr.) konnte die Goldwäscherei am Rhein zum Erliegen bringen; sie wurde von der einheimischen keltischen Bevölkerung weitergeführt. Auch den ger-

manischen Völkern war das Rheingold bekannt.«[2] Die ersten schriftlichen Belege über die Gewinnung des Rheingoldes (im Elsaß) stammen jedoch erst aus dem 7. Jahrhundert n. Chr. Ermoldus Nigellus rühmt den Rhein als Goldspender in einer Elegie an König Pippin, und der Mönch Otfried von Weißenburg hebt in seiner »Evangelienharmonie« ausdrücklich hervor, daß im rheinischen Frankenlande nicht nur Silber gegraben, sondern auch Gold gewonnen werde.[3] Von einem germanischen Golderzbergbau zu der Zeit ist indes nichts überliefert. Noch im 11. Jahrhundert hielt der Schriftsteller »Theophilus Presbyter«, bei dem es sich vermutlich um den Mönch Rogkerus handelte, selbst die Goldgewinnung aus dem Rhein allgemein noch für so bemerkenswert, daß er sie ausführlich schilderte:
»Sandgold ist jenes, welches auf diese Weise an dem Ufer des Rheines gefunden wird. Man gräbt den Sand an jenen Stellen, wo man es zu finden hofft, und bringt ihn auf Holztafeln. Dann übergießt man es oft und fleißig mit Wasser; fließt nun der Sand mit fort, so bleibt ein sehr feines Gold zurück, welches besonders in einem Gefäß aufbewahrt wird. Wenn nun das Gefäß zur Hälfte gefüllt ist, schütte Quecksilber darauf und durchrühre es tüchtig mit der Hand, bis es sich gänzlich vermengt hat; dann wird es auf ein feines Linnen gebracht und das Quecksilber ausgewunden; was aber zurückbleibt, kommt in den Gußtiegel und wird geschmolzen.«[4]
Bergbau haben die Germanen jedoch bereits zur Zeit des Tacitus – und auch lange vorher schon – betrieben. Gold und Silber allerdings »reizten« sie nicht, wie Tacitus ausdrücklich hervorhob: »Besitz und Verwendung dieser Metalle reizen die Germanen nicht sonderlich. Man kann beobachten«, berichtet Tacitus in der »Germania«, »wie bei ihnen Gefäße aus Silber, die ihre Gesandten und Fürsten geschenkt bekommen haben, ebenso gering gewertet werden wie solche aus Ton. Zwar wissen unsere unmittelbaren Nachbarn an Rhein und Donau wegen ihres Handelsverkehrs mit uns Gold und Silber zu schätzen und kennen und bevorzugen gewisse Sorten unseres Geldes, aber weiter ... im Lande herrscht noch immer der ... altertümliche Tauschhandel. Von unseren Münzen lieben die Germanen die alten und seit langem bekannten, die Serraten und Bigaten. Silber nehmen sie lieber als Gold, nicht aus besonderer Vorliebe, sondern weil beim Einkauf von gewöhnlichen und billigen Dingen Silber handlicher ist.«

Der Stein als Gerät und Waffe

Lange haben die Germanen sich des Steines als Gerät und Waffe bedient. Äxte, Beile, Hämmer, Keulen, Messer, Pfeilspitzen und Schaber fertigten sie in der jüngeren Steinzeit aus Steinen an, Nähnadeln, Angeln, Ahlen und andere Gerätschaften aus Knochen. Äxte, Beile, Hämmer und Keulen ließen sich aus besonderen Serpentinsorten und Amphiboliten, aus Diabas und anderen im Schotter von Flüssen vorhandenen Steinen herstellen, die auch geschliffen und poliert werden konnten. Messer, Schaber, Sägen, Sicheln und Pfeilspitzen entstanden aus den sehr harten (nicht zu schleifenden) Feuersteinen, Hornsteinen und Radiolariten, die sich nur zerschlagen (spalten) ließen und auf die Weise ihre endgültige Form erhalten mußten. Aber die Germanen, wie die Menschen jener Zeit überhaupt, haben diesen »Werkstoff« nicht nur im Schotter der Flüsse gesucht und sich auf zufällige Funde verlassen, zumal der an der Oberfläche der Erde vorkommende Feuerstein durch einen ständigen Verwitterungsprozeß in seiner Spaltbarkeit beeinträchtigt war. Er hatte die natürliche Bergfeuchtigkeit eingebüßt, und die Fundstücke von der Erdoberfläche besaßen auch nicht die Größe der Stücke, die durch den unmittelbaren Abbau von Lagerstätten gefördert wurden. So wurde der Feuerstein in prähistorischer Zeit sowohl im Tagebau als auch durch Untertagebau gewonnen. Das geschah nachweisbar in Belgien in Spinnes, Avennes, Meeffe, Braives und in der Nähe von Obourg-Strepy, in Frankreich in Mur-de-Barrez, Champignolles, Nointel, Velennes, Clermont, Froucourt, Petit-Garenne, Les Martins und in Bas Meudon, in Schweden in Kvarnby und Sallerup, in Sizilien am Mont Tabuto bei Syrakus, in Portugal in Rocio bei Lissabon und in England in West Stoke, Camp, Grime's Graves und in Cissbury,[5] wo Grubenfelder mit Schächten zur Einfahrt und mit Löchern zur Wetterführung unter Tage gefunden wurden.[6] In Mauer bei Wien konnten Lagerstätten aus der Zeit um 2200 v. Chr. entdeckt werden, in denen sich Beile aus Diabas, Hämmer aus Grünstein, Klopfsteine aus Quarzit, Hirschgeweihe und Tonscherben fanden. Dort haben die alten Bergleute das Gestein systematisch abgebaut, das sich durch den sogenannten »Ausbiß« im Talgehänge anzeigte. Ungefähr 200 Jahre jünger dürfte die Abbaustelle am Itsteiner Klotz bei Kleinkems (Vorbergzone des südlichen Schwarzwaldes) sein, wo Jaspis im Untertagebau gewonnen worden ist.

Der Siegeszug des Metalls

Ein halbes Jahrtausend später begann das Metall seinen Siegeszug bei den Germanen, wenn es lange Zeit hindurch auch lediglich als begehrtes Handelsobjekt in bereits verarbeiteter Form eingeführt wurde. Noch in römischer Zeit erscheint es zweifelhaft, ob die »unmittelbaren Nachbarn an Rhein und Donau«, wie Tacitus sich ausdrückte, die Bronzeherstellung beherrschten. Es läßt sich nicht beweisen, ob sie die Legierung von (90%) Kupfer und (10%) Zinn (= Bronze) bereits selbst herstellten und zu Gegenständen gossen, die der Nachwelt bekannt geworden sind. Doch schon die Bezeichnung jener Legierung als »Bronze« ist nicht sicher abzuleiten. Die Engländer und Franzosen nennen das gelbliche Metall »bronze«, die Spanier »bronce«, die Italiener »bronzo« und die Slaven »bronza« oder »bronz«. Im Mittellateinischen taucht es etwa im 14. Jahrhundert als »bronzium« auf. Und auch als eine Verbindung zweier Wörter, von denen eines dem Mittelhochdeutschen und das andere dem Lateinischen entnommen worden sein soll, als Kontraktion aus brun-aes (»braunes Metall«) wurde der Name nicht selten interpretiert. Seit Beginn dieses Jahrhunderts endlich will man[7] die Herkunft des Wortes Bronze mit Sicherheit aus dem persischen »baredsch« ableiten, das dem sanskritischen »bhradsch« entspricht und »glänzen, schön sein« heißt. Die Herkunft des Namens allerdings gibt noch keine Auskunft auf die Frage nach der Erfindung des Bronzegusses, der keineswegs von den Germanen, aber auch nicht von den Römern oder Griechen zuerst entwickelt wurde. Zahlreiche »Depotfunde«, Überreste von Bronzegegenständen, die in Süddeutschland offensichtlich in Zeiten der Gefahr hastig vergraben worden sind, lassen die Vermutung zu, daß fahrende (fremde?) Metallarbeiter durchs Land zogen, um die von den Einheimischen gewünschten Erzeugnisse zu gießen. Wahrscheinlich bezogen sie das bereits gegossene Rohmaterial in Form von Barren und Ringen von den Römern, die es später selber in Ger-

manien herstellten. Die römischen Bronzegegenstände der römischen Zeit unterschieden sich jedoch durch einen Zinkzusatz sowohl von den älteren als auch von den jüngeren Erzeugnissen.
Als die Römer in den »deutschen« Raum einbrachen, blickten sie bereits auf eine sehr bewährte Bergbautradition zurück. Niemand kann heute feststellen, welche Rolle möglicherweise die im germanischen Raum befindlichen Bodenschätze im Rahmen der römischen Expansionspläne gespielt haben mögen. Das im Gebiet der heutigen Pfalz beispielsweise reichlich vorkommende Kupfererz ist unter römischer Regie sofort nach der Besetzung gewonnen worden,[8] wie Ausgrabungen besonders seit 1916 beweisen. In einigen alten Schächten des Göllheimer Waldes fanden sich römische Gefäßreste. Mehr als ein halbes Dutzend römischer Schächte konnten freigelegt werden, mehrere Dutzend scheinen in der Umgebung vorhanden gewesen zu sein. Die meist sehr sorgfältig niedergebrachten Schächte hatten oben einen Durchmesser von durchschnittlich einem Meter und verjüngten sich an der Sohle bis zu einem halben Meter. Ihre Tiefe schwankte zwischen 5 und 23 Metern.
Die römischen Bronzefunde bei Eisenberg bestehen vor allem aus verschiedenartigen Gefäßen, aus Kellen mit eingepaßten Sieben, Kesseln mit Deckeln und Henkeleimern und aus Wagen- und Geschirrbeschlägen. Bei den »Depotfunden« hatte es sich bei Kaiserslautern um Beile, Lanzenspitzen, Sicheln, Ringe und Gegenstände gehandelt, die vermutlich zum Umschmelzen bestimmt waren. Ihre Legierung bestand aus Kupfer und Zinn. Die Produkte der römischen Fertigung von Eisenberg aber enthielten einen Zusatz von Zink in Form von Galmeierzen (kohlensaures Zinkoxyd). Chemische Analysen der Bronzeeimer von Hemmoor ergaben, daß die Römer 77,5% Kupfer, 5% Zinn und 17,5% Zink in jener Legierung vereinigt hatten.
Bereits von Plinius wissen wir (nat. hist. XXXIV, 2 und 22), daß die Römer in Germanien Galmei abbauten. Die Griechen gewannen es in Laureion.
Lange wurde vermutet, daß sich die römischen Galmeibergwerke vornehmlich bei Gressenich in Belgien in der Nähe von Aachen[9] befunden haben müssen, wo sich die Römer bereits auch der – an der Erdoberfläche befindlichen – mineralischen Kohle der Emscher Mulde zum Heizen bedienten. Spätere Bronzefunde römischer Her-

kunft aus der Zeit nach der Zurückdrängung der Römer bestätigten, daß die Gegenstände ohne Zusatz von Zink (Galmei) gegossen worden sind. Die Galmeivorkommen müssen also ostwärts des Rheines gelegen haben, wo sie den Römern nicht mehr zugänglich gewesen sind. Mit Sicherheit dürfen die Galmeibergwerke in Wiesloch bei Heidelberg als Quelle der römischen Zinkerzzusätze angesehen werden. In römischer Zeit muß sich in diesem Grenzgebiet ein recht beachtlicher Handel entwickelt haben. Das Kupfer wurde im Göllheimer Wald gewonnen; Galmei bauten die Römer in Wiesloch ab. Klebsand und feuerfester Ton zur Erstellung von Schmelzöfen fanden sich bei Eisenberg und bei Hettenleidelheim. Der benötigte geringe Zinnanteil konnte ohne Schwierigkeiten auf dem Handelswege bezogen werden.

Kupfer und Eisen

Im pfälzischen Raum, in dem im Mittelalter so bedeutende Eisenmengen produziert wurden, daß er »für Jahrhunderte als das Ruhrgebiet des Mittelalters«[10] galt, ist die Bronzeherstellung bis zum Ende des 3. Jahrhunderts wahrscheinlich ausschließlich von Römern betrieben worden. Mit dem Eisenerzbergbau, mit der Eisenverhüttung und mit dem Handel von Eisenbarren verhielt es sich dagegen seit Beginn der Ausbeutung der Bodenschätze anders. Das Eisen haben die Germanen um 1000 v. Chr. kennengelernt; zur Herstellung von Waffen und Werkzeugen wurde es jedoch erst im Laufe der Jahrhunderte in zunehmendem Maße verwendet. Noch Tacitus berichtet, daß die Germanen nur wenige Schwerter und größere Lanzen aus Eisen oder Panzer und Helme aus Metall verwendet hätten. Das Eisen scheint besonders als Handelsobjekt in Form von geschmiedeten Barren oder Rohluppen mit einem Durchschnittsgewicht von 5 kg schon in der vorrömischen Zeit eine Rolle gespielt zu haben. Solche Barren sind in Burrweiler, Landau, Langwieden, Neustadt, Orbis, Ramstein, Studernheim, Wachenheim, Forst, Deidesheim und Weisenheim am Sand bei Dürkheim ans Tageslicht gekommen. Bereits im 19. Jahrhundert konnte durch Funde im Stumpfwald bei Ramsen

nachgewiesen werden, daß dort bereits in vorrömischer Zeit Eisen verhüttet worden ist. Die in der Umgebung der nur unvollständig ausgebeuteten Eisenschlacken (=Halden) entdeckten Grabhügel aus der Zeit um 600-500 v. Chr. weisen darauf hin, daß die Eisenverhüttung in jener Zeit recht intensiv betrieben worden sein muß.
Über die Eisengewinnung und -verarbeitung aus der römischen Zeit liegen ebenfalls sichere Zeugnisse vor. In Grünstadt, in Kerzenheim und in Hettenleidelheim bestätigten Eisenschlackenschichten, daß dort in römischen Diensten stehende Hüttenleute am Werk gewesen sind. Ausgemauerte und ursprünglich mit Holz verzimmerte (von den Etruskern und Römern überall vorwiegend rechteckig angelegte) Schächte, im 1. Jahrhundert n. Chr. offenbar zur bergmännischen Gewinnung von Klebsand angelegt, bargen unter anderem südgallische Terra-sigillata-Scherben aus der zweiten Hälfte des 1. Jahrhunderts n. Chr., Überreste aus der Blickweiler Terra-sigillata-Manufaktur aus der ersten Hälfte des 2. Jahrhunderts und Scherben von Rheinzaberner Terra sigillata aus der zweiten Hälfte des 2. Jahrhunderts.
Seit Jahrzehnten wird vermutet, daß der Mensch zuerst das Eisen und erst dann das Kupfer gewonnen[11] habe. Diese Behauptungen lassen sich durch Funde weder beweisen noch widerlegen, weil das Eisen im feuchten Boden schneller als Kupfer oxydiert und viel rascher völlig vernichtet wird. Lediglich technische Erwägungen lassen die These möglich erscheinen. Um Kupfer aus den sulfidischen Erzen zu erhalten, müssen die Oxyde über den Schmelzpunkt des Metalls hinaus bis zu 1200 Grad Celsius erhitzt werden, während das Eisen bereits bei einer Temperatur von 650-800 Grad vor dem Schmelzen weich wird und sich als lose, schwammige Masse durch wiederholtes Glühen und Ausschmieden von der Schlacke reinigen und verarbeiten läßt. Bei den primitiven technischen Mitteln des Altertums spielten solche Unterschiede eine wesentliche Rolle. Zudem setzte die Gewinnung des Kupfers bereits beachtliche metallurgische Kenntnisse voraus, während Eisen ja gelegentlich bereits 20000 Jahre früher bei der Zubereitung des roten Ockers für die alten Höhlenmalereien zufällig entstanden sein kann.

Verhüttungstechnik

In römischer Zeit wurde die Eisenverhüttung, wahrscheinlich wegen der reichen Vorkommen an Klebsand und Ton bei Eisenberg, von den Römern in jene Gegend verlegt. Reste von Verhüttungsanlagen wurden bei Kehlheim aus Schlackenhalden geborgen; sie bestätigten, daß die frühen Hüttenleute das Erz in primitiven Rennöfen schichtweise im Wechsel mit Holzkohlen lagerten und unter künstlicher Luftzufuhr durch Blasebälge aufbereiteten. Im 19. Jahrhundert konnte ein vollständig erhaltener Schmelzofen in der Nähe von Eisenberg freigelegt werden. Darüber berichtete sein Entdecker Mehlis im 11. Band der »Mitteilungen des Historischen Vereins der Pfalz« (1883). »Am 18. August 1882«, schreibt er, »stieß man gelegentlich einer Bodenuntersuchung auf Klebsand in einer Tiefe von 2 m in einer Schlackenschicht auf den Kopf eines Schmelzofens... In einer Tiefe von 2,60 m stieß man auf die Sohle, auf welcher Höhe sich zwei Öfen erhoben. Der östlich gelegene hat die Form eines Zuckerhutes und bei einer Höhe von 1,40 m einen Bodendurchmesser von 30 cm im Lichten. Der 20 cm dicke Mantel besteht aus rotbraunem Ton, der, um dem Ganzen Feuerbeständigkeit zu geben, mit Klebsand stark gemengt erscheint. Die obere Kappe des Ofens hat eine Öffnung, offenbar zum Abzug des Rauches und der Gase bestimmt. Im Inneren des Kegels lagern Holzkohlen und Steine, aber nur wenige Schlakken. Der zweite, nur unvollständig erhaltene Ofen hat eine Höhe von 60 cm und einen Durchmesser von 50 cm im Lichten. Der größte Teil des Innern sowie die Sohle ist mit ziemlich gut ausgebrannten Eisenschlacken ausgefüllt.« Nach Quellen, die nicht zuverlässig kontrolliert werden können, soll ein ähnlicher Ofen bereits in der Mitte des 19. Jahrhunderts in der Pfalz entdeckt worden sein.
Winzig klein waren jene alten Öfen. Mehr als 1000 Tonnen Roheisen produziert ein moderner Hochofen täglich: 2000 bis 3000 Tonnen (je nach Eisengehalt) Erz, 900 bis 1300 Tonnen Koks und einige hundert Tonnen Kalk (zur Förderung des Verflüssigungsprozesses der zurückbleibenden Schlacke) werden dabei hindurchgeschickt. Noch zu Beginn des 18. Jahrhunderts lieferten die damals modernen Stücköfen täglich nicht mehr als 300 kg Eisen.
Die kulturgeschichtlich durchaus nicht bedeutungslosen Eisen-

schmelzöfen von Eisenberg sind damals jedoch weder in das Historische Museum der Pfalz noch in das Deutsche Museum nach München gebracht, sondern einfach wieder zugeschüttet und schließlich unter einem Fabrikneubau begraben worden.
Vor einem Vierteljahrhundert stieß der Direktor Sprater des Speyerer Historischen Museums bei Bodenuntersuchungen auf röhrenartige Düsen, durch die bei der Verhüttung der Eisenerze vor mehr als zwei Jahrtausenden die Luft in die Schmelzöfen gepreßt worden ist. Bei Grabungen zu Beginn der dreißiger Jahre des 20. Jahrhunderts wurden im Siegerland[12] bei Trupbach sogenannte »Düsenziegel« freigelegt, für jeden Schmelzvorgang – zur Zeit unmittelbar n. Chr. – hergestellte luftgetrocknete Ziegelsteine mit 2 cm großen Düsen für den Anschluß der Blasebälge.[13] Die Anwendung des künstlich angefachten konzentrierten Gebläsewindes anstelle des natürlichen Luftzuges in der metallurgischen Technik ist alt. Eine der ältesten bildlichen Überlieferungen stammt aus der 18. ägyptischen Dynastie (1555–1330) und wurde in einem Grab in Theben entdeckt. Durch die detaillierte Darstellung jenes Künstlers ist es möglich, die Luftzuführung beim Schmelzvorgang zu rekonstruieren. Am Boden liegende, in einem Rahmen befestigte Ledersäcke enthielten Ventile, durch die Luft eintrat, sobald ein auf den Säcken stehender Mann die Ventile mit Hilfe von Riemen öffnete, um die Luft schließlich durch sein Körpergewicht durch die Düsen in das Feuer zu pressen.
Homer[14] und Herodot (I, 68) erwähnten die Gebläse als Hilfsmittel im Rahmen der griechischen Hüttentechnik. »Zwanzig bliesen zugleich der Blasebälg' in die Öfen«, heißt es in Homers Beschreibung der Arbeit in der Werkstatt des Hephaistos, »Allerlei Hauch aussendend des glutanfachenden Windes,/ Bald des Eilenden Werk zu beschleunigen, bald sich erholend.« Vergil bezeugte sie in den Georgica (IV, 170), und Titus Maccius Plautus (um 244–184 v. Chr.) sagte, daß die Skythen Ochsenbälge zu benutzen pflegten, wenn sie Steine schmolzen, aus denen Eisen entstand.
Heute wird die Luft während der Stahlgewinnung in gewaltigen Winderhitzern auf 800 Grad erhitzt und von Gebläsemaschinen mit ungeheurer Kraft durch die Hochöfen gepreßt: stündlich etwa 60 000 Kubikmeter.
Thukydides wußte von den Böotiern, daß sie sogar zur Einnahme von Befestigungsanlagen Blasebälge verwandten. »Sie nahmen eine

lange Stange«, schrieb er (IV, 100), »sägten solche mitten durch, höhlten sie von einem Ende zum anderen aus und fügten sie sodann genau wieder aneinander, wie eine Röhre. An das eine Ende befestigten sie hierauf mit einer Kette einen Kessel, in welchen von der Stange her ein eisernes Blasrohr herunterging, wie denn auch das Holz von der Stange selbst auf eine ziemliche Strecke mit Eisen beschlagen war. Dieses Stück führten sie von weitem her mit Wagen gegen den Wall an, da, wo das meiste Holz und Rankenwerk darin verbaut war. Als sie es nahe genug daran gebracht hatten, steckten sie in das nach ihnen hin gerichtete Ende der Stange große Blasebälge und setzten diese in Bewegung, so daß der Wind, der durch die enge Röhre in den Kessel ging, der mit glühenden Kohlen, Pech und Schwefel angefüllt war, eine gewaltige Flamme erregte, welche gegen die Mauer schlug, so daß kein Mensch darauf bleiben konnte, sondern die gesamte Mannschaft sie verließ und davonlief.«

Die Bedeutung des Steins

Auch die Tätigkeit der Steinbrucharbeiter gehört in den Rahmen der Betrachtungen über die Gewinnung der Bodenschätze im Altertum. Ähnlich wie die Bronzeindustrie, so war auch dieser »Bergbau«-Zweig von den römisch-germanischen Beziehungen abhängig. Er entfaltete sich gleichsam mit jener Konstellation, und er ging auch mit ihr weithin wieder zugrunde. Zwar gibt es einige wenige Zeugnisse der Steinverarbeitung größeren Ausmaßes aus vorrömischer Zeit, wie die ein Meter hohe Mauer aus mächtigen Steinplatten als Umfassung eines Grabhügels mit einem Durchmesser von acht Metern aus dem 7. Jahrhundert v. Chr. bei Kaiserslautern und den sieben Meter hohen Gollenstein bei Blieskastel; aber sie bleiben doch Einzelerscheinungen. Die benötigten Mühlensteine wurden aus der Niedermendiger Basaltlava gehauen. Für eine »Steinindustrie« wie beispielsweise in der Bretagne fehlte der kulturgeschichtliche Rahmen. In der Bretagne waren die Römer ein halbes Jahrhundert v. Chr. mit einer Kultur in Berührung gekommen, die im Stein einen demonstrativen Gegensatz zur Endlichkeit und Verwundbarkeit des menschli-

chen Leibes erblickte. Auf Gräbern sollte er diesen grundsätzlichen Unterschied schließlich versinnbildlichen. Den Eroberern diente er als Meilenstein, auf den die christianisierenden Kelten Kreuze setzten. Seit um 2000 v. Chr. hat der Stein in der Bretagne eine besonders gravierende kulturgeschichtliche Rolle gespielt.
Mit den Römern, die der Steingewinnung und -nutzung überall ein besonderes Augenmerk schenkten, zog ein Wandel auch im pfälzischen Raum ein; aber hier wurde lediglich die vielfältige Verwendbarkeit des Steines offenbart – und schließlich auch von den Unterworfenen als nützlich empfunden. Da die Römer nicht den von ihnen so begehrten Marmor vorfanden, errichteten sie zahlreiche Landhäuser sowie öffentliche und private Bauten aus Stein, stellten steinerne Denkmäler auf, planten und begannen mit dem Bau repräsentativer steinerner Tempel und anderer Kulturerzeugnisse wie zum Beispiel der 73 m langen Basilika als Markt- und Gerichtshalle von Ladenburg bei Heidelberg. Um ihre Bedürfnisse zu befriedigen, mußte ein verhältnismäßig umfangreicher Gewinnungsprozeß organisiert werden.
Die Technik der Steingewinnung (mit Zweispitzhacken) ließ sich in den von den Römern betriebenen Steinbrüchen Brunholdisstuhl, Breitfurt im Bliestal und Reinhardsmünster bei Zabern im Elsaß aus den Rillen ablesen, die vor zwei Jahrtausenden in die Felswände gehauen wurden.
Ein Chronist wußte aus der Zeit Ramses' II. zu berichten, daß ganz Ägypten eine Steinmetzfabrik gewesen sei. Ob er das vom römisch besetzten Germanien ebenfalls gesagt haben würde, ist zweifelhaft. Der Entfaltung der »Steinindustrie« wurden hier dadurch Grenzen gesetzt, daß sich weder die meist erst am Aufstellungsort bearbeiteten Steinblöcke noch die gelegentlich schon am Gewinnungsort fertig- oder doch halbfertiggestellten Figuren, wie die Großplastik des Aeneas in Altrip, zur Ausfuhr eigneten. Dennoch resultierten aus der notwendigen (Not wendenden) »industriellen« Arbeitswelt des germanischen Altertums in diesem Raume entscheidende kulturgeschichtliche Impulse.

Der germanische Berg- und Hüttenmann

Unbeantwortet müssen für diesen Raum leider viele Fragen bleiben. So wissen wir nicht einmal, ob die germanischen Berg- und Hüttenleute neben der Eisengewinnung und -verhüttung möglicherweise auch Werkstätten zur Verarbeitung des geschmolzenen Eisens unterhielten. Und auch die Verhältnisse in jenem alten »deutschen« Bergbau kennen wir fast gar nicht. Wahrscheinlich hat der germanische Berg- und Hüttenmann sich niemals in der gleichen Situation befunden wie etwa die phönizischen, römischen oder ägyptischen Bergwerkssklaven. Selbst die strenge Leibeigenschaft scheint ihm fremd gewesen zu sein. Mit der Entstehung von Städten und der Entwicklung des Handels dürfte sich seine Stellung im ackerbautreibenden germanischen Raum sicherlich stetig, wenn auch nur relativ langsam, verbessert haben. Ungeklärt muß ferner auch die Frage bleiben, wie sich die römische Okkupation auf den Bergbau im germanischen Raum auswirkte. Die offenen Fragen und Vermutungen bleiben hier Legion. Die Gepflogenheit der Römer, die Bergbautechnik überall unverändert zu lassen, wo sie Bergbaugebiete eroberten, konnte sich nicht als förderlich erweisen. Im Laufe der Zeit ist er unter ihrer Herrschaft schließlich überall veraltet. Hinzu gesellten sich in den von ihnen unterworfenen Gebieten, besonders in der Kaiserzeit, immer auch die radikale Unterwerfung der Bevölkerung und die rücksichtslose Ausbeutung der Bodenschätze.
Die Unterschiede zwischen dem vorrömischen Bergbau und dem Bergbau unter römischer Herrschaft konnten kaum krasser und deutlicher dokumentiert werden als durch die berühmt gewordenen Leichenfunde in den Hallstattgräbern. In die Gräber der keltischen Salzbergleute, die Herren ihrer Gruben waren, hatte man reiche Beigaben, kostbare Waffen und wertvollen Schmuck gelegt, während ihren unter römischer Regie bergbautreibenden »Brüdern« an der Lahn im Escherntal nur ärmliche Beigaben und weder Waffen noch Schmuck auf die »letzte Schicht« mitgegeben worden sind. Wie gern wüßten wir heute, wer diese Bergleute gewesen sind, wie sie lebten und woran sie glaubten.

Stationen und Zäsuren zwischen Altertum und neuester Zeit

Die Atempause

Die Zurücknahme der römischen Reichsgrenze stellt eine wesentliche Zäsur in der Kulturgeschichte dar. In den Quellen über die Geschichte der Gewinnung und Nutzung der Bodenschätze klafft jedoch gerade über die mit dieser Tatsache ausgelöste Epoche eine spürbare Lücke. Als »Quellen« zur Geschichte des mittelalterlichen Bergbaus und Hüttenwesens dienen daher nicht selten nur einige sehr viel später entstandene Sagen und Märchen. Sie berichten von der zufälligen oder wundersamen »Erfindung« (das bedeutet im Bergbau soviel wie Entdeckung) von Bodenschätzen und Bergwerken beispielsweise durch Hirten, Jäger und spielende Kinder. Nicht selten sind sie mit den wenigen wirklichen Quellen auf eine Ebene gestellt worden.

Die christliche Religion stand der Nutzung der Bodenschätze nicht im Wege. Im Gegenteil! Bereits Gregor von Nyssa, Kirchenvater und Bruder des berühmten Kirchenvaters Basilios von Caesarea, forderte seine christlichen Zeitgenossen im 4. Jahrhundert zur Gewinnung und systematischen Nutzung der Bodenschätze auf, die »auch ... zum Reichtum« der Erde gezählt werden müßten, die Gott wie in »einer königlichen Schatzkammer« im »Schoße der Erde« geborgen hatte: Gold, Silber und Edelsteine.[1] Dem Christen wurde gesagt, daß er der Bodenschätze zur Befolgung des göttlichen Mandates bedürfe, die Erde zu bebauen und zu bewahren, weshalb ihm zum Beispiel auch die Fähigkeit verliehen worden sei, Eisen herzustellen.[2] Das positive Verhältnis des Christentums zu den Bodenschätzen war damit bereits relativ früh manifestiert.

Die wissenschaftlich haltbaren Zeugnisse für den »deutschen« Raum und für jene Zeit sind spärlich. Wir wissen nicht einmal, ob der Eisenerzbergbau nach der Zurücknahme der römischen Grenzen in der alemannisch-fränkischen Zeit im pfälzischen Raum fortgesetzt worden ist oder nicht. Anders verhält es sich mit den Überlieferungen über den norischen Eisenerzbergbau, der bereits 300 v. Chr. nach Rom Eisen lieferte, das nacheinander von verschiedenen Volksstämmen verhüttet worden ist: von Rugiern, Herulern, Alemannen, von 495 bis 526 von den Goten, dann von Slawen und zu Beginn des 8. Jahrhunderts von austrasischen Bajuwaren.

In der schriftlichen Überlieferung des germanischen Kulturkreises tritt der Bergbau – von den alten römischen Erwähnungen abgesehen – erst eigentlich mit den Frankenkönigen in die Geschichte ein. Kirchliche Urkunden bezeugen es und deuten zugleich auch entscheidende politische Zusammenhänge an. Um 630 schenkte der letzte einflußreiche Merowingerkönig Dagobert I. der Kirche von St. Denis 8000 Pfund Blei aus Naturalabgaben zur Herstellung des Kirchendaches. 83 Jahre später wird das Eisen im Zusammenhang mit dem Kloster Lorch in Württemberg erwähnt, das Schmelzöfen an Unternehmer verpachtete. Kultgeräte, Leuchter, Schalen und andere Gegenstände aus Metall wurden benötigt und aus eigenen Bodenschätzen gefertigt.

Wir kennen zwar eine ganze Reihe süd- und mitteleuropäischer Fundstellen; aber damit ist unser Wissen auch beinahe erschöpft. Zum Beispiel soll Stolberg bei Aachen bereits im Jahre 530 wegen der dort betriebenen Eisenwerke gegründet worden sein. Seit 712 ist der steirische Bergbau am Erzberg bei Eisenerz urkundlich nachgewiesen. Später wurden die Frankenberger Goldbergwerke in Hessen und die Erzlagerstätte am Rammelsberg erschlossen.

Seit Ende des 8. Jahrhunderts wurde sowohl bei Wetzlar als auch im Odenwald Eisensteinbergbau betrieben. In vielen Grubengebieten wurde Erz abgebaut, Eisen verhüttet und in den Handel gebracht, der unter den Karolingern bereits eine recht beachtliche Bedeutung gewonnen hatte. Aber noch zur Zeit Karls des Großen scheint das Eisen sehr knapp gewesen zu sein. Ein Inventarverzeichnis des 700 Morgen großen Kammergutes Stephanswörth, das Karl dem Großen gehörte, verzeichnete nur 27 Sicheln und 7 Hacken aus Eisen.

Karls Beziehungen zum Bergbau, der damals längst auch in Meißen und im Erzgebirge betrieben wurde, stehen außer Zweifel. Aus-

drücklich geht er in den Capitularien auf den Bergbau ein. Die Hüttenleute werden darin angewiesen, bei der Scheidung des Silbers vom Blei größte Sorgfalt walten zu lassen.
Nach der Eroberung der spanischen Mark stieß Kaiser Karl auf eine Bergbautradition, die bis zu den Phöniziern und Karthagern (Strabon III, 2, 10) zurückreichte, nachdem ihm die Schutzrechte über Jerusalem übertragen wurden, auf eine solche, die zumindest bis zum Auszug der Josephstämme aus Ägypten zurückzuverfolgen ist.
Die Assyrer führten Kriege, um in den Besitz von Bodenschätzen zu gelangen, die Ägypter taten es auch, ebenso die Römer und fast alle anderen »Großmächte«. Die Beziehungen aber zwischen den Ausdehnungsbestrebungen der mittelalterlichen Reiche, den Bodenschätzen und dem Bergbau sowohl der eigenen als auch der unterworfenen Gebiete sind noch in keiner Untersuchung proportionsgerecht dargestellt worden. Kein Historiker ist bisher der Frage nachgegangen, welche Rolle zum Beispiel die Silbererzgruben Nordthüringens in Karls des Großen Sachsenkriegen gespielt haben mögen. Mindestens bis zur Erbeutung des Awarenschatzes im Jahre 799 dürfte Karl nicht »uninteressiert« an der Ausbeutung der Silbererzvorkommen des Harzes gewesen sein, zumal er besonders seit 781 immer größer werdende Schwierigkeiten in seinem Münzwesen auszuräumen hatte. Das Gold der gallischen und germanischen Flüsse dürfte kaum noch für die 814 Münzstätten ausgereicht haben, die bereits zur Zeit Theodeberts II. (gest. 548) im Frankenreich betrieben wurden, auf dessen Territorium um 900 vermutlich 3 bis 4 Millionen Menschen lebten: Franken, Friesen, Sachsen, Thüringer, Bayern und Schwaben. Lange Jahre hindurch sind die Silbererzvorkommen des Harzes eine wesentliche Quelle für den Münzmetallbedarf des karolingischen Reiches geblieben.
Die wirtschaftliche Tätigkeit, von der die Völkerschaften in diesem Raum zu Beginn des 10. Jahrhunderts lebten, bewegte sich im Rahmen der Landwirtschaft, der handwerklichen Arbeit und des Handels. Den wichtigsten Zweig bildete die Landwirtschaft als Grundlage der wirtschaftlichen Verhältnisse, die hauptsächlich auf dem grundherrschaftlichen System beruhten. Grundherren bewirtschafteten mit ihren Knechten und Mägden Teile der Ländereien (Herrengüter, Fronhöfe), die ihnen gehörten. Den größten Teil bestellten Bauern, die im wirtschaftlichen und zum Teil auch im persönlichen

Abhängigkeitsverhältnis zu den Grundherren standen und als deren Hintersassen galten.

Die größten Grundherren waren der König und die Kirche,³ deren Besitz ständig durch Schenkungen zunahm.

Die Schätze der Erde den Tempeln

»Venerabilis et pia divini mandati continentia imperatoriam nostre maiestatis excellentiam ad salutem ecclesiarum in terris ordinatam salubri ammonitione sollicitat«,

»der ehrwürdige und fromme Inhalt des göttlichen Auftrags regt Unsere kaiserliche Hoheit und Majestät im Interesse eines ordentlichen Gedeihens der Kirche auf Erden mit heilsamer Mahnung ernsthaft an«, ließ Kaiser Barbarossa im Juli 1184 bekunden,

»ut humilia pauperum Christi vota suscipere eisque de rerum facultatibus que ad iusticiam imperialem respiciunt, debeamus subvenire«,

»die demütigen Wünsche der Armen Christi aufzugreifen und ihnen aus dem Reichtum der Mittel, die zur kaiserlichen Gerechtsame gehören, Hilfe und Unterstützung angedeihen zu lassen.«

»Omnibus itaque Christi fidelibus futuris et presentibus notum esse volumus quod ex mera liberalitatis nostre benivolentia ecclesie beati Lamberti in Karinthia ad subsidium personarum ibidem deo famulantium omne genus metalli quod in eius possessione provenit vel in posterum provenerit, et nominatim cuprum in Bibertal cum omnibus salnis in predio ecclesie inventis sive inveniendis indulsimus.«

»Daher ist es Unser Wunsch, es solle allen Christgläubigen, zukünftigen wie gegenwärtigen, bekannt sein, daß Wir aus dem lauteren Wohlwollen Unserer Mildtätigkeit heraus der Kirche des seligen Lambert in Kärnten als Hilfe für die dortigen Diener Gottes das Baurecht auf jede Art von Metall, das in ihrem Besitze vorkommt oder in Zukunft hervorkommen wird, und namentlich auf das Kupfer im Kainachtal (Biberachtal) samt allen Salinen, die sich auf dem Gute der Kirche finden, zugestanden haben.«⁴

Diese vom Kanzler Godefrid geprüfte Urkunde wurde »mit dem Siegel Unserer Herrlichkeit« besiegelt, die »kraft kaiserlicher Autorität«

bestimmte, »daß jeder, der diese Bekräftigung Unseres Ratschlusses zu brechen versuchen sollte, 50 Pfund reinen Goldes als Buße zu erlegen hat, den halben Teil in die kaiserliche Rentkammer, den übrigen aber denen, die das Unrecht erleiden ...«

Die Domänen, das heißt das über das ganze Reich verbreitete Königs- oder Reichsgut, über das der König frei verfügte, verminderten sich zwar durch die zum Teil beträchtlichen Schenkungen; aber der König besaß genügend Mittel, die Verluste durch neue Erwerbungen auszugleichen. Das grundherrschaftliche System[5] ermöglichte den Grundherren, sich den Aufgaben des Staates und des Krieges zu widmen. Im Laufe der Zeit war die Reiterei als Kern des Heeres an die Stelle des Fußvolkes getreten. Der neue Adel führte den Krieg, mit Rüstungen aus Metall bewehrte reiche »Ritter« beherrschten das Feld. Schon von den Franken mußte gesagt werden, daß sich ihre mangelnde Erfahrung im Fußkampf bereits bei der Schlacht von Löwen (891) gezeigt habe. Die thematisch gebundene Bedeutung des Herrenhofs läßt sich an der Geschichte des Handwerks ablesen. Die wichtigsten Gewerbe zur Versorgung der Grundherrschaft und der Umgegend wurden hier, wo sich Marktzentren bildeten, von Beauftragten der Grundherren oder der Meier ausgeübt. Müller und Bäkker, Schuhmacher und Schneider, Schreiner und Zimmerleute, Sattler, Schmiede und andere Handwerker gingen dort ihrer Arbeit nach. Es wurde getauscht und mit Geld gekauft. Von einer ausschließlichen Naturalwirtschaft kann deshalb nur mit Einschränkung die Rede sein. Bereits Pippin und Karl der Große hatten den Münzverkehr einheitlich geregelt. Das Recht (Regal), Münzen zu schlagen, stand zwar ursprünglich nur dem König zu; aber es war übertragbar. Schon unter den späteren Karolingern hatte die Territorialisierung eingesetzt. Geprägt wurden Denare, kleine Silbermünzen; Schilling und Pfund (etwa 350 Gramm) galten als Rechenwerte. Außerhalb des Herrenhofes gab es zunächst kaum Handwerker; denn auch die Gewerbe in den ehemaligen Römerstädten, im Westen und Süden des Reichs oder bei größeren Kirchen, in Klöstern und Königspfalzen wurden von der Grundherrschaft eingerichtet und in Abhängigkeit gehalten.

Handelswege, Städte und Kulturzentren

Frei war die Tätigkeit am ehesten im Handel, der einen örtlichen, einen binnenländischen und einen internationalen Handel umfaßte. An größeren Handelsplätzen schlossen sich die Kaufleute, wie später in ähnlicher Weise auch die Handwerker, zu Gilden zusammen, die kaufmännische Interessen zu vertreten hatten und auch geselligen Zwecken dienten. Der örtliche Handel stand mit den Gewerben an den Herrenhöfen in Verbindung und versorgte die nähere Umgebung des Marktes. Der binnenländische Handel, der ein größeres Gebiet oder das Reich umfaßte, war ebenso wie der internationale Handel in Deutschland von den Straßen und von den Flußläufen abhängig. Die Straßen, die meist noch aus der Römerzeit stammten, waren schlecht und lähmten besonders den West-Ost-Verkehr. Den Handel in der Nord-Süd-Richtung erleichterten die Flüsse. Unter den Kaufleuten, die in die Nachbarländer gingen oder aus ihnen kamen, haben sich besonders die sogenannten Friesen (Niederländer) einen Namen gemacht, ebenso die Flamen, die Tuche aus Flandern und vom Niederrhein brachten. Doch auch andere Händler waren anzutreffen: Sachsen, Araber, Juden und Slawen. Unmittelbare Beziehungen zum Bergbau dürften wohl nur die Sachsen und Slawen gehabt haben. Für den Verkehr mit den Niederlanden und mit England spielte besonders Köln als Metropole der nach Mainz zweitwichtigsten Kirchenprovinz eine Rolle, ebenso in den Niederlanden Tiel, Duurstede und Antwerpen und in Flandern Gent und Brügge. Für den Verkehr mit Frankreich und Burgund boten sich besonders Mainz als Sitz des Primas Germaniae, Worms, Straßburg und Verdun an, für den Handel mit Italien Augsburg und für die Donauländer Regensburg. In Mitteldeutschland spielte Erfurt eine wichtige Rolle. Über Magdeburg und Bardowiek vollzog sich der Handel mit den Slawenländern, über Haithabu-Schleswig mit Skandinavien.
In Süd-Nord-Richtung, wie die Flüsse, verlief die alte Römerstraße von Rhône und Saône durch die Burgundische Pforte zum Rhein, eine andere über den Brenner nach Augsburg und Regensburg, nach Mitteldeutschland und zur Elbe. In West-Ost-Richtung führten die Wege von Brügge über Gent nach Köln und von dort entweder am Nordrand des Harzes entlang nach Magdeburg und zu den dortigen

Elbslawen oder über Erfurt zu den Sorben. Im Harz lag der Rammelsberg, der zur Zeit Kaiser Ottos I. (936-973) fündig wurde. Bereits im 4. Jahrhundert soll der Stahlberg bei Schmalkalden ausgebeutet worden sein. Andere Straßen führten von Paris über Verdun und Metz nach Mainz, über Toul und Zabern nach Straßburg, von Mainz und Regensburg nach Prag. Nach Wenzel Hazeks Chronik ist seit 677 bei Botack in Böhmen, wo ein alter markomannischer und quadischer Eisenerzbergbau existierte, Eisenstein gewonnen worden. Von Straßburg zogen die Kaufleute über Ulm nach Augsburg.[6] Die belebtesten internationalen Verkehrswege, von Byzanz zur Ostsee und vom Mittelländischen Meer durch Burgund und Frankreich, umgingen Deutschland, und auch die Verbindung zur Nordsee (Brügge und London) berührte den deutschen Raum nicht, dessen Handel dadurch merklich litt. Deutschland war deshalb im Vergleich zu Italien und Frankreich ein armes Land. Dennoch hat die Verbindung von Bergbau und Handel auch im Mittelalter zur Entstehung und Entfaltung vieler Städte geführt. Bereits seit dem 8. Jahrhundert wurden die Konturen des »Ruhrgebietes« durch die Salzgewinnung geprägt. Rasch entstanden Städte. Schon im Jahre 900 ist Sterkrade in den »Traditiones Werdenses« erwähnt. Und auch andere Orte haben seit der Zeit bald Städtecharakter angenommen: Duisburg, Essen, Bochum und besonders Dortmund, im Norden Wesel und Recklinghausen und im Tal der Ruhr von Mülheim, Kettwig und Werden (seit 794 Reichsabtei) aufwärts Plätze wie Steele, Hattingen und Herdecke, Witten, Wetter und Schwerte. Die rasche Entwicklung durch die einströmenden »Sälzer« in die bäuerliche Umgebung führte bald zu einer Menschenansammlung an bestimmten Orten. Ihren Ausgang nahm die Salzgewinnung entlang des Hellweges, besonders bei Soest, das später Hansesitz wurde. Auch die Geschichte von Dürrnberg-Hallstein, von Reichenhall und Berchtesgaden[7]-Obersalzberg begann mit der Salzgewinnung, von der auch die Städte und Märkte entlang der Salzach, die bayerischen Salzstapelplätze Laufen, Tittmoning und Burghausen, abhängig waren. Hinzu kommen unter anderem die österreichischen Schiffs- und Umschlagplätze für Salz: Oberndorf, Braunau, Obernberg und Schärding am Inn und die Orte, die am Landweg des Salzes – über die »Goldene Steige« – nach Böhmen liegen. Der Name Hallstatt – mit der an ihn geknüpften Erinnerung an das mehr als 2000 Jahre alte Gräberfeld mit über

2000 einstigen Salzbergleuten und rund 1650 Grabbeigaben[8] – ist aus der Kulturgeschichte gar nicht fortzudenken. Der Handel mit dem Salz, das am Westufer des Hallstätter Sees in Oberösterreich bereits zur Eisenzeit gewonnen wurde, beherrschte weite Teile des damaligen »europäischen Marktes«. Wie die Auswertung der Forschungen seit 1846 zeigt,[9] sind in Hallstatt von um 900 bis um 250 v. Chr. drei Bergwerke (in einer Höhenlage zwischen 900 und 1200 m und der größten Schacht-Tiefe von 330 m unter Tage) betrieben worden, die miteinander nicht verbunden waren und wahrscheinlich das im Altertum ganz besonders kostbare Salz, das beispielsweise im Jahre 1789 infolge der obrigkeitlich sehr knapp bemessenen Zuteilung hinter dem Engagement sehr vieler Angehöriger des niedersten Standes in Frankreich für die Revolution stand, auch nicht gleichzeitig förderten.

Trotz der rund 2800 Jahre, die seit dem Beginn der Salzgewinnung in Hallstatt vergangen sind, ist bis auf den heutigen Tag hin die Frage nicht hinreichend beantwortet, wie der alte Bergbau, der teilweise bereits mit Methoden betrieben wurde, wie sie im deutschen Sprachraum allgemein erst im Mittelalter üblich waren, organisiert und finanziell gesichert worden ist. Zwei Jahre hindurch dürften die Bergleute jeweils beschäftigt gewesen sein, bevor sie mit ihren Werkzeugen das taube Gestein durchdrungen und das Salz des Berges erreicht hatten. Rund zwei Jahre mußten die »Bergherren« also auf den Profit aus der Erde warten, zumal auch das Gebiet um den Hallstätter Salzberg herum landwirtschaftlich nicht genutzt werden konnte. Um so bemerkenswerter ist, daß nachweisbar nicht nur die keltische Bevölkerung in und um Hallstatt dem Salz ihren Wohlstand und kulturellen Reichtum verdankte.

Allgemein spielte sich das kulturelle Leben jedoch immer noch auf dem Lande ab, an den durch die Landwirtschaft gesicherten Herrenhöfen und in den Klöstern. Mönche und Geistliche pflegten das Orgelspiel und den Kirchengesang. Literatur und Dichtung spielten eine wesentliche Rolle, aber auch die Arbeiten zum Beispiel an Annalen (Fulda) und an Traditionsbüchern, die vor allen Dingen den kirchlichen Besitz verzeichneten. Klosterschulen genossen bald einen weithin beachteten Ruf. Bedeutende Mönche und Geistliche taten sich hervor: Hrabanus Maurus, Rudolf, Meginhard, der Stabreimdichter des »Heliand« (im Kloster Fulda), Walahfrid vom Kloster Reichenau mit seiner berühmt gewordenen Malerschule, Notker der Stammler und Ratpert von St. Gallen, Otfried von Weißenburg an der Lauter und viele andere.

Dem zuletzt genannten Mönch Otfried von Weißenburg verdanken wir unter anderem auch einen berühmt gewordenen Hinweis auf Kupfer, Eisen, Silber und Gold in diesem geschichtlichen Raum. In der Vorrede zu seinem althochdeutschen Evangelienbuch aus den sechziger Jahren des 9. Jahrhunderts heißt es unter anderem:

> Zi nuzze grebit man ouh thar [am Rhein]
> er inti kuphar,
> io bi thia maina
> isine steina:
> Ouh tharazua fuagi
> silabar ginuagi,
> ioh lesent thar in lante
> gold in iro sante.

»Zu Nutzen gräbt man Erz und Kupfer am Rhein, wo es auch Eisenerz und genug Silberminen gibt und Gold im Sand zu finden ist.« Zweihundert Jahre später formulierte ein anderer Mönch, der deutsche Benediktiner Theophilus, bereits genaue Anweisungen zur Metallverarbeitung.

Entwicklung bis zur Krise im 14. Jahrhundert

Das häufig erörterte Problem der Kontinuität zwischen Altertum und Mittelalter darf – trotz der »Atempause« – für die Bergbaugeschichte als gegeben angenommen werden. Auch nach dem Verfall der antiken Gesellschaft und Wirtschaft wurden Bodenschätze benötigt. Allerdings erlebte der Bergbau keine nennenswerte Entwicklung. Die nicht merklich weiterentwickelte Technik erwies sich mit der Zeit als zu wenig profitabel, die Produktion stagnierte. Durch die vorherrschende Naturalwirtschaft wurde der Abbau von Bodenschätzen überwiegend innerhalb der einzelnen Grundherrschaften – in bescheidenem Umfange – geregelt.

Erst die Entwicklung des Städtewesens nach dem ersten Jahrtausend

n. Chr., die sich steigernde Produktion und der Fernhandel förderten die Geldwirtschaft und schließlich auch die Intensivierung des Bergbaus. Aus jener Zeit stammen viele Nachrichten über die Ausdehnung des Bergbaus im deutschen Raum. Aus dem Jahrhundert nach der Entdeckung der Harzer Erzvorkommen[10] datieren die schriftlichen Belege über den Schwarzwälder Silbererzbergbau und über den Bergbau des Alpengebiets. Die Städte blühten auf, der Fronhofverband wurde aufgelöst, seine Ländereien in freie Leihgüter umgewandelt. Neben die Naturalpacht trat die Zahlung mit Geld, wodurch die Voraussetzung für die Einrichtung einer Steuer gegeben war. Die in immer stärkerem Maße benötigten und geforderten Zahlungsmittel bedingten schließlich wiederum die Ausdehnung des Edelmetallerzbergbaus. Die unmittelbaren Beziehungen zwischen dieser Entwicklung, dem Erstarken der militärischen und wirtschaftlichen Kräfte und der bald darauf folgenden Unterwerfung der von den Slawen östlich der Elbe-Saale-Linie besiedelten Gebiete sind augenscheinlich. Bis zum Beginn des 13. Jahrhunderts hat sich der Bergbau in diesen Gebieten merklich entwickelt. 1168 scheint der Abbau in Freiberg intensiviert worden zu sein,[11] und auch für den schlesischen Bergbau existieren entsprechende schriftliche Belege für jene Zeit.[12] Der Bergbau in Böhmen ist nicht jünger. Die Grenze des Bergbaus, der auch während der Intensivierung des Abbaus in den neuen Territorien ebenso in Altdeutschland nicht stagnierte, erreichte bis zur ersten Hälfte des 13. Jahrhunderts den Kamm des Schwarzwaldes.
Mit dem Abschluß der Expansion des mittelalterlichen Reiches fand auch die territoriale Ausdehnung des Bergbaus ihren Abschluß. Seine systematische Intensivierung begann. In dieser Zeit verbesserte sich zwangsläufig die Bergbautechnik, die erst seit dem 12. Jahrhundert aus den primitiven frühmittelalterlichen Formen heraustrat. Der Übergang zum Tiefbau anstelle des Tagebaus und der Grabungen von der Oberfläche aus brachte Probleme der sogenannten »Wassergewältigung« mit sich, denen mit neuen Verfahren und Hilfsmitteln begegnet werden mußte. Bis dahin ist das Wasser, stellenweise sogar bis ins 14. Jahrhundert hinein, mit Hilfe von Haspeln oder durch Wasserknechte, die auf Fahrten (Leitern) standen und die Ledereimer aus der Tiefe nach oben beförderten, aus den Gruben gehoben worden. Durch den nunmehr eingeführten Bau von Stollen (in horizontaler Richtung oder mit nur geringem Anstieg in das Gebirge bis

an die Erzgänge vorgetriebenen Strecken) wurde das Wasser aus den Gruben abgeführt, das gewonnene Gut gefördert und die Wetterführung (Lüftung) besorgt. Der Bergmann lernte das Wasser nicht nur über Tage, sondern auch unter Tage in seinen Dienst zu nehmen. Aus »Böhmen erfahren wir zu Anfang des 14. Jahrhunderts, daß Wasser als Antriebskraft zur Hebung der Grubenwässer mit Hilfe von Rädern benutzt werden sollte. In Iglau wurde einem Heinrich Rothärmel dafür und für die Herstellung eines beständigen Betriebes von sechs Rädern ein Zins versprochen.[13] Auch im Deutschbroder Revier und in Kuttenberg arbeiteten Wasserräder. Daneben gebrauchte man von Pferden betriebene Göpel. Im Jahre 1284 begann im Schwarzwald der Bau einer kostspieligen Wasserleitung zur Versorgung der Bergwerke.«[14] Während der Stollenbau für Kuttenberg und Iglau[15] in Böhmen für das 13. Jahrhundert bezeugt ist, läßt er sich für Schlesien[16] und Sachsen[17] erst seit der ersten Hälfte des 14. Jahrhunderts nachweisen. In jene Zeit (1302) fällt auch der bislang älteste Bericht über die Verwendung von Steinkohle im Ruhrgebiet in Schüren bei Dortmund.[18]

In der Hüttentechnik war man infolge der einfacheren Verhältnisse über Tage weiter als im Bergbau unter Tage. Bereits im 12. Jahrhundert scheint die Wasserkraft zum Antrieb von Stampfwerken und Hämmern und vielleicht auch von Blasebälgen bei der Erzverhüttung benutzt worden zu sein. Aus dem 13. Jahrhundert jedenfalls liegen genauere Angaben aus der Steiermark vor.[19] Stauanlagen (für 1298 im Harz[20] nachgewiesen) wurden gebaut, Hüttenanlagen aus den Wäldern an Flüsse und Bäche verlegt.

Zu Beginn des 13. Jahrhunderts benutzten die Hüttenleute am steirischen Erzberg Blasebälge bei der Eisenverhüttung. Wahrscheinlich verdrängte der Stückofen zur gleichen Zeit die Rennfeuer mit offenen Herdgruben. Die ausgebrachten Eisenluppen hatten den doppelten Umfang. Im 14. Jahrhundert verbesserten die Hüttenleute die Öfen durch gut gemauerte Ofenstöcke. Zur Aufbereitung der Roherze wurde im 15. Jahrhundert der Sichertrog entwickelt, der die körperliche Arbeit erleichterte und zu größeren Leistungen bei der Aufbereitung führte. Die Froschlampe (»Unschlittlampe«) für den Mann unter Tage, die Verbesserung der Bewetterung der Grubenbaue durch die Verbindung der Stollen mit den Schächten und die Markscheidekunst kamen als weitere Neuerungen hinzu.

In der Oberpfalz wurde seit dem 13. Jahrhundert systematisch Nadelholz für Bauzwecke, für die Verwendung als Grubenholz und zur Herstellung von Holzkohle angepflanzt. In jene Zeit fällt auch die Einführung der Entlohnung der Bergarbeiter durch Geld, von der allerdings die Bulgenmacher, Erzscheider und Stundenausrufer ausgenommen wurden.
Allerdings lassen sich die Neuerungen im Bergbau und Hüttenwesen für jene Zeit nicht überall nachweisen. Sie setzten sich nicht gleichzeitig durch. Der ganze Einsatz des Bergmannes selbst war nach wie vor erforderlich. Die mechanischen Hilfsmittel spielten in seiner Arbeitswelt nur eine bescheidene Rolle.
Mit dem Bergbau entfaltete sich zwangsläufig auch das Schmiedehandwerk. Harnische und Panzer wurden in Iserlohn, in Altena und Lüdenscheid hergestellt, Büchsen in Burg, Sensen in Remscheid und in Cronenberg und Messer in Solingen. Viele Schmiede ließen sich in Bergbauorten nieder. Allein nach Dortmund wanderten zwischen 1295 und 1330 einunddreißig Schmiede zu. In Niedersachsen und im Harz sah es ähnlich aus. Ein schwungvoller Handel mit Gegenständen aus Metall, die im Ruhrgebiet hergestellt wurden, hatte bereits in der Mitte des 12. Jahrhunderts zwischen den Märkten und Plätzen des Ruhrgebietes und den Ostseestädten begonnen, was schließlich der Entwicklung der Hanse zugute kam. Eisenerze gab es im Ruhrgebiet, besonders südlich der Ruhr, Raseneisenerze vornehmlich an der Emscher und Lippe beiderseits des Niederrheins. Geschmolzen wurden sie vor allem bei Iserlohn, Breckerfeld und Schwelm, wahrscheinlich auch bei Hattingen und beim Briloner Eisenberg, vielleicht auch bei Isenburg.
Die Stadtwirtschaft mit ihren zunehmenden Verwendungsmöglichkeiten für Nichtedelmetalle, die in die städtischen Handwerksbetriebe verlegte Produktion und die Anforderungen und Nachfragen nach Gegenständen aus Metall hat den Kupfer-, Eisen- und Zinnerzbergbau auch in der im folgenden untersuchten schweren Wirtschaftskrise nicht zurückgehen lassen. So ist es zum Beispiel im Erzgebirge und im Fichtelgebirge sogar eher zu einer Ausweitung als zu einem Rückgang des Zinnerzbergbaus gekommen. Der Aufschwung begann allerdings erst an der Wende vom 15. zum 16. Jahrhundert, als auch der Edelmetallerzbergbau aus der Krise herausgetreten war.
Zu diesen Voraussetzungen gesellte sich die Tatsache, daß die Besit-

zer der Hütten- und Hammerwerke weniger Abgaben zu zahlen hatten als die Gewerken im Gold- und Silbererzbergbau. Sie schützten sich vor fallenden Preisen während der allgemeinen wirtschaftlichen Stagnation (seit der Mitte des 14. Jahrhunderts) durch Produktionseinschränkungen. Städtekriege und Fehden förderten die Waffenproduktion. Mit der nunmehr einsetzenden Herstellung von Geschützen (meistens aus Bronze; Büchsen aus Eisen) wurden die Ritterheere vom Schlachtfeld verdrängt. Panzerrüstungen und Harnische boten gegen Kanonenkugeln keinen Schutz. Bereits für das Jahr 1390 ist in Merckeln Gast ein Büchsenmeister urkundlich nachgewiesen, der Geschütze aus Eisen goß. Im gleichen Maße, in dem die Ritterheere nun an Boden verloren, gewann der Bergbau an Bedeutung. Ein Teil seiner Gewerken kam besonders bis 1350 aus dem Kreis der kleinen Grundherren, um deren Existenz es in der Krise allerdings schlecht bestellt war, weil ihre wirtschaftliche Leistungsfähigkeit nicht dazu ausreichte, als Bergherren im Edelmetallerzbergbau hohe Zubußen zahlen zu können. Die Berggewerk- und Hüttenbesitzer in der Oberpfalz beispielsweise stammten in den meisten Fällen aus Familien, deren Vorfahren Adelige waren, die im 11. und 12. Jahrhundert in die Bergstädte Amberg und Sulzbach gekommen sind. Im Gegensatz zu den bürgerlichen Gewerken führten sie – hier – gern handwerkliche Zeichen wie Schmiedehämmer und Luppenzangen in ihren Wappen.[21]

Wenn einer reich wird, arbeiten hundert umsonst

Die Phase des Fortschritts zwischen dem Ende des 12. Jahrhunderts und der Mitte des 14. Jahrhunderts hat viele Fachleute übersehen lassen, daß sich die Verhältnisse im Edelmetallerzbergbau in Deutschland seit der Mitte des 14. Jahrhunderts bis zur Mitte des 15. Jahrhunderts beträchtlich verschlechterten. Verläßliche Zeugnisse bekunden die Krise eindeutig. Für den Bereich der Geschichte ist der Bruch der wirtschaftlichen und sozialen Entwicklung durch neuere Forschungen unbestritten nachgewiesen. Die Überlieferungen zur Geschichte des Bergbaus dagegen weisen in diesem Punkt keine Einhelligkeit auf. Bis auf den heutigen Tag ist es nicht einmal gelungen, den Umfang der Produktion der deutschen Edelmetallerzbergwerke während des Mittelalters auch nur einigermaßen genau festzustellen. Selbst über Glanzzeiten und Krisen herrscht keine Übereinstimmung in der Geschichtsschreibung. Während Brüning, Bechtel, Kirnbauer und eine Reihe anderer Historiker von einem Auftrieb des Edelmetallerzbergbaus oder sogar von einer Glanzzeit im 14. und 15. Jahrhundert sprechen, wird diese Feststellung von Hausherr, Postan[22] und anderen durch Fakten in Frage gestellt. Dabei lassen die – im folgenden angeführten – Quellen ein eindeutiges Urteil zu. Ein halbes Jahrhundert bevor Georg Agricola seine vielbeachteten Arbeiten[23] über den Bergbau (zwischen 1544 und 1556) schrieb, erschien in Leipzig eine dichterisch dargestellte Gerichtsszene mit dem Titel »Gericht der Götter über den Bergbau«.[24] Sie stammte von dem Lehrer und Stadtschreiber Schneevogel mit dem latinisierten Namen Paulus Niavis und war nach antikem Vorbild verfaßt. In jenem dichterischen Zeugnis heißt es: »Wenn einer reich wird, so arbeiten hundert umsonst; sie stecken Gold und Silber hinein und bekommen Steine und Dreck heraus ... Und wenn wir die Sache recht betrachten, so hat man viel mehr Geld in jenen Schneeberg und die umliegenden Berge hineingesteckt als Gewinn daraus gezogen.« Ein altes sächsisches Bergmannslied bestätigt: »Vom Schneeberg hat viel mancher man / gros gut und gelt erworben / Wiewol ich doch vernomen han / jr vil sind gantz verdorben.«[25] Und auch der Bergmannssohn Martin Luther, der die Übernahme des bergbaulichen Risikos ablehnte, das zwangsläufig mit dem Erwerb von Kuxen verbunden war, äußerte sich ähnlich: »Ich will kein kucks haben! Es ist spielgelt, und es will nicht wudelln, dasselbig gelt.«[26] ... Das Spielgeld wird keinen Gewinn bringen.

In den Privilegien König Wenzels aus den Jahren 1385-1391 für Goslar wird gesagt, daß die Stadt der Armut verfiel, weil das »bergwerk und huttewerk doselbist, die vormals fruchtper und geniessehafftig waren, gentzlichen abekomen seyn«.[27] 15 Jahre später bekundete ein Gewerkenbrief, daß der Rammelsberg »leider lange Zeit ... wüst« gelegen habe und noch brachläge. Und im Jahre 1428 wurde in den Aufzeichnungen des Rates festgestellt, daß »dat [Bergwerk] leider gans vorvallen unde vorgan is«.[28] Zahlreiche Überlieferungen bezeugen die Verschuldung der Leute, die damals am Bergbau beteiligt waren. Auch im Oberharzer Bergbau sah es nicht anders aus. Um 1350 wurde er stillgelegt. Der Zellerfelder Bergbau lag im 15. Jahrhundert gänzlich brach. Ebenso wurde Mitte des 14. Jahrhunderts im Freiberger Gebiet Klage geführt, daß der Bergbau eine lange Zeit hindurch nur spärlich betrieben worden sei. Im Jahre 1410 wurde gesagt, daß »lange cziit etwevil bergwercks in einer myle wegis umb unser stat Friberg lessiglich gebuwet«[29] sei. Nur wenige Gruben waren am Ende des 14. Jahrhunderts noch in Betrieb, viele Schmelzhütten geschlossen, der ostelbische Bergbau Sachsens stark zurückgegangen. Über die Verhältnisse im Schwarzwälder Bergbau sind so überzeugende Belege nicht vorhanden. Ein Urbar (Grundbuch) des Klosters St. Blasien aus dem Jahre 1352 bekundet jedoch, daß in der Bergwerkskolonie Todtnau 22 Mühlen und 14 Würkhöfe (Poch- und Schmelzstätten) vorhanden gewesen seien. Im Jahre 1374 gab es davon nur noch acht Mühlen und sieben Höfe.[30] Das Stiftungsbuch von St. Blasien enthält den Hinweis, daß im 14. Jahrhundert der Bergbau von Todtnau aufgegeben worden ist, wodurch die von der Ausbeutung der Bodenschätze lebenden Orte Todtnau und Prinzbach ihre Bedeutung verloren: »220 menschen des Bergvolkhs« haben »eines tags ... abziehen« müssen. Eindeutig wird der Niedergang des böhmischen Bergbaus bezeugt. Von 1351 bis 1420 ging der Ertrag des Kuttenberger Silbererzbergbaus so weit zurück, daß er nur noch die Hälfte der Förderung aus der Zeit zwischen 1290 und 1350 erreichte. 1348 war es zu schweren Wassereinbrüchen gekommen. Die Bergwerke der Umgebung von Iglau ersoffen 1378; dort haben die Grubenwasser den Bergleuten bereits seit Beginn des Jahrhunderts Schwierigkeiten bereitet. Deutschbrod war schon zu Beginn des 14. Jahrhunderts eine arme Stadt. Auch in Eule ersoffen die Gruben, die dadurch verfielen. Böhmens große Bergbauzeit war zu Ende. Unbestreitbar ist auch, daß der schlesische Bergbau empfindlich zurückging. Herzog Ruprecht erklärte 1404, daß seine Gruben ersoffen seien. Um 1340 ging die Förderung in Bunzlau, Goldberg und Löwenberg zurück; acht Jahre später stockte die Ausbeute in Nikolstadt,[31] wo der Bergbau 1370 endgültig aufgegeben werden mußte. Das Ende des Beuthener Bergbaus gibt eine alte Sage mit dem Jahr 1363 an. Weil seine (wahrscheinlich Golderz-)Bergwerke keine Ausbeute mehr brachten, soll Herzog Wenzel von Liegnitz im Jahre 1364 in großer Not gestorben sein.[32]

Der Golderzbergbau in den Ostalpen, besonders in Gastein und in der Rauris, ging ebenfalls zurück. 48 Schuldscheine von Gewerken aus der Zeit zwischen 1377 und 1387 bekunden, wie schlecht es dort zu jener Zeit um den Bergbau bestellt gewesen ist. In Salzburg stockte die Gold- und Silberprägung.[33] In Zeiring in den Alpen ersoffen die Gruben 1365. Aeneas Sylvius[34] bestätigte 1450 die geringe Silbererzförderung in der Steiermark. Über die Tiroler Gruben ist aus der Zeit zwischen 1360 und 1420 gar nichts bekannt. Der Silbererzbergbau von Friesach und Gurk ging im 14. Jahrhundert sehr zurück. Im Schweizer Kanton Glarus ging der Bergbau, ähnlich wie im Oberharz, während des Schwarzen Todes ein.

Diese schwere Krise des Bergbaus – sogar des Edelmetallerzbergbaus – seit der Mitte des 14. Jahrhunderts wurde von einer auffallend erfindungsarmen Zeit begleitet. Um 1400 läßt sich ein Tiefpunkt feststellen, den das Jahrhundert davor und auch das Jahrhundert danach niemals erreichten oder gar unterschritten. Die wenigen Neuerungen im Bergbau blieben ebenso bedeutungslos wie die im Hüttenwesen.

Man hat die Ursachen für die Krise auf verschiedene Weise zu erklären versucht: Wassereinbrüche, Versiegen des Bergsegens, zuwenig Entdeckungen neuer Fundstellen und unzureichende technische Mittel werden immer wieder als entscheidende Faktoren genannt. Die wirklichen Ursachen dürften damit jedoch nicht genannt worden sein. Zu Wassereinbrüchen ist es im Bergbau vorher und nachher immer wieder gekommen. Nicht zu begründen ist andererseits auch die Vermutung, daß gerade in diesen hundert Jahren überall der Bergsegen zurückgegangen und versiegt sein soll. Wesentliche neue Fundstellen sind auch am Ende des 15. Jahrhunderts nirgendwo ausgebeutet worden. Das Schneeberger Gebiet zum Beispiel, in dem besonders seit 1470 ungewöhnlich viele Erze gefördert wurden, war bereits vor 1320 bekannt. Dort ist schon im Jahre 1316 zwischen Weißbach und Kirchberg eine Verleihung registriert.[35] In der Umgebung von Schwaz in Tirol wurde seit Ende des 13. Jahrhunderts Erz gewonnen. Auch das »16. Jahrhundert hat keine neuen bedeutenden Lagerstätten erschlossen, sondern lediglich eine Ausweitung der vorhandenen Zentren ... herbeigeführt«,[36] und auch für den Oberharzer Bergbau zwischen 1200 und 1350 ist bezeugt, daß die »Tätigkeit der Bergleute ... sich bereits damals über alle später gebauten Erzgänge des Oberharzes erstreckte«.[37] Holz zum Ausbau der Gruben, Pferde für den

Schnitt durch ein Bergwerk des 16. Jahrhunderts. Holzschnitt aus der »Cosmographia« des Sebastian Munster (1544).

Oben: Bergwerkskaue aus dem Jahre 1776. Zeichnung von Johann Wolfgang von Goethe, der seit 1775 Minister für Bergbau und Wegebauwesen im Kabinett des Herzogs Karl August war.

Rechts: Heilige Barbara. Lindenholzplastik von Tilman Riemenschneider (um 1460–1531).

Übernächste Seite unten: Eine von dem westfälischen Tischler und Mechaniker Franz Dinnendahl angefertigte Skizze für eine Dampfmaschine. Dinnendahl entwickelte (und baute) um 1800 auf einigen Zechenanlagen Dampfmaschinen nach verschiedenen Prinzipien, so z. B. auf der Zeche Wohlgemuth im Werdeschen, in einem Bleibergwerk in der Gegend von Aachen und auf der »Röttgersbank« bei Essen. In Deutschland, wo die Dampfmaschine zunächst besonders im Berg- und Hüttenwesen eingesetzt wurde, hatten ihre Erbauer häufig mit großen Schwierigkeiten zu kämpfen. Auch Dinnendahl beklagt sich in seiner Selbstbiographie über die Revierbeamten im Bergbau bei Essen: »Auf alle mögliche Weise wurde ich von denselben bei den Gewerken und dem Publikum verkleinert und in den Schatten gestellt.«

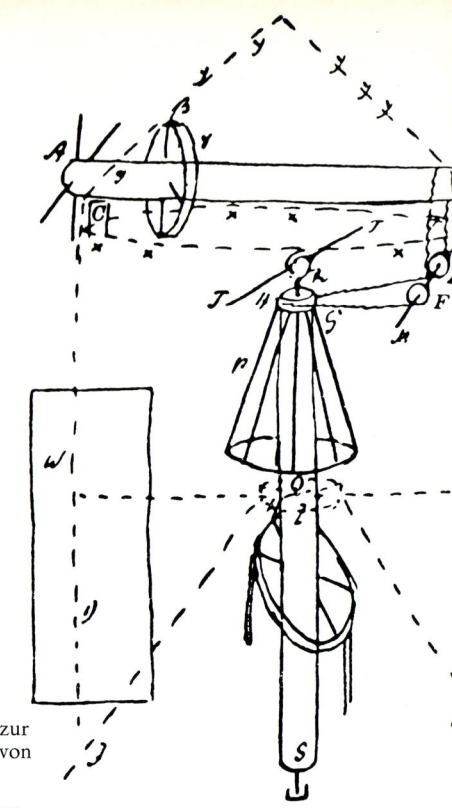

Rechts: Entwurf einer Windmühle zur Wasserhebung aus Gruben. Skizze von Leibniz.

Skizze für eine Dampfmaschine. *Bildlegende auf den vorhergehenden Seiten.*

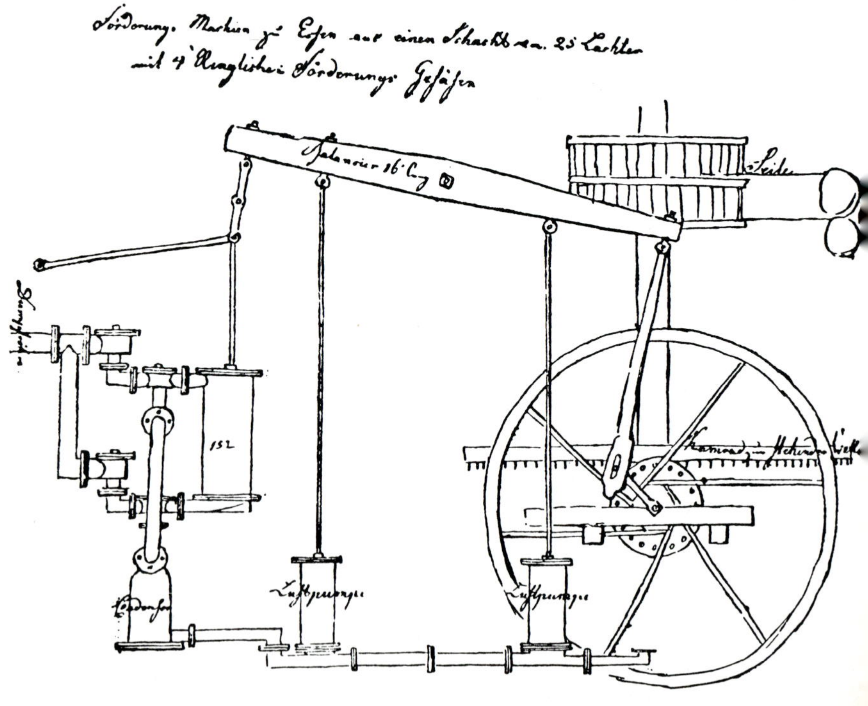

Transport und für den Göpelbetrieb, Eisen für das bergmännische Gezähe und für die Ausstattung der Grubenbetriebe hat es im 14. Jahrhundert nicht weniger als im 15. oder 16. Jahrhundert gegeben. Die Markscheidekunst war in ihren Anfängen bekannt. Brauchbares Geleucht, die Wetterversorgung und andere technische Mittel waren während des Aufschwungs in den Dienst des Bergbaus genommen worden. Die technische Begabung der Bergleute und Erfinder ist gewiß nicht weniger entwickelt gewesen als vorher und nachher. Von der technischen Seite allein läßt sich die Krise nicht ergründen.

Die wirtschaftliche und politische Struktur der Gesellschaft hemmte vielmehr die Entwicklung und brachte den Bergbau und das Hüttenwesen in arge Bedrängnis. Früh schon war der Edelmetallerzbergbau dem Regal unterworfen worden. Die Inhaber der Regalien, die Landesherren, waren gewöhnlich zugleich auch Inhaber der Münzrechte. Sie bestimmten die Gold- und Silberpreise bei der Ablieferung der Edelmetalle, die häufig nicht in den Handel, sondern in die Münze gelangten. Besonders aus dem Freiberger Gebiet liegen zahlreiche Zeugnisse dafür vor. Die Gewerken kamen seit der Mitte des 14. Jahrhunderts bei der Silberlieferung nicht mehr auf ihre Kosten. Aus der »feinen Mark« wurden 1360 in Freiberg 72 Groschen geprägt, 1390 waren es schon 150 Groschen. Der Preis für das einheimische Silber betrug bis 1431 jedoch 64 Groschen, während fremdes Silber, eine Quelle des reichen Gewinns der Händler, 1386 mit 100 Groschen bezahlt wurde. Eine Münzverschlechterung folgte der Prägung großer Gold- und Silbermünzen seit der ersten Hälfte des 14. Jahrhunderts in Deutschland unmittelbar auf dem Fuße. Selbst in den Gebieten der Markgrafschaft Meißen, deren Münzwesen bis dahin als besonders stabil galt, wirkte sich dieses Übel sehr nachteilig aus. So mußte es nur zu selbstverständlich sein, daß Einheitspreise für Silber angestrebt wurden. Solche Bemühungen lassen sich seit der Mitte des 14. Jahrhunderts besonders im Schwarzwald nachweisen. Mit der Errichtung des Silberbannes wurden der Silberausfuhr nach 1377 empfindliche Schranken gesetzt. Diejenigen, die unmittelbar vom Bergbau existierten, sahen sich in einer schwierigen Lage. Der gesetzlich festgelegte Silberpreis lag weit unter dem Marktpreis. Den Städten stand das Vorkaufsrecht gegenüber den Bergwerken zu. Der Bergbau profitierte nicht davon, zumal das Silber nicht ausgeführt werden durfte.

Im Alpengebiet erwirkte der sogenannte Wechsel die Einlösung des geförderten Edelmetalles für den Landesherren zu einem Preis, der ebenfalls unter dem Marktpreis lag und vom Landesherren selbst festgesetzt wurde. Besonders die kleinen Unternehmer litten unter dieser Regelung, die viele Bergleute dazu bewog, ihre Heimat, wie zum Beispiel den berühmten Bergbauort Schwaz, zu verlassen.

Der böhmische Groschen verlor sein Ansehen wegen der zunehmenden Verschlechterung des Feingehaltes besonders zwischen 1378 und 1419. Der Goldgulden gewann an Geltung, so daß es schließlich zur Goldwährung kam. Der dortige Bergbau wurde davon nicht nur mittelbar betroffen. Wie in Sachsen, so mußte auch dort das Silber der landesherrlichen Münze zur Verfügung gestellt werden. Die böhmischen Könige dürften kaum irgendwann einen größeren Nutzen aus dem Bergregal gezogen haben als gerade im 14. Jahrhundert. Um die Not im Bergbau zu lindern, sah man sich schließlich gezwungen, das Recht der Krone auf die Silbereinlösung vorübergehend einzuschränken.

Die Goslarer Verhältnisse waren komplizierter. Heute noch sind sie nicht eindeutig zu ergründen. Der Rat hatte eine Verfügungsgewalt, die dem Regal ähnlich war. Die Münzerhausgenossen hatten das Münzwesen und die Prägung an die Stadt abtreten müssen. Sie beschränkte die Münzerhausgenossen vornehmlich auf den Wechsel, pflegte selber aber auch keine besonders umfangreiche Münztätigkeit. Möglicherweise ist ein Teil des Silbers zum Verkauf freigegeben worden, von dem ein »Schlagschatz« zu leisten war, wie Zycha 1940/41 vermutete.[38] Dem Rat war es möglich, die früheren Gewerken durch besonders hoch angesetzte Zubußen um ihre wirtschaftliche Potenz zu bringen und so ihre Ansprüche abzuweisen. An seinem Interesse für ihre Bergwerksteile (Kuxe) kann kaum gezweifelt werden.

Die Nachfrage nach guten Münzen wuchs in der Zeit der Münzverschlechterungen und Abgabenerhöhungen, die Teilerscheinungen der mittelalterlichen Kurse waren und den Bergbau unmittelbar betrafen. Das Verhältnis zwischen Gold und Silber blieb einigermaßen konstant: 10 bis 11:1. Die Krise im Silbererzbergbau brach aus, als der Goldkurs in der ersten Hälfte des 14. Jahrhunderts vorübergehend anstieg und sogar den zwanzigfachen Wert des Silbers erreichte. Dadurch gewann der Golderzbergbau wieder an Bedeutung; aber

die Golderzvorkommen waren bald erschöpft. Der Einfluß des Silbers ging weiterhin zurück.
In Deutschland hat der Golderzbergbau niemals eine bedeutende Rolle gespielt. Die Golderzvorkommen waren hier nicht so reich, um dem Goldzufluß aus Süd- und Westeuropa entgegentreten oder gar Einhalt gebieten zu können. So entwickelte sich im 14. und 15. Jahrhundert ein umfangreicher Goldimport nach Deutschland, besonders auch aus Timbuktu in Westafrika.
Durch die Zunahme des bargeldlosen Verkehrs im Handel ging die Nachfrage nach Münzmetall zurück, und der Bedarf der Landesherren an Silber wurde in Schranken gehalten. ». . . die Kaufleute fanden Mittel und Wege, trotz dieser Verschiebungen zahlungsfähig zu bleiben und ihren Vorteil wahrzunehmen. Die Gewerken aber, die Träger der Produktion, wurden direkt zu einer Kontraktion gezwungen durch die Höhe des Anteils, den ihnen ... die Regalherren bei der Einlösung des Edelmetalls abnahmen, und durch die ungenügende Bezahlung für den Rest.«[39] Auch die Abnahme der Bevölkerungsdichte durch die Pest seit der Mitte des 14. Jahrhunderts dürfte nicht ohne Einfluß auf den Edelmetallerzbergbau gewesen sein. Die umlaufenden Münzen und das Münzmetall verringerten sich nicht – im Gegensatz zur Kopfzahl der Bevölkerung. Die Nachfrage ging zurück. Andererseits sanken die Ernteerträge der Bauern nicht, die den Ackerbau seit dem 12. und 13. Jahrhundert nennenswert erweitert und intensiviert hatten. Es kam zu Überangeboten von Getreide auf den städtischen Märkten. Die Preise für landwirtschaftliche Erzeugnisse fielen meistens; gestiegen sind sie nirgendwo. Die Bauern konnten und mußten jetzt mehr anbieten und wurden (mit der zunehmenden Geldrente auf dem Lande) vom Markt abhängig, wo sie allerdings auch Waren kaufen konnten, die ihnen das primitivere dörfliche Handwerk nicht anzubieten in der Lage war.
In den Städten sah es anders aus. Die Kaufleute beteiligten sich kaum an der Produktion, die sich nicht aus den alten Bindungen löste und schließlich stagnierte. Hier herrschten die Zünfte. Sie regulierten die Produktion und hielten sie in Grenzen, setzten die Preise fest, lösten Preistreibereien aus und gefährdeten das ländliche Gewerbe. Eine böhmische Quelle des 14. Jahrhunderts behauptet sogar, daß die Teuerung durch die Preisregulierungen der Zünfte hervorgerufen worden sei. Das weniger stabile flache Land wurde ausgenutzt. Darin

herrschte Einhelligkeit zwischen Kaufleuten und Zunftmeistern. Vorkaufs-, Stapel-, Meilen- und Zunftrechte und die hohen Aufschläge beim Weiterverkauf der Waren führten zu Preissteigerungen für gewerbliche Erzeugnisse. Die Nachfrage nahm durch den vielfach vollzogenen Anschluß des flachen Landes an die städtischen Märkte zu. Die Preise mußten steigen, weil die Produktion in zu engen Grenzen verharrte.

Von diesen Verhältnissen konnten weder die Lohnarbeiter noch die einfachen Handwerker profitieren. Ihnen blieb der wirtschaftliche Aufstieg versagt. Wer einmal Lohnarbeiter war, konnte nicht Unternehmer werden. Er mußte unten bleiben. »Mann soll ... keinem Schmidtmenschen, der ein Schmidt, ein Zerrenner, oder ein Hauer vor gewesen ist, oder jetzund ist, der in zehn Jahrn von Dato diß Briefs vmb Lohn gewerckht hat«, wird in einer Urkunde aus dem Jahre 1387 über die Hammereinigung zwischen den Städten Amberg und Sulzbach gesagt, »keinen Schinhammer nitt zu khauffen geben, noch verpfenndten, noch hinlassen, weder nach dem Pfundt, noch vmb Zinß, noch in kheine Weiß ...«[40] Mit den »Armeleuten« der Städte, seit um 1400 auch eine Bezeichnung für die Armen unter den Bergleuten, bildeten die »Schmidtmenschen« ein Reservoir von Arbeitskräften, das der Kapitalismus später brauchte. Noch war der Feudalismus jedoch nicht überwunden. Noch fehlten große Werkstätten für Lohnarbeiter. Aber die Krise beschleunigte die Entwicklung.

Die Gewerken gingen seit der Mitte des 14. Jahrhunderts dazu über, die von den Lehenhäuern angelegten Grubenbaue in eigene Regie zu übernehmen.

Infolge der Übertragung eines Teiles des Grubenfeldes seitens der Gewerken (nicht wie bei den Gewerken durch direkte Beleihung durch den Regalherrn) waren die Lehenhäuer bis dahin an den Bergwerken beteiligt gewesen. Sie hatten dafür eine Quote (die sogenannte »Eigenschaft«, ein Viertel, die Hälfte, aber auch stellenweise nur ein Siebentel) der Förderung an die Gewerken abzuliefern. Mit dem Beginn der Krise wurden sie immer mehr verdrängt und um ihre alten Rechte und Möglichkeiten gebracht. Im Iglauer Gebiet waren »arme Lehenhäuer« durch Unkorrektheiten eines Markscheiders aus ihren Lehen vertrieben und sogar festgesetzt worden, weil sie Widerstand leisteten. Andere beklagten sich, aus ihren Lehen verdrängt worden zu sein.

Auch im Goslarer Gebiet verhielt es sich im 14. Jahrhundert ähnlich. Seit dem Beginn des 15. Jahrhunderts, zuletzt immer mehr entrechtet und nur noch als einfache Arbeiter angesehen, existieren die Lehenhäuer nicht mehr. Im Schwarzwald nahm die Lohnarbeit zu. Die Lehenhäuerei wurde nur noch an Bergleute vergeben, die selber in den Gruben mitarbeiteten. In den wegweisenden Bergrechten des 16. Jahrhunderts von Schneeberg, Joachimsthal und Annaberg taucht die Lehenschaft nicht einmal mehr auf. Das gewonnene Erz mußten die Lehenhäuer an die Hütten verkaufen. Die Hüttenherren, die oft zugleich auch Gewerken waren, setzten die Preise fest. Daran ging das Lehenswesen zugrunde. Jedenfalls bezeichnet ein so berufener Fachmann wie Schmoller den Erzverkauf als das »eigentliche Grab« der Lehenschaften,[41] die sich nach dem Ende des 15. Jahrhunderts nirgendwo mehr hielten. Dennoch lagen die Verhältnisse im Nichtedelmetallerzbergbau weitaus günstiger als im Silbererzbergbau. Die Nichtedelmetallherstellung arbeitete sogar mit Gewinn. Bereits zu Beginn des 15. Jahrhunderts läßt sich eine positive Entwicklung nachweisen, so zum Beispiel in Innerösterreich, in Lothringen und im Siegerland, wo sich die Eisenhütten zwischen 1417 und 1444 von 25 auf 36 vermehrten. In Wunsiedel und Weißenstadt im Fichtelgebirge wurde verzinntes Eisenblech bereits im 14. und 15. Jahrhundert in großem Umfang hergestellt. Die Löhne scheinen im Zinnerzbergbau höher gewesen zu sein als im Silbererzbergbau. Zahlreiche Bergleute sind zum Beispiel von Freiberg nach Graupen abgewandert, wo sie im Zinnerzbergbau arbeiten konnten. Überall jedoch hat sich auch der Bergbau auf Zinn nicht entwickelt und ausgeweitet. Im thüringisch-hessischen Grenzgebiet war eine Bergbausiedlung zugrunde gegangen. In der Oberpfalz ließ die Eisenproduktion nach. Die Eisenpreise und die Preise für andere Grundmetalle jedenfalls scheinen allgemein gestiegen zu sein. Die Gegenstände aus Metall, Bergeisen, Haken und andere Arbeitsgeräte wurden teurer. Die Bergleute aber benötigten sie zur Arbeit und mußten sie (wie in Freiberg) sogar selber bezahlen. Vier Bergeisen kosteten einen Groschen. Bis zu 40 Bergeisen aber verschlug ein Bergarbeiter zuweilen in einer einzigen Schicht. Heinrich der Teichner berichtete vor 1365 von einem Wiener Bauern, daß er geklagt habe:

»... mich wundert hart ser
es wirt altag eysens mer.
und nympt auch an der tewrung auf.
wann ich sech und arling [Pflugzubehör] chauf,
so ist ez vertewrt gar
und nympt auf von jar zu jar ...«[42]

Der Daemon metallicus und die Mönche

Die Bergarbeiter selber dachten anders über den Ursprung der Krise als beispielsweise die Gewerken – und diese wiederum anders als die Mönche der Klöster, die Bergbau trieben. Besonders von mittelalterlichen Klerikern, die ja lange Zeit hindurch nahezu die einzigen waren, die schreiben und lesen konnten, sind Ereignisse, Zusammenhänge und Deutungen überliefert, die aufschlußreiche Details im Mosaik der Kulturgeschichte bilden können. Der bedeutende Anteil der Klöster an der Entwicklung des handwerklichen Gewerbes und der »Technik« war zu dieser Zeit bereits Geschichte geworden. Im 15. und 16. Jahrhundert beschränkte sich die kirchliche Beteiligung am Bergbau (z. B. im Erzgebirge) fast ausnahmslos auf Freikuxe auf Kosten der Gewerken. Es war keine Beteiligung auf Gewinn und Verlust, wie zum Beispiel in der Zeit des Aufstiegs, sondern eine Reallast für den Bergbau. Die Kirche riskierte nichts mehr.

400 Jahre vorher, im 11. Jahrhundert, hatte ein Mann namens Theophilus, wahrscheinlich ein deutscher Benediktiner, in einem umfangreichen Werk beschrieben, wie der Mensch durch seiner Hände Arbeit, besonders für Klöster und Kirchen, zum Ruhme Gottes wirken könne. Mit der Metallurgie und »Technik« seiner Zeit vertraut, erklärte Theophilus, im Aberglauben verstrickt (»härte... deine Werkzeuge... in dem Harn eines rothaarigen kleinen Knaben«), wie man bei der Bearbeitung von Metallen zu verfahren habe:

»Auf denn, wackerer Mann, glücklich vor Gott und den Menschen in diesem, noch glücklicher im zukünftigen Leben, durch dessen Arbeit und Eifer Gott so viele Opfer dargebracht werden, gehe nun mit noch größerer Kunstfertigkeit vor, und was bisher noch an Geräten für das Gotteshaus fehlt, mache dich mit dem ganzen Schwung deiner Seele daran, sie zu vervollständigen, ohne die die göttlichen Mysterien und die Verrichtungen der Ämter nicht bestehen können! Es sind diese Geräte: Kelche, Leuchter, Rauchfässer, Meßkannen, Krüge, Schreine für die heiligen Unterpfänder, Kreuze, Plenarien und was sonst zum Gebrauch beim Gottesdienst Nützlichkeit und Notwendigkeit erfordern. Willst du dies anfertigen, beginne nach folgender Vorschrift.[43]

Das Härten der Feilen. Verbrenne Ochsenhorn im Feuer und schabe es, mische ihm ein Drittel Salz bei und mahle (die Anmachung) tüchtig. Dann stecke die Feile ins Feuer, und wenn sie ins Glühen gekommen ist, streue jene Anmachung allerseits darauf. Wenn die aufgeschütteten Kohlen tüchtig brennen, fache [das Feuer] durchweg eilig an, aber so, daß die Härtemasse nicht abfällt. Nimm dann [die Feile] sofort heraus, lösche sie gleichmäßig im Wasser ab, ziehe sie heraus und trockne sie leicht über dem Feuer. Auf diese Weise härte alle [Feilen], die aus Stahl sind.[44]

Noch eine andere Härtung führt man bei den Werkzeugen aus, mit denen Glas und weichere Steine geschnitten werden, und zwar nach folgendem Verfahren. Nimm einen dreijährigen Bock und binde ihn innen drei Tage ohne Futter an, am vierten Tage gib ihm Farnkraut und nichts weiter zu fressen. Wenn er dies zwei Tage lang gefressen hat, stelle ihn in der folgenden Nacht in ein Faß, das unten durchlöchert ist. Unter diese Löcher stelle ein anderes, undurchlöchertes Gefäß, worin du seinen Harn sammeln sollst. Ist dies auf solche Weise zwei oder drei Nächte in genügender Menge gesammelt, so nimm den Bock heraus und härte in besagtem Harn deine Werkzeuge. Auch in dem Harn eines rothaarigen kleinen Knaben lassen sich [obige] Werkzeuge härten, und zwar härter als in bloßem Wasser.[45]

Der Glockenguß. Willst du eine Glocke formen, so schneide dir zunächst eine Spindel aus trockenem Eichenholz zurecht, lang entsprechend der gewünschten Glocke, doch so, daß sie an beiden Enden um einer Querhand Länge über die Form hinausragt, vierkantig, am einen Ende dick, am anderen Ende dünn und rund, damit sie sich in einem Loch umdrehen läßt. Sie soll allmählich stärker und stärker werden, damit sie, wenn die Arbeit fertig ist, leicht herausgezogen werden kann. Diese Spindel soll man an ihrer dicken Seite eine Spanne vor dem Ende ringsherum einkerben, so daß eine zwei Finger breite Nut entsteht. Dort soll die Spindel rund, neben dieser Nut jedoch flach sein, damit sie in eine Holzkurbel eingefügt werden kann, mittels deren sie sich nach Art eines rotierenden Schleifsteins (?) umdrehen läßt. Man fertige auch zwei Bretter von gleicher Länge und Breite; sie sollen unter sich mittels vier Latten verbunden und abgesteift werden, so daß sie entsprechend der Länge der obengenannten Spindel voneinander abstehen. Und in das eine Brett mache man ein Loch, in dem das runde Ende laufen soll, und in das andere gegenüber in gleicher Weise einen Einschnitt von zwei Finger Tiefe, in dem sich die Ringnut drehen soll.

Hierauf nimm die Holzspindel und lege tüchtig gekneteten Ton daran, zunächst zwei Finger dick. Nachdem dieser sorgfältig getrocknet worden ist, lege eine zweite Lage darüber, und so verfahre, bis der Kern so dick aufgefüllt ist, wie du wünschest; dabei sieh dich vor, daß du niemals eine Tonlage auf eine andere aufträgst, ehe die darunterliegende vollständig trocken ist. Dann lege besagten Kern zwischen die vorbeschriebenen Bretter, und indem der dabei sitzende Junge ihn umdreht, drehe ihn mit zu dieser Arbeit geeigneten Drehsticheln nach Belieben zurecht und glätte ihn, indem du einen mit Wasser befeuchteten Lappen daran hältst.

Hierauf nimm Talg, schneide ihn fein in ein Gefäß und knete ihn mit den Händen. Nagele dann zwei gleiche Leisten von gewünschter Dicke auf ein ebenes Brett, lege den Talg mitten zwischen sie und walze ihn, wie oben das Wachs, mit dem Wellholz dünn und eben, nachdem du Wasser darauf gesprengt hast, damit er nicht festhängt. Hebe ihn dann sofort mit einem Ruck ab, lege ihn auf den Kern und schmilz ihn ringsum mittels eines warmen Eisens auf. Walze von neuem ein Stück Talg auf gleiche Weise dünn, lege es neben das frühere und verfahre so, bis du den Kern bedeckt hast. Den Schlag der Glocke aber mache nach Belieben dick. Ist der Talg ganz erkaltet, so drehe ihn mit Drehsticheln ab. Wenn du besonders kostbare Arbeit an Blumen oder Schrift um die Glockenflanke herum wünschst, grabe sie in den Talg ein; desgleichen vier dreieckige Löcher nahe dem Mittelbogen, damit die Obertöne besser herauskommen. Dann lege gesiebten, sorgfältig gemischten Ton auf, nach dessen Trocknen du eine neue Schicht aufbringen sollst. Ist diese ebenfalls vollständig getrocknet, so lege die Form auf die Flanke und ziehe unter leichtem Klopfen die Spindel heraus; richte dann die Form auf, fülle das Loch oben mit weichem Ton und drücke die Öse, an der der Klöppel hängen soll, mitten hinein, so daß ihre Enden außen herausragen. Ist dieser Ton getrocknet, mache ihn mit dem benachbarten Kern bündig und bedecke ihn mit Talg, so daß die Ösenenden satt darin hängen. Hierauf forme den Mittelbogen, die Henkel, darüber die Windpfeifen und den Einguß und verkleide sie mit Ton. Ist dann die dritte Lage Ton überhin getrocknet, lege eiserne Reifen darum, so dicht, daß zwischen zwei Reifen nicht mehr Raum als eine Handbreite bleibt, und lege über diese Reifen noch zwei Lagen Ton. Wenn diese getrocknet sind, kippe besagte Form auf die Flanke und schneide in den Kernton ringsum und in der Tiefe eine große Höhlung ein, so daß die Kernwand nicht stärker als ein Fuß bleibt. Denn wenn der Kern innen voll bliebe, ließe sich die Form ihres zu großen Gewichts wegen nicht anheben, auch der Dicke wegen nicht durchbrennen. Dann mache eine Grube an dem Platz, wo du besagte Form zum Brennen einlassen willst, so tief, wie es der Form entspricht.«[46]

Ein halbes Jahrtausend danach lag ein Teil des Bergbaus darnieder. Die Freiberger Bergleute meinten, es läge daran, »daz unser gnedigen herren yn [den Bergarbeitern] fur das Silber zu wenig gebin«.[47] Doch sie haben sich mit solchen Erklärungen allein nicht zufriedengegeben, sondern nach anderen Ursachen gefragt. Häufig wurden Sagen erzählt, in denen es hieß, daß Gruben ersoffen seien, weil Bergarbeiter Priester ermordet haben sollten. In der Vita des heiligen Trudpert, der dem berühmten Kloster St. Trudpert im Schwarzwald seinen Namen gab, das besonders im 13. Jahrhundert ebenso wie die Klöster St. Blasien und Oberried (und Masmünster im Elsaß) unmittelbar aus dem Bergbau profitierte, wird festgestellt, daß die in Klosternähe beschäftigten Bergarbeiter übermütig und hoffärtig geworden seien. In der Mitte des 12. Jahrhunderts seien sie dem Wahn verfallen, daß sie um den Bergsegen gebracht würden, sobald ein Mönch die Abbaugrenzen überschritte. Wann und wo immer ein Geistlicher das Bergwerksgebiet betreten habe, sei er geschmäht und verspottet worden, so daß der Abt schließlich die Hilfe Gottes angerufen habe. Daraufhin sei das Silbererzbergwerk zu Bruch gegangen und habe die Spötter getötet.[48] In einem um 1500 im Breslauer Vinzenzstift verfaßten Aufsatz mit dem Titel »Rumor de submersione sacerdotum in Bythom«, der den »Gesta abbatum monasterii St. Vincenti« angefügt worden ist, wird behauptet, daß im Beuthener Bergbaugebiet ein Dämon in Menschengestalt aufgetaucht sei und angeboten habe, den zehnten Teil des Bergwerks auf eigene Kosten mitzubauen. Obwohl die dortigen Bergleute mit ihm handelseinig geworden seien, hätten sie diesen Schritt bald bereut. Aus dieser Einsicht seien sie schließlich an die Kirche herangetreten, um ihr den besagten Anteil zu übertragen. Als die Kirche jedoch daraus profitierte, seien die Bergleute neidisch geworden. Sie enthielten der Kirche den Gewinnanteil vor und ermordeten sogar (wie in Zeiring in der Steiermark im Jahre 1365) den Pfarrer. Das Gericht der Gerechtigkeit aber erreichte sie um 1363 und strafte den ganzen Bergbau. Solche und ähnliche Geschichten wurden in allen Bergbaugebieten erzählt. Aus der 1583 niedergeschriebenen Bergchronik des Hardanus Hake, des Pastors von Wildemann im Harz, spricht eine betonte Abneigung der Bergleute gegen die klösterliche Beteiligung am Bergbau. In der Chronik wird gesagt, daß das »Closter von Walkenred sonderlichen den Wildemanner Zog inne gehabt, beleget vnd gebawet hat, weil sich der Daemon Metallicus, der Bergteuffel ... in einer gestalt eines großen Mönchs hat sehen laßen, fürnemlich auff der Zechen Wildemann, da viel guter leute denselbigen gesehen, auch offtmals großen schaden gethan vnd angerichtet.«[49]

Was sich hinter solchen Geschichten verbarg, verraten Zusammenhänge, die mit wirklichem Aberglauben nichts zu tun haben. Während die Bergleute des Schwarzwaldes zum Beispiel erklärten, daß die Berggeister keine samstäglichen Einfahrten in die Gruben duldeten, daß sie Unheil, fehlenden Bergsegen und andere Begleiterscheinungen als Strafe zu erwarten hätten, wenn sie es doch täten, meinten sie in Wirklichkeit etwas ganz anderes. Den realen Hintergrund dieses »Aberglaubens« bildete die klösterliche Gepflogenheit, Samstagsschichten für das Kloster (St. Trudpert) leisten zu müssen.

Nicht selten wird eine antiklösterliche Haltung der Bergarbeiter für jene Zeit bezeugt. Eine Urkunde, die über eine Vereinbarung der Rammelsberger Berg- und Hüttenleute mit dem Domstift Auskunft gibt, in dessen »Paradies« die Bergarbeiter ihre Versammlungen abhalten durften, damit sie nicht weiter den Gottesdienst »wie eine Schule des Satans« störten, stellt ein besonders drastisches Zeugnis dar. Aus Freiberg liegen Berichte aus dem 14. und 15. Jahrhundert vor, die bekunden, daß spottende und höhnende Arbeiter gelegentlich mit Heiligenbildern durch die Gassen der Stadt gezogen seien. Allerdings dürfen diese und ähnliche Demonstrationen nicht als grundsätzlich antikirchliche (und womöglich sogar atheistische) Aktionen verstanden werden. Vielmehr standen soziale Spannungen dahinter. Nicht selten wurden sie von den reichen Gewerken geschürt. So haben zum Beispiel die selbstbewußten und einflußreichen Ruthards, reiche Bürger und Bergherren, die Bergarbeiter gegen die Äbte der Klöster aufgestachelt, und auch Heinrich von Aufenstein, der Marschall des Kärntners, ist vor den Kuttenberger Bergarbeitern erschienen und hat sie herausgefordert, sich an dem Reichtum der Mönche schadlos zu halten, wie die Kuttenberger Bergordnung (III, 1, I.) bekundet. Nicht an die Gewerken wandte er sich, sondern an die Bergarbeiter, an die »allermisten perkleute, die nichtesnicht gewisses haben, das si di neheste nacht ihre haupte hingelegen mochten, ader wenn der tag kumpt, do haben si nichtesnicht in mund czu schiben«. Mehr als 10 000 Bergleute sollen zusammengeströmt sein, um dieser Aufforderung Folge zu leisten.

Geschickt wurden die Bergarbeiter und das übrige arme Volk von den Adeligen und reichen Gewerken eingespannt, wenn es darum ging, die eigene Position zu sichern. Dazu gehörte natürlich, daß der klösterliche Anteil am Bergbau möglichst eingeengt wurde. Die Bergherren wollten sich nicht selten zugleich auch zu Herren über die Klöster und Priester machen. 1394 zum Beispiel wurde einem Hammerwerkmeister in Smilowitz von den Herzögen von Troppau und Ratibor das Recht eingeräumt, einen Priester zur Betreuung seiner Arbeiter selber zu bestimmen. »Sunderlich gebin wir em uf demselben smedwerke eine kirche csu seczin und czu machin und einen frommen prister czu haldin«, wurde dem Meister aufgetragen, dem es oblag, sich einen Priester zu suchen, »der seinen leutin und gesinde dorinnen mit den sacramenten berichte und recht tu und sust nymand anders.«[50] Noch ausgeprägter »finden sich solche Verhältnisse 1472 in der Kurpfalz, als der mit einem Bergwerk beliehene Jakob Bargsteiner die Einsetzung der Vermögensverwalter und die Vergabung der Pfründe einer Kirche zugesprochen erhielt.«[51]

... wissen und verstehen nicht, wie man's rechnet

Sebastian Munster hatte 1548 in seiner »Cosmographia« mit respektvoller Hochachtung festgestellt, daß die Bergleute viele »Ordnungsartikel« hätten, die den Grubenbetrieb und die mit ihm verbundenen Angelegenheiten regelten, und daß es darin »kaum Irrungen« gäbe. Seit der Hohenstaufenkaiser Friedrich Barbarossa im Jahre 1157 die Rammelsberger Bergwerke teilte und 1158 die Ronkalische Konstitution mit dem Silber- und Salzregal erwirkte, das dem Landesherren die Verfügungsgewalt über die Bodenschätze zusprach, sind in den deutschsprachigen Bergbaugebieten überall bergrechtliche Ordnungen erlassen worden. Allein zwischen 1203 und 1601 waren es mehr als zwei Dutzend. Auf der von Friedrich I. verkündeten Bergbaufreiheit, die dem Grundeigentümer das Verfügungsrecht über die Bodenschätze entzog, konnte endlich das Gewerkenrecht aufbauen.
»Jeder schatz, unter der erde begraben tiefer denn ein pflug geht, gehört der königlichen gewalt« (dem Reichsfiskus), hieß es im Artikel 35 (§ 1) des ersten Sachsenspiegel-Buches von Eike von Repgow (um 1230), der in der Weltchronik unter anderem auch berichtet, daß Otto der Große »als erster das Silbererz im Sachsenlande fand«. Und im § 2 wurde gesagt: »Silber darf ... niemand brechen auf eines anderen mannes gut ohne den willen dessen, dem die stätte gehört. Gibt der aber die erlaubnis, so hat er die vogtei darüber.«
Die Betrachtungen über die mittelalterlichen Rechtsverhältnisse im deutschsprachigen Raum werden am besten mit einer knappen Gegenüberstellung eingeleitet, die noch einmal wenigstens in lexikographischer Form an die entsprechenden Verhältnisse in der Antike erinnert:
Im Codex Hammurabi (1728 bis 1686 v. Chr.) und in der großen Königsliste spielten die Bergarbeiter (Schmiede und Metallhandwerker) eine bevorzugte Rolle. Die ägyptischen Bergarbeiter, die bereits im 2. Jahrtausend v. Chr. lesen und schreiben konnten, haben offensichtlich ein Urlaubs-, Beschwerde- und Streikrecht gekannt. Jedenfalls durften sie diese Rechte (?) in Anspruch nehmen, ohne persönliche Nachteile befürchten zu müssen. Die israelitischen Schmiede bildeten ein angesehenes und freies Gewerbe. Im antiken Griechenland verfügten die Bergwerkssklaven im 4. Jahrhundert v. Chr. über ein Organisationsrecht und über die Koalitionsfreiheit.

Um diese jahrtausendealten Rechte mußten die Bergarbeiter in Deutschland noch in der Neuzeit ringen und kämpfen.
Im Jahre 1356 hatte Karl IV. das Bergregal auf den Reichstagen von Nürnberg und Metz an die Kurfürsten übertragen: an die Erzbischöfe von Trier und Köln, an den König von Böhmen, an den Landgraf von der Pfalz, an den Kurfürsten von Sachsen, an den Kurfürsten von Brandenburg und an den Erzbischof von Mainz. Bald gelangten auch Reichsstädte in den Besitz dieser einstigen kaiserlichen Rechte.
Die Anfänge einer geordneten Berggerichtsbarkeit in Deutschland, in der Literatur leider meistens isoliert betrachtet, werden nur zu oft verzeichnet. Bereits die summarisch gewählte Bezeichnung »Bergmann« für Gewerken, Lehenhäuer und Lohnarbeiter im Bergbau ist irreführend und klammert entweder den einfachen Bergarbeiter aus oder unterstellt ihm nachträglich Rechte, die ihm nicht zugestanden haben. Folgen wir zunächst einer Schilderung der spätmittelalterlichen Rechtsverhältnisse im Bergbau, die dafür als typisch bezeichnet werden darf:
»Fundamente der Ordnung, auf denen sich eine hochstehende bergbauliche Kultur entwickeln konnte, sind im besonderen die ... bergrechtlichen Bestimmungen, wie Gewerkenrecht, Bergregal, Bergbaufreiheit, Finder- und Abfindungsrecht. Sie sind oft sehr frühe Beispiele eines hochentwickelten sozialen Bewußtseins. So geht das im 12. Jahrhundert entstandene Gewerkenrecht zum ersten Male von dem Gedanken aus, daß vor dem persönlichen Gewinn das Gedeihen des Werkes steht und daß derjenige, der an der Ausbeute teilhaben will, auch bereit sein muß, Opfer zu bringen, d.h. sich vorher an der Zubuße zu beteiligen.« Die Bergleute erhielten »eine Reihe Privilegien, von denen das Jagdrecht als eines der ersten eingeschränkt und bald wieder aufgehoben wurde. Es erstreckte sich aber nur auf die Ausübung der Niederjagd und der Fischerei ... Viel wichtiger waren ... das sehr umstrittene Vorrecht der eigenen Berggerichtsbarkeit und das sehr bedeutende Recht der Freizügigkeit für Bergleute. Niemand durfte sie bei ordnungsgemäßer Abkehr daran hindern, von einem Land in das andere zu ziehen. Auf ihren Wanderungen genossen sie freies, sicheres Geleit und Schutz gegen Gewalt. So heißt es in der Bergordnung für Österreich von 1517: ›Wann ein Pergmann zu der arbeit get an Perg deßgleichen koler Schmellzer holtzknecht zu Ihr

arbeit geen ... die haben Fürsten Freyung. Wo sie dann ainer muetwilligklichen an rueret oder Irrt, den oder dye selben sol unnser Richter an leib und guet straffen.‹ Ähnlich lauten die Bestimmungen über die Einhaltung des Bergfriedens in Bergwerken und Hütten, auf dem Wege zur Arbeit und in den Wohnungen der Bergleute. Wer den Bergfrieden brach, wurde sehr hart bestraft. Die schärfsten Bestimmungen enthielt das Goslarer Bergrecht von 1271. Die Eisenbergordnung im Grunde am Iberge vom 7. September 1579 erklärte eindeutig: ›So einer oder mehr ... die Gruben und Bergleute beraubten, ihnen diebisch etwas entwendeten oder sonst Schaden zufügten, der oder dieselbigen sollen ohne alle Gnade am Leib gestraft werden.‹ Nach der Eisensteinordnung für das Stiftsamt Walkenried im Südharz vom 20. Mai 1751 wurde Diebstahl auf der Grube, gleich, ob es sich um Erz oder Gezähe handelte, mit der Karre auf Lebenszeit (Steinekarren beim Festungsbau) bestraft. Aber nicht nur durch Diebstahl, sondern auch durch jede andere Gewalttat, sogar schon durch Schimpfen und Fluchen, konnte der Bergfriede gebrochen werden ... Das Waffenrecht, ursprünglich ein Recht aller Freien, wurde den Bergleuten zunächst wohl in der Erkenntnis belassen, daß sie sich auf dem Wege zu ihren Arbeitsstätten, die vielfach in wildem, weglosem Gelände lagen, schützen mußten. Die Bergordnung des Rates der Stadt Goslar für den Rammelsberg aus dem Jahre 1476 schrieb vor, daß jeder Schmelzer eine Armbrust, seine Knechte aber einen Spieß und eine Barte [Beil] führen sollten.«[52] Ihr Autor ist Heinrich Winkelmann.

Winkelmann hat sich von den Aufzeichnungen eines Schwazer Berggerichtsschreibers aus dem 16. Jahrhundert zu falschen Urteilen verleiten lassen (».. . wie es ... in der Bochumer Handschrift des Schwazer Bergbuches belegt ist«). Jener Schreiber, wahrscheinlich war es Ludwig Lässl, hat einige Bündel illustrierter Aufzeichnungen hinterlassen, die im Jahre 1556 entstanden sind. Als Ettenhardt'scher Kodex, Bilderkodex, Ettenhardt'sche Bilderhandschrift, Ettenhardt'sches Bergbuch, Schwazer Bergwerksbuch und Schwazer Bergbuch sind sie einigen Fachleuten bekannt geworden. Die zunächst vorhandenen sechs Editionen der alten Handschrifttexte wurden 1956 um eine siebte Übertragung durch Erich Fussek mit Heinrich Winkelmann als Editor ergänzt, der die Bedeutung der Publikation weit überschätzte. Viel wichtiger als die Edition, deren »Wiedergabe oder

Vervielfältigung, auch im Auszug oder in Übersetzung«, untersagt ist, wie es in jenem Band heißt, wäre zweifellos eine sachlich fundierte Erklärung der Absicht des Gerichtsschreibers gewesen.
Ein Kuttenberger Bericht von 1551 zeichnet ein trübes Bild von der Lage der Bergarbeiter, deren Situation der Verfasser des »Schwazer Bergbuches« genau gekannt haben dürfte. »Unter 200 Haspelern«, heißt es dort, »hat kaum einer einen ganzen Rock und unter zehn kaum einer ein Paar Schuhe; sie müssen in zerrissenen Bergkitteln viehisch und schändlich umherlaufen«.[53] In der Kuttenberger Bergordnung – deren Konzeption sogar damit motiviert wurde, daß »vil clage von unsern perkleuten fur uns quam«, die um ihr Recht baten und so auf das viele »Ungewisse«, »Gebrechen« und »Irrsal« des Rechts aufmerksam machten, die »zu strafen« waren – wird es den als »storer und betruber« des Bergwerks bezeichneten Schmieden unter Haftandrohung verboten, sich in »einunge« zusammenzuschließen. Bereits vor 1300 waren die Schmiede, ursprünglich als Lieferanten des bergmännischen Gezähes mit einem Neuntel der Ausbeute abgefunden und wie Gewerken am Bergbau beteiligt, zu reinen Lohnarbeitern degradiert worden. Für sie gab es die oft besungenen bergmännischen »Freiheiten« nicht. Und das war keine Ausnahme. 1327 wurde es auch den Kuttenberger Köhlern untersagt, sich in »Einungen« zusammenzuschließen. Den Zusammenschluß der Salzkufenmacher von Hallein hatte der Erzbischof von Salzburg verboten. Doch führten erst Inhaftierungen[54] zum Erfolg. Leibesstrafen waren die angedrohten Folgen[55] für neuerliche Zusammenschlüsse.
Dem Verfasser des »Schwazer Bergbuches«, der ausdrücklich hervorhob, daß es Ämter gäbe, die mit »unmündigen« und »ungeschickten« Personen besetzt wären, dürften diese Zustände nicht unbekannt gewesen sein. Offensichtlich wollte er diesen Personen »ohne Ansehen« den Spiegel vorhalten: Der Berggerichtsschreiber »soll« ehrbar handeln und sich jederzeit mit Büchern und Schreibutensilien ausrüsten; er »muß« alle Urteile, gerichtlichen Verträge und Entscheidungen »fleißig« und ordentlich »aufbewahren«. Er »soll« sie »gut geheimhalten« und die Schriftsätze für Arme und Reiche gleich behandeln.
Ein Vergleich zwischen den Vorschriften des Bergrechts und anderen Dokumenten, die über ihre Beachtung und Befolgung Auskunft geben, zeigt eine tiefe Diskrepanz, die in der Literatur jedoch zu oft

übersehen wird. Vorschriften und Handlungsweisen deckten einander nicht. »Meist sind es kostbare Entdeckungen«, wenn gegenteilige Fälle »wirklich nachzuweisen sind«.[56]
In einer Glosse des Sachsenspiegels heißt es: »Alle dy bücher dy der sein von bergrechte, dy sin ufkomen von wilküren, dy sich die lute undir sich gesetzt haben.«[57] Und auch in einem Freiberger Schiedsspruch von 1292 wird gesagt, daß man das als Recht achten solle, was die Fachleute dafür hielten.[58] Nur wenige Beteiligte waren dazu in der Lage, die rechtlichen Verhältnisse zu überblicken. Außerdem konnten Bergrichter und Schichtmeister nicht immer lesen und schreiben. Nicht einmal die Hüttenschreiber und Erzkäufer waren immer dazu in der Lage. In einem Freiberger Gutachten wird gesagt, daß sie ihre Register »irre« machen würden und nicht verständen, »so mans rechent«.[59] So ist denn auch nicht verwunderlich, daß sich Mißbräuche breitmachten. Willkürliche Maßnahmen der Beamten, die auch ihre Regalherren betrogen, waren keine Ausnahmen. Zeitgenössische Dokumente bezeugen, daß Beamte sich nicht selten von Rechtsuchenden durch Geschenke oder durch unbegründete Abgaben bestechen ließen. In Goldberg in Schlesien wollten zum Beispiel die Wassermeister nur dann noch Lehenschaft und Erbe verleihen, wenn sie selber mitbauen durften. Wer dem Bergbau jedoch ohne Erlaubnis des Wassermeisters oder »unseres Herrn« auf seinem Erbe nachging, mußte nach dem Goldberger Bergrecht damit rechnen, daß »unser Herr oder unseres Herrn Wassermeister das Erbe nach Goldwerksrecht« verlieh, wem er wollte.
Die böhmischen Bergmeister, in deren Rechtsbereich das erstmals 1233 in der Culmer Handfeste genannte Finderrecht galt, das dem Finder einen rechtlichen Anspruch auf die Verleihung des gefundenen Materials zusicherte, hatten die »hessige gewonheit«, sich ein Achtel bei Verleihungen vorzubehalten, das die Beliehenen auf ihre Kosten mitbauen mußten. Die Urburer als höchste landesherrliche Beamte Böhmens beanspruchten als Mitbaurecht für den Regalherren neben dem zweiunddreißigsten Teil ein Achtel, um sich bei Hofe »lieb Kind« (»hof mit wolden lieben«) machen zu können und schließlich selber reich zu werden. Ihnen wurden häufig die Bergwerksabgaben für gewährte Darlehen zugesprochen. Sie nahmen den Bergleuten das Erz weg, »das si mit sweisiger arbeit gewunnen haben«, und kein Bergrecht und keine »weinende clage«[60] der Bergleute

konnte etwas daran ändern. Auch in Sachsen schossen die Mißbräuche »furchtbar ins Kraut«.[61] Münzmeister, Bergmeister und Zehntner wurden der Veruntreuung angeklagt. Der Schwazer Berggerichtsschreiber erklärte später, daß der Bergmeister niemandem in Lehensverfahren Schwierigkeiten bereiten und Erfindungen nicht behindern dürfe. Einer der Beschuldigten aber bedrohte den Kläger sogar mit dem Tode.[62] Bergleute wurden aus ihren fündig gewordenen Zechen verdrängt. Unregelmäßigkeiten und Betrügereien waren keine Seltenheit.

Das fixierte Bergrecht hat die Unrechtmäßigkeiten nicht zu unterbinden vermocht, zumal selbst der König sagen mußte, daß zum Beispiel die Urburer es »haben mit heimelicher geselschaft«.[63] Die Beamten und Pächter der Beamtenstellen wurden nicht hinreichend kontrolliert. Im 14. Jahrhundert existierte ein gemischter Betrieb für gemeinsame Rechnung der Münzpächter und der Landesherren. »Jene hatten neben der Pachtsumme einen Teil des Schlagschatzes abzugeben, aber niemand konnte ihre Ausgabenrechnung, niemand ihre Gewinne beim Einkauf von Silber und Kupfer wie bei dem ihnen zugleich als Privileg übertragenen Feldwechsel nachprüfen. Aus solchen Quellen muß ihr Nutzen geflossen sein, denn was sie den Fürsten als Überschuß vorrechneten, war jederzeit bescheiden.«[64]

Überall trifft man im 15. und 16. Jahrhundert auf Verordnungen und Hinweise, die deutlich erkennen lassen, wie es um die Bergarbeiter bestellt gewesen ist. Georg Agricola überliefert beispielsweise: »In manchen Gegenden ist es einem Bergmann nicht erlaubt, zwei Schichten hintereinander zu verfahren, weil ihn sonst meist der Schlaf in der Grube übermannt, wenn er durch so lange Arbeit erschöpft ist, oder weil er dann gern später zur Schicht kommt oder sie früher beendet, als vorgeschrieben ist; anderswo wieder ist es erlaubt, weil er von dem Lohne nur einer Schicht, besonders wenn Teuerung schwer drückt, nicht leben kann.«[65] Auch die Kuttenberger Bergordnung untersagte, doppelte Schichten zuzulassen. Gelegentlich mußte man den Bergleuten wegen des sozialen Notstandes dennoch gestatten, Doppelschichten zu verfahren, wie es den »armen zum besten« 1525 in Joachimsthal geschehen ist. Allerdings scheinen die Bergarbeiter ihre »Rechte« verschiedentlich auch ohne bergrechtliche Unterstützung ertrotzt und erzwungen zu haben.

Die Verschlechterung der Verhältnisse im schlesischen Bergbau

durch die Einführung der Geldrente zwischen 1200 und 1230 hat die Bergarbeiter offensichtlich zum Aufruhr getrieben. In der Fortsetzung des Cosmas von Prag zum Jahre 1220 wird gesagt, daß die »fossores auri« eine anführerische Rolle unter der Bevölkerung gespielt hätten.[66]
Verschiedentlich drohten die Bergarbeiter mit ihrem Abzug. In einem an Stephan Schlick adressierten Joachimsthaler Bergreihen aus jenen Tagen heißt es:

> Herr Steffen, ihr tragt gut zu wissen
> Wie es euch ergangen ist,
> Die Knappschaft zog auß euren Lande,
> Der Joachimsthal, der stund wüst,
> Wolt jr sie lenger behalden,
> So folget weißem Radt,
> Thut ihr die Freyheit halden,
> Die jhr Ewer gnad zugesagt hat.

Nicht selten erreichten die Bergarbeiter, daß ihnen nach solchen Androhungen Gedinge zugestanden und die bergrechtlichen Zusicherungen (»tut ihr die Freiheit halten...«) garantiert wurden.
Aber in der zweiten Hälfte des 15. Jahrhunderts war es im Bergbau doch merklich vorangegangen.[67] Das Eindringen des bürgerlichen Kapitals, die Aufhebung alter herrschaftlicher Beschränkung, bestimmte Sanierungen des Münzwesens und die Abschaffung der alten Formen des Silberverkaufs hatten fördernd gewirkt. Fürsten und bürgerliche Kapitalisten bevorzugten nun Bergbaugebiete, die bis dahin kaum genutzt worden sind. Möglicherweise sind auch deshalb die alten und berühmten Hauptorte wie Kuttenberg, Iglau, Goslar und andere in den Hintergrund getreten.

Die Begründung der wissenschaftlichen Bergbaukunde

Die Geschichte des 16. Jahrhunderts erfuhr durch den Bergbau besonders gravierende Züge. Die Welser hatten einen maßgeblichen Einfluß auf die Kupfer- und Silbererzgruben Ungarns und Tirols[68] gewonnen. Die portugiesischen Goldexpeditionen nach Ostindien

wurden von ihnen mitfinanziert; die Entdeckung des Seeweges nach Ostindien um das Kap der Guten Hoffnung und die Weltumsegelung des Magalhāes gehörten zu den Folgen. Die Finanzdynastie der Fugger gewährte Kaiser Maximilian und der spanischen Krone beträchtliche Kredite, die den Fuggern das Recht zur Ausbeutung der Silber- und Quecksilberminen auf der Iberischen Halbinsel als Preis einbrachten. Kaiser Karl V. verdankte seine Wahl (1519) dem Fugger, der als Unternehmer in den Schwazer Bergbau eintrat und dem Kaiser respektlos schreiben konnte, daß alle Welt wisse, daß er es sei, der Fugger, dem der Kaiser die Krone verdanke. Kaiser, Könige und Päpste wurden von den im Bergbau engagierten Finanzdynastien, zu denen besonders auch der Augsburger Hans Baumgartner (auch Paumgartner) gehörte,[69] mit Geld beliehen, das aus den Silbererzgruben vor allen Dingen in Tirol kam, dem wichtigsten mitteleuropäischen Silbererzbergbaugebiet. Allein aus dem berühmten Berg Falkenstein stammten von 1470 bis 1600 3 875 000 Mark Brandsilber (1 Mark: 0,28 kg) und 1 495 000 Wiener Zentner Kupfer (1 Wiener Zentner: 56 kg). Gestützt auf den natürlichen Reichtum Tirols hatte Maximilian (seit 1490 Landesfürst von Tirol) beispielsweise damit begonnen, wie Erich Egg überschwenglich formuliert, »ein habsburgisches Weltreich aufzubauen«,[70] wobei besonders die von Maximilian neu organisierte Artillerie mit den von ihm in Innsbruck und in den Niederlanden errichteten Geschützgießereien eine Rolle spielten.[71] Die Innsbrucker Bronzegießerkunst wurde – nicht zuletzt infolge der Förderung der Herstellung von Geschützen durch Maximilian I. – »weltberühmt«, was vom dortigen Eisenguß dagegen nicht festgestellt werden kann. So schrieb Maximilian I. im Jahre 1493 beispielsweise an den Markgrafen Christoph von Baden: »Als wir deiner liebe vormalen geschriben und begert haben, uns den mittleren brueder der eysengießer, so zu Lützelnburg hewslichen sitzen, zu schickhen, der aber bisher nicht komen ist, begern wir an dein liebe mit ernst, du wellest uns denselben eysengießer, nemlichen den mittlern brueder, nochmals fürderlichen zuschickhen, und das nit laßen, den wir ain mercklichen zeug von eysen beieinander haben, die derselbe gießer verarbeiten sol.«[72]
Die von der Ausbeutung der Bodenschätze und ihrer Nutzung ausgehenden Einflüsse auf die Politik und Wirtschaft und auf das Leben und Denken der Menschen im 16. Jahrhundert in Mitteleuropa wa-

ren schon von Zeitgenossen nicht zu übersehen. In den Bergwerken Ungarns waren die Bergleute mit dem Wasser in den nunmehr tiefer getriebenen Schächten und Stollen nicht mehr fertig geworden, die Gruben ersoffen. Das Geld zur Beschaffung der nötigen Pumpanlagen fehlte. Jakob Fugger, der rasch erkannt hatte, welche Bedeutung der Bergbau hatte, stellte das Kapital zur Verfügung. Die Gruben wurden neu in Betrieb gesetzt; sechshundert Zentner Silber förderten sie wöchentlich. »Nun kam mit dem Erzhandel für Schlesien die große Zeit, es wurde der große Marktverteiler für Erze: Kupfer, Blei und Gold, die in die Hüttenwerke nach Georgenthal in Sachsen und nach Nürnberg rollten. Über Schlesien ging auch der nächste Weg zur Küste, über Lübeck nach Dänemark oder Hamburg, von da nach Amsterdam und Antwerpen. Als der Wagenverkehr wegen der hohen Zölle immer beschwerlicher wurde, verlegte man sich daneben auch auf die Wasserwege. Oderberg wurde Stapel- und Umschlageplatz für die Oderkähne... Man griff auf die Weichsel über. Anstatt Stettin wurde nun Danzig der Hauptumschlageplatz auf Seeschiffe. Dem Erztransport folgt der Warenhandel. Die Hanseaten beklagen sich über den Wettbewerb der Fugger in Skandinavien und Rußland. England und Holland werden wie Dänemark nun auch zur See beliefert... Die Fugger errichteten... große Seigerhütten bei Georgenthal und Nürnberg, verlegten die Silbergewinnung dorthin und holten nur Erze aus Ungarn... Man baute die Straßen aus, auch die über den Jablunkapaß, erwarb die Durchzugsrechte durch das Herzogtum Teschen.«[73]
Jetzt endlich, im 16. Jahrhundert, begannen sich auch in Deutschland Gelehrte, die nicht Bergleute waren, mit dem Bergbau zu befassen. Ihnen verdanken wir schließlich die Begründung der wissenschaftlichen Bergbaukunde. Seit den Schriften[74] des Georg (Bauer) Agricola (1494–1555) ist der Bergbau gelegentlich zum Gegenstand von Untersuchungen und Betrachtungen geworden, die nicht von ökonomischen Interessen ausgingen. Aber dabei handelt es sich doch weitgehend nur um Einzelfragen bergbau- und hüttengeschichtlicher Zusammenhänge, um Detailstudien mit dem Blick auf einzelne Stationen der Bergbaugeschichte und versuchsweise Analysen, die den Einfluß des Bergbaus auf die wirtschaftspolitische und kulturelle Entwicklung aufzeigen wollten. Es werden immer nur isolierte Räume erhellt. Das aber schmälert nicht das große Verdienst Agricolas, der

in Glauchau in Sachsen zur Welt kam, Rektor der Zwickauer Gelehrtenschule war und später (nach Studien in Bologna, Padua, Venedig und Rom) Bergarzt im böhmischen Joachimsthal wurde, das als Zentrum des Silbererzbergbaus bald in ganz Europa einen hervorragenden Ruf genoß. Über 900 Bergbaubetriebe mit 800 Steigern, 400 Schichtmeistern und 8000 Bergarbeitern existierten dort bereits zur Zeit Agricolas, der als Arzt und Stadtrat die Bergleute betreute und 1530 seinen »Katechismus des Bergbaus« veröffentlichte. Seine bedeutenden Arbeiten[75] über den Bergbau entstanden jedoch erst in Chemnitz, wo er dreimal Bürgermeister wurde – und nach der Reformation verkannt, verleumdet und verlassen, nach seinem Tode nicht einmal ein christliches Begräbnis erhalten sollte. Kenntnis- und aufschlußreich informiert er uns über den Stand der »Technik« im Bergbau und Hüttenwesen des 16. Jahrhunderts.[76] Seine Beschreibung der »Bergwerksmaschinen« – das waren Lastförder-»Maschinen« (einschließlich der Wasserhebemaschinen), Kolbenpumpen, Wetter-»Maschinen« und Einrichtungen zur Personenbeförderung (Fahrung) – ist ein kulturgeschichtliches Dokument. Deshalb werden die wichtigsten Schilderungen an dieser Stelle (ins heutige Deutsch übertragen) auszugsweise übernommen und später noch einmal ausführlicher erklärt und ergänzt.

Die Lastförder-»Maschinen« zur Förderung besonders von Erzen und anderen trockenen Lasten schildert Agricola wie folgt: »Sie haben verschiedene und mannigfaltige Formen, viele von ihnen sind sehr kunstreich und waren, wenn ich nicht irre, den Alten unbekannt. Sie sind erfunden worden, um das Wasser aus der Tiefe der Erde herauszuziehen zu helfen. Ferner gleichfalls die Mineralien aus den Schächten. Da aber die Tiefe der Schächte ungleich ist, besteht eine große Mannigfaltigkeit derartiger Maschinen.«

Über die Arbeit der Kolbenpumpen und über ihre Bedienung sagt er: »Ein unverdrossener Arbeiter steht auf der Bühne, die auf dem Schachtjoch ruht, und senkt und hebt die im Rohr steckende Kolbenstange, an deren oberem Ende sich eine Handhabe befindet. Wenn der Arbeiter die Kolbenstange aufwärts zieht, hebt er das durch die Löcher der Scheibe aufgestiegene Wasser. Wenn der Arbeiter die Kolbenstange aufwärts bewegt, schließt sich das Saugventil und das Wasser steigt durch das Kolbenventil in die Höhe.«

Die Wetter-»Maschinen« für die Luftregulierung unter Tage erläu-

tert er auf folgende Weise: »Es gibt verschiedene Ausführungen dieser Wettermaschinen mit Flügeln. Denn die Flügel werden entweder auf einem Rundbaum oder auf einer Welle befestigt. Wenn sie auf einem Rundbaume befestigt werden, besteht die Maschine entweder aus einer runden Trommel ... oder aus einem rechteckigen Behälter ... Wenn ein Arbeiter den Rundbaum mittels einer Kurbel dreht, so saugen die Flügel, über deren Beschaffenheit ich gleich sprechen werde, durch das eine Luftloch die Luft an und treiben sie durch das andere und die angeschlossene Lutte bis in den Schacht.«
Die Personenfahrteinrichtungen für die Ein- und Ausfahrt der Bergarbeiter schließlich beschreibt Agricola mit den Worten: »Da ... manche Schächte stark geneigt sind, fahren die Bergleute und andere Arbeiter auf dem Leder [»Arschleder« oder »Bergleder«], das um ihre Lenden herabhängt, sitzend in die Grube, geradeso wie die Jungen im Winter am Hange eines Hügels, wenn das Wasser gefroren ist. Damit sie nicht hinabstürzen, legen sie den einen Arm um ein ausgespanntes Seil. Es ist oben an einem an der Schachtmündung aufgestellten Holze befestigt, unten an einem Pfahle im Schachttiefsten.«
Die am häufigsten benutzten Lastförder-»Maschinen« waren die sogenannten Radkreuzhaspeln: Wie bei alten Brunnenhaspeln wurden auf zwei Seiten des oberen Schachtrandes zwei Pfähle senkrecht eingerammt, auf denen sich ein Rundbaum mit dem Förderseil drehte. Am Ende des Seiles befanden sich die Haken für die Fördergefäße. Drei Haspelknechte holten die Lasten nach oben; einer drehte an dem zur Unterstützung der Arbeit mit Blei beschwerten Schwungrad an einem Ende des Rundbaumes und zwei an den kreuzweise durch den Rundbaum getriebenen Speichen am anderen Ende.
Leicht war die Arbeit der Haspelknechte nicht. Agricola bemerkt dazu in seinem Hauptwerk »De re metallica«: »Sooft sie ein mit Bergen gefülltes Gefäß herausgezogen und entleert haben, ziehen sie das nächste heraus, indem sie die Maschine in entgegengesetzter Richtung in Umdrehung versetzen ... Alle Haspler, an welcher Maschine sie auch arbeiten, müssen starke Leute sein, damit sie eine so schwere Arbeit leisten können ...«
Im Laufe der Zeit wurden diese Fördereinrichtungen verbessert, die Antriebsvorrichtungen senkrecht gestellt und die Kraft auf Kegelradgetriebe mit waagrechten Wellen übertragen. Den nächsten Schritt bildeten die Pferdegöpel mit zwei und vier Pferden (bei großen Tie-

fen), die ungefähr das Sechsfache der bis dahin förderbaren Lasten bewältigen konnten.

Das Wasser hatte man trotz mannigfacher Neuerungen in verschiedenen Gruben und Grubengebieten seit dem 12. und 13. Jahrhundert auch im 16. Jahrhundert noch stellenweise mit Hilfe von Ledereimern gehoben. Im Tiroler Erzbergbau beispielsweise stellten sich die als »Wasserheber« bezeichneten Bergleute übereinander jeweils mit dem Rücken zur Fahrt (Leiter) und reichten die gefüllten Eimer von unten nach oben hinauf. Dabei wurde viel Wasser vergossen. Die Männer wechselten häufig, weil sie naß wurden und ihre Gesundheit gefährdeten. Die Unkosten waren beträchtlich; die »Wasserheber« verdienten nur sehr wenig. Allein in einem 1515 am Falkenstein bei Schwaz eröffneten Bergwerk mußten 600 »Wasserheber« eingesetzt werden, die jährlich 20000 Gulden (pro Mann jährlich rund 33 Gulden) als Lohn erhalten haben sollen. Mit den »Wasserhebern« stand und fiel der Betrieb. Sie wußten es natürlich und erzwangen gelegentlich höhere Löhne durch Streikandrohungen. Wo immer jemand den Versuch unternahm, technische Mittel (»Wasserkünste«) einzuspannen, wurde er von den »Wasserhebern« verfolgt und schikaniert. Die dennoch zur Einsparung von Arbeitskräften bald entwickelten Wasserhebe-»Maschinen« leisteten nicht viel. Bergleute drehten an Antriebskurbeln, von denen die Kraft der Haspler über Zahnradübersetzungen auf Trommeln übertragen wurde und Ketten mit zahlreichen Kannen oder Ledergefäßen in Bewegung setzte, die nur jeweils 1,7 Liter Wasser faßten. 36 Kurbeldrehungen und ein großer Kraftaufwand waren nötig, um nur 10 bis 15 Liter Wasser an die Erdoberfläche zu heben. Später traten Wasserräder und Treträder an die Stelle der unwirtschaftlichen Einrichtung.

Neben diesen Schöpfmaschinen existierten bereits die Kolbenpumpen, die Agricola beschrieb. Allmählich wurden die Kolbenpumpen durch doppelte Hubpumpen mit Kurbelwellenantrieb, durch dreifache Saugpumpen mit Hebevorrichtungen und Treträdern ersetzt. Pumpen und Schöpfräder kombiniert, führten schließlich zur Entwicklung der »Heinzenkünste«. In Leder eingenähte Haare von Pferdeschweifen bildeten Bälle in Kopfgröße. Sie wurden in regelmäßigen Abständen an Schöpfketten angebracht, die durch hölzerne Röhren liefen und das Wasser bis aus 75 m Tiefe mit Hilfe von Menschen-, Wasser- oder Tierkraft aus dem Sumpf (Abwasser) nach oben zogen.

Darüber hinaus gab es Tretrad-Wasserhebe-»Maschinen«. In hölzernen Rädern mit einem Durchmesser von 7 m liefen zwei Räderknechte wie Hamster und Mäuse in kleinen Trommeln, die sie zur Belustigung von Kindern drehen. Zwei Männer (sogenannte »Schinderleute«) ruhten sich jeweils aus, während zwei andere die Schöpfräder in Bewegung setzten.

Die größten mittelalterlichen Wasserhebe-»Maschinen« waren jedoch die sogenannten Kehrräder.[77] Zwei Wasserkrafträder mit Durchmessern von je 11 m wurden auf einer Achse so vereinigt, daß ihre Schaufelstellung einander entgegengesetzt war. Die Achse drehte sich je nach der wechselnden Zufuhr der Wasserkraft auf die Schaufeln, wechselweise links und rechts herum. Die auf Kettentrommeln an den Enden der Achse laufenden Ketten mit Gefäßen liefen dadurch zwangsweise ebenso auf und ab – wie bei modernen (Dampf-)Betriebsmaschinen.

Die Wetter-»Maschinen«, die Blasebälge der frühesten Zeit, arbeiteten in Luftschächten, wo sie durch Hand- und Beinbetrieb, durch Treträder oder durch Pferdekraft in Bewegung gesetzt wurden.

Die primitive Personenfahrteinrichtung wurde von Agricola bereits geschildert. Gelegentlich sind die Bergleute aber auch mit Haspeln (wie bei der Lastförderung) ein- und ausgefahren. Nur hing dann an der Stelle des Kübels ein »Knebel«, auf dem die Männer saßen. Die Bergleute mieden diese Fahrweise jedoch nach Möglichkeit. Sie empfanden das »Fahren am Seil« meistens als einen Notbehelf. In seigeren (senkrechten) und tonnlägigen Schächten benutzten sie ausschließlich die Fahrten. Verschiedentlich sind besondere Einrichtungen zur »Fahrung« erfunden worden. So gab es seit 1833 zum Beispiel im Harz die am Pumpengestänge angebrachte Fahrkunst. Noch 80 Jahre nach der Erfindung des Drahtseils (im Jahre 1834) durfte in deutschen Bergbaugebieten kein Bergarbeiter gezwungen werden, »am Seil zu fahren«, das heißt den am Seil hängenden Förderkorb zum Ein- oder Ausfahren zu benutzen. Viele Bergarbeiter haben die Seilfahrt jedoch dem beschwerlichen Ein- und Ausstieg auf Fahrten bevorzugt, nicht nur, weil sie dadurch schneller nach unten oder nach oben gelangten. Agricola nennt einige Gründe: »Bisweilen stürzen die Arbeiter von den Fahrten und brechen Arme und Beine und das Genick, oder sie ertrinken auch, wenn sie in den Sumpf fallen. Schuld daran ist meist die Nachlässigkeit des Steigers; denn es ist seine besondere Aufgabe, die Fahrten so fest an den Ausbau anzuschlagen, daß sie nicht locker werden, und den Schachtsumpf so sicher mit Brettern zu bedecken, daß sie nicht entfernt werden und Menschen in das Wasser fallen können ... Es soll auch die Tür der Kaue nicht nach Osten liegen, damit im Winter sich die Fahrten nicht mit Eis bedecken, denn wenn das der Fall ist, können die durch die Kälte erstarrten und unsicher gewordenen Hände nicht mehr fest zufassen.«

Agricolas auch heute noch sehr geschätztes Werk »De re metallica libri« hat nicht nur in der Mitte des 16. Jahrhunderts als Grundlage für bergbauwissenschaftliche Untersuchungen gedient. Noch in unserer so wissenschaftsgläubigen Zeit gilt Agricola auf dem Gebiet, das er geistig zu durchleuchten versuchte, als die Autorität,[78] als die ihn der Lutheranhänger Sebastian Munster in seiner »Cosmographia« zeichnete. In dieser »Beschreibung aller Länder«, in der Munster auch den Bergbau durch das Prisma des aufgeschlossenen Geistlichen einzuordnen versuchte, genügte dem Autor der Hinweis, »diese Dinge, alle, die das Bergwerk berühren, habe ich aus dem Buch des hocherfahrenen und hochgelehrten Georgi Agricola genommen«,[79] um als sachkundig respektiert zu werden.

Munsters vorwurfsvolle Bemerkung, daß die »gelehrten Herren« bis dahin versäumt hätten, sich des Bergbaus im Sinne Agricolas anzunehmen, bestätigt noch einmal, welche Bedeutung der Autor dem Bergbau nach seinen Studien zur »Beschreibung aller Länder« zubilligen zu müssen meinte. Löhneyß,[80] Johannes Deucer,[81] Christoph Herttwig[82] und einige andere sind Munsters Aufforderung und Agricolas Beispiel gefolgt. Einige Männer aus dem Kreis um Agricola versuchten die Funktion des Bergbaus im Rahmen der Kulturgeschichte auf Agricolas Weise als ein Element zu artikulieren, von dem geschichtliche und kulturelle Impulse ausgegangen sein könnten. Einer von ihnen, Johannes Mathesius, von 1545 bis 1565 Bergmanns-Pfarrer in Joachimsthal, erblickte im Bergbau und in den Bodenschätzen ausdrücklich den Rahmen, von dem die Zukunft des Menschen in entscheidendem Umfange abhinge. Luthers Auffassung vom arbeitsreichen Leben, das der Reformator in Psalm 90, 10 verklärend ins Positive wendete (»... wenn's köstlich gewesen ist, so ist es Mühe und Arbeit gewesen«), obwohl es im ursprünglichen Text als Beschwernis, »Mühsal und Nichtigkeit« verstanden wurde, mochte nicht ohne Einfluß auf diesen Beginn gewesen sein. Agricola war häufiger Tischgenosse des Bergmannssohnes Martin Luther, der nach Mathesius vom »ehrlichen Berggut und dem Ertrag zweier Feueröfen« seines Vaters Hans Luther in Erfurt studieren konnte. Seinem Freunde Johannes Mathesius, mit seiner »Lebensbeschreibung Dr. Martin Luthers in 17 Predigten« übrigens der erste Biograph des Reformators,[83] verdanken wir aufschlußreiche kulturgeschichtliche Berichte vor allem über den Bergmann des 16. Jahrhunderts. In Bergmannstracht stieg er auf die Kanzel und determinierte den Bergbau in seinen Fastnachtspredigten von 1553 bis 1562 biblisch, ließ in ihm die gloria dei offenbar werden, bezeichnete Adam und Thubalkain als Bergleute und sagte von Jesus, daß er »oftmals in bergkleuftigen Worten und Gleichnissen« geredet habe. Er erzählte »seinen« Bergleuten von »Feuermaschinen« und »Füllfederhaltern« und informierte sie über Uhren und über die vermeintliche Heils- und Heilkraft einiger Bodenschätze, zum Beispiel des Goldes, des Silbers und des Quecksilbers.

Adam: erster Bergmann und rechter Daedalus

»Die ersten eyserne schlachtmesser. Eisen bergwerck das erste von Adam erfunden«. Das schrieb Mathesius in seiner »Bergpostilla oder Sarepta« an den Rand, um seinen andächtigen Lesern – oder Zuhörern im evangelischen Gottesdienst – folgendes darzulegen: »Bey diesem ersten opffer das noch im Paradeiß geschehen,/woellen es die gelerten halten/habe der sone Gottes Adam eyserne schlachtmesser/gezeyget/und als er drauff auß dem Paradeiß verweiset/und er sein brot must in der erden suchen/hab er sich umb den berge Libano als ein wunderman/umbgesehen/unnd eysen bergwerck außgeschuerffet/unnd zu gut gemachet.« Bei dem ersten Opfer, das noch im Paradies gebracht worden sein soll, hat nach der Ansicht der Gelehrten also der Sohn Gottes Adam das erste eiserne Messer gezeigt. Nachdem Adam aus dem Paradies vertrieben wurde, um sein Brot dann in der Erde suchen zu müssen, hat er am Berge Libanon Eisen gefunden und gewonnen. Und an einer anderen Stelle heißt es: »Diß erzele ich

lieben freunde/das wir Adam fuer den hoechsten naturkuendiger lernen halten/den dieser Erdboden getragen/und das wir ihm den ersten/kluegsten und eltesten Bergkmann sein lassen/der mit unnd one ruthe/habe geng/fletz und stoeck ausgericht/und als der rechte Daedalus, viel schoener Instrument/unnd werckzeug erfunden/ unnd seinen kindern angeben.« (Dies erzähle ich euch, liebe Freunde, damit wir Adam für den höchsten Naturforscher halten lernen, den die Erde getragen hat, und daß wir ihn den ersten, klügsten und ältesten Bergmann sein lassen, der mit und ohne Wünschelrute Gänge, Flöze und Schächte anlegte und als der rechte Daedalus viele schöne Instrumente erfand, die er seinen Kindern hinterließ.)
Über den biblischen Thubalkain, den Mathesius ebenfalls zum Bergmann macht, schrieb er: »Thubalkain hat ein geschwinden [klugen] und runden kopff/darumb ist er zugleich ein bergkman und werckman/und was die andern gewinnen/macht er zu gut/schmiedet und poliert kupffer und eisen/unnd macht wehr und waffen/zeug unnd haußrath/als der sich ins feld ruesten wil/wider der Patriarche kinder.«
Von Kain, Abel und deren Nachkommen, die nach der Bibel Bauern, Schmiede, Städtebauer, Geigen- und Flötenspieler gewesen sind, sagte Mathesius, daß sie Bergleute waren, »die sich schon vor der sündflut auff singen, klingen, bergkreyhen, drummel und pfeyffen« verstanden hätten.[84]
So fragwürdig die Meditationen jenes Geistlichen auch immer sein mögen: sie sind doch als die Stimme einer damals von Mystik umflorten Arbeits- und Erlebniswelt zu werten, die in eben jener Stunde auch bei uns der (wenn auch nicht unbefangene) Geist zu durchleuchten begann. Agricolas Bemühungen, seinem Hauptwerk die »Bergpredigten« des Mathesius anzufügen,[85] mochten auf solchen Überlegungen beruhen.

Bergleute und Bauern im Bauernkrieg

Neben Agricola und Mathesius tauchte ein anderer auf: der Geistliche Thomas Müntzer. Seine ersten deutschen Predigten hörten Mansfeldische Bergarbeiter; im großen deutschen Bauernkrieg trugen sie seine revolutionäre Brandfackel in eine neue Stunde der Geschichte hinein, und es drängt sich hier die Frage auf, ob der bis dahin noch Waffen[86] tragende Bergmann etwa besonders prädestiniert gewesen sei, in den Chor einzustimmen, der die neue Zeit besang. Bergarbeiter und Bauern haben sich in den Aufständen des Bauernkrieges rasch engagiert und zu Aktionen bereit gefunden. Beide waren gleichermaßen von den Einflüssen abhängig, die aus den Verhältnissen resultierten, die das aus der »Neuen Welt« (Amerika) kommende Edelmetall auslöste. Ständig schwankten die Preise. Die Löhne stiegen nicht im gleichen Maße wie die Preise, und der Gold- und Silberwert gingen zurück. Das Edelmetall floß sofort als Münze in den Handel. Den Bergleuten und Bauern gelang es nicht, sich dem hektischen Wandel anzupassen. Die Lebensbedingungen der Bauern, die an den gleichbleibenden Rhythmus von Saat und Ernte gebunden waren, gerieten durch die neuen Verhältnisse in Gefahr. Der Bergbau stand plötzlich vor einer neuen Situation. Die Handelswege verlagerten sich nach der Entdeckung Amerikas. Die europäischen Edelmetalle verloren plötzlich ihre Unantastbarkeit. Nachdem Columbus der Königin Isabella von Spanien geschrieben hatte, daß das Gold das »vortrefflichste aller Dinge« wäre, seit er auf Kuba und die Spanier auf Haiti Gold gefunden und die Eingeborenen rücksichtslos auszurotten begonnen hatten, die Portugiesen Gold aus Ostindien holten und Fernando Cortez die mexikanischen Edelmetallgruben ausraubte, ist die Unruhe so bald nicht wieder von den Bergleuten und Bauern in der Alten Welt gewichen. Und nicht wenige Historiker sind der Ansicht, daß die entscheidende Ursache für die Bauernaufstände in den radikalen Preisschwankungen jener Zeit zu suchen seien. Über die »Bergknappen der fünf österreichischen Herzogtümer im christlichen Bunde« schrieb Wilhelm Zimmermann in seiner Geschichte des »Großen deutschen Bauernkrieges«, daß die Emissäre der evangelischen Brüderschaft dort den für ihre Zwecke mannigfach vorbereiteten Boden gefunden hätten. »Das Evangelium und der evangelische Bund«, sagt Zimmermann, »hatten einen starken Anhang, besonders auch unter den zahlreichen Arbeitern der ... Bergwerke auf Eisen, Silber, Quecksilber und andere Erze und der Salinen. Diese Arbeiter, die Erzknappen besonders, waren kräftige, gehärtete, in Waffen geübte Leute, und jeder galt ganz wie ein guter Kriegsmann.«[87]

Bei den Tiroler Bergleuten, 1520 waren es rund 50 000,[88] gesellte sich zu den Irrungen und Wirrungen jener Jahre zum Beispiel um Pfingsten 1520 hinzu, daß ihnen gegen 40 000 Gulden rückständiger Löhne vorenthalten wurden, was ihre Ansprechbarkeit im Hinblick auf eine mögliche Änderung des sozialen und geistigen Gefüges gewiß noch intensivierte. Von kommunistischer Seite wird in diesem Zusammenhang betont hervorgehoben,[89] daß der neue Glaube besonders unter den Tiroler Bergleuten Fuß gefaßt hätte, weil diese »schon unter ähnlichen Bedingungen wie die modernen Lohnarbeiter lebten« (was im wesentlichen zutrifft) und weil sie den neuen Glauben leicht zur Vertuschung ihrer »revolutionären Auflehnung gegen die Klassenherrschaft« hätten gebrauchen können. Die Feststellung über die revolutionäre Bereitschaft der damaligen Bergleute ist richtig, die Begründung falsch. Die Geistlichen in den Bergbaugebieten kannten die Motive »ihrer« Bergarbeiter besser, und sie haben die aufgeschlossenen Bergleute nicht allein gelassen.

Bis zum Überdruß wird Mathesius in bergbaugeschichtlichen Darstellungen strapaziert; aber seine Amtsbrüder, die vor ihm bereits das Wort ausdrücklich an Bergleute richteten – und sogar selber in die Gruben einfuhren: sie bleiben meist unbekannt und ungenannt! Erwähnt seien an dieser Stelle nur Johann Strauß und Christoph Söll in Schwaz, Urbanus Regius in Hall und Schappeler in Memmingen. Regius und Schappeler wurden während des Bauernkrieges stets von bewaffneten Bergleuten zum Gottesdienst geleitet, und nicht lange nach Luthers Thesenanschlag verließ Urbanus Regius, der Barfüßermönch aus Hall, seine alte Umgebung, um als einfacher Bergmann sein Brot im Schweiße seines Angesichtes zu verdienen.

Die Tiroler Bergleute verkehrten mit ihren Kollegen aus Meißen ebenso wie mit den Bergarbeitern aus Salzburg; Luthers Schriften und seine Lehre wurden rasch innerhalb des Bergbaus zum tragenden Moment des (neuen) Selbstverständnisses – mit allen seinen Folgen. Wo immer seit den Tagen des Johannes Hus Reformatoren auftraten und an alten Vorstellungen rüttelten, gehörten Bergleute zu ihren eifrigsten Anhängern. Allerdings kann diese Formulierung nur ein summarischer Hinweis sein. Die Haltung der Bergleute in den Reformationsgebieten und -strömungen bedarf in jedem Falle einer detaillierten Untersuchung, zumal zum Beispiel im Zusammenhang mit den Hussiten sehr wahrscheinlich primär die Frage nach der Nationalität der in Böhmen arbeitenden Bergleute zu stellen und zu beantworten ist, die in Kuttenberg fast durchgehend im antihussitischen Lager standen. Als zum Beispiel der Ritter Racek Kobyla im Jahre 1416 im Auftrage König Wenzels in der reichen Bergstadt Kuttenberg erschien, um Abgaben einzutreiben, wurden er und seine Begleiter von Bergleuten umgebracht.[90] Und auch 1419, als 35 Barone und rund 100 Ritter aus Kuttenberg einen Absagebrief an die Prager sandten,[91] sollen ungefähr 1000 Bergleute vor Sigismund erschienen sein, um ihm Treue bis zum Tode zu geloben.[92] Die zum Teil furchtbaren Grausamkeiten gegen die Hussiten in Kuttenberg, auf deren Ergreifung Kopfgelder ausgesetzt waren, sind übereinstimmend vor allen Dingen den deutschen Bergleuten zugeschrieben worden, die nach dem Sieg der Prager – und nach peinlichen Unterwerfungszeremonien – allerdings eine ausdrückliche Schonung erfuhren und von den Utraquisten freien Abzug zugesichert erhielten. Viele Bergarbeiter, »montani plurimi cum fossoribus«,[93] vermutlich Lehenhäuer, sicher aber nicht alle Bergleute, wie nicht selten behauptet wird, haben die Zusage genutzt und Kuttenberg verlassen.

Über die Behandlung der Hussiten durch Bergleute heißt es unter »Anno 1421« in der Böhmischen Chronik unter anderem: »Zu der Zeit haben sich der Müntzmeister aufm Kuttenberge samt seinem Berggesinde ... und etliche andere versammlet und sind nach dem Städtlein Przeslausz gezogen ... Dann etliche der Taboriten so sich von Zischka getrennt und sich zu den Orebiten geschlagen gehabt kurtz vor diesem gemeldtes Städtlein gewonnen dasselbe besetzet und von dannen viel Schadens gethan und schlug der Taboriten viel todt nahm ihrer 125 sampt ihrem priester mit Namen Valentin welcher der Vornehmsten einer gewesen gefangen. Diese wurden sämptlichen nach dem Kuttenberg geführt; die Beschaedigten aber so nicht konnten wurden unterwegs todtgeschlagen. Als man sie nun dahin bracht ließ man Pfaff Valentin zum ersten peinigen und fragte ihn warumb er sich unter die Taboriten begeben? Er sagte: darumb daß

ich von anderer Leute Guetern reich wuerde. Also wurd er noch hefftiger gebrannt und endlich loßgelassen. Die anderen Taboriten aber desgleichen gemartert und in die Schaecht geworffen.«
Die in der Literatur vielfach verfochtene These, daß die Hussiten den Bergbau kurzerhand zerstört hätten, ist nicht haltbar.[94] Im Laufe der zwanziger Jahre des 15. Jahrhunderts trat Kuttenberg in der Überlieferung zurück. 1424 nahm Žižka die Stadt nach der Schlacht bei Moleschau in seinen Besitz, wodurch die Prager eine ihrer wichtigsten Einnahmequellen verloren. Der Bergbau ging zurück, hörte jedoch nicht auf. Taboriten und Waisen hielten in Kuttenberg ihre Landtage ab und schufen eine neue Münzverwaltung. Die Kuttenberger, ein Jahrzehnt von den Taboriten beherrscht, zogen schließlich sogar aus, um die Sache der Taboriten gegen die Prager zu verfechten. 1437 hörten die Feindseligkeiten auf. Die Bergleute, die während der Einnahme Kuttenbergs im Jahre 1421 die Stadt hatten verlassen müssen, durften wieder in die alte überwiegend deutsche Stadt zurückkehren. Viele taten es; aber sie fanden vor, was sie nicht verlassen hatten: eine tschechische Stadt mit tschechischer Amtssprache und tschechischen Eintragungen in den Stadtbüchern. Der Besitz der 1421 ausgezogenen Bergleute war unter die neu angesiedelten Tschechen aufgeteilt worden. Die alten Vorrechte der deutschen Bergleute waren inzwischen aufgehoben worden. 1454 wurde noch einmal verbindlich fixiert, wie der Bergbau fortan betrieben werden sollte.

Einen Teil der hier geschilderten Spannungen hat eine bemerkenswerte Miniatur (um 1500) festgehalten, die als »Kuttenberger Kanzionale« bekannt geworden ist. Das Thema des farbenprächtigen Bildes (69 mal 45 cm) ist sakral; als Medium zur Mitteilung dient der Bergbau mit seinen sozialen (und in Kuttenberg zweifellos auch nationalen) Spannungen. Der Bergbau erwies sich dem Künstler als ein ideales Mittel zur Fixierung seiner Zeitanalyse. Die Darstellung der schwer arbeitenden Bergarbeiter unter Tage, die sich (betont mitgeteilte) Körpervisitationen durch Vorgesetzte gefallen lassen müssen, und der im krassen Gegensatz dazu prunkvoll gekleideten Gewerken über Tage enthält neben der sozialen Anklage zugleich vielleicht auch die Andeutung nationaler Gegensätze, zumal die Bergleute aus Polen, aus Meißen, Pommern und Pilsen, aus Schemnitz und aus der Umgebung von Znaim nach Kuttenberg zugewandert waren.

Von hier ab ist es unmöglich, auch nur summarisch alle die Einzelheiten und Zusammenhänge der Kulturgeschichte darzustellen, deren Beziehung zu den Bodenschätzen bereits auf den ersten Blick hin sichtbar wird. Allein die Anzahl der Städte im deutschsprachigen Raum, die ihre Existenz und ihr Gesicht dem Bergbau verdanken, und die Erscheinungsformen der vom Bergbau und Hüttenwesen inspirierten Kultur füllen einen umfangreichen Katalog von Themen und Problemen.

Dem Historiker, Soziologen, Volkskundler und Bergbauwissenschaftler, um hier nur die Vertreter einiger Wissenschaftsdisziplinen zu nennen, bieten die von Mathesius überlieferten Namen von Bergbauorten eine reiche Fundgrube. In seiner »Sarepta« zählte der Joachimsthaler Pastor zum Beispiel folgende »Bergkstedt« allein von Böhmen, Tirol, Kärnten und Sachsen auf, in denen im 16. Jahrhundert Bodenschätze gewonnen wurden. In der Schreibweise des Mathesius angeführt, handelt es sich dabei um Dornberg und Abertham, um die benachbarten Zinnerzbergwerke Hengst, Platten, Gottesgab, Perlinger, Caffen und Muckenberg, Schlackenwald, Schoenfeld, Schoenfichten, Lauterbach, Elbogen, Schachwitz und S. Katernberg, um die Alaunbergwerke Neideck, Fruebiß, Liechtenstadt, um die Quecksilberbergwerke Schoenbach, Heiligberg bei Beraun und um die Bleierzbergwerke Pleystadt und Mieß. Daneben zählte er die alten Silbererzbergwerke Kuttenberg, Behemisch Budweiß, Kromaw, Taeber, Elischaw, Ptzybram, Wilherditz, Drossa, Prunfelß, Pilgram, Fuerwitz, Plan, Kuttenplan, Schellenberg oder Grab, Sonneberg, Preßnitz, Kupfferberg, Weinberg, Sebastiansberg und Katternberg auf und die Golderzbergwerke von Eule, Knien, Bergkreichenstein und Stopurg.

Hinzu kommen die Bergwerke in Kaernten: Modereck, Villach, Steinfeld, Schlaeming, Mandling, Zweyring, Friesach, Wachsenstein, Korbach, Melach, Altenhausen, Sanct Veyt, Windisch Roßwald, inn der Geel, Zuckenhut, Muertzthal, Delach, Lauenthal, Idria und die Bleierzbergwerke von Villach. Aus der Fürstlichen Grafschaft Tyrol nannte Mathesius Rottenberg, Kitzpuehel, Roererpuehel, Schwatz, Halle in Inthal, Gossensaß, Stoertzing, Brixen, Clausen an der Etzsch, Terlen, Promer, Inichen, Toblich und Lientz.

Ferner führte er die Gold- und Silbererzbergwerke in Mähren, Schlesien, im Lausitzer Land an: Die Igel, Goldberg, Risengrund, Altenberg, Reichestein und Zuckemantel.

Oben: Münzstätte des 18. Jahrhunderts. Illustration aus Diderots und d'Alemberts Encyclopaedie.

Unten: Hüttenleute aus der Zeit um 1900. Das stolze Berufsbewußtsein dieser Metallarbeiter wird in ihrem betonten Bemühen sichtbar, ihr Werkzeug in den Händen zu halten.

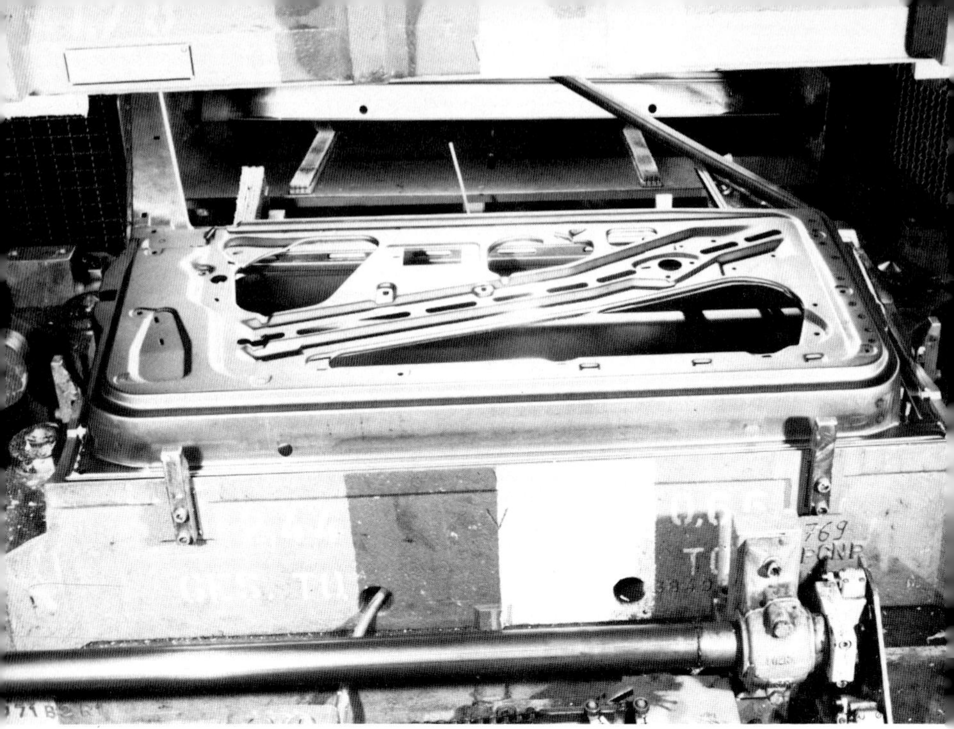

Oben: Pressen von Karosserieteilen.

Unten: Grugahalle in Essen. Moderne Mehrzweckhalle in Mischbauweise auf dem Grugagelände in Essen. Der Oberteil der Halle ist eine Stahlkonstruktion, der untere eine Stahlbetonkonstruktion.

Rechts: 65 m hoher viereckiger Rundstahl-Gittermast für den UKW- und Fernsehsender Nordhelle des Westdeutschen Rundfunks.

Unten: Afrikanische Bergleute während einer Sonntagsveranstaltung vor ihren Fördertürmen.

Moderner Hochofen.

»Wie wir auch hiemit unserm Gott die benachtbarten Bergkwerck im Churfürstenthumb zu Sachsen, unsern lieben Vatterland, trewlich befelhen«, fuhr der Bergmannspastor fort und nannte weiter: das alte und »loebliche bergkwerck zu Freyberg unnd im Brande, Wolckenstein, Geyer, Erbersdorff, Thum, Schneeberg, Anneberg, Buchholtz, Drebach, Wiesenthal, Jostdorff, Unnd daß wir der werden Jungkfraw und Mutter unsers Herrn Jesu Christi, S. Jochimß Tochter berg auch nit vergessen, Jtem, Hohnstein, Scheibenberg, Elterle, Und was fuer bergkwerck von alters her und noch inn Teutschen landen berhuembt sein, Als Salfeld, Zellerfeld, Wilderman, Goldcronach, die First, Sultzbach, Steyer, Schwartzeburg.«

*Bergbau und Bodenschätze
in Mythologie, Sagen- und Märchenwelt*

Allein Hesiods »Erga« mit dem Mythos von den metallenen Geschlechtern und Platons Metallmythos im »Staat« (III, 21) haben eine ganze Literatur inspiriert. Hesiod bediente sich der Metalle Gold, Silber, Erz (Bronze) und Eisen[95] als Chiffren zur Charakterisierung einer Menschheit, deren Geschichte in seinem Prisma als die schablonenhafte Abfolge von Zeitaltern erschien. Die Menschen des Goldenen Zeitalters lebten sorglos und ohne Arbeit, alterten nie und waren gerecht und glücklich, die des Silbernen töricht, frevelhaft und in ihrer Unwissenheit überheblich selbst gegen die Götter. Die Menschen der ehernen Ära waren wild, hart und gewalttätig; aber sie wurden noch übertroffen vom eisernen Geschlecht, das alle schlechten Seiten der vorangegangenen Stufen in sich vereinte – und bis auf den heutigen Tag fortlebt.
In Hesiods Schema etikettierte die Zuordnung der Metalle gleichsam die Situation und Sittlichkeit des ganzen jeweils lebenden Geschlechts. So lebte das dem Kronos untertane goldene Geschlecht geradezu in einer paradiesischen Harmonie und Sorglosigkeit dahin; das silberne, ebenfalls von Göttern geschaffene und seinen eigenen Müttern untertane Geschlecht wurde wegen seiner Hybris, Streitsucht und Unwissenheit von Zeus vernichtet, dem es keine Opfer ge-

bracht hatte; die Menschen des bronzenen Geschlechts trugen Bronzewaffen, ernährten sich im Gegensatz zu den anderen Geschlechtern auch von Fleisch, waren mitleidlos und liebten den Krieg. Durch den Schwarzen Tod kamen sie um. Edler und großzügiger war das von den Göttern mit sterblichen Müttern gezeugte vierte (heroische) Geschlecht, das bei Theben, auf der Argonautenfahrt und im Trojanischen Krieg tapfer gekämpft hatte und dafür die elysischen Gefilde bewohnen durfte. Das eiserne Geschlecht stammt von den Heroen ab – und existiert als das geringste von allen weiter. Es ist böswillig, unzüchtig, ungerecht, verräterisch und ohne Achtung vor den Eltern.[96]

Anders konstruiert sind die Verhältnisse und Beziehungen bei Platon. Bei ihm drückte die Zuordnung des Goldes Auserwähltheit aus, den besonderen Wert, die Tüchtigkeit und Tugendhaftigkeit des ursprünglich unter der Erde geformten Menschen, der zum Herrscher prädestiniert erschien, wie auch die Menschen des silbernen Geschlechts noch zur begnadeten Elite gehörten und zum Wächteramt[97] bestimmt waren. Bei den »Arbeitern und Landleuten«, die unter der Erde als schicksalhafte Wertmarken Erz und Eisen mitbekamen, zeigt sich darüber hinaus noch eine verschiedene Bewertung der »geringeren« Metalle Bronze und Eisen.

Die Wahl der Metalle mit ihren Wertzuordnungen und ihre Konfrontation mit dem Menschen sowohl bei Hesiod als auch bei Platon haben zu wissenschaftlichen Kontroversen geführt, die hauptsächlich Platons Abhängigkeit von Hesiod behaupten.[98] Mehrfach hat Platon sich der Hesiodschen Geschichtsausmalung bedient, wenn er es für geboten hielt. Man solle Hesiod doch glauben, sagte er (Rep. 468 e 8), daß die in Kriegen rühmlich gefallenen Kämpfer nach ihrem Tode heilige Dämonen würden, die als Schützer der Menschen aufträten und deshalb dem goldenen Geschlecht einverleibt werden müßten. Ebenso ließ sich die Erwähnung der »verschiedenen Geschlechter Hesiods« im »Staat« (z. B. VIII, 547) als eine Berufung auf Hesiod als den eigentlichen Vater jener Mythologie auch für Platon auslegen.

Es ist hier nicht der Ort, den Katalog von Thesen, Antithesen und Synthesen auszubreiten, die aus der Suche nach dem ursprünglichen Motiv für die Metallmythen resultieren, da sie in erstaunlichem Maße die Berücksichtigung eines entscheidenden Faktors außer acht lassen: den Bergbau, das Hüttenwesen und die Bodenschätze selbst.

Dabei hat Platon selber die Quelle angedeutet, bevor er damit begann, seinem fiktiven »Gesprächspartner« den Metallmythos zu erzählen. Ausdrücklich erklärte der Philosoph, daß man wieder jene »schöne Lüge einführen« müßte, die einstmals von den Phönikern erzählt und auch geglaubt worden sei. Möglicherweise ist sie auch Hesiod bekannt gewesen. Für Platons Mythos bleibt entscheidend, daß er von den Phönikern ausgeht und den »Beginn« der Geschichte dadurch auslöst, daß die »Mutter Erde« die unter Tage geformten und mit einem Metallprädikat versehenen Menschen mit ihren Geräten und Waffen heraufschickt, um ihnen dort Funktionen zu übertragen, die von den ihnen jeweils innewohnenden Metallen vorherbestimmt wurden. Daß die Griechen die Kunst des Bergbaus und der Metallgewinnung von den Phönikern übernommen haben, war auch Platon nicht unbekannt. Von daher erhält sein Hinweis auf die Phöniker sogar einen weiteren wesentlichen Akzent: Erst seit der Mensch gelernt hat, Erze abzubauen und andere Bodenschätze zu gewinnen und in seinen Dienst zu stellen, hat er eigentlich Geschichte; jedenfalls unterscheidet sie sich von dem Geschehen, das vorausging. »Ich möchte ... versuchen,« sagte Platon, »zunächst den Herrschern selbst und den Kriegern, dann auch dem anderen Volk folgendes einzureden. Von der ganzen Bildung und Erziehung, die wir ihnen jetzt haben angedeihen lassen, hätten sie bloß geträumt; das alles sei wie ein Traum gewesen. In Wirklichkeit seien sie unter der Erde gewesen und dort aufgezogen und geformt worden, ebenso auch ihre Waffen und sämtlichen Werkzeuge. Und als alles fertig gewesen, habe die Mutter Erde sie heraufgeschickt, und jetzt müßten sie über das Land, in dem sie lebten, walten und müßten es schützen und hüten; denn es sei ja ihre Mutter und ihre Pflegerin. Ebenso müßten sie über die anderen Bürger wachen; denn es seien ihre Brüder und ebenfalls Kinder der Erde ... Ihr alle im Staate seid Brüder, so erzählen wir Mythendichter ihnen. Aber als der Gott euch formte, hat er den künftigen Herrschern Gold mitgegeben; darum sind sie die Ehrwürdigsten. Den Gehilfen hat er Silber mitgegeben; den Landwirten und den übrigen Arbeitern Eisen und Erz. Und da ihr alle eines Geschlechts seid, so zeugt ihr meist Kinder, die euch gleich sind. Es kommt aber auch vor, daß von einem Goldenen ein silbernes Kind und von einem Silbernen ein goldenes Kind gezeugt wird; ebenso ist es mit den übrigen. Und der Gott befiehlt zuerst und zumeist den Herrschern, über nichts so gut zu walten und über nichts so scharf zu wachen wie über ihre Kinder, damit sie erkennen, was sie in sich haben. Hat ihr Kind Erz oder Eisen in sich, so dürfen sie kein Erbarmen mit ihm haben; sie müssen ihm die Ehre geben, die seinem Wesen gebührt, und es fortstoßen zu den Arbeitern und Landleuten. Andererseits, wenn von diesen ein Kind geboren wird, das Gold oder Silber in sich hat, so sollen die Herrscher es ehren und emporheben, jenes zu den Wächtern, dieses zu den Gehilfen. Denn ein Orakel sagt, daß der Staat zugrunde geht, wenn Eisen und Erz über ihn wachen. – Siehst du eine Möglichkeit, wie man die Menschen dazu bringen kann, an diesen Mythos zu glauben?«[99]

Platons Menschen sind unter der Erde »aufgezogen und geformt« worden, ebenso ihre Geräte, Werkzeuge und Waffen, also ihre Wesenszüge, ihre Denk- und Handlungsweise und selbst die Mittel, durch die ihr Handeln wirksam wird. Unter Tage, das heißt mit dem Beginn des Bergbaus, ist dem Menschen eine neue Zukunft bestimmt worden: Es ist die Zukunft, die einerseits abhängig ist von den Bodenschätzen, die er symbolisch als Wesen in sich trägt und andererseits als Mensch zur Befriedigung seiner Bedürfnisse und historischen Gegebenheiten besitzt und nutzt.

»Gold und Silber haben« die Herrscher und Wächter, »(so lehrt man sie) dauernd in ihrer Seele, göttliches und gottgeschenktes, sie brauchen also das menschliche nicht, vergehen sich auch gegen die Götter, wenn sie das göttliche und das menschliche Gold miteinander in Berührung kommen lassen; denn mit gemünztem Gold ist viel Arges geschehen, das ihrige ist unbefleckt« (III, 21, 416).

Ihnen ist – im Gegensatz zu den Bauern, Handwerkern und anderen Bürgern – die Berührung von Gold und Silber verboten, und sie dürfen keine Reichtümer erwerben, um nicht zu feindlichen Despoten zu werden. Daß Platon die Verderbtheit anstatt bei den Menschen selbst im Einfluß der Edelmetalle suchte, die der Mensch aus der Erde holte, war ein Irrtum, den zahlreiche Geister der Antike mit ihm teilten.

Die wertvollsten Menschen sollten zu Herrschern und zu deren Gehilfen berufen werden; denn »der Haufe und das Volk insgesamt« dürfen den Staat nicht beherrschen, da »ein Orakel sagt, daß der Staat zugrunde geht, wenn Eisen und Erz über ihn wachen«. Platon verglich sich selbst einmal mit den Berg- und Hüttenleuten mit der

Wendung, »und es gemahnt mich, als ginge es uns wie denen, die das Gold reinigen«.[100] Wie sie nur die Erze vom tauben Gestein schieden, ohne unmittelbar von den Edelmetallen profitieren zu können, so vermochten auch die tief schürfenden (!) Gedanken des Philosophen nur die »notwendige Lüge« (III, 21) zu ersinnen – oder wieder freizulegen –, die doch ohne Nutzen blieb; denn »siehst du eine Möglichkeit, wie man die Menschen dazu bringen kann, an diesen Mythos zu glauben?«.

Die Beziehungen zum Bergbau und Hüttenwesen lassen sich also in Platons philosophischer Ausformung des Mythos finden und mit einiger Sicherheit auch als Motiv vermuten. Im Prisma der bisherigen bergmännischen Fachliteratur allerdings ist »kein einziger Zug in diesen Vorstellungen ... ›bergmännisch‹« gedacht,[101] und Platons Mythos erscheint lediglich als eine »philosophische Abstraktion«.[102]

Ein weiterer Metallmythos findet sich im 2. Daniel-Kapitel, das ohne Zweifel der Makkabäer-Zeit angehört, wenn der unbekannte Verfasser seine mythologisch komponierte Zeit- und Zukunftsanalyse auch in einen angeblichen Traum Nebukadnezars (604–562 v. Chr.) und dessen Belehrung durch »Daniel« hüllt und so als ein Zeitgenosse des babylonischen Königs erscheint. Auch dort tauchen zunächst Bodenschätze als Sinnzeichen auf. Aus ihnen war das große Bild geschaffen, das »Nebukadnezar« im Traume sah. Die Metalle erscheinen nicht mehr wie bei Platon als verbindliche Wertmarken für die Tugend und Sittlichkeit der einzelnen Menschen, sondern als Material für die genau bezeichneten Körperteile, die zu einem Menschenbild zusammengefügt worden sind. Nicht gegen die Bodenschätze, sondern gegen die Menschen richtet sich die Stimme des Autors, der diejenigen anklagt, die sich ihre Götzen aus Metall schaffen. Für ihn hat das Metall einen neutralen Wert.

Das 2. Jahrhundert sah die Juden im Freiheitskampf gegen die Selekuden siegen, deren Herrscher Antiochus Epiphanes die gewaltsame Hellenisierung Jerusalems angestrebt, den Kultus verboten, die Auslieferung der heiligen Schriften gefordert und – als schlimmstes – den »Greuel der Verwüstung«, die Aufrichtung eines Zeusaltars auf dem Jahwealtar befohlen hatte. Diese Situation bot sich dem Verfasser des alttestamentlichen Buches, der den Unterdrückten Hoffnung und Mut zusprechen wollte, als historischer Hintergrund an. Geschickt und klug hat er Antiochus IV. mit dem babylonischen König Nebukadnezar konfrontiert, der die Juden einst in die babylonische Gefangenschaft geführt und in seiner Maßlosigkeit den Turm zu Babel errichtet hatte.

»Du, König«, so ließ er »Daniel« im 2. Kapitel (31–45) des apokalyptischen Buches sagen,

»Du ... sahest, und siehe, ein großes und hohes und sehr glänzendes Bild stand vor dir, das war schrecklich anzusehen. Des Bildes Haupt war von feinem Golde, seine Brust und Arme waren von Silber, sein Bauch und seine Lenden waren von Erz, seine Schenkel waren Eisen, seine Füße waren eines Teils Eisen und eines Teils Ton. Solches sahest du, bis daß ein Stein herabgerissen ward ohne Hände; der schlug das Bild an seine Füße, die Eisen und Ton waren, und zermalmte sie. Da wurden miteinander zermalmt das Eisen, Ton, Erz, Silber und Gold und wurden wie Spreu auf der Sommertenne, und der Wind verwehte sie, daß man sie nirgends mehr finden konnte. Der Stein aber, der das Bild schlug, ward ein großer Berg, daß er die ganze Welt füllte. Das ist der Traum. Nun wollen wir die Deutung vor dem König sagen. Du, König, bist ein König aller Könige, dem der Gott des Himmels Königreich, Macht, Stärke und Ehre gegeben hat und alles, da Leute wohnen, dazu die Tiere auf dem Felde und die Vögel unter dem Himmel in deine Hände gegeben und dir über alles Gewalt verliehen hat. Du bist das goldene Haupt. Nach dir wird ein anderes Königreich aufkommen, geringer denn deines. Darnach das dritte Königreich, das ehern ist, welches wird über alle Lande herrschen. Und das vierte wird hart sein wie Eisen; denn gleichwie Eisen alles zermalmt und zerschlägt, ja, wie Eisen alles zerbricht, also wird es auch diese alle zermalmen und zerbrechen. Daß du aber gesehen hast die Füße und Zehen eines Teils Ton und eines Teils Eisen: das wird ein zerteiltes Königreich sein; doch wird von des Eisens Art darin bleiben, wie du denn gesehen hast Eisen mit Ton vermengt. Und daß die Zehen an seinen Füßen eines Teils Eisen und eines Teils Ton sind: wird's zum Teil ein starkes und zum Teil ein schwaches Reich sein. Und daß du gesehen hast Eisen mit Ton vermengt: werden sie sich wohl nach Menschengeblüt untereinander mengen, aber sie werden doch nicht aneinander halten, gleichwie sich Eisen mit Ton nicht mengen läßt. Aber zur Zeit solcher Königreiche wird der Gott des Himmels ein Königreich aufrichten, das nimmermehr zerstört wird; und sein Königreich wird auf kein ander Volk kommen. Es wird alle diese Königreiche zermalmen und zerstören; aber es selbst wird ewiglich bleiben; wie du denn gesehen hast einen Stein, ohne Hände vom Berge herabgerissen, der das Eisen, Erz, Ton, Silber und Gold zermalmte. Also hat der große Gott dem König gezeigt, wie es hernach gehen werde; und der Traum ist gewiß, und die Deutung ist recht.«

Hinter diesem Bild steht primär die Prognose von der Rettung Israels aus dem Joch des Antiochus Epiphanes, dessen Tod (164 v. Chr.) der Autor nicht mehr erlebt haben kann. Auch die Tatsache, daß der Verfasser die Wiedereinführung des 168 v. Chr. eingestellten Opferdienstes (Dezember 165 v. Chr.) mit keinem Wort erwähnt, weist darauf hin. Der Hellenismus mit seinen metallenen Götzen sollte durch eben jenen »Stein« hinweggefegt werden, den unsichtbare Hände vom Felsen rissen.

Und noch ein weiteres, bislang allerdings unbeachtet gebliebenes Motiv läßt sich aus dem 2. Daniel-Kapitel herauslesen. Es ist die Auflehnung gegen die seit den Vorsokratikern – und natürlich auch in Platons Metallmythos – vorhandene Tendenz, das im Neutrum »Wirkende«, das zeitlos »Seiende«, an die Stelle des hebräischen »Ich«, »ich wirke«, gesetzt zu sehen. Dem Juden mußte es frevelhaft erscheinen, einen Satz zu lesen, wie er bei Platon stand: »Ein Orakel sagt...«. Wahrscheinlich hat der Verfasser – gleich den praktischen Götzenschmieden – die Metalle als den haltbarsten Stoff gewählt, um die »Person« des Götzen darzustellen, der dann vom »Gott des Himmels« (44) zermalmt und zerstört wird. Den »seienden« Dingen wurde das »Ich wirke« des Allmächtigen gegenübergestellt. Die Abhängigkeit des Menschen und seiner Geschichte von dem Einen Ewigen wird in der Vision des alttestamentlichen Autors deutlich, der den »schrecklich« anzusehenden Götzen aus Metall aufbaute, um ihn dann zu zertrümmern und »wie Spreu auf der Sommertenne« vom Winde verwehen zu lassen. Das babylonische, medische, persische und griechische Reich, alles Welten, die in den Hellenismus hineinspielten, sollten sich schließlich dem Einen unterwerfen müssen, der weder aus Gold und Silber noch aus Erz und Eisen »gemacht« ist.

Im Daniel-Kapitel klingen Berührungen mit dem persischen Urmenschen Gayomard an, aus dessen Körper nach dem Tode die Metalle entstanden sein sollten. Im 14. Kapitel des Großen Bundahisn VI heißt es: »...Aus seinem Haupte kam das Blei, aus dem Blut das Zinn, aus dem Mark das Silber, aus den Füßen das Erz, aus den Knochen das Kupfer, aus dem Fett das Glas, aus dem Fleisch der Stahl und aus dem Austreten der Seele das Gold zum Vorschein.«

Über das wirkliche Alter des Gayomard-Mythos ist wenig bekannt, zu wenig. Vielleicht ist er sogar schon in den alten indischen Spekulationen zu finden. Sehr häufig wird vermutet, daß er dem Verfasser des Daniel-Buches und eventuell sogar bereits Hesiod[103] und Platon vorgelegen habe. Wahrscheinlich aber war es gerade umgekehrt. Das Daniel-Buch dürfte eine Vorlage für die Schöpfer des Gayomard gewesen sein. Man wird den Traum des Pharao und die Deutung durch Joseph im 1. Buch Mose 41 (sieben fette und sieben magere Jahre) als ein Modell für den Metallmythos des Daniel-Kapitels suchen dürfen. In der Zarathustrischen Religion war Gayomard der Herrscher über eine sündlose Welt mit den materiell gewordenen Urbildern der Menschen, die neben jenem Urmenschen noch die »Seele des Stiers« als Prototyp der Tierwelt kannten. Gayomard wurde von seinem Widersacher Angra Mainyu (der »arge Geist«) getötet. Seinem Leichnam entsprang das erste Menschenpaar; aus dem Urstier kam das Vieh. Saoshyant (Helfer), der letzte der Heilande, soll dereinst in die Welt kommen und die Auferstehung der Toten herbeiführen. Durch einen feurigen Metallstrom erfährt die Welt ihre Läuterung, um fortan von Ahura Mazda beherrscht zu werden. Das Metall tritt hier zurück und ist zunächst nur einmal mit Gayomard in die vier Zeitalter eingewebt worden; aber die Zeitalter sind der Vollzug eines Heilsplanes und münden in eine bessere Welt ein, an deren Schwelle – wieder das Metall (wenn auch als läuterndes Element) stehen soll. So taucht es zweimal auf: erstens nach der Ermordung des guten Gayomard und zweitens als das entscheidende Hilfsmittel zur Reinigung der schlecht gewordenen Welt. Reizvolle Kombinationen lassen sich aus diesem Bild in die Kulturgeschichte hineinprojizieren.

Der Daniel-Mythos und die Legende vom Gayomard tauchen besonders in der Religionsgeschichte häufig auf. So haben sie beispielsweise die Vorstellung vom ersten und zweiten Adam bei Paulus beeinflußt, wie sie sich überdies auch in der mittelpersischen Schrift Bahman Yast nachweisen lassen. In ihr findet sich eine aus der Avestaschrift, dem im 4. Jahrhundert n. Chr. entstandenen heiligen Buch des Parsismus, übernommene und umgearbeitete Stelle wahrscheinlich aus dem 6. Jahrhundert n. Chr., in der folgendes erzählt wird: Wie einst »Nebukadnezar«, so sah auch Zarathustra ein Traumbild, das ihm von Ahura Mazda, dem guten und höchsten Gott (auch Ormazd), dem Schöpfer und Weltenrichter im Parsismus, gedeutet wurde. Nur handelte es sich dabei nicht um einen metallenen Götzen wie im Daniel-Buch, sondern um einen Baum mit je einem goldenen, silbernen, stählernen und eisernen Ast, von denen der eiserne mit anderen Metallen gemischt war. Ahura Mazdas Deutung lautete: »Die vier Zweige sind die vier künftigen Perioden. Die goldene ist, wenn du und ich miteinander verkehren und König Vistaspa die Religion annimmt... die silberne ist die Herrschaft von Ardakshir [gemeint ist die Arsakidenzeit], die von Stahl die glorreiche Herrschaft des Khusro [531-579] und die mit Eisen gemischte die schlimme Herrschaft der Dämonen... und das Ende des tausendsten Winters deines Jahrtausends, Zarathustra!«[104] Die erste Stufe dieses Weltgeschehens sah, wie bei Hesiod, Eintracht und Harmonie zwischen Göttern und Menschen walten, und auch das Eiserne Zeitalter stand in beiden Bildern unter einem ähnlichen Vorzeichen. Es wäre müßig, an dieser Stelle nachweisen zu wollen, wo etwa das Daniel-Kapitel als Vorlage gedient haben könnte. Der aus verschiedenen Metallen bestehende Ast scheint als Motiv auf das im Daniel-Buch bezeichnete letzte Reich aus Eisen und Ton hinzudeuten. Und es ist nicht der einzige Hinweis auf das alttestamentliche Buch als inspirative Quelle. Selbst die Wahl des Baumes als Sinnzeichen ist noch nicht einmal originell; denn schon im 4. Daniel-Kapitel wird ein Traum »Nebukadnezars« ausführlich ausgemalt, der keinen metallenen Götzen, sondern einen Baum sah, dessen Äste »bis an den Himmel« (4, 8) reichten und die ganze Erde überspannten. So enthält denn der Bahman Yast auch eine Variante, in der ein Baum mit sieben Zweigen – vielleicht an die in der Antike bearbeiteten sieben Metalle angelehnt – geschildert wird. Zu den bereits genannten Metallen haben sich Messing, Kupfer und Zinn gesellt.

Eine dritte Variante ist noch jünger und steht im XI. Kapitel des Dinkard, der im 9. Jahrhundert entstand.

Neben diesen Mythen existierten weitere im Iran. Einer von ihnen hängt ebenfalls mit dem Gayomard zusammen. Deshalb wird er hier noch kurz skizziert. Nach dem Tode Gayomards entstanden aus seinem Leib die beiden ersten Menschen Mashiay und Mashianay. Nachdem sie aus einer Rhabarberpflanze herausgewachsen waren und sich zu Menschen verwandelt hatten, empfingen sie die Ermahnungen Ormazds, fromm und gerecht zu sein. Im ersten Stadium ihrer Geschichte waren sie es auch, doch allmählich gewannen die Dämonen Macht über sie. Die Menschen entsagten der pflanzlichen Nahrung und begannen sich mit Ziegenmilch zu ernähren. Immer mehr gerieten sie unter den Einfluß der Dämonen. Sie schlachteten ein Schaf, zündeten Feuer an und kleideten sich in Felle. Dann gruben sie in der Erde und fanden Eisen, das ihnen die Möglichkeit bot, Holz zu schlagen und einen Schirm gegen die Sonne zu errichten.

Schließlich huben sie an, sich selbst zu streiten und tätlich gegeneinander vorzugehen. Diese Vorstellung hat später im Parsismus die Ausformung erfahren, daß der Mensch beim Nahen seiner Todesstunde zuerst aufhöre, Fleisch zu genießen, um dann auch die Milch, später das Brot und zuletzt schließlich selbst das Wasser abzulehnen. Nahezu in allen Kulturkreisen lassen sich Mythen, Sagen und Märchen nachweisen, die jener Welt entstammen, wenn ihr Ursprung auch weder konsequent auf Hesiods Zeitalterlehre, auf Platons »schöne Lüge« (»Staat«, III, 21), auf die Deutung des »Nebukadnezar« – Traumes, auf den metallenen Weltenbaum oder auf den Gayomard zurückgeführt wird, die alle ohne Bergbau ausgeschlossen gewesen wären.

In den antiken Betrachtungen steht nicht der Bergbau als solcher im Mittelpunkt, sondern das Verhältnis der Menschen zu den Bodenschätzen und deren Bedeutung für die Kultur und Geschichte. Nicht zufällig findet sich das Edelmetall (als Geld) bei Platon erst an dritter Stelle der erstrebenswerten Dinge. Weitaus wichtiger als der Erwerb von Geld erschien ihm die Verwirklichung der Tugend, die durch die Schwäche der Menschen und deren Verhältnis zu den Edelmetallen ständig in Gefahr geriet, weshalb er in seinen »Gesetzen« auch gegen den übermäßigen Gelderwerb durch Handwerk, Wucher und andere Geschäfte eintrat: »Man soll sich mit dem begnügen, was der Landbau bringt und einträgt, und auch diesen soll man nur so weit betreiben, als der Betrieb einen nicht in die Lage bringt, das vernachlässigen zu müssen, um dessentwillen alle Habe da ist.«

Der so konzipierte Geist hat selbstverständlich lange auch in der Sagenwelt nachgewirkt. Die beispielsweise von Plutarch (Moralia 262) überlieferte Anekdote über den Lydier Pythes, der auf eine Goldader gestoßen war und alle Leute so sehr zur Grubenarbeit zwang, daß die Landwirtschaft darüber vernachlässigt wurde und Hungersnot über die Menschen kam, kann als ein klassisches Beispiel für diese Schau gelten. Ob Plutarch eine historische Begebenheit schilderte oder nicht, soll hier nicht weiter untersucht werden. Jedenfalls wissen wir aus Böhmen, daß dort in den Jahren 761, 843 (umstritten) und 1153 Hungersnöte geherrscht haben sollen, weil die Menschen primär nur noch der Goldgewinnung nachgingen und die Landwirtschaft vernachlässigten. Jene bitteren Erfahrungen sind dort häufig als tragen-

des Motiv in alten Volksmärchen zu finden. So wird in einem tschechischen Märchen, das den Titel »Der Metallherrscher« trägt, erzählt, was einem goldgierigen jungen Mädchen einst widerfuhr, das alle Vernunft mißachtete und sich dem gleisnerischen Traum von Reichtum und Gold hingab. Von Träumen, die seine unvernünftigen Wunschbilder übersteigerten, verführt, schüttelte es schließlich alles ab, was es bis dahin getreulich geleitet hatte: Hoffart stand am Ende. »Was mir geträumt hat, Mutter?« fragte jenes Mädchen. »Ei, mir träumte, es käme ein Herr im silbernen Wagen, schenke mir ein silbern Stirnband und freite um mich. Und als ich in die Kirche kam, da schauten die Leute nicht so sehr auf die Mutter Gottes wie auf mich.« Und wie es nun einmal in Märchen zu sein pflegt, erschien dann am Tage darauf auch der Freier, um das Mädchen heimzuführen; aber es wies ihn, unersättlich und töricht, zurück. Erst nachdem dem Mädchen geträumt hatte, daß der um sie Freiende in goldenem Wagen erschienen und ihm Gewänder aus purem Gold dargeboten habe und die Menschen in der Kirche nicht mehr auch auf die Mutter Gottes, sondern nur noch auf das Mädchen geschaut hätten, sagte es ja, als noch am selben Tage drei Wagen in den Hof einfuhren: »ein kupferner, ein silberner und einer aus purem Gold«. Während die Tochter ihre strahlend schönen Gewänder in der Kammer anlegte, fragte die besorgte Mutter den Bräutigam: »Und zu was für Brot erbittet ihr meine Tochter?«
An dieser Stelle kann man eine Berührung mit der von Plutarch überlieferten Anekdote über den Lydier Pythes sehen, dessen Gattin in seiner Abwesenheit Brote, Obst, Kuchen und allerlei Speisen aus Gold hatte anfertigen lassen, um den Mann von seiner Gier nach Gold zu befreien. »Und als nun alles fertig war«, wird dort gesagt, »kam Pythes gerade hungrig von einer Reise zurück. Und wie er zu essen verlangte, ließ ihm die Gattin einen goldenen Tisch vorsetzen, auf dem nichts Eßbares, sondern nur jene goldenen Gegenstände lagen. Zuerst freute Pythes sich darüber; als er sich aber daran satt gesehen hatte, verlangte er zu essen, worauf ihm abermals und noch ein drittes Mal goldene Speisen aufgetragen wurden, bis er endlich wütend wurde und schrie, er habe Hunger!« Von seiner klugen Frau darauf hingewiesen, daß er selber die Schuld an diesem Zustand trüge, weil niemand mehr auf dem Acker arbeiten dürfte, »kam Pythes zur Besinnung«. In dem zuvor erwähnten tschechischen Märchen

vom »Metallherrscher« heißt es weiter: »Als die Trauung vorüber war, setzte sich die Braut in den goldenen Wagen, das Geleite in den silbernen und den kupfernen, und so fuhren sie von dannen, ohne sich nach der Mutter ein einziges Mal umzuwenden. Sie fuhren und fuhren, bis sie zu einem Felsen gelangten. Es war ein großes Loch in ihm, groß wie ein Stadttor. Durch dieses Tor zogen die Rosse die Wagen. Als sie im Inneren waren, kam ein furchtbares Erdbeben, so daß der Felsen hinter ihnen einstürzte. Sie waren in lauter Dunkelheit gehüllt. Die Braut erschrak und fürchtete sich, doch der Bräutigam sprach zu ihr: ›Fürchte dich nicht und warte nur. Es wird hell, es wird schön werden.‹ Da kamen von allen Seiten Bergmännchen [deren Herkunft in den Märchen in der Gestalt von Zwergen zweifellos in der Welt des Bergbaus zu suchen ist] gelaufen mit roten Hosen und grünen Kappen, brennende Fackeln in den Händen, und sie begrüßten ihren Herrn, den Metallherrscher, und leuchteten ihm. Nun erst sah die hoffärtige Braut, wem sie gefolgt war, wen sie zu ihrem Gatten erwählte. Doch machte ihr das keinen Kummer. Aus dem finsteren Felsen gelangten sie in ungeheure Wälder und Berge, die himmelhoch emporragten, aber alle die Fichten, Tannen, Buchen, all die Berge waren von Blei. Als sie die Berge hinter sich hatten, kam wieder ein Erdbeben. Es stürzte alles ein.

Aus den bleiernen Bergen gelangten sie auf eine schöne Ebene, wo alles prächtig strahlte, und in der Ebene stand ein goldenes Schloß, mit Silber und Edelsteinen ausgelegt. In dieses Schloß führte der Metallherrscher seine Braut und sagte ihr: ›Das alles gehört dir.‹ Mit Freude und Verwunderung beschaute die junge Frau all den Reichtum. Sie war sehr müde, und es freute sie, daß die Bergmännchen nun einen goldenen Tisch deckten. Sie setzten sich also zu Tisch, und ihr Hunger war groß. Es wurden Speisen aus Kupfer aufgetragen, Speisen aus Silber und Speisen aus Gold. Alle aßen, nur die Braut konnte nichts davon genießen. Da bat sie den Bräutigam um ein Stückchen Brot. ›Gern, meine Holde‹, sagte der Metallherrscher und befahl sogleich den Bergmännchen, einen Laib kupfernes Brot zu bringen. Schon lief eines und brachte den kupfernen Laib Brot; allein die Braut konnte nichts davon essen. Der Metallherrscher befahl einen Laib silbernes Brot, allein die Braut konnte nichts davon essen. Er befahl einen Laib goldenes Brot zu bringen, allein auch von ihm konnte die Braut nichts essen. ›Gern würde ich dir dienen, meine Holde, doch haben wir kein anderes Brot‹, sagte der Metallherrscher. – Da sah die Braut, daß es übel mit ihr stehe, und brach in Tränen aus; allein der Metallherrscher sprach zu ihr: ›Es hilft nichts, zu wehklagen und zu weinen. Du hast gewußt, für was für Brot du freist. Wie du gewählt hast, so hast du es nun.‹ Und so war's und nicht anders. Was geschehen war, ließ sich nicht ungeschehen machen, die Braut mußte unter der Erde bleiben, zwischen Kupfer, Silber und Gold, und wird dort vom Hunger gequält, weil sie nur nach Gold verlangte ...«

In Böhmen konnte der auri sacra fames, dem fluchwürdigen Hunger nach Gold, zum Beispiel im Jahre 1153 nur noch dadurch begegnet werden, daß unberechtigten Goldgräbern der Verlust einer Hand als Strafe angedroht wurde.

Wie in der Antike unter anderem bei Pindar, Euripides, Sokrates, Platon, Juvenalis, Propertius und Ovidius, so wurde auch hier vornehmlich, mit dem Bergbau im Vordergrund, der vermeintliche Einfluß des Goldes auf die charakterliche Entwicklung der Menschen herausgestellt.

Ihrem Wesen nach anders sind die indischen Sagen aus Sarthos, dem Hochland von Khor, das von den Eingeborenen als »Goldland« bezeichnet wird. Dort hätten »Ameisen«, wie Herodot berichtet, nördlich und nordwestlich des Himalaya Gold gegraben, das ihnen von den Indern geraubt worden sei. Auch einige Inder wohnen »in der Stadt Kaspatyros« (richtiger bei Hekataios Kaspapyros), schreibt Herodot in seinen Historien: »sie führen eine ähnliche Lebensweise wie die Baktrier ... sie sind es ..., die nach dem Gold ausgesendet werden. Denn dort ist auch die Sandwüste. In dieser Wüste und in diesem Sande leben Ameisen, kleiner als Hunde, aber größer als Füchse ... Diese Ameisen machen sich einen Bau unter der Erde und werfen den Sand auf, genauso, wie es in Hellas die Ameisen tun, und sind ihnen im Aussehen auch ganz ähnlich. Der Sand aber, den sie da herausarbeiten, ist goldhaltig. Und nach diesem Sand nun werden die Inder in die Wüste geschickt. Jeder zäumt drei Kamele ... Sie achten dabei sorgfältig darauf, daß sie in der allerheißesten Zeit an der Stelle sind, wo sie das Gold suchen sollen. Denn während der Hitze sind die Ameisen unter der Erde versteckt ... Wenn nun die Inder mit ihren Beuteln zu der Stelle kommen, füllen sie diese so schnell als möglich mit Sand an und ziehen dann wieder fort; denn die Ameisen wittern sie sofort, wie die Perser erzählen, und verfolgen sie. An

Schnelligkeit aber kommt ihnen kein Lebewesen gleich, so daß, wenn die Inder nicht einen Vorsprung hätten, während die Ameisen sich sammeln, sich keiner von ihnen retten könnte ... So erwerben die Inder den größten Teil ihres Goldes ... ein anderer, kleiner Teil wird bei ihnen im Lande gegraben.«[105]

Strabon, Megasthenes und Plinius erzählen ähnliches wie Herodot, der an der gleichen Stelle überdies hervorhebt, daß die Ausbeute an Gold dort unermeßlich reich gewesen sei und daß die Inder es bergmännisch gewonnen, gewaschen und – wie an dieser Stelle geschildert – geraubt hätten.

Herodot hat hier die älteste Form einer Sage überliefert, die aus Ladakh an der tibetanisch-indischen Grenze stammt, wo bei dem Dorfe Dkar-skyil (Kargil) immer noch das Zentrum der Goldgewinnung liegt.

Die gleiche Sage wird ebenfalls sowohl in einer tibetanischen als auch mongolischen und chinesischen Version erzählt. Längst ist bekannt, daß sie einen historischen Hintergrund hat. Immer noch sind die Nachbarn der Afghanen, die Darda aus Dardistan, am oberen Indus als Goldgräber tätig, und immer noch leben sie, in Felle gehüllt, in Zelten und Erdlöchern wie die »Ameisen« des Herodot.

In Deutschland haben die Erzählungen wiederum einen anderen Charakter. Die »sieben Zwerge« in Grimms Märchen »Schneewittchen« waren kleine Bergleute, die »in den Bergen nach Erz hackten und gruben«, morgens in die Berge gingen, um »Erz und Gold« zu suchen, und abends wieder heimkamen. Auch die Zwerge des Nibelungenliedes sind bergbaukundige kleine Gesellen, die als Hüter der Schätze des Erdreiches in der alten Sagenwelt umhergeistern. Die von ihnen im Innern der Berge gehüteten Schätze sind für den Menschen gefährlich, weil das gleißende Gold ihn betört, verführt, verblendet und schließlich in verhängnisvolle Schuld stürzt. Die Nibelungen erscheinen als Söhne des Nebels, als Geister der dunklen Erde, als Nebelkinder und Söhne der Finsternis; ihr dem Licht entzogenes Auge ist nebelhaft, ihr Tun finster. Aber sie hüten das – auch unter den beiden Söhnen Nibelungs – Zwietracht säende Gold.

Daneben wurden häufig Geschichten verbreitet, die früher über die sogenannte »Erfindung« (Entdeckung von Bodenschätzen) oder über den Niedergang von Bergwerken Aufschluß geben wollten. Spielende Kinder, Hirten oder Wanderer tauchen in ihnen als die

Glücklichen auf, denen es durch Zufall beschieden gewesen ist, die Bodenschätze zum Nutzen der Menschen zu entdecken. Zu diesen Erzählungen gehört die schon zur Zeit der Reformation verbreitete Sage über »Erfindung und Anfang des Rammelsbergischen Bergwerks bei Goslar«. Löhneyß hat sie im Jahre 1617 in seinem »Bericht vom Bergwerk« ebenfalls überliefert:

»... Es schreiben die alten Sachsen, und es ist eine gemeine Sag zu Goslar, daß der Rammelsbergk auff nachfolgende Weise sey erfunden worden. Nemlich zu den Zeiten da Keyser Otto der Erste [936-973] welcher domals auff der Hartzburgk Hoff hielte, und vielfältig in den Hartzgebirgen jagen ließ, begab sichs auf eine Zeit, daß seiner fürnehmen Jäger einer mit Nahmen Ramm, aus Befehl des Keysers an den Vorbergen des Hartzes jagete, von Hartzburgk gegen den Niergangk. Und als der Jäger an einen Ohrt, von wegen der Höhe des Berges, dem Wild nicht mehr nacheilen kunte, hefftete er sein Pferdt an einen Baum in zimblicher Höhe des Berges, stieg ab und folget dem Wilde zu Fusse nach. Dieweil er aber dem Wild folget, verlanget des Jägers Pferdt nach seinem Herren und scharret hefftig an dem Berge. Wie sein Herr, der Jäger Ramm wiederumb zu seinem Pferde kam, sahe er, wie es hart gearveitet hatte, und viel Steine aus der Erden gescharret, welche der Jäger Ramm liegen sahe und hub davon eine Stuffe Ertz auff, die schwer war, brachte sie dem Keyser Otten, der dann aus des Ertzes Schweren und Farb abnehmen kunte, daß es ein Metallisch Ertz seyen müste, der dann das Ertz aus Metal probieren und versuchen ließ. Wie wol sich das Ertz gar geringe am Silber und Blei erzeiget, hat doch der Keyser aus liebe, die er zum Bergkwerck getragen, mit den Bergkleuten den Bergk gewaltig angegriffen und mit Schürfen versuchen lassen, da hat man das Ertz in solcher grossen Menge angetroffen, deßgleichen man in der Christenheit biß auff diesen Tag, in einem Berge allein, nicht gefunden hat.

Dieweil der Keyser die Menge und Bestandt des Ertzes gesehen, und die Bergkleut den Bergk je länger je mehr mit Bauen angriffen, hat der Keyser dem Berge nach dem Jäger Ramm den Nahmen gegeben, wie er dann noch bis auff den heutigen Tag also heist.

... Und ist der Rammelsbergk sider derselben Zeit bey 678 Jahren gewaltig gebauet worden, und so viel Ertz heraus kommen, welches an den alten und neuen Schlackehauffen zu sehen, daß man sich darüber verwundern muß, ... weil das Bergkwerck also frey gewesen, daß, was ein jeder dar aus geschmeltzet, demselben allein zukommen und gehöret hat, und haben keinen Zehendten davon geben dürffen. Das ist darumb geschehen, dieweil die Ertz so arm am Silber und Bley gewesen, haben sie die Ertz von wegen solcher Freyheit, weit in den Hartz dem Holtze, Kollen und Wasserflüssen nachgeführt, wie an den alten Schlackhauffen, die eins theils fast gar beröst oder mit Törffen bewachsen seyn, so hin und wider in den Hartz liegen, zu sehen ist.«[106]

In dem von Cicero herausgegebenen Lehrgedicht »De rerum natura« (»Von der Natur der Dinge«) des römischen Dichterphilosophen Titus Lucretius Carus wird der Unterschied zwischen den alten Erzählungen in Deutschland und den Vorstellungen der Antike noch einmal besonders deutlich. Nach der Erklärung der »Weltentstehung«, einer Theorie der »Atomwirbel«, der »Bildung der vier Elemente«, der »Bildung von Sonne und Mond« und anderer kosmologischer Erscheinungen wendet sich der römische Philosoph der Entwicklung des Menschengeschlechts, der Gründung der Familie und der Entstehung der Sprache zu. Mit der Entdeckung des Feuers, das Lucretius als ein wesentliches Mittel zur Verbesserung des Lebens der Menschen erkennt, sah sich der Mensch an der Schwelle der »letzten Stufe der Kultur«, die mit der »Entdeckung der Metalle« (Silber, Blei, Kupfer, Gold, Eisen) ihr geschichtliches Fundament fand. »Schließlich nun«, erklärte Lucretius in Hexametern,

> wurde das Kupfer entdeckt und das Gold und das Eisen
> Und zugleich auch des Silbers Gewicht und die Wirkung des Bleis.
> Dies fand statt, als ein Feuer auf hohem Gebirge den Urwald
> Hatte verbrannt ...
> Was nun auch immer der Grund der Entstehung des Brandes gewesen,
> Der mit schaurigem Prasseln den Wald bis zur untersten Wurzel
> Hatte verzehrt und den Boden verbrannt durch die Gluten des Feuers:
> Aus den siedenden Adern verfloß in den Mulden der Erde
> Ein sich sammelnder Bach von Gold und Silber und Kupfer,

Ebenso auch von Blei. Als später man sah, wie die Massen,
Die sich verhärteten, glänzten mit blitzendem Schein aus dem Boden,
Hob man sie auf, durch die Glätte gelockt und das glänzende Aussehn.
Da bemerkte man nun, sie seien entsprechend gestaltet,
Wie die Höhlung, die jedes gefüllt, nun grade geformt war.
Da kam jetzt der Gedanke, es ließen sich diese Metalle,
Die man durch Hitze verflüssigt, in alle beliebige Formen
Gießen und dann noch weiter durch Hämmern also verfeinern,
Daß man daraus selbst feinste und schärfste Schneiden gewinne,
Um sich Waffen zu schaffen, um Waldungen roden zu können
Und mit verschiedenen Bohrern im Holz die Löcher zu bohren.
All dies tat man nicht bloß mit der Kraft des härteren Erzes,
Sondern versuchte zuerst dasselbe mit Gold und mit Silber;
Doch vergeblich; zu weich war bei diesen Metallen die Masse
Und nicht ähnlich die härtere Arbeit zu leisten.
Da stand höher im Preise das Erz, und das Gold war als unnütz
Wenig geachtet, da leicht die Schärfe der Schneide sich abstumpft.
Jetzt wird das Erz nicht beachtet, das Gold steht oben im Preise,
So verändert der Wechsel der Zeit auch die Lage der Dinge.
Was vordem ward geschätzt, wird schließlich des Wertes entkleidet;
Dafür steigt dann ein andres empor aus verachtetem Dunkel;
Täglich erstrebt man es mehr, man begrüßt die Entdeckung mit Jubel,
Und die Menschen erweisen ihm unbegreifliche Ehre.

Erz und Eisen
Danach kannst du nun leicht, mein Memmius, selber die Kenntnis
Über die Art dir verschaffen, wie einstens das Eisen entdeckt ward.

> Hände und Nägel und Zähne, das waren die ältesten Waffen,
> Ebenso Steine, auch Äste, die jeder vom Baume sich abbrach,
> Endlich Flamme und Feuer, nachdem dies einmal entdeckt war.
> Später erst wurde erkannt des Eisens und Erzes Bedeutung.
> Und zwar lernte man eher das Erz als das Eisen verwenden,
> Da von Natur es geschmeidiger ist und sich häufiger findet.
> Es durchpflügte den Boden, mit Erz erregte man Wogen
> Brandenden Schlachtengewühls, Erz säete gräßliche Wunden,
> Erz nahm Herden und Äcker hinweg. Denn den ehernen Waffen
> Mußte ja alles, was nackt und wehrlos war, sich ergeben.
> Dann erst Schritt für Schritt drang weiter das eiserne Schwert vor,
> Und man verhöhnte sogar die Erscheinung der ehernen Sichel,
> Nun erst begann man mit Eisen den Boden der Erde zu furchen,
> Gleiche Bewaffnung führte den Kampf im schwankenden Kriege.

In den Überlieferungen solcher Art ist nicht die zuweilen mögliche historische Authentizität des Überlieferten entscheidend, sondern die innige Verknüpfung des Bergbaus mit der Heimatgeschichte und die als geschichtsbestimmend erkannten Beziehungen des Menschen zu den Bodenschätzen.

Mehr als 130 bergmännische Sagen, wie jene über Rammelsberg, konnte der Bergmann Friedrich Wrobel bereits im Jahre 1882 in seiner »Sammlung bergmännischer Sagen« in Freiberg in Sachsen veröffentlichen. Seit einem dreiviertel Jahrhundert werden sie von Fachleuten gesammelt und eingeordnet. Erzählt werden sie gleichermaßen in Deutschland und in Österreich, in der Schweiz und in Italien, in Jugoslawien und Schweden, in der Türkei, in China und anderswo.

Allerdings begegnet man auch im deutschsprachigen Kulturraum, im Harz, in Siebenbürgen, in Schlesien, in Westfalen, im Erzgebirge und in Österreich Vorstellungen, in denen sich antike griechische und christliche Elemente vereinen. Das Mittelalter wurde vom christlichen Denken beherrscht. Die Hinwendung zur nichtchristlichen griechischen Antike – mit ihren zum Teil irreligiösen Vorstellungen aus der bergmännischen Erlebniswelt – fand auch in Deutschland ihre Interpreten. Wie der Joachimsthaler Bergarzt Agricola in seinen wissenschaftlichen Arbeiten über den Bergbau auf antike Vorbilder zurückgriff, so haben viele seiner Zeitgenossen es ebenfalls gern bei der literarischen Behandlung besonderer Themen getan. Nachdem Giovanni Boccaccios (1313-1375) fünfzehnbändiges Lebenswerk »Über die Genealogie der Götter« erschienen war, wurde wieder das westeuropäische Interesse an der Religions- und Geisteswelt der Antike – auch im Zusammenhang mit dem Bergbau – wach. So kam an der Schwelle des 16. Jahrhunderts das »Gericht der Götter über den Bergbau« des Paulus Niavis in Leipzig heraus. In ihm stand der angeklagte Mensch als Bergmann vor Jupiter als Richter. In zerschlissenem Gewand trat Mutter Erde als Klägerin auf. Merkur, Bacchus und Ceres verteidigten sie. Dem selbstbewußt auftretenden Menschen assistierten die altrömischen Gottheiten der Vorratskammern, die Penaten, die später in den Staatskult übernommen und in den Tempel der als Göttin des Herdfeuers verehrten Vesta eingereiht wurden.

Die Rivalität der aufstrebenden Bergstädte Schneeberg, Freiberg, St. Joachimsthal und Annaberg, deren Geschichte ohne die dortigen Bodenschätze und den Bergbau nicht denkbar wäre, bot sich dem Autor als willkommener Hintergrund an. Seine Gerichtsszene findet nicht zufällig vor den antiken Gottheiten statt, die zwar römische Namen tragen, jedoch auf ihre Herkunft aus Griechenland hinweisen. So erweist sich diese frühe literarische Behandlung des Bergbaus in Deutschland als eine thematisch bestimmte Hinwendung zur Antike, die dem ständig mit Bergbaufragen konfrontierten »Altphilologen« und Stadtschreiber Schneevogel (Niavis) in dem Zusammenhang sogar konkrete Modelle darbot.

In seiner Verteidigungsrede gegenüber der Erde führt der Mensch aus: »Wenn du wirklich meine Mutter bist, wie du sagst, was ist dann der Grund, daß du dich so knauserig und geizig gegen deine Kinder zeigst? Du hast kein Mitleid mit mir, wenn ich die Gebote des höchsten Königs zu erfüllen suche, der mir aufgetragen hat, diese Erdkugel zu bewohnen und in meine Obhut zu nehmen: du siehst zu, wie

ich in zahllose Gefahren und Nöte gerate. Um von anderem zu schweigen, sieh nur meine Hände, die mit Schwielen bedeckt sind von der harten, ja unmenschlichen Arbeit, die zu leisten dein Haß mich zwingt. Wenn deine Liebe zu mir wirklich so groß wäre, wie du hier vor dem strengen Gericht und im Angesicht des allmächtigen Jupiter behauptest, dann würdest du die Erzadern nicht in den tiefsten Schlupfwinkeln, ja beinahe im Mittelpunkt der Erde verbergen und mich geradezu in den Tod hineintreiben. Von der Liebe einer Mutter spüre ich nichts bei dir, wohl aber von der Gesinnung einer Stiefmutter, der wirklich jede Liebe und Zuneigung zu den Kindern, die sie zu erziehen hat, fernliegt. Dir, Jupiter, ist alles kund: du siehst, wie schwer und ungerecht ich angeklagt bin. Jetzt verstehst du auch ganz, daß ich nicht zu dem Zwecke mich diesen Mühen im Bergwerk unterziehe, um der Erde, die mich voller Feindseligkeit anknurrt, oder den anderen, die um deinen heiligen Richterstuhl herumstehen, Schaden zuzufügen, sondern um zu erfüllen, was heilige Männer über mich geschrieben haben: daß der Mensch zu unablässiger Arbeit geboren sei! So strecke denn deine Hand aus und laß mich in den Stürmen und Anfechtungen dieses Gerichts sicher und ohne Sorgen sein.«
Minerva, die römische Göttin der gewerblichen Fähigkeiten, angeblich in ihrer »Flucht« vor den Menschen zu Jupiter geeilt, trägt dem Gericht ihren Standpunkt vor: »Leuchtende Schätze des Geistes – das gilt nunmehr bei den Menschen nicht nur wenig, sondern überhaupt nichts mehr. Wertloser irdischer Glanz, wie auf dem Schneeberge, blendet alle, und so lassen sich durch die Erzgruben, die sie geschaffen, fähige, ja gerade die edelsten Geister verführen. Der Weisheit, die vor jeder Kreatur aus dem Munde des Höchsten kam, zollt man keine Ehrfurcht mehr. Aus diesem Grunde habe ich mich, was mir sehr schwer geworden ist, von den Menschen zu den Göttern flüchten müssen. Du, Jupiter, der du den Menschen auf Erden nichts Köstlicheres gegeben hast als die Weisheit, sorge für mich.«
Und wieder weiß der Mensch die gegen ihn gerichteten Einwände – nicht ohne Kritik an den Verhältnissen auf der Erde – zu entkräften: »Ich gebe zu, Minerva, daß die Weisheit, wie du sagst, die edelste Gabe Jupiters ist, aber sie ist verfälscht, uns aus den Händen genommen und in Leidenschaft und Dünkel verkehrt. Da die Armen nur selten oder nie zur höchsten Tugend aufsteigen können, ist die

Hauptsache das, was zu ihr führt – Geld. Nur dadurch kann sich behaupten, wer den Wissenschaften sich widmet, und dem Studium der Weisheit näherkommen.«

Dann läßt Niavis den Gott der Unterwelt auftreten, Pluton, der sich bedroht fühlt. Sein Einwand ist vermutlich ganz der Komödie »Metalles« des Pherekrates (um 430 v. Chr.) entnommen worden, in der es hieß, daß die Menschen bis in die Unterwelt vordrängen und Pluton beunruhigten. Auch Demetrius von Phaleron hatte von den Bergarbeitern gesagt, daß sie durch ihr unermüdliches Graben nach Schätzen »den Pluton selbst heraufholen zu wollen« schienen. Das Bild war durchaus nicht neu.

Niavis legt dem aus dem Hades heraufgestiegenen Gott der Unterwelt die Worte in den Mund: »Obwohl ich für gewöhnlich nicht in das Reich der Lebendigen hinaufsteige und das Tageslicht schaue, hat mich doch eine ernste Besorgnis dazu gezwungen. Die Menschen graben nämlich allmählich so wild im Inneren der Berge, daß die Schläge bis in die Unterwelt zu hören sind und wie Donner dröhnen. Daher fühle ich mich in meinem Reiche nicht mehr sicher und bitte und beschwöre dich, Jupiter, du wollest ihnen diese Gewalttätigkeit und Rücksichtslosigkeit untersagen!«

Klug weiß sich der Mensch zu verteidigen: »Wenn das, was du hier vorbringst, etwa durch nicht weiter bekannte, aber tatsächlich vorhandene Gründe gestützt wäre, so würde ich ausführlich darauf eingehen. Da aber jeder merkt, daß das bloße Erfindungen sind, will ich meinen Redefluß nicht daran verschwenden. Du weißt doch, mächtiger König, daß noch nie einer der Sterblichen den Wunsch gehabt hat, in die Unterwelt hinabzusteigen!«

Darauf wendet die Najade (Nais) ein: »Höchster Gott! Du hast doch den Quellen ihre eigentümlichen Kräfte vor allem dazu gegeben, daß von der Arbeit Ermüdete aus ihnen Erquickungen schöpfen. Jetzt aber haben die Sterblichen die Quellen derart gestört, daß sie nicht nur ihre frühere Kraft verloren haben, sondern überhaupt nicht mehr fließen. Das ist sehr zu beklagen. Seinen Grund hat dies nur darin, daß die unverschämten Menschen in jeden Berg von unten her ihre Stollen zu treiben bemüht sind! Wen hätte ich denn in diesen Schwierigkeiten um Rat angehen sollen? Außer dir, lieber Jupiter, habe ich ja niemanden!«

Aber auch das weiß der Beklagte klug begründet zurückzuweisen:

»Hierüber muß jeder, der Verstand hat, den Kopf schütteln. Und wen soll das auch wundern! Alle, die mit dem Bergbau zu tun haben, meiden nichts so sehr als das Wasser und verwünschen bei ihrer Suche nach Erzen nichts mehr als die Quellen! Ich kann deshalb nur kurz antworten: Was die Störung der Quellen anbetrifft, so klagt man mich zu Unrecht an: ich bin hieran ganz unschuldig!«

Auch die Fauna beklagte sich über den Menschen, der die Bodenschätze gewinnt: »Ohne Unterschied reißen die Menschen nun die Pflanzen heraus, der Fülle der duftigen Blumen und Kräuter schenken sie nicht nur keine Beachtung, sie vernichten sie sogar, und wo sie geblüht haben, bleibt ein häßlicher Fleck. Es gibt da eine Sorte von Menschen, die haben ihren Namen von den Kohlen, und es ist wahrhaftig kaum zu sagen, welchen Schaden sie den heiligen Hainen und Musen zufügen. Auch den übrigen Göttern und Göttinnen, die in diesen Wäldern wohnen, hauen sie die Tannen, Eichen, Buchen und den Ahorn ab, verbrennen sie und verwandeln sie in Kohlen, damit die Erzschmelzer ihrer Leidenschaft frönen können. Worin dies Verfahren seinen Ursprung hat, das wirst du schon merken, wenn du das unheilvolle Tun der Sterblichen in den Silbergruben kennenlernst. Diese Pest macht sich allmählich auf der ganzen Erde breit und veranlaßt auch die Besonnensten zu verabscheuungswürdigem Tun. Du, der du die Jahreszeiten wechseln läßt, der du aller Kreatur gebietest und die Giganten mit deinem Blitze zu Boden geschmettert hast, bändige sie, deren Streben abscheulich ist, die dich beleidigen und uns, die wir deiner Herrschaft unterworfen sind.«

Bei der Entgegnung des Menschen klingen Thesen an, wie wir sie ähnlich aus dem Munde des Lucretius kennen: »Eine sehr schwere Klage wird hier dir zu Gehör gebracht, und angeklagt sind die Kohlenbrenner, gutmütige und anspruchslose Menschen. Ohne deren Mithilfe, Jupiter, könnte es keinen Staat und kein geselliges Zusammenleben von Menschen geben, das von Bedeutung wäre. Wenn die Kohlenbrenner ihr Amt nicht mehr ausübten, würde keine Stadt gegründet werden, kein Tempel errichtet: nirgends würde man menschliche Häuser und Gebäude bauen, der Verkehr unter den Menschen würde aufhören, wie Tiere würden wir in den Wäldern hausen. Aber da wir nach deinem Befehle das Erdenrund bewohnen, wirst du ohne Zweifel erkennen, daß unsere Arbeit ganz berechtigt ist.«

Jupiter überläßt Fortuna das Urteil, die im Sinne des Menschen entscheidet: »Es ist die Bestimmung des Menschen, daß sie die Berge durchwühlen; sie müssen Erzgruben anlegen, sie müssen die Felder bebauen und Handel treiben. Dabei müssen sie bei der Erde Anstoß erregen, müssen die Wissenschaft ablehnen, den Pluton beunruhigen und auch in den Wasserläufen nach Erz suchen.«

Fast gleichzeitig mit dem »Gericht der Götter über den Bergbau« entstand eine bemerkenswerte Zeichnung des sogenannten Hausbuchmeisters, eines Künstlers der Spätgotik. Auf der Zeichnung sind die Menschen als »Kinder des Saturn« dargestellt, von denen es hieß, daß sie gern im Erdreich graben würden. Der Künstler, offensichtlich dem Urteilsspruch Fortunas zugeneigt, zeigt einen barfüßig pflügenden Bauern, der mißmutig, müde und vergrämt zu einem verschmitzt und kraftvoll nach Schätzen grabenden Manne herüberblickt. Der Schatzgräber trägt Stiefel an den Beinen. Im Gesicht und im Habitus des Bauern stehen alle jene Argumente geschrieben, die Niavis den Göttern durch den angeklagten Menschen vortragen läßt. Doch die Zeichnung macht nicht leicht deutlich, was der Künstler sagen will.

Hinter einem Berge tauchen einige mit Metallrüstungen bewehrte Landsknechte auf; unmittelbar vor ihnen wird ein Mann offenbar dem Henker übergeben. Der Grund läßt sich aus der Darstellung nicht herauslesen. Wie aus den Wolken beugt sich ein Mann unter der Last eines Tragekorbes hernieder und schüttet Geld (?) über die heranreitenden Soldaten. Im Eingang einer Berghöhle (vielleicht ein Stollenmundloch) sitzen zwei angeprangerte Männer vor einem Greis, der sich mit Krücken fortbewegt und möglicherweise Saturn darstellen soll. Nur einer arbeitet schwer: der Bauer. Er aber ist gleichsam auch der ärmste. Über dem vielfältigen Treiben der Menschen, die – und das ist eindeutig – im Banne des Bergbaus stehen, sprengt Saturn, der römische Gott der Aussaat, auf einem Pferde dahin.

Niavis' dichterisches Werk hat niemals die Verbreitung gefunden wie etwa die Werke der Dichter der Romantik. Ihre Gedichte, Lieder und Erzählungen sind noch heute im Bergbau sehr beliebt und jedermann bekannt. Eine solche Erzählung, Johann Peter Hebel überliefert sie, berichtet vom berühmt gewordenen »Bergmann von Falun«. Im Jahre 1719 (Hebel behauptet: 1809) hatten Bergleute in einem Bergwerk in Falun in Schweden die durch Kupfer mumifizierte Leiche eines jungen Bergmanns gefunden. Seit 1650 sollte sie dort verschüttet gelegen haben. »In Falun«, so erzählte der Prälat Hebel, »küßte vor gut fünfzig Jahren und mehr ein junger Bergmann seine junge hübsche Braut und sagte zu ihr: ›Auf Sankt Luciä wird unsere Liebe von des Priesters Hand gesegnet. Dann sind wir Mann und Weib und bauen uns ein eigenes Nestlein.‹ – ›Und Friede und Liebe soll darin wohnen‹, sagte die schöne Braut mit holdem Lächeln, ›denn du bist mein einziges und alles, und ohne dich möchte ich lieber im Grab sein, als an einem anderen Ort.‹ Als sie aber vor St. Luciä der Pfarrer zum zweitenmal in der Kirche ausgerufen hatte: ›So nun jemand Hindernisse wüßte anzuzeigen, warum diese Personen nicht möchten ehelich zusammenkommen‹, da meldete sich der Tod. Denn als der Jüngling den anderen Morgen in seiner schwarzen Bergmannskleidung an ihrem Haus vorbeiging, der Bergmann hat sein Totenkleid immer an, da klopfte er zwar noch einmal an ihrem Fenster und sagte ihr guten Morgen, aber keinen guten Abend mehr. Er kam nimmer aus dem Bergwerk zurück, und sie saumte vergeblich selbigen Morgen ein schwarzes Halstuch mit rotem Rand für ihn zum Hochzeitstag, sondern als er nimmer kam, legte sie es weg, und weinte um ihn und vergaß ihn nie ... Als aber die Bergleute in Falun im Jahre 1809 etwas vor oder nach Johannis zwischen zwei Schächten eine Öffnung durchgraben wollten, gute dreihundert Ellen tief unter dem Boden, gruben sie aus dem Schutt und Vitriolwasser den Leichnam eines Jünglings heraus, der ganz mit Eisenvitriol durchdrungen, sonst aber unversehrt und unverändert war; also daß man seine Gesichtszüge und sein Alter noch völlig erkennen konnte, als wenn er erst vor einer Stunde gestorben oder ein wenig eingeschlafen wäre an der Arbeit. Als man ihn aber zu Tag ausgefördert hatte, Vater und Mutter, Gefreunde und Bekannte waren schon lange tot, kein Mensch wollte den schlafenden Jüngling kennen oder etwas von seinem Unglück wissen, bis die ehemalige Verlobte des Bergmanns kam, der eines Tages auf die Schicht gegangen war und nimmer zurückkehrte. Grau und zusammengeschrumpft kam sie an einer Krücke an den Platz und erkannte ihren Bräutigam; und mehr mit freudigem Entzücken als mit Schmerz sank sie auf die geliebte Leiche nieder, und erst als sie sich von einer langen heftigen Bewegung des Gemüts erholt hatte: ›Es ist mein Verlobter‹, sagte sie endlich, ›um den ich fünfzig Jahre getrauert hatte, und den mich Gott noch einmal sehen läßt vor meinem Ende. Acht Tage vor der Hochzeit ist er unter die Erde gegangen und nimmer heraufgekommen.‹ Da wurden die Gemüter aller Umstehenden von Wehmut und Tränen ergriffen, als sie sahen die ehemalige Braut jetzt in der Gestalt des hingewelkten kraftlosen Alters und den Bräutigam noch in seiner jugendlichen Schöne, und wie in ihrer Brust nach fünfzig Jahren die Flamme der jugendlichen Liebe noch einmal erwachte; aber er öffnete den Mund nimmer zum Lächeln oder die Augen zum Wiedererkennen; und wie sie ihn endlich von den Bergleuten in ihr Stüblein tragen ließ, als die einzige, die ihm angehörte und ein Recht an ihn habe, bis sein Grab gerüstet war auf dem Friedhof und ihn die Bergleute holten, schloß sie ein Kästlein auf, legte sie ihm das schwarzseidene Halstuch mit rotem Streifen um, und begleitete ihn alsdann in ihrem Sonntagsgewand, als wenn es ihr Hochzeitstag und nicht der Tag seiner Beerdigung wäre. Denn als man ihn auf dem Kirchhof ins Grab legte, sagte sie: ›Schlafe nun wohl. Noch einen Tag oder zehn im kühlen Hochzeitsbett, und laß dir die Zeit nicht lang werden. Ich habe nur noch wenig zu tun, und komme bald, und bald wird's wieder Tag. Was die Erde einmal wiedergegeben hat, wird sie zum zweitenmal auch nicht behalten‹, sagte sie, als sie fortging, und noch einmal umschaute.«[107]

Merkantilismus, Standesbewußtsein und bildende Kunst

Um 1650 hatte die Zufuhr des Edelmetalls aus Amerika, aus dem Fernen Osten und aus Afrika zu verebben begonnen. Der europäische Edelmetallerzbergbau vermochte die Lücken nicht zu schließen.[108] Frankreich mußte im Jahre 1706 die ersten Geldnoten drukken. Und gerade jetzt wurde das Bedürfnis nach Geld aus Silber und Gold vom Staat geschürt. Alles diente dem Zwecke des Gelderwerbs; weil man überzeugt war, daß allein Geld glücklich mache und die für jedermann sichtbare Auserwähltheit ausdrücke. Die Prädestinationslehre Calvins mit dem neuen Arbeitsethos unterstützte (vielerorts sogar entscheidend) die fortschrittliche Welt des Kapitalismus. Manufakturen (handwerkliche Großwerkstätten) wurden errichtet, neue

Gewerbezweige gefördert, die Einwanderung unterstützt, die Auswanderung verboten, der Handel und der Verkehr intensiv begünstigt. Die Ausfuhr von Fertigwaren sollte »Geld ins Land« bringen, während die Einfuhr von Rohstoffen niedriger zu sein hatte und keine Abhängigkeit des Staates bewirken durfte, der dieses Wirtschaftssystem intensiv begünstigte und vorantrieb. Aber in Deutschland traf das merkantilistische Wirtschaftssystem auf eine weitaus ungünstigere geschichtliche Situation als beispielsweise in Frankreich und in Spanien. Die Entdeckung Amerikas und des Seeweges nach Ostindien hatten zur Verlagerung der Handelswege und zur sprunghaften Entwicklung der portugiesischen, holländischen und englischen Schiffahrt geführt und die Fugger und Welser aus ihrer dominierenden Position verdrängt.

An die Stelle von Augsburg und Nürnberg als Umschlagplätzen für morgenländische Handelsprodukte in Europa waren Antwerpen und Lissabon getreten. Die Hafenstädte, fernab vom Kriegsgeschehen, gediehen, während die Bevölkerung in den deutschen Territorien, die sowohl einer Zentralgewalt als auch eines einheitlichen Geldes bedurften, dezimiert wurde. Der Dreißigjährige Krieg hatte den deutschen Bergbau empfindlich getroffen. Aus dem Bergbau aber resultierten die Faktoren, die den Merkantilismus möglich machen sollten: Rohstoffe, Bodenschätze und Geld. Überall dort, wo die Herrscher sich des Besitzes fündiger Grubenfelder erfreuen konnten, begann bald auch wieder das Geld zu fließen – und mit ihm das Wohlleben einen Platz zu finden. Eine kulturgeschichtlich interessante Situation wurde im Erzgebirge bereits seit dem 13. Jahrhundert durch den reichen Zinnerzbergbau bewirkt. An die Stelle des Holzes als Material und handwerklichem Rohstoff für Hausgeräte trat immer mehr das Metall (Zinn), das dort zu einer Umgruppierung des Handwerks führte.

In den Bergbaugebieten sahen sich die Menschen mehr als anderswo an der Quelle des Reichtums, an der Nahtstelle zwischen Rohstoff und Geld. So ist nicht verwunderlich, daß der Bergbau auch auf einem ganzen Sortiment von Münzen[109] seit dem 17. Jahrhundert Hauptthema wurde. Lange hatte die künstlerische Darstellung des Bergbaus auf dem (Münz-)Metall gefehlt, das der Bergmann seit Jahrtausenden gewinnt. Kaiser und Könige, Herrscher und Regenten, Inschriften, Wappen und Embleme zierten die Münze bis in die

Spätrenaissance hinein. Erst dann erschienen vereinzelt Schachtanlagen, Bergleute und mit dem Bergbau verwandte Themen an Stelle heraldischer Zeichen oder Stadtwappen auf den Münzen, die seit der Spätantike allerdings bereits gelegentlich durch ihre Umschrift auf den Ort hinweisen, an dem ihr Metall gewonnen wurde. Auch die besonders im 15. Jahrhundert verschiedentlich auf den Münzen abgebildeten Schlägel und Eisen waren mehr bildmäßig gemeint. Erst seit dem Jahrhundert nach Agricola wurde der Bergbau Hauptthema auf diesen Münzen, was besonders in Braunschweig-Lüneburg mit den reichen Silbererzgruben des Harzes und in Sachsen der Fall war, in dem Land, das bereits im 16. Jahrhundert durch den Bergbau (unter anderem Silber, Zinn, Bergkobalt und Glaserz)[110] zu Ansehen und Reichtum gelangte und unter August dem Starken (1670-1733), dem reichsten Fürsten neben dem Kaiser, eine vom Bergbau getragene Machtdemonstration und Prunkentfaltung erlebte, die in der deutschen Geschichte ohnegleichen ist.

Aus der Renaissance wirkte das Bedürfnis nach, sich prunkhaft repräsentieren zu wollen, Macht zu demonstrieren und den Aufschwung der Epoche auch künstlerisch auszudrücken. Allegorisch sollten Aufzüge und theatralische Veranstaltungen das neue Selbstbewußtsein verkörpern. Es ist in diesem Zusammenhang nur zu begreiflich, daß die in nie mehr erreichtem Maße entfalteten Festlichkeiten in Sachsen im Zeichen des Bergbaus standen und durch künstlerische Werke bildhaft zu uns herübergerettet wurden. Der kursächsische »Hofgelegenheitsmaler« Daniel Brettschneider und der Hofmaler und zweite Akademiemeister Carl Heinrich Jacob Fehlingk, um hier nur sie zu nennen, sind durch ihre bildlichen Überlieferungen zu eindrucksvollen Zeugen jener Vergangenheit geworden, deren kulturelles Kolorit in erheblichem Maße durch den Bergbau bestimmt wurde.

Das 16. Jahrhundert hatte der Kunstgeschichte den »tragenden Bergmann« (als Kanzelträger) beschert, ein symbolhaftes Sujet, das an den Sohn des Titanen Japetos erinnert, an Atlas, der die Säulen zwischen Himmel und Erde stützt. Was sollten die »tragenden Bergleute« ausdrücken, die der Meister »H. W.« (Wals) am Beginn und Samuel Lorentz am Ausgang des 16. Jahrhunderts an der Tulpenkanzel des Freiberger Domes schufen? Sollten die im obersächsischen Bergbaugebiet nicht selten anzutreffenden Trägerfiguren nur – oder überhaupt – jenen antiken Atlas »nacherfinden«, oder wollten die Künstler mehr? Ob jene Meister schon begriffen, daß Bodenschätze und Bergbau die Geschichte entscheidend mitbestimmen? Allein das wäre ein genialer Gedanke gewesen, der weit in die Zukunft wies.

Diesen neuen Atlas, der die »neue« Erde trägt, finden wir neben zahlreichen Kerzenträgern und Kirchenleuchten mit bergmännischen Motiven in dem Raum, in dem der Mensch Gott sucht, den nicht darstellbaren Atlas: es ist die Kirche. Bergbaubezogene Altäre schmücken Gotteshäuser seit Jahrhunderten. Zwei berühmte Altäre entstanden im Jahrhundert des Agricola: der Flitschl-Altar in Kärnten (heute im Diözesan-Museum zu Klagenfurt) und der spätgotische Annaberger Bergaltar (1521) mit bergbaubezogenen Szenen. Es ist eine Zechenlandschaft mit Stollenmundlöchern und Förder-, Fahr- und Wetterschächten im Hintergrund, vor dem der sagenumwobene Bergmann »Daniel Knappius« sich von einem Engel die Bodenschätze zeigen läßt.

Der katalogisierenden Darstellung der zahlreichen Altäre, Kanzeln, Kapellen, Grabsteine, Kirchenfenster[111] und auch Kirchen bedarf es noch, die als persönliche und korporative Aufträge des Bergbaus entstanden. Nicht selten traten Gewerken als Stifter auf, wie es zum Beispiel im 14. Jahrhundert in Freiburg der Fall war, wo das Münster Scheiben für seine gotischen Fenster (»Schauinsland-Fenster« und »Tulpenhaupt-Fenster«) erhielt, in deren Sockelzonen Bergleute bei der Arbeit dargestellt worden sind.

Betende Bergleute vor dem Stollenmundloch, vor der Kaue oder wo immer im Rahmen der bergmännischen Arbeitswelt sind oft künstlerisch – und fein säuberlich überschauend – gestaltet worden. Lehrhaft moralisierend trat die Kunst dem Menschen im unmittelbaren Einflußbereich des Bergbaus entgegen. Ein farbenprächtiges Bild im Schwazer Bergbuch von 1556 überliefert diese Auffassung besonders eindrucksvoll: »Vier Dinge verderben ein Bergwerk«, heißt es dort: »Krieg, Sterben, Teuerung, Unlust.« Es sind die Gegenbegriffe zu den Bildern, die häufig auf bergmännischen Münzen zu finden sind; die »Urbilder« aber decken einander. Sie sprechen im symbolhaft gemeinten Kreis für sich, und dies ist eine Sprache, die nicht nur der Bergmann versteht.

Im »Schwazer Bergbuch«, in Agricolas »De re metallica« (die Bilder von Blasius Weffring gezeichnet und von Hans Rudolf Manuel in

Holz geschnitten), in Löhneyß' »Bericht vom Bergwerk« und in der »Cosmographia« des Sebastian Munster, um hier nur diese Bücher noch einmal zu nennen, finden sich nicht nur genaue technische Zeichnungen und bergbau-»wissenschaftliche« Überlieferungen, sondern sie gewähren durch ihre oft sehr guten Holzschnitte und ihre – wenn auch zuweilen mehr »gut gewollten« als gekonnten – farbigen Bilder einen Einblick in das Lebensgefühl des Bergmanns der Renaissance, der an der Schwelle einer neuen geschichtlichen Phase stand. Der Gattung der technischen Zeichnung tat sich im Bergbau eine schier endlose Welt auf.

Die bildende Kunst im deutschen Sprachgebiet umfaßt besonders seit dem Beginn der Neuzeit eine breite Skala künstlerischer Überlieferungen, die den Bergbau zum Motiv[112] haben. Kelchgläser,[113] Pokale, Bergkannen, Handsteine,[114] Prunkbarten und eine Reihe anderer kunstvoller Hinterlassenschaften neben Gemälden, Zeichnungen, Stichen und Skulpturen, entstanden zum Teil bereits vor der Zeit des Merkantilismus, dessen Bezogenheit zum Bergbau auch von bildenden Künstlern eindrucksvoll bezeugt wird.

Wie sehr das Zeitalter der Technik als Zäsur in der Geschichte empfunden, wenn auch erst später begriffen wurde, drückt ein Bild über den »Erzbergbau zu Schemnitz in den Karpathen um das Jahr 1700« aus. Von einem exakt und geradezu peinlich genau gestalteten Stoff wird der Blick des Beschauers eingefangen. Der Mensch als »Schöpfer« dieser Welt tritt in den Hintergrund. Es ist die stolze Demonstration der eigenen Fähigkeiten, die es vermochten, der eigenen Hände Schöpfung so überwältigend in den Vordergrund zu stellen, daß die lebendige Natur nur noch die Kulisse zu bilden scheint. Alles strahlt statische Sicherheit und Geborgenheit aus, ist wohlgeordnet und liegt im Machtbereich der souveränen menschlichen Hand.

Als geradezu prädestiniert zur Befriedigung der spezifisch bergmännischen Bedürfnisse und Wünsche bot sich das Porzellan an, das in Johann Joachim Kändler seit den dreißiger Jahren des 18. Jahrhunderts seinen großen Gestalter fand. Ein Berghauptmann, ein Steiger, ein Hauer, ein Träger mit Erzmulde und ein Wünschelrutengänger gehören zu den Darstellungen, die nicht nur Abbilder von Bergleuten sind, sondern auch als Kunstwerke bezeichnet werden dürfen.[115] Den Künstlern im Bannkreis des Bergbaus war damit ein Material erschlossen, das weihevoll überhöhte Abbilder der Wirklichkeit bereits auf Grund seiner Struktur zu fordern schien. Das ganze 17. und auch das 18. Jahrhundert noch, Barock und Rokoko, schwelgten in lehrhaften Allegorien (mit Sternen und Heiligen, Gottheiten und Pflanzen, Tiergestalten und Fabelwesen) und bezeugten eine fruchtbare Beziehung zwischen Bergbau und Kunst, die in verschiedenen Territorien bemerkenswerte Leistungen hervorbrachte. Repräsentativ tritt der Bergbau aus den künstlerischen Erzeugnissen jener Zeit als Motiv hervor.

Unter den Bergleuten selbst sind heute allerdings die Darstellungen am beliebtesten, die im 19. Jahrhundert entstanden: die belehrenden Historienszenen und die romantisch gemütvollen Bilder (zum Beispiel von Eduard Heuchler: 1801–1879). Wie in den bergmännischen Porzellanen, so berührten auch da einander noch das neue Lebensgefühl und der alte Glauben an die Harmonie zwischen Mensch und Natur.

Immer noch zehrt das bergmännische Standesbewußtsein in der intellektualistischen Ausformung von jener zuweilen naiv idealisierten Wirklichkeit, von der Erinnerung an jene »gute alte Zeit«. Realität wird ein Teil jener harmonisierten Vergangenheit im Bekenntnis des Bergmanns zur strengen hierarchischen Ordnung, die noch vom »Gottesgnadentum« des absoluten Fürsten herwirken mag, der zugleich auch oberster Bergherr war. Niemals spürte der Bergmann die berückende Parusie seiner »Auserwähltheit« mehr als in dem Augenblick, in dem er seinen Herzog oder König in bergmännischem Habit zu sehen bekam. Durch den sichtbaren Ausdruck der fürstlichen Neigung, sich zu einem Stand auch als Herrscher vor allem Volk betont zu bekennen, erfuhr der Bergmann eine besondere Bezogenheit zugleich auch zum Höchsten. Gott hatte diesen Herrscher eingesetzt, und nicht selten begegnet uns symbolhaft auf bergmännischen Münzen die bildhafte Hand Gottes, die den Herrscher aus den Wolken segnet oder bekrönt.

Gott hatte Metalle »wachsen« lassen, wie der Mensch noch im 18. Jahrhundert (auch Heine in seiner »Harzreise«) zu glauben bereit war. »Es bezeuget die Erfahrung«, so schrieb Löhneyß 1617, »daß Gott in Klüften und Gängen durch die Sonne und natürliche Wärme aus den subtilen Fetten, dicken Dünsten ... Schwefel und Quecksilber schafft, daraus hernach ein Metall nach dem anderen wächst.« Und Mathesius hatte in der »Bergpostilla« gelehrt: »Gott hat in krafft seines wertes metal samen in die tieffen abgründe der erden geworffen darauß er natürlicher weyse durch der Sonne Monden und ander Stern und Element krafft ein ertz nach dem anderen wachsen lesset ... Hat man doch aus erfarung das ein fleck liegt in Westfallen Khurbach genandt da etlich einwoner jre reuten oder graupen oder schlichhauffen haben der sie jhe in vier jaren einen arbeyten und gold drauß wachsen wie auch salpeter und alaun hallen wenn man sie ein zeyt ruhen lesset wieder besser werden. Deshalben halten wirs gern mit denen so da zeugen das gestein und ertz wachse noch heutigstags ...«

Die Metalle wurden zu bestimmten Planeten in Beziehung gesetzt. Ihren Zeichen begegnet man nicht selten auf Bildern und Gesteinen:

☉	= Sonne	☾	= Mond	♀	= Venus
♄	= Saturn	☿	= Merkur	♂	= Mars
♃	= Jupiter				

Schon unter den antiken Astrologen üblich, wurden sie von den Gelehrten des Mittelalters übernommen und schließlich von den Alchimisten durch die jeweilige Zuordnung eines Metalles zu einem Planeten (zu denen damals auch Sonne und Mond zählten) noch mehr mystifiziert. Nach der – vermutlich ältesten – Liste des Ptolemäus (um 150 n. Chr.) bedeuteten: Sonne = Gold, Mond = Silber, Saturn = Blei, Jupiter = Zinn, Mars = Eisen, Merkur = Quecksilber und Venus = Kupfer.

Der aus Meßkirch in Baden stammende und in Deutschland und in Österreich wirkende Augustinermönch und Wanderprediger Ulrich Megerle (1644 bis 1709), der sich Abraham a Santa Clara nannte und durch seine witzigen, mit Anekdoten und spaßigen Wortspielereien versehenen derben und drastisch anschaulichen Reden nicht zuletzt auch Schillers »Kapuzinerpredigt« in »Wallensteins Lager« (auf dem Wege über Goethe) maßgeblich beeinflußte (Eckermann: 25.5. 1831), meditierte gelegentlich auch über die Bodenschätze und den Bergbau. In seinem berühmten Büchlein »Etwas für alle ...« beschrieb er den Bergmann des 17. Jahrhunderts wie folgt:

> Vielleicht werden die Berge darum also genennt /
> weil sie vielleicht und vielmahl etwas verbergen / for-

derist aber die kostbare Mineralien und Metallen / von dero Ursprung unter denen *Peripateticis* und Alchymisten unterschiedliche Meinungen seynd: der Metallen werden insgemein so viel gezehlt / als der Tod Suenden / benanntlich sieben / nemlich das Quecksilber / Bley / Zinn / Silber / Kupfer / Eisen und Gold / das letzte ist fast das letziste / weil es in der Welt sehr viel Ubel verursacht. Die Erfahrenheit gibt es / daß das Metall in dem Berg stehe wie ein Baum / so da seine Aest zum Theil dick / zum Theil duenn durch den ganzen Berg ausbreitet / welche mit der Zeit je laenger je mehr zunehmen: der gleichen fruchtbare Berg seynd allerseits in der Welt / absonderlich aber in Teutschland / Boehmen / Hungarn etc.

Der Berg-Knappen ist ihr erste Arbeit nicht das Einfahren / das Ansetzen / das Brechen / das Sprengen / das Abschlagen / das Ausfuehren / das Schacht- und Stollen-treiben / das Schicht machen / das Anlegen / das Zuschlagen / das Aufsetzen / das Roesten / das Zeygeren / das Schmelzen / das Scheiden etc. sondern ihr erste und zugleich loeblichiste Arbeit ist das Betten / dann bevor sie sich in die Tieffe des Erdbodens hinunter lassen / pflegen sie mit gebogenen Knien und aufgehebten Haenden / zu betten / und den allmaechtigen GOtt um Schutz und Schirm zu ersuchen / welches ohne Zweiffel ein Ursach ist / daß solche arme Leuth mehrmahlen aus der augenscheinlichen Lebens-Gefahr errettet werden / darum glaub ich auch / daß solche arbeitsame Tropffen dergestalten ihr Stueckel-Brod in dem Bergwerck gewinnen / daß sie anbey dasselbige nicht verliehren / was Christus der HErr auf dem Berg *Thabor* den dreyen Apostlen gezeigt hat; nemlich die Glori des Himmels.[116]

Im Zeitalter der Technik

Inmitten dieser mystifizierten Welt nahm das Zeitalter der Technik seinen Ausgang. 1774 wurde die Dampfmaschine erfunden. Ein Vierteljahrhundert später stand eine solche »Feuermaschine« auf der Zeche »Vollmond« bei Langendreer im Ruhrgebiet. Im Jahre 1828 gab es im Bezirk Dortmund bereits 26 Dampfmaschinen (davon 8 zur

Bergleute beim Stempelsetzen unter Tage.

Oben: Bergmannskapelle im Ruhrgebiet.

Übernächste Seite: »Handstein« aus Steinkohle mit Kruzifix und Szenen aus der Welt des Bergbaus.

Rechts: »Ruhrrevier«, Ölgemälde von Conrad Felixmüller, 1920.

Kohlenförderung), 1843 im Ruhrgebiet 95, 1860 sogar schon 361 und 1880 über 2000. Im Jahre 1900 wurden 5227 Dampfmaschinen im Ruhrgebiet gezählt.

Als Ruhr-(Kohlen-)Gebiet wird hier hauptsächlich der Teil des rheinisch-westfälischen Steinkohlengebietes bezeichnet, der sich zwischen Ruhr und Lippe ausdehnt und von Hamm (im Osten) bis nahe an die deutsch-niederländische Grenze reicht. Bei 2900 m Mächtigkeit des Steinkohlengebirges umfaßt es 55 sicher und 25 bedingt bauwürdige Flöze, wobei die Mächtigkeit der Kohle ungefähr 2,8% des Gebirgskörpers beträgt, etwa 80 m. Als sichere Vorräte gelten die bis zu 1200 m Teufe bauwürdigen Kohlen, als wahrscheinliche Vorräte die Vorkommen, die zwischen 1200 m und 1500 m Teufe vorhanden sind. Nach neuesten Schätzungen verfügt das Ruhrgebiet über mehr als 65 Milliarden Tonnen sichere und über mehr als 56 Milliarden Tonnen wahrscheinliche Kohlenvorräte. Als bauwürdig (gegenwärtig bis zu einer Teufe von 1200 m; sie ist oft auch vom Stand der Technik abhängig) werden 34,2 Milliarden Tonnen, als bedingt bauwürdig 14,4 Milliarden Tonnen – und als nicht bauwürdig 16,6 Milliarden Tonnen angesehen. Bauwürdige und nicht bauwürdige Steinkohlenvorräte bis zu einer Teufe von 1500 m werden mit insgesamt ca. 90 Milliarden Tonnen geschätzt. Bei einer Jahresförderung von 150 Millionen Tonnen würde der Vorrat an Steinkohlen noch ungefähr 600 Jahre reichen.

Der Wunsch, die Wissenschaft für die Gegenwart und Zukunft praktisch nutzbar zu machen, hatte im Rahmen des Bergbaus auch dazu geführt, daß 1775 in Clausthal, 1776 in Freiberg und 1816 in Bochum Bergschulen zur Ausbildung des bergmännischen Nachwuchses gegründet wurden.

Mit der Einführung der Dampfkraft in die Produktion begann sich die Struktur der Wirtschaft zu verändern; die Umformierung der Industriearbeiterschaft war eine ihrer Folgen. Schon im 18. Jahrhundert waren sächsische Bergleute in den deutschen Westen zugewandert, dessen Bergbautradition (auf Kohle beispielsweise) kaum ein halbes Jahrtausend zählte.

Im Jahre 1792 wurden im Ruhrgebiet 154 Zechen mit einer Gesamtbelegschaft von 1357 Bergleuten gezählt, die jährlich rund 1700 Tonnen Kohlen förderten. Heute fördert eine einzige Großanlage täglich mehr als 8000 Tonnen. Im Jahre 1800 gab es hier 158 Zechen

mit 1546 Bergleuten, und 1810 waren es 177 Zechen mit 3117 Belegschaftsmitgliedern.
Die Bemühungen, den Bergbau durch technische Errungenschaften zu intensivieren, beschränkten sich nicht nur auf den Bergbau und seine Fachleute. Selbst der Philosoph Leibniz taucht in den Quellen als praktischer Erfinder auf. Ende des 17. Jahrhunderts hatte sich ein erwähnenswertes Intermezzo zwischen ihm und dem Clausthaler Bergamt abgespielt. Je mehr sich der Bergbau des Oberharzes entwickelte, um so mehr wurde der Mangel an Wasserkräften (Aufschlagwassern) für den Betrieb der Schachtpumpen nachteilig spürbar. Während die Bergleute nach Auswegen suchten, schlug Leibniz vor, dem Übelstand durch die Nutzung von Windkraft abzuhelfen. In einem Vorschlagsschreiben erklärte er dazu: »Da kein Mittel und Gelegenheit zu mehreren Tagewassern für die Bergwerke zum Clausthal ist, so will ich demselben für Wasser nöthige Zeiten mit einer avantageneusen Invention zu Hülfe kommen und mittels Conjunction des Windes und Wassers, die Gruben dergestalt zu Sumpfe halten, dass eine notable Quantität der Erze mehr als sonsten mit ansehnlichen Vortheil des Bergwerkes nach Abzug der Kosten gefördert und herangebracht werden soll. Ich bin erbötig zu dem Ende eine Windmühle an einem schicklichen Orte auf meine Kosten anzulegen und damit ein Jahr über eine Probe zu thun, woran man wird abnehmen können, dass dergleichen auch bey andern Gruben, sie mögen seyn alt und tief, oder neu und untief, hoch oder niedrig respectu des Windes gelegen, zu grossem Nutzen des Bergwerks werden zu applicieren seyn.«[117] Die »konservative« Einstellung maßgeblicher Bergherren gegenüber neuen wissenschaftlichen Einsichten und Forschungsergebnissen jedoch, bereits von Paulus Niavis 'mit dem negativen Hinweis charakterisiert, daß die Bergleute »die Wissenschaft ablehnen« müßten, erwies sich nicht als nützlich. Nach langen Überlegungen kam am 14. April 1680 ein Vertrag zustande. Leibniz sollte eine solche Maschine bauen und sie ein Jahr probeweise laufen lassen. Für den Fall, daß sie funktionierte, sollte Leibniz Zeit seines Lebens jährliche Zuwendungen in Höhe von 1200 Reichstalern vom Bergamt erhalten.
Leibniz war davon ausgegangen, daß die von den Kunsträdern abgeflossenen Aufschlagwasser in Behältern aufgefangen werden müßten, die jeweils unter die Räder gestellt werden sollten. Durch Wind-

mühlenkraft wollte er die auf diese Weise gesammelten Wassermengen wieder nach oben heben lassen, nach dorthin, woher sie auf die Kunsträder geflossen waren. Dazu stellte Leibniz eine Zeichnung her, versah sie mit den nötigen Anmerkungen und legte sie mit einem Schreiben vor, in dem es unter anderem hieß:
»Windtmühlen, so das Wasser bey bergwerken aus tieffen gruben ziehen sollen, haben diese schwührigkeit, dass sie bey starken Wind das Gestänge alzu geschwind umgehen machen, daher leicht etwas reisset, bei schwachem Winde aber haben sie nicht Kraft genugsam, und dafern man nur lange schwingen brauchen will, daran der Bleyel bald weniger oder mehr nahe bey dem centro oder Walse der Schwinge gelanget und also der Hub gemindert oder gemehret wird, so gehet der Kolben in den Mörsern der Pumpen ader size, also zu langsam, und verliert das Wasser wieder. Dem nun vorzukommen habe ich endlich diesen Modus ausgesonnen, welcher meines ermessens der vollkommenste, so einmahls in Vorschlag seyn.«[118] Eine so einfache Lösung eines doch schier unlösbaren Problems erschien den Herren des Bergamts nicht geheuer. Sie fühlten sich irgendwie gering geschätzt. Der Vertrag sollte gelöst werden, da Leibniz eine vom Wind getriebene Pumpmaschine angekündigt, sie nun aber nicht geliefert habe. Leibniz hingegen reizte die Schwierigkeit jener technischen Aufgabe. Nach seinen Entwürfen ließ er auf der Grube »Catharina«, die unter anderem auch Heine während seiner Harzreise besuchte, die Maschinen aufstellen, die er für sein Unternehmen benötigte. Aber die Witterungsverhältnisse waren ungünstig, die Bergleute starrsinnig und unvernünftig. Dennoch funktionierte Leibnizens Wasserhebemaschine während einer kurzen Zeit. Am 30. März 1686 gingen die Parteien mit einem Vergleich auseinander, der die Kostenfrage regelte.
Inzwischen ist das seinerzeit von Leibniz im Bergbau probierte und ersonnene System Gemeingut der Technik geworden. Es handelt sich dabei um das Prinzip, die Tempi der Kettenübertragung bei nicht konstanter Geschwindigkeit von Kraftmaschinen (bei Fördermaschinen) durch kegelförmige Rollen gleichmäßig zu erhalten, um das Prinzip der zeitweiligen Unabhängigkeit einzelner einander bewegender Teile von Maschinen (bei der Wasserhaltung) und um das Prinzip des Gewichtsakkumulators bei Pumpmaschinen.

St. Barbara, Bergmannsgottesdienst und bergmännisches Brauchtum

So umwälzend die Dampfkraft auch die industrielle Produktion förderte und schließlich eine weitreichende Umformung eines neuen Bewußtseins einleitete, so wenig stellte sie doch das überkommene Selbstverständnis des Bergmanns ganz in Frage. Sein Lebensgefühl blieb nach wie vor an seinen jahrtausendealten Beruf gebunden, dessen grundsätzliche Bedingungen sich auch bis jetzt noch nicht grundlegend geändert haben. Im Bergbau fehlten die einschneidenden technischen Neuerungen, die ein anderes Bewußtsein so radikal hätten bewirken können. Die anderswo schier allmächtige Technik hat hier die alten Bindungen nicht zu sprengen vermocht. Den Mann unter Tage, der die Erde wie Atlas auf den Schultern trägt, hat sie nur mittelbar erreicht. Ständig wird der Bergarbeiter auch heute noch zwischen Vergangenheit und Zukunft hin und her gerissen. Nach wie vor wird ihm vor Ort bewußt, nur ein leicht zu gefährdendes und relativ machtloses Individuum zu sein, und immer noch tritt dem über Tage herrschenden Zeitgeist mit seinen fließenden Konturen die ursprüngliche Elementarität der bergmännischen Arbeitswelt entgegen, die den Mann unter Tage in das Gestern zurückwirft. Dennoch kann nicht von einer einheitlichen bergmännischen Kultur – nicht einmal in Deutschland – die Rede sein.[119] Die geographische Bindung an die Bergbaugebiete mit ihren lokalen historischen Gegebenheiten verhinderte ihre Kontinuität. Eine Aufzählung der voneinander abweichenden berg- und hüttenmännischen Bräuche würde Bände füllen. In die spezifischen Einflüsse der bergmännischen Arbeits- und Erlebniswelt, zu denen vor allem die Isoliertheit unter Tage (die Arbeit »fern von den Menschen«, wie Hiob 28, 4 in der Luther-Bibel übersetzt wurde) und die Unterordnung unter die unbedingt notwendige Zusammenarbeit gehören, spielten seit jeher Einflüsse von außen hinein, denen sich die Bergleute nirgendwo entziehen konnten. Besonders eindrucksvoll lassen sich diese konstituierenden Faktoren im Ruhrgebiet nachweisen. Aus älteren Bergbaugebieten, aus Thüringen, Oberschlesien, Tirol und Böhmen, waren Bergleute zugewandert. Sie alle brachten traditionelle kulturelle Vorstellungen mit bergmännischem Kolorit mit. In Westfalen (besonders: Oberhausen, Gelsenkirchen, Wanne, Herne und Dortmund) und im Ruhrgebiet flossen die gelegentlich recht verschiedenen Vorstellungen einer gemeinsamen Arbeitswelt zusammen, ohne jedoch die Eigenständigkeit der jeweiligen Überlieferung ganz einzubüßen. In landsmannschaftlichen Vereinigungen und in ihren Familien pflegten die »Zugewanderten« ihr meist ausgeprägtes landsmannschaftliches bergmännisches Kulturgut weiter. Nicht zuletzt deshalb ist es an der Ruhr auch nicht zur Entwicklung einer kunstgewerblichen bergmännischen »Hausindustrie« gekommen, die nur für den Verkauf bergmännische Sujets produzierte, wie es zum Beispiel in den mitteldeutschen Bergbaugebieten der Fall gewesen ist, wo Hinterglasbilder, gedrehte und gedrechselte Figuren von Bergleuten, Leuchterbögen und Lichterpyramiden mit bergmännischen Motiven reichen Absatz gefunden, aber auch zu Verfälschung und bloßer Kopie geführt haben.

Neue berufsbezogene kulturelle Impulse erreichten die (im Jahre 1800 nur insgesamt rund 1500) Ruhrbergleute dann wieder auf dem Wege über die allgemeine Umgruppierung der Industriearbeiterschaft. Bereits 1810 hatte sich die Anzahl der Bergleute im Ruhrgebiet verdoppelt. Berufsfremde Arbeitskräfte, besonders aus den deutschen Ostgebieten, wurden – teilweise mit großem Aufwand und mit verlockenden Versprechungen, die besonders aufschlußreich für die Beurteilung der Lage der Industriearbeiter am Ende des 19. Jahrhunderts in Deutschland sind, für die Arbeit im Bergbau an der Ruhr angeworben. Zahlreiche unzufriedene Landarbeiter und Handwerker aus Posen und Ostpreußen, wo es keinen Bergbau gab, haben die für sie tatsächlich verlockenden Angebote akzeptiert, was nicht zuletzt auch sehr viele polnische und ostpreußische Namen und ausgesprochen slawisch wirkende Physiognomien im Ruhrgebiet bezeugen.

Ein aus dem Jahre 1887 stammendes Flugblatt zur Anwerbung ostdeutscher Arbeiter ist so beredt, daß es im folgenden zitiert werden soll:

Masuren!
In rheinländischer Gegend, umgeben von Feldern, Wiesen und Wäldern, den Vorbedingungen guter Luft, liegt, ganz wie ein masurisches Dorf, abseits vom großen Getriebe des westfälischen Industriegebiets, eine reizende, ganz neu erbaute Kolonie der Zeche Viktoria bei Rauxel. Diese Kolonie besteht vorläufig aus über 40 Häusern und wird später auf etwa 65 Häuser erweitert werden. In jedem Haus sind nur 4 Wohnungen, 2 oben, 2 unten. Zu jeder

Wohnung gehören etwa 3–4 Zimmer. Die Decken sind 3 m hoch, die Länge bzw. die Breite des Fußbodens beträgt 3 m. Jedes Zimmer, sowohl oben als auch unten, ist also schön groß, hoch und luftig, wie man sie in den Städten des Industriebezirks kaum findet. Zu jeder Wohnung gehört ein sehr guter und trockener Keller, so daß sich die eingelagerten Früchte, Kartoffeln usw. dort sehr gut halten werden.
Ferner gehört dazu ein geräumiger Stall, wo sich jeder sein Schwein, seine Ziege oder seine Hühner halten kann. So braucht der Arbeiter nicht das Pfund Fleisch oder sein Liter Milch zu kaufen. Endlich gehört zu jeder Wohnung auch ein Garten von 23–24 Quadratruten [1 Rute = 14 qm]. So kann sich jeder sein Gemüse, sein Kumst[120] und seine Kartoffeln, die er für den Sommer braucht, selbst ziehen. Wer noch mehr Land braucht, kann es sich in der Nähe von Bauern billig pachten. Außerdem liefert die Zeche für den Winter Kartoffeln zu billigen Preisen. Dabei beträgt die Miete für 1 Zimmer (mit Stall und Garten) nur 4 Mark monatlich, für die westfälischen Verhältnisse jedenfalls ein sehr billiger Preis. Außerdem vergütet die Zeche für jeden Kostgänger monatlich 1 Mark. Da in einem Zimmer vier Kostgänger gehalten werden können, wird die Miete also in jedem Monat um 4 Mark billiger, ganz abgesehen davon, was die Familie an den Kostgängern selbst verdient. Die ganze Kolonie ist von schönen, breiten Straßen durchzogen, Wasserleitung und Kanalisation sind vorhanden. Abends werden die Straßen elektrisch beleuchtet. Vor jedem zweiten Haus liegt auch ein Vorgärtchen, in dem man Blumen oder noch Gemüse ziehen kann. Wer es am schönsten hat, bekommt eine Prämie.
In der Kolonie wird sich in den nächsten Jahren auch ein Konsum befinden, wo allerlei Kaufmannsware, wie Salz, Kaffee, Heringe usw. zu einem sehr billigen Preis von der Zeche geliefert werden. Auch wird dort ein Fleischkonsum eingerichtet werden. Für größere Einkäufe liegen Castrop, Herne und Dortmund ganz in der Nähe. Ledige Leute, die nicht in die Privatkost gehen wollen, können in einer Menage zu sehr billigen Preisen wohnen und essen. Den Ankommenden wird in der ersten Zeit ein Barvorschuß, je nach Bedarf bis zu 50 Mark, gegeben.
Für die Kinder sind auch Schulen gebaut worden, so daß sie nicht zu weit zu laufen brauchen. Auch die Arbeiter haben bis zur Arbeitsstätte höchstens 10 Minuten zu gehen. Bis zur nächsten Bahnstation braucht man etwa ½ Stunde. Wer sparsam ist, kann noch Geld auf die Sparkasse bringen. Es haben sich in Westfalen viele Ostpreußen mehrere Tausend Mark gespart.
Masuren, es kommt der Zeche vor allem darauf an, ordentliche Familien in diese ganz neue Kolonie hineinzubekommen. Jede Familie erhält vollständig freien Umzug, ebenso jeder Ledige freie Fahrt. Sobald eine genügende Zahl vorhanden ist, wird ein Beamter der Zeche sie abholen. Die Zeche verlangt für den freien Umzug keine Bindung, eine bestimmte Zeit dort zu bleiben, wie andere Zechen. Wem es nicht gefällt, kann von dort aus weiterziehen. Die Verwaltung der Zeche hofft aber, daß es den masurischen Familien so gut gefallen wird, daß sie ans Weiterziehen gar nicht denken werden, wenn erst die Briefe der Zugekommenen angekommen sind. Überlege sich also jeder die ernste Sache reiflich. Die Zeche will keinen aus der Heimat weglocken, auch keinen seinen jetzigen Verhältnissen entreißen, sie will nur solchen ordentlichen Menschen, die in der Heimat keine Arbeit oder nur ganz geringen Verdienst haben, Gelegenheit bieten, mehr zu verdienen und noch extra

zu sparen, damit sie im Alter nicht zu hungern brauchen. Vorgetäuscht wird durch dieses Plakat nichts. Es beruht alles auf Wahrheit. Wer sich die Angelegenheit reiflich überlegt, sage dies seinem Wirt, bei dem das Plakat aushängt. Dieser schreibt dann an Herrn Wilhelm Royek in Harpen bei Bochum. Es werden dann in kurzer Zeit zwei Herren erscheinen, die das Nähere bekanntgeben werden. Jeder besorge sich gleich seine Papiere, Arbeitsbuch und Geburtsschein (Militärbuch genügt nicht). Diese Papiere werden von den beiden Herren gleich mitgenommen. Später kommt dann ein Beamter der Zeche, um die sich Meldenden abzuholen, da die Wohnungen erst Ende September bezogen werden können.[121]

Die schwere und verantwortungsvolle Arbeit im Bergbau, in dem sich im deutschen Sprachraum im Mittelalter eine besondere industrielle Arbeits- und Sozialverfassung vorzuformen begann, hat die in den Bergbaugebieten lebenden Menschen seit Jahrtausenden besonders geprägt. Die Eigenständigkeit und Andersartigkeit gegenüber der kleinbetrieblichen und auch gegenüber der späteren industriellen Arbeitswelt außerhalb des Bergbaus und die betonte Bindung an die spezifische Tradition ließen so etwas wie ein Bedürfnis nach auszeichnender Etikettierung selbstverständlich werden. Der alte bergmännische Gruß »Glück auf«, die traditionsgebundene bergmännische Sprache und die Bergmannstracht, die älter als die militärischen Uniformen ist, offenbaren dies nach außen hin.

Ohne einen integrierenden Glauben wird jedoch alles formelhaft, auch die besondere Arbeit inmitten einer anders gearteten Welt vergötzt. Eine integrierende Leitbildfunktion im Gefüge des sich ständig wandelnden gesellschaftlichen Bewußtseins hat im Bergbau – auch unter nichtkatholischen Bergleuten – St. Barbara erfüllt. Wo immer Bergleute ein- und ausfahren, wird die legendäre Geschichte ihrer Schutzheiligen erzählt, die neben der heiligen Katharina, St. Anna und Margaretha ihren Platz unter den Auserwählten gefunden hat, die der Bergmann verehrt. In den Kirchen der Bergbaugebiete stehen sie juxta aram templi, neben dem Altar. Und auch St. Veit, St. Wolfgang, St. Prokop, St. Joachim und der Prophet Daniel, der erst im 17. und 18. Jahrhundert von St. Barbara verdrängt wurde,[122] gehören in den geheiligten Reigen, dem sich der gläubige Bergmann überantwortet weiß. Wo die katholische Kirche einen posthum verklärten Menschen in den Kanon ihrer Heiligen einbezieht, ranken sich um ihn die Legende und die vielfältigen Formen der Verehrung. St. Barbara, die besonders schöne Tochter eines reichen, angesehenen Heiden namens Dioscorus aus Nikomedien in Kleinasien,[123] wurde nach der Legende (um 300 n. Chr.) von ihrem Vater in einen eigens für sie erbauten Turm gesperrt und versteckt, um dem Einfluß der christlichen Lehre entzogen zu werden. Dennoch hat sie, heimlich getauft, den Weg zum Kreuz gefunden und angeblich sogar mit dem Kirchenlehrer Origines korrespondiert. Als gefolterte Märtyrerin starb sie am 5. Dezember durch das Schwert, nachdem ihr grausamer Vater sie dem Präfekten zur Verurteilung übergab. Seit mehr als einem halben Jahrtausend hält sie nun symbolisch ihre schützende Hand über den Bergmann, und seit drei Jahrhunderten ist sie Mittelpunkt der bergmännischen Barbarafeiern am 4. Dezember, die zwar überall den historischen Gegebenheiten der jeweiligen Bergbaugebiete Rechnung tragen, die Einheit des Ursprungs aber nicht verwischen können. Zahlreiche Kult- und Andachtsbilder lassen St. Barbara bildhaft werden, doch nur wenige Heilige der katholischen Kirche sind so oft, so naiv und so ernst, so kunstvoll[124] und so ungekonnt, so schlicht und so prächtig in Bild und Wort dargestellt worden wie sie.

Das im folgenden zitierte »Knappengebet« zeigt exemplarisch, was der Bergmann von seiner Heiligen erhofft und erbittet:

> O St. Barbara, o St. Barbara,
> Aller Knappen Beschützerin!
> In den Gefahren
> Wollst uns bewahren.
> Schütze uns, schütze uns, St. Barbara!
> Sei uns Erretter
> Bei schlagend Wetter.
> Wollst uns behüten,
> Wenn Flammen wüten.
> Wollst uns erhalten,
> Wenn Felsen spalten.
> Wollst uns erretten,
> Will Erd uns betten.
> Wollest uns schirmen,
> Wenn Fluten stürmen.
> Wollest uns führen,
> Wenn wir verwirren.
> Im letzten Streite
> Steh uns zur Seite.
> Schütze uns, schütze uns, St. Barbara![125]

Nur wenigen Bergleuten erscheint St. Barbara heute entweder so heilig, daß sie auf der Erde nicht mehr vorkommt, oder so profan, daß von ihren Darstellungen keine Verheißung mehr ausgeht. Sie ist auch unter den Bergleuten der so vielschichtig konzipierten Industriegesellschaft nicht zum »entmythologisierten« Ikonenbild verblaßt, das keine Andacht mehr inspiriert.

Bergmännisch ausgerichtete Feste zu Ehren der heiligen Barbara – und zur Advents- und Weihnachtszeit – wurden in zahlreichen Bergorten und Bergstädten gefeiert, besonders traditionsgebunden in Vordernberg in der Steiermark, dem Zentrum des alten norischen Eisenerzbergbaus. Aus Eisenerz ist neben einem »Knappenlied« und einem »Berggesang«, die St. Barbara anrufen, ein »Bergmannslied zum St. Barbarafest« überliefert,[126] das die Knappen einlädt, zusammenzukommen, zu singen und Gott und St. Barbara zu preisen. »Barbaraspiele«, »Barbarakomödien«, »Geburt-Christi-Spiele«, »Christspiele« in Joachimsthal, das vielleicht schon vor dem Jahre 1000 gepflegte »Kinderwiegen«, gegen das schon im 12. Jahrhundert der Propst Gerhoch vom Instift Reichersberg zu Felde zog,[127] die »Nikolausspiele« in Schwaz und Zell am Ziller, wo einstmals Gold gewonnen wurde, die »Hirtenspiele« in Gastein und Hallein mit den rund 2800 Jahre alten Salzbergwerken und viele Bräuche ähnlichen Charakters sind überliefert und leben gelegentlich auch in der Gegenwart noch fort. In Schwaz und Sterzing, wo Gold und Silber gewonnen wurden, und in Brettau, Fulpmes und im Brixental existierten im 16. Jahrhundert sogar schon eigene »Spielgesellschaften«, zu denen Bergleute gehörten,[128] und die »Spielgesellschaften« von Gossensaß und Stilfes zogen, was besonders bemerkenswert erscheint, wie Schaustellertrupps von Ort zu Ort. Trotz der aufklärerischen Schrift »Tyrolische Bergwerksgeschichte« von Joseph von Sperges aus dem Jahre 1765 gingen unter Bergleuten lange noch die Geschichten vom »Bergmandl«[129] um, an das auch der gelehrte Georg Agricola glaubte, vom »Berggeist«, dem »Meister Hämmerling«, der auch als »Bergmönch«, als Riese in schwarzer Kutte, geschildert wird.[130] Er soll unter Tage sowohl als guter und hilfreicher, und wenn St. Barbara ihre schützende Hand zurückzieht, auch als schlechter und böser Geist auftauchen, die Bergarbeiter töten und die Bergwerke zum Erliegen bringen, wie es beispielsweise einmal in Annaberg geschehen sein soll.[131]

Aufschlußreich ist indes, daß nicht wenige Zechen ihre Bezeichnung auf den »wilden Mann« zurückführten, auf eine Grube »Wilde-

mann«, in der der »Bergmönch« angeblich einmal furchtbar gewütet haben soll. So gab es beispielsweise die Zechennamen »Wilder Mann« in Saalfeld (18. Jahrhundert), Freiberg (1481), Hilbersdorf (1738), Bärenstein (1615–1618), Schneeberg, Marienberg, Zöblitz (19. Jahrhundert) und an vielen anderen Stellen, ebenso Ableitungen wie »Wildemanns Mutter«, »Wildemanns Tochter«, »Wildemanns Same« und »Wilder Bruder«. »Schwarzer Mönch« (17. Jahrhundert bei Aue), »Mönchszeche« bei Schneeberg (15. Jahrhundert) und »Teufelsgrube« und »Teufelszeche« (1552–1667 bei Goslar).[132] Um die Bergleute, die Schächte, die Stollen und Gänge vor Unbill zu bewahren, wurden in vielen Bergbaugebieten, besonders im Dezember und Januar, »Bergweihen« veranstaltet, die in einigen Bergorten auch gegenwärtig noch begangen werden. In Berchtesgaden beispielsweise ziehen nach Dreikönig (6. Januar) die bayerischen Salzbergleute in ihrer »kleinen Paradetracht« zur »Bergweihe« durch die Gänge und Stollen des einzigen bayerischen Salzbergwerks. Im Kerzenschein, wie es 1517 erstmals geschehen ist, bewegt sich die Prozession mit dem Pfarrer durch die Arbeitsstätten der Bergleute, die diese Lichterprozession lange Zeit hindurch zusammen mit dem Landrichter und der Beamtenschaft von Berchtesgaden unternahmen.
Zum bergmännischen Brauchtum gehört nicht zuletzt auch die bergmännische Standestracht mit dem Schachthut, der Gugel (einer zum Schutz gegen Staub und Feuchtigkeit über Kopf, Hals und Schulteransatz gezogenen Kapuze, die – neben den Zwergen und Berggeistern in Sagen und Märchen – besonders die sächsischen und böhmischen Bergleute trugen), dem Arschleder und den Kniebügeln, der heute ganz besonders auffälligen Kleidung und »Ausrüstung«, die viel älter als die im 17. Jahrhundert aufgekommenen militärischen Uniformen ist und sicher nur durch die ausgesprochene Wanderlust der Bergleute relativ vereinheitlicht wurde,[133] wobei besonders hervorzuheben ist, daß die seit dem 15. Jahrhundert überlieferten Bilddokumente bezeugen, daß die sächsischen und böhmischen Bergleute am meisten zur Konzeption der bergmännischen Tracht beigetragen haben.
Ein beträchtlicher Teil der traditionellen bergmännischen Bräuche ist im Laufe der Zeit formelhaft und leer geworden, manche sind trotz vielfacher Bemühungen seitens der Bergbauunternehmen ganz verschwunden. Einige der berufsbezogenen Überlieferungen überstan-

den dagegen von außen herangetragene Reformversuche und selbst obrigkeitliche Verordnungen und polizeiliche Verbote. So berichtete Christian Meltzer 1716 in seiner »Historia Schneebergensis Renovata« über »sonderbare Schneebergische Kirchen – Gebräuche und Gewohnheiten« und beklagt, daß Bergleute als »Engels- und Königsscharen«, die gern rauften und randalierten, »vor der Christ-Metten« und am Heiligen Abend mit der Aufführung der »so genannte(n) H. Christ-Comödie« »wohl eine gemeine und nicht so wohl geistliche als vielmehr abgöttische Gewohnheit«[134] gepflegt hätten, die protestantische Geistliche im 18. Jahrhundert erfolglos zu reformieren versuchten. Trotz polizeilicher Verbote und obrigkeitlicher Erlasse sind die Schneeberger Bergleute bis ins 19. Jahrhundert hinein zu den »H. Christ-Comödien«-Veranstaltungen ihrer »Engels- und Königsscharen« gegangen, deren Weihnachtsspiele sowohl in sprachlicher als auch in inhaltlicher Hinsicht nur in wenigen Punkten den traditionellen Vorstellungen entsprochen haben dürften. Anfang des 19. Jahrhunderts, um 1806, wurden beispielsweise Thalheimer Bergleute zwei Tage ins Gefängnis gesteckt, weil sie ein erzgebirgisches Weihnachtsspiel veranstaltet hatten, das »gegen Religion und gute Sitte« verstieß.[135] Die Textbücher wurden Außenstehenden nicht zugänglich gemacht, die Texte außerhalb der Spiele nur sehr selten zitiert. Um den Nachstellungen durch staatliche Behörden zu entgehen, griffen einige brauchtumfreudige Bergleute zu ausgefallenen Listen. So wird beispielsweise berichtet: »... der Bergmann Kautsch, der früher den großen König spielte [ist] seitdem auf ein Auskunftsmittel verfallen, welches keine Einmischung der Polizei fürchten läßt; er hat nämlich ein Theater mit Figuren, die durch ein Räderwerk bewegt werden, gebaut und führt nun das Stück, nur mit Weglassung der Gesänge, noch jetzt um die Weihnachtszeit in Raschau und an anderen Orten als Puppenspiel auf.«[136]

Heute bilden die zum Teil aufwendig gehegten Überbleibsel der sorgsam gepflegten Hinterlassenschaften beispielsweise der »Engels- und Königsscharen« aus dem 19. Jahrhundert einige der tragenden Elemente der berufsbestimmten Volkskunst, die im Zusammenhang mit dem Bergbau und Hüttenwesen in Deutschland im Harz und in Schlesien immer noch eine recht bemerkenswerte Rolle spielt. In Westfalen ist allerdings davon kaum mehr als das sogenannte »Silvestersingen« der Bergleute zurückgeblieben.[137]

Übriggeblieben von der alten Tradition sind in einigen Bergbaugebieten auch das bergmännische Schichtgebet und der Bergmannsgottesdienst, wenn die bloßen Formen, das heißt die Veranstaltungen, auch nicht immer die tatsächliche Haltung und Einstellung der Bergleute widerspiegeln. Seit vor rund vierhundert Jahren zum erstenmal bergbaubeflissene Geistliche auf die Kanzeln stiegen, um ihren Bergwerksgemeinden ausdrücklich berufsbezogene Gottesdienste zu halten, haben ihre Amtsbrüder beider Konfessionen mit dem Problem gerungen. Um das Weltbild und das Selbstverständnis des heutigen Bergmanns heil zu erhalten – oder andererseits wieder heil werden zu lassen –, wird in jüngster Zeit (neben den Barbara-Gottesdiensten) auch der evangelische Bergmannsgottesdienst erneut intensiv gepflegt. Die Leitgedanken für die bergmännischen Predigten und Gebete vor Bergleuten und deren Angehörigen werden jedoch in sehr vielen Fällen (keineswegs immer mit Gewinn) Johannes Mathesius entliehen, der mit seinem Kantor Nikolaus Hermann, der die Gottesdienste des Mathesius bis 1561 in Joachimsthal musikalisch begleitete, auch zu den Vätern des Bergmannschorals gehört. Hermanns Bittgesang »Mit Gnad sieh unser Bergwerk an, weil wir sonst keine Nahrung han«, wurde im Laufe der Zeit zum Leitbild des bergmännischen Bittgesanges überhaupt.

Bereits gegen Ende des 16. Jahrhunderts sind in vielen Bergwerken Betriebsandachten zum Teil mit Vorsängern und sogar mit Orgelmusik unter Leitung von Steigern oder anderen verantwortlichen Bergleuten veranstaltet worden. Die Berchtesgadener Salzbergleute, um hier nur ein Beispiel anzuführen, verfügten bis 1810 sogar über einen eigenen Salinenkaplan. In einer allgemeinen Anordnung für den erzgebirgischen Bergbau findet sich die Weisung, daß die Steiger und Häuer vor der Einfahrt eine Viertelstunde lang »andächtig beten und singen« sollten. »An welchen nun die Reihe ist zum Einfahren«, überlieferte Agricola in »De re metallica«, »die müssen im Zech-Haus erscheinen, allwo sie abgelesen ... werden; wenn aber alle beisammen, verrichten sie ihren Gesang und Gebet und fahren dann ein in ihre Gruben.«

Jahrhunderte hindurch hat sich das bergmännische Schichtgebet gehalten.[138] »Heute noch«, im kirchenfeindlichen »Dritten Reich«, schrieb der Bergingenieur Rudolf Dorstewitz 1938, »ist es auf den Herdorf-Altenseelbacher Gruben üblich, ein kurzes Gebet vor der

Einfahrt zu verlesen oder eine stille Minute der inneren Sammlung zu widmen, in der alle die Hände falten, das Haupt neigen und jeder Katholik sein Kreuz schlägt.«[139] Eine ganze Reihe von Schriften mit Gebeten und Liedern wurde für diesen Zweck herausgegeben. Bereits zu Beginn des 17. Jahrhunderts veröffentlichte der Annaberger Pfarrer Johann Schreiter eine Sammlung bergmännischer Predigten und ein Bändchen Berggebete, vier Jahrzehnte (1658) später der Steiger Matthäus Wieser (1617–1678) zwei Andachtsbücher und beachtenswerte bergmännische Choräle. Die Bergleute Michael Bauer (1716 und 1726) und Christian Gottlieb Lohse (1745), die Bergmeister J. E. Stephanie, Ch. G. Grundig (1721) und die Bergmannspfarrer Christoph Gottlob Grundig und Karl Heinrich Tromler (1781) traten mit entsprechenden Publikationen an die Öffentlichkeit. Unter den späteren Veröffentlichungen ist besonders der von der Inspektion der Geistlichen des Oberharzes 1899 herausgegebene »Oberharzer Schichtsegen« zu nennen.

Aus dem 19. Jahrhundert, allerdings aus der ersten Hälfte, stammt auch folgender Bericht: »Das Berggebet, welches vor und nach jeder Schicht von den Bergleuten gemeinschaftlich gehalten wird, ist erst seit dem Jahre 1578 eingeführt, denn vordem verrichtete jeder sein Gebet um Schutz, wenn und wo er wollte, und begehrte er einen geweihten Ort dazu, so fehlte ihm auch dieser nicht, indem Capellen in der Nähe größerer Gruben nichts Seltenes waren. Wenn die Glocke des Morgens fünf Uhr, des Mittags ein Uhr und des Abends neun Uhr geschlagen hat, sind die in dem betreffenden Drittheile des Tages einfahrenden Bergleute schon auf dem Huthhause ihrer Grube, in der mit Bänken versehenen Betstube versammelt, und es beginnt nun auf manchen Gruben der älteste Zimmerling, auf andern ein Untersteiger das Gebet laut herzusagen, worein die übrigen bald einstimmen, bald schweigen, so daß ohne Gesetz und Ordnung abwechselnd wenige, mehrere und alle beten. Das Gebet selbst besteht aus dem Vaterunser, den heiligen zehn Geboten, den drei lutherischen Glaubensartikeln, mehreren Psalmen, einigen Bergliedern und prosaischen Berggebeten. Es ist nicht auf allen Gruben gleich lang und aus gleichen Liedern und Gebeten zusammengesetzt.

In neuerer Zeit hat man angefangen, dieß Gebet dahin zu verändern, daß einer der gebildeten Bergleute aus einem der Grube gehörigen Gebetbuche den übrigen ein Gebet vorliest; ist das Gebet geredet, so werden gewöhnlich zwei Lieder aus dem in der Gegend eingeführten Gesangbuche gesungen. Ein oder auch zwei Vorsänger bestimmen die Lieder und stecken ihre Nummern auf eine Tafel an, ganz so, wie es in unseren Kirchen geschieht; auch beginnen sie den Gesang und bemühen sich, daß Ton und Melodie richtig gehalten wird, was ohne Instrumentenbegleitung bei so vielen und so rauhen und tiefen Stimmen oft recht schwer ist. Die Gesangbücher, aus welchen gesungen wird, gehören der Grube, werden während des ersten Gebets ausgetheilt und nach geendetem Gesange wieder eingesammelt und verschlossen. Mit dem Zuklappen der Gesangbücher sieht man sich auch alle Häupter bedecken, die beim ersten Worte des Gebetes entblößt wurden, und aus dem Munde aller Gegenwärtigen ertönt der Gruß: ›Guten Morgen (Glück auf) miteinander, kommt gesund wieder miteinander!‹«[140]

Das neuzeitliche Bemühen um den Bergmannsgottesdienst hat nicht überall zu positiven Ergebnissen geführt. Namentlich in der jüngsten Zeit schien er als Standesgottesdienst gefährdet. Die soziologische Strukturverschiebung mit all ihren Folgen, die Zuwanderung zahlreicher Nichtbergleute, ein neues Bewußtsein und die Lebenshaltung des modernen Industriearbeiters, verschoben die Akzente auch im Weltbild des Bergarbeiters. Er empfand[141] die gelegentlich gepflegte pastorale Sprache in diesem Zusammenhang nicht mehr als zeitgemäß. Bereits Goethe hat die Formelhaftigkeit der Predigten im Bergmannsgottesdienst bemerkt. »Da ich auszuruhen pflegte«, schrieb er, »trat ich in die Kirche und fand die ganze Knappschaft in Putz und Ornat versammelt. Der Diaconus predigte in hergebrachten bergmännischen Phrasen.«[142]

Die von den Geistlichen im Bergmannsgottesdienst häufig wie eine dunkle Folie heraufbeschworene physische Angst ist nicht dazu angetan, den Bergmann zur Kanzel zu rufen. Nicht oft gelingt es den Pfarrern, in ihren Predigten die Grundelemente umzusetzen, auf denen das Leben des Bergmanns ruht: das Bewußtsein, dem Tode und der Hilfe Gottes unter Tage näher zu sein als anderswo, die relative Machtlosigkeit der technischen Perfektion in der Konfrontation mit den Naturgewalten und das spezifische bergmännische Standesbewußtsein.

Andere Vorwürfe haben sich die Geistlichen im 18. Jahrhundert gefallen lassen müssen. Der Schneeberger Bergmannspfarrer Tromler

verteidigte die seit Mathesius gern verbrämten bergmännischen Bilder und Metaphern in den Bergmannsgottesdiensten mit der Erklärung: »Man tadelt nemlich in denselben das bergläufftige Deutsche, die vielen kühnen Tropen, Metaphern, Allegorien, und Anspielungen, die von der bergmännischen Kunst entlehnt, und in dieselben eingewebt sind, und die allen denjenigen, welche kein bergmännisch Deutsch verstehen, nothwendig unverständlich seyn müssen. Wir werden ganz kurz wider diesen Einwurf so viel sagen als sich sagen läßt. Der Bergmann hat seine eigenthümliche, sehr alte technische Sprache, welche die so weitläufftigen Bergwissenschaften nöthig, und auch so wortreich machten, daß man in ältern und neuern Zeiten nöthig fand, verschiedene ansehnliche Wörterbücher davon besonders zu schreiben. Weil nun selbst die heilige Schrift an manchen Orten nicht nur vom Bergwesen selbst redet, sondern auch gewisse Tropen und Metaphern von Berg- und Schmeltzwesen zum Unterricht des menschlichen Geschlechts braucht: So hielt man es für erlaubt, besonders schon seit der Reformation, und nach dem Beyspiel eines Johann Mathesius, des warmen Freundes Luthers, diese Anspielungen zu mehren, und so zu häuffen, daß endlich die Bergläuftige Sprache in Predigten, Gebeten und Gesängen dadurch völlig erzeugt, und öfters übertrieben wurde. Ob nun gleich keine Sprache in der Welt ohne bildliche Ausdrücke ist, und man versichern kann, daß der Bergmann die gottesdienstliche bergläuftige Sprache meist gut verstehet, so wie er sie mit einer Art von Entzückung höret, und seine Aufmerksamkeit dadurch ermuntert: So ist doch dem Mißbrauch sehr weislich vorzubauen, und vielmehr diese Schreibart und Ausdrücke mäßig zu gebrauchen. Ganz kann diese bergläuftige Sprache in Gottesdiensten nicht abgeschafft werden, denn sie hat sich beynahe nothwendig an Bergorten gemacht. Der Bergmann hat für seinen Beruf und Kunst einen Enthusiasmus, den kaum ein Gelehrter, Künstler, oder Soldat oder Handwerker in einem so hohen Grade für sein Fach haben kann. Seine Andacht scheint in der That brünstiger zu seyn, feuriger zu werden, wenn in seinen Erbauungsschriften bergläuftige Ausdrücke vorkommen; und ohne diese scheint jene zu verlieren.«[143]
Kritische Hinweise zu einer Neuordnung und Analysen[144] des zeitgenössischen Bergmannsgottesdienstes führten 1957 dazu, daß leitende Bergleute des Ruhrgebiets und Theologen gemeinsam nach ei-

nem Weg zur Neukonzeption des bergmännischen Standesgottesdienstes in der modernen Industriegesellschaft zu suchen begannen.

Zage, braver Bergmann, nicht!
Theodor Körner

Deckt dich der Erde nächt'ger Schoß
tief in dem dunklen Schacht,
die Vaterhand läßt dich nicht los, das Vaterauge wacht.
Drum zage, braver Bergmann, nicht:
Der Herr dein Stab, der Herr dein Licht.
Wohl dunkel ist's um deine Bahn,
und schaurig hallt dein Tritt;
und Grauen wandelt manchen an,
denn die Gefahr geht mit.
Was schleicht dort hin, was flüstert dort,
als neckt' es dich mit Hohn.
Bleib ruhig nur und keck vor Ort,
schon ist der Spuk entflohn.
Und bräch' der ganze Bau sofort,
dräng' wilde Flut herein, spricht nur der Herr ein rettend Wort,
wirst du geborgen sein.

Die Arbeiterbewegung, das von den Sozialisten des 19. Jahrhunderts fälschlich als »Wissen ist Macht« übersetzte »nam et ipsa scientia potestas est« Francis Bacons und der Einfluß der modernen Industrialisierung haben die Bergarbeiter nicht aus ihrer traditionellen religiösen Bindung herauszulösen vermocht. Sie reden nicht gern über ihren Glauben. Als man tödlich verunglückte Bergleute nach einem Grubenunglück im Ruhrgebiet barg, fand man überraschend viele Bibeln in ihren Taschen, zerlesen und abgegriffen. Die Haltung der Bergarbeiter, oft als revolutionär und in jüngster Zeit sogar als kommunistisch bezeichnet, war meistens, wenn nicht stets, betont christlich artikuliert. Schon im 15. und 16. Jahrhundert, in den Hussitenkriegen und im Bauernkrieg, trat dies deutlich zutage. Auch in der alten bergmännischen Arbeiterdichtung spiegelt sich diese Haltung wider. So unerbittlich die arbeitenden Dichter gelegentlich auch anklagen mögen, wie zum Beispiel Heinrich Kämpchen und Kurt Kläber, so ist der Urgrund ihrer dichterischen Haltung doch religiös. Die bergmännischen Arbeiterdichter des 19. und 20. Jahrhunderts waren und sind keine Kommunisten, wenn auf manchen auch das Pathos des Kommunistischen Manifests gewirkt haben mag. »Eines muß dir immer gewärtig sein, / ob du hämmerst, Mann, auf Stahl und Stein, / ob Fäustel haltend du zur Tiefe sinkst...«, schreibt beispielsweise der Österreicher Petzold (1881–1946), »du weißt, daß irgendwo ein Bruder steht und schafft, / Gleiches mit der gleichen stummen Kraft, / daß irgendwo ein Bruder so wie du / strebt sehnsuchtsschwer der Sonnenstunde zu...« Bis dahin ist noch offen, welches »Ziel« dieser dichtende Arbeiter meinte, wo er hingehörte und welche »Sonnenstunde« er signalisierte. Doch Petzold ließ die Frage nicht unbeantwortet: »... einmal [werden] alle Hände sich / zu einer liebesschweren Hand verschlingen / und alle Wesen in dem letzten Ich, / zu Gott, in starker, frommer Einheit dringen.« Den begnadeten Bergarbeitern, die aus der »stummen« Masse heraustraten, bedeutete der religiöse Glaube letzten Halt, während dagegen die intellektuellen »Arbeiterdichter« mit Henckel sagen konnten: »Wenn Gott im Himmel nicht den Schrei der Not versteht, dann stürm herein, du Weltgericht.«

Der 1912 in Bochum 65jährig verstorbene Bergmann Heinrich Kämpchen war einer jener Bergmannsdichter, die nicht im romantischen Idyll verharrten. Während des großen Bergarbeiterstreiks von 1889 fanden seine Kollegen ihn als Streikführer auf der Zeche »Hasenwinkel« bei Bochum. Seine anklagenden Verse, die sich kontinuierlich in den Rahmen der großen Arbeiterdichtung einfügen, die in ihrer fruchtbarsten Periode Entdeckung war, Anruf und Aufruf, Anklage, Mahnruf des sozialen Gewissens und Empörung, erschienen auf Flugblättern und wurden von seinen Kollegen gelesen, die sie nicht achtlos wieder zur Seite legten. Seine Aufrufe zur Einigung und sein dichterisches Bekenntnis »Mein Glaube« blieben nicht ungehört:

>   Wie Millionen sich dann regen
>   und, ihrer Sklavenkette bar,
>   froh teilen sich der Erde Segen...
>   Ihr nennt es einen Traum.
>   Ich aber weiß, es wird so kommen.

Kurz nach jenem Streik von 1889 entstand der »Alte Bergarbeiterverband«, eine der ersten großen Gewerkschaften.
Kämpchens mutiges Gedicht »Mißklänge«, das die Not deutlich werden läßt, in die viele Bergarbeiter nach jenem Streik gerieten, spricht für sich:

Mißklänge

Wohl lacht und lockt der junge Mai,
es blüht und duftet um die Wette,
ich taumle irren Sinns vorbei,
geschleift an meiner Armut Kette.

Von allen Seiten grinst die Not,
bedrückt mich und bedroht mein Leben:
umsonst hör' ich den Ruf nach Brot,
ich kann den Meinen keines geben.

Und singt so laut die Nachtigall,
wie Todessang klingt mir ihr Flöten.
Der Frühlingsjubel überall
kann meinen Jammer nicht ertöten.

Die letzte Krume ist verzehrt,
der letzte Pfennig längst verschollen,
und kalt und öde Heim und Herd
und Weib und Kind – die leben wollen.

Umsonst bin ich von Schacht zu Schacht
umhergeirrt in den Revieren,
ich habe keinen Trost gebracht,
ich habe nichts mehr zu verlieren!

In der Literatur seit dem 18. Jahrhundert

Namhafte Literaten haben sich in der neueren Zeit nur mittelbar mit den Bodenschätzen und mit dem Bergbau befaßt. Gedichte von Friedrich von Hardenberg (Novalis), Theodor Körner, Clemens von Brentano, Erzählungen von E. T. A. Hoffmann, Peter Hebel und anderen drücken primär das Lebensgefühl der Romantik aus.

Typisch für Brentanos Verse über den Bergbau ist:

> Glück auf! Glück auf!
> O lehr uns den Lauf!
> Wir bringen das Gold dir,
> Die Sonne des Abgrunds;
> Wir heben das Silber,
> Den Vollmond der Tiefe;

Das Kupfer, das Eisen,
Die Sterne der Erde,
Zum Tag dir herauf!
Glück auf! Glück auf!

Die Aura des Mystischen umgab den Bergbau seit je, und gerade das kam der Haltung entgegen, die der Romantik ihr Profil gab. Die verklärte Übersteigerung alles Bergmännischen zur reinen Idylle (besonders in Heuchlers Bildern ausgedrückt), die dunkle Mystik des Erdinneren und ein fabelhaft Unheimliches vermochten eine besonders artikulierte Sehnsucht zu nähren. Die Jungen, Novalis und Körner, hatten auf der Bergakademie studiert. Beiden war der Bergbau aus harter – wenn auch nur sehr kurzer – Praxis bekannt und vertraut, und beide haben ihn dennoch durch das idealisierende Prisma der Romantik verklärt. Aber man täuscht sich, wenn man die weitverbreitete Meinung teilt, daß sie – und andere deutsche Romantiker – den Bergbau als Motiv meinten. Nicht den Bergbau an sich, sondern das von ihm ausgehende bildhaft Unergründliche, das Finstere, neugierige Sehnsucht Weckende, das pathetische »Genialität« vorzugaukeln erlaubte und trotz aller Bemühungen den dunklen Drang nicht ans Ende kommen ließ, haben die Dichter angesprochen. Mit Clemens von Brentano durften sie sagen, daß »selbst in den harten Felsen eine Seele wohnt, die mit dem Menschen atmet und fühlt«.
Bei Hardenberg (1772–1801), der sich Novalis[145] nannte und unter diesem Namen trotz seines kurzen Lebens berühmt geworden ist, gesellte sich zu diesem Zeitgefühl noch eine tiefe Trauer um den Tod Sophie von Kühns und sein »langes trübes Jauchzen« in »des Todes verjüngender Flut«. Hinzu kam die romantisch durchwirkte Lehrmeinung des von ihm sehr verehrten Lehrers Abraham Gottlob Werner, bei dem er in Freiberg gemeine Bergbaukunst, Kenntnis der Freiberger Reviere, Oryktognosie, Geognosie und Eisenhüttenkunde hörte. Er, Friedrich Leopold Freiherr von Hardenberg, der Sohn eines kursächsischen Salinendirektors, hatte keinen Anlaß, den Bergbau aus der »Romantik« auszuklammern, zumal er ihm nach seinen philosophischen Studien in Jena (bei Reinhold und Schiller) und Leipzig (besonders bei Schlegel) als »Wirklichkeit« gezeigt worden war. Vorübergehend war Hardenberg als Angestellter der kursächsischen Salinenverwaltung in Tennstedt zünftiger Bergmann; aber er blieb

ein akademischer Bergmann. Dennoch erfährt man von ihm nichts von dem, was für eine Kulturgeschichte des Bergbaus wichtig wäre, zumal er, von Schelling beeinflußt, der Auffassung war, daß in »einem wahrhaften Gedicht alles natürlich und doch wunderbar sein« müsse: »Alles Poetische muß märchenhaft sein, alles muß wunderbar und geheimnisvoll zusammenhängen; die ganze Natur muß seltsam mit der Geisterwelt gemischt sein.« Wo hätte sich ihm ein noch fruchtbareres Terrain als im Bergbau auftun können? Sein Zeitgenosse, der bergbaubeflissene Johann Gottfried Herder, hat ihn – im Hinblick auf seine Bedeutung für eine Bergbaugeschichte – sachkundiger charakterisiert als die meisten Interpreten nach ihm. »Laß die Metapher- und Bildergaukelei, womit Dich Hardenberg ... angespritzt«[146] hat, warnte er seinen zusammen mit Novalis an der Bergakademie studierenden Sohn August, dem er später noch einmal mahnend erklärte, daß ein »reeller Bergmann ... nicht spielen, sondern forschen, suchen, finden, hinstellen«[147] müsse.

Lied des alten Bergmanns
aus »Heinrich von Ofterdingen« von Novalis

Der ist der Herr der Erde,
Wer ihre Tiefen mißt,
Und jeglicher Beschwerde
In ihrem Schoß vergißt.

Wer ihrer Felsenglieder
Geheimen Bau versteht,
Und unverdrossen nieder
Zu ihrer Werkstatt geht.

Er ist mit ihr verbündet,
Und inniglich vertraut,
Und wird von ihr entzündet,
Als wär' sie eine Braut.

Er sieht ihr alle Tage
Mit neuer Liebe zu
Und scheut nicht Fleiß noch Plage,
Sie läßt ihm keine Ruh.

Die mächtigen Geschichten
Der längst verfloß'nen Zeit,
Ist sie ihm zu berichten
Mit Freundlichkeit bereit.

Der Vorwelt heil'ge Lüfte
Umwehn sein Angesicht,
Und in die Nacht der Klüfte
Strahlt ihm ein ewges Licht.

Er trifft auf allen Wegen
Ein wohlbekanntes Land,
Und gern kommt sie entgegen
Den Werken seiner Hand.

Ihm folgen die Gewässer
Hilfreich den Berg hinauf;
Und alle Felsenschlösser
Tun ihre Schätz' ihm auf.

Er führt des Goldes Ströme
In seines Königs Haus,
Und schmückt die Diademe
Mit edlen Steinen aus.

Zwar reicht er treu dem König
Den glückbegabten Arm,
Doch frägt er nach ihm wenig
Und bleibt mit Freuden arm.

Sie mögen sich erwürgen
Am Fuß um Gut und Geld,
Er bleibt auf den Gebirgen
Der frohe Herr der Welt.

Neben Novalis stand Theodor Körner (1791–1813), der sehr junge und sehr begeisterungsfähige Dichter[148] des Wiener Burgtheaters, dem die mitreißenden Worte gelangen:

Das Volk steht auf, der Sturm bricht los;
wer legt noch die Hände feig in den Schoß?
Pfui über dich Buben hinter dem Ofen,
unter den Schranzen und unter den Zofen! ...

Auch er hatte (seit 1808) an der Freiberger Bergakademie studiert, war aber Hoftheaterdichter in Wien geworden, bevor er sich zu den Lützowschen Jägern für den Kampf gegen Napoleon meldete. In der Zeit, in der er – zumeist von Schiller beeinflußte – Dramen und Singspiele schrieb, entstanden auch Verse, die dem Bergmann und dem Bergbau gewidmet waren. Nur in einer Welt der Romantik konnte der Dichter den »Kampf der Geister mit den Bergknappen« besingen, und dort war Theodor Körner zu Hause.

> *Die Bergknappen*
> Theodor Körner
>
> Glückauf! Glückauf! In der ewigen Nacht;
> Glückauf! in dem furchtbaren Schlunde.
> Wir klettern herab durch den felsichten Schacht
> zum erzgeschwängerten Grunde.
> Tief unter der Erde von Grausen bedeckt,
> Da hat uns das Schicksal das Ziel gesteckt ...
> Und bricht einst der große Lohntag an,
> und des Lebens Schicht ist verfahren,
> dann schwingt sich der Geist aus der Tiefe hinan,
> aus dem Dunkel der Schächte zum Klaren.
> Und die Knappschaft des Himmels nimmt ihn auf
> und empfängt ihn jauchzend: Glückauf, Glückauf!

Johann Peter Hebel (1760–1826), E.T.A.Hoffmann (1776–1822) und Friedrich Rückert (1788–1866) fanden in der Erzählung über den »Bergmann von Falun« ein dankbares Motiv zur literarischen Verarbeitung. Der badische Pfarrer Johann Peter Hebel, besonders durch seine »Biblischen Geschichten für die Jugend«, seinen »Christlichen Katechismus« und die volkstümlichen »Alemannischen Gedichte« bekannt, fügte diese wundersame Geschichte – mit zeitlichen »Korrekturen« – in sein »Schatzkästlein des rheinischen Hausfreundes« (1811) ein. Friedrich Rückert, Gymnasialprofessor und späterer Redakteur des »Cottaschen Morgenblattes«, Dichter des lieblich romantischen »Aus der Jugendzeit, aus der Jugendzeit, klingt ein Lied mir immerdar«, griff Hebels Erzählung auf und verarbeitete sie in einer Ballade unter dem Titel »Die goldene Hochzeit«. Ernst Theodor Wilhelm (später: Amadeus) Hoffmanns nicht selten kauzig verzerrte Erzählungen, die schillernde und spukende Fabelwelt seiner Geschichten waren in jenem Motiv schon angelegt, bevor er, der zum Bergbau gar keine Beziehungen hatte, sie literarisch auswertete. Sein Bergmann heißt Elis Fröbom, Ulla die alte Frau.
Auch mit Heinrich Heines (1797–1856) farbiger Schilderung der Einfahrt in die Clausthaler Gruben »Dorothea« und »Carolina«, die er während seiner »Harzreise«[149] kennenlernte, ist kaum mehr als eine Seite einer Kulturgeschichte des Bergbaus zu füllen. Heine, der

von den »flöten-süßen« Stimmen im kristallenen Felsenschloß der Prinzessin Ilse und von den paukenden Zwerggeistern unter Tage mit spielerisch anschaulichen Worten zu erzählen wußte, gab sich keineswegs jener Dimension hin, die in den bergbaubezogenen »Nachlässen« Brentanos, Hardenbergs und Körners den Urgrund bildet. »Ich hätte Dir vieles von der Harzreise zu erzählen«, schrieb er seinem Freunde Moses Moser, »aber ich habe angefangen, sie niederzuschreiben ... es sollen auch Verse drin vorkommen, die Dir gefallen, schöne edle Gefühle und dergleichen Gemütskehricht. Was soll man tun! wahrhaftig, die Opposition gegen das abgedroschen Gebräuchliche ist ein undankbares Geschäft.«[150] So hat er aber doch nicht versäumt, auch in seine ironisch-launige, spitz-süffisante Schilderung der Einfahrt in die Harzer Gruben (»Dorothea«, damals die reichste im Oberharz) seinen »Hohn gegen die alte Gesellschaft und ihre dunklen Vorurteile«[151] einzuflechten. »Mein Cicerone [der Bergmann, der ihn führte] selbst war eine kreuzehrliche, pudeldeutsche Natur«, sagte Heine in seiner »Harzreise«, mit »innerer Freudigkeit zeigte er mir jene Stelle, wo der Herzog von Cambridge, als er die Grube befahren, mit seinem ganzen Gefolge gespeist hat, und wo noch der lange hölzerne Speisetisch steht, sowie auch der große Stuhl von Erz, worauf der Herzog gesessen. Dieser bliebe zum ewigen Andenken stehen, sagte der gute Bergmann, und mit Feuer erzählte er, wie viele Festlichkeiten damals stattgefunden, wie der ganze Stollen mit Lichtern, Blumen und Laubwerk verziert gewesen, wie ein Bergknappe die Zither gespielt und gesungen, wie der vergnügte, liebe, dicke Herzog sehr viele Gesundheiten ausgetrunken habe, und wie viele Bergleute, und er selbst ganz besonders, sich gern würden totschlagen lassen für den lieben dicken Herzog und das ganze Haus Hannover.«

Obwohl Heinrich Heine sehr gut wußte, welchen »Gemütskehricht« man damals zu hören wünschte, versäumte er nicht, an vielen Stellen seiner »Harzreise« bissig-kritische Bemerkungen einzuflechten: »Ich war zuerst in die Carolina gestiegen. Das ist die schmutzigste und unerfreulichste Carolina, die ich je kennengelernt habe. Die Leitersprossen sind kotig-naß, ... unterirdisches Quellengeriesel, von allen Seiten herabtriefendes Wasser, qualmig aufsteigende Erddünste ... Wirklich, es war betäubend, das Atmen wurde mir schwer, und mit Mühe hielt ich mich an den glitschigen Leitersprossen.«[152]

Johann Wolfgang von Goethes Beziehungen zum Bergbau waren anderer Natur. Seit 1775 war er Minister für Bergbau[153] und Wegebauwesen im Kabinett des Herzogs Karl August, so daß er sich zwangsläufig um einen unmittelbaren Kontakt zum Bergbau bemühen mußte. Einer seiner Freunde, ein »Vice-Berghauptmann« und späterer Berghauptmann in Zellerfeld, führte ihn in die Geologie und Mineralogie ein. In Skizzen und Zeichnungen, in Gedichten, selbst im »Faust« und in einigen Reden fand der Bergbau einen bemerkenswerten Platz in Goethes breitem Schaffen. Im »Faust« läßt er die Zwerge sagen:

> Den frommen Gütchen nah verwandt,
> als Felschirurgen wohl bekannt;
> die hohen Berge schröpfen wir,
> aus vollen Adern schöpfen wir,
> Metalle stürzen wir zu Hauf,
> mit Gruß getrost: Glück auf! Glückauf!

Und Mephisto legt er während des Gespräches mit dem Kaiser die Worte in den Mund:

> In Bergesadern, Mauergründen
> Ist Gold gemünzt und ungemünzt zu finden,
> Und fragt Ihr mich, wer es zu Tage schafft:
> Begabten Mann's Natur- und Geisteskraft.

Die Wichtel werden von Faust (II. Teil) angewiesen, im belebten Erdinnern hurtig die Schätze des Berges zu suchen und zu fördern:

> In solchen Ritzen
> Ist jedes Bröselein
> Wert, zu besitzen.
> Das Allermindeste
> Müßt Ihr entdecken
> Auf das Geschwindeste
> In allen Ecken.
> All – emsig müßt Ihr sein,
> Ihr Wimmelscharen.
> Nur mit dem Gold herein!
> Den Berg laßt fahren!

Im Jahre 1739 waren die Schächte des Ilmenauer Silberbergwerks ersoffen. Goethes Aufgabe bestand seit 1775 darin, zusammen mit dem

Geheimrat Voigt die Schächte wieder abbaufähig machen zu lassen (zu »sümpfen«). Dazu gehörten Inspektionsreisen, Beratungen mit Beamten, Steigern und Knappen und geologische Untersuchungen. Am 24. Februar 1784 fuhren die ersten Bergleute wieder ein. Goethe sprach zu ihnen und sagte in seiner Rede: »Nun wollen wir uns einem Ort nähern, auf den alle unsere Wünsche gerichtet sind, vorher aber noch im Hause des Herrn einkehren, der die Berge gegründet, die Schätze in ihrer Tiefe verborgen und dem Menschen den Verstand gegeben hat, sie an das Licht des Tages hervorzubringen. Lassen Sie uns ihn bitten, daß er uns bis in die Tiefe begleite und daß endlich das zweideutige Metall, das öfter zum Bösen als zum Guten angewendet wird, zum Nutzen der Menschheit gefördert werden möge ...«[154] Zwölf Jahre später mußte der Betrieb in den Ilmenauer Gruben allerdings wieder eingestellt werden. Goethe hat seine Bemühungen nicht bereut. »Es hat mich viel Zeit, Mühe und Geld gekostet«, schrieb er an den Kanzler von Müller, »dafür habe ich auch etwas dabei gelernt und mir eine Anschauung der Natur erworben, die ich um keinen Preis umtauschen möchte.«[155] Goethes Beziehungen zum Bergbau und die der hier genannten Romantiker unterscheiden sich beträchtlich und grundsätzlich.

Auch Alexander von Humboldt (1769–1859) und besonders der Reichsfreiherr Heinrich Friedrich Karl vom und zum Stein (1757–1831) sind hier zu nennen. Im Zusammenhang mit Steins Werdegang tritt unter anderem auch der preußische König Friedrich der Große in das Blickfeld dieser Betrachtungen. Friedrichs Verhältnis zum Bergbau und seine Einordnung der Bodenschätze in den Rahmen der Geschichte und Politik hatten nicht zuletzt bereits seine Schlesischen Kriege bezeugt.

Im Jahre 1780 hatte der Minister des Berg- und Hüttendepartements, Karl Arnold Freiherr von Heinitz, ein entfernter Verwandter des Reichsfreiherrn vom Stein, bei Friedrich dem Großen um die Bestallung des in Nassau an der Lahn geborenen Stein zum Bergrat ersucht. Doch der König war wegen der noch fehlenden Fachkenntnisse des jungen Bergmannes nicht dazu bereit und ließ den Bittsteller folgendes wissen:

»Sehr gut, aber wenn Er das will, so muß Er die Bergwerks Sachen aus dem Grunde lernen, soll nur sehen, was H. v. Heinitz alles weiß, und muß Er also wissen, daß man das alles recht gründlich verstehen

muß, wenn man in den Sachen mit Nutzen was machen will, denn wenn man das nicht recht gründlich lernet, so ist es nichts. Er müßte also das hübsch tun ...«[156]
Der junge Adelige wurde am 10. Februar 1780 Referendar im Heinitzschen Berg- und Hüttendepartement in Berlin. Zwei Jahre später sprach Heinitz, der vom Stein auf Inspektionsreisen in die Bergbaugebiete von Hessen, Sachsen, Schlesien, Polen und dem Harz mitgenommen und ihn in die Materie des Bergbaus eingeführt hatte, erneut beim König vor, diesmal allerdings mit der Bitte, Stein nicht nur zum Bergrat, sondern sogleich zum Oberbergrat zu ernennen. Der König war einverstanden. »Aber gleich Ober Berg Rath zu werden«, schrieb er, »das ist doch ein bisgen viel, was hat Er denn gethan, womit Er das verdient, und um das zu werden, muß einer sich doch ein bisgen distinguiert haben.«[157] Heinitzens Begründung des Vorschlages beseitigte die Zweifel des Monarchen. Freiherr vom Stein ging auf die Bergakademie nach Freiberg, die Heinitz 1765 gegründet hatte – und für einige Monate nach Clausthal. Am 16. Februar 1784 übernahm der siebenundzwanzigjährige Oberbergrat schließlich die Leitung des »Märkischen Bergamtes« in Wetter an der Ruhr. Der rückständige und überaus unwirtschaftlich arbeitende westfälische Bergbau war damit einem Manne unterstellt worden, der es vermochte, in einem Jahrzehnt vieler Übelstände Herr zu werden und einen wesentlichen Grundstein für die Entwicklung des Ruhrgebiets zu legen.
Eine zentrale Funktion, und dies ist in Deutschland eine Ausnahme, nahm der Bergbau im Geschichtsdenken des Schlegel-, Schelling- und Görresschülers Ernst von Lasaulx (1805–1861) ein. Er begriff die Geschichte, wie die meisten Geschichtsphilosophen der Romantik, als einen organischen Ablauf, der Entstehung und Entwicklung, Siechtum und Absterben ohne Möglichkeit zur Restauration kannte. Bei ihm, dem einstmaligen Rektor der Würzburger Universität, stand der Bergbau am Beginn des für ewig festgelegten Geschichtsablaufes, in dem das Weltganze als höchster Organismus gedacht wurde. Dem Bergbau folgten in seiner Geschichtskonzeption Viehzucht und Akkerbau, Schiffahrt und Gewerbe, die schließlich zum bürgerlichen Wohlstand führten. Erst dann sind – nach Lasaulx – die Künste in die Geschichte eingetreten, um sich zuletzt in der Philosophie zu überhöhen. Doch Lasaulx' Vorstellungen fanden nur über Jacob Burckhardts Publikationen Anhänger und Interpreten. Über Nietzsche,

Spengler, Toynbee und Ernst Niekisch, um hier nur sie zu nennen, wirken Vorstellungen und teilweise auch Einzelheiten seines Geschichtsdenkens weiter. Allerdings erscheint der Bergbau bei ihnen nicht mehr so artikuliert wie bei Lasaulx. Lediglich bei Niekisch spielt er eine entscheidende Rolle. Doch auch hier hat er nur die Funktion eines ökonomischen Faktors, der politische Macht gebiert.

Das Leben des Berg- und Hüttenmannes im 19. Jahrhundert und die Arbeiterdichtung

Im 19. Jahrhundert erlebte der Bergbau nahezu überall einen gewaltigen Aufschwung. Doch wie lebte der Bergarbeiter, der Mann unter Tage? Daß die Sozialisten infolge ihres ideologisch begründeten Engagements für die Arbeiterklasse die Zustände und Verhältnisse im Berg- und Hüttenwesen zum größten Teil negativer dargestellt hätten, als sie es wirklich gewesen seien, ist oft behauptet worden. Einwandfrei belegte Tatsachen zeigen jedoch, daß davon nur in seltenen Fällen die Rede sein kann, was an einigen exemplarischen Beispielen gezeigt werden soll. Über die Verhältnisse im englischen Kohlenbergbau war Karl Marx selbst, für den sich die »Bergwerksindustrie« von aller anderen Industrie dadurch unterschied, daß »bei ihr die Interessen von Grundbesitzern und industriellen Kapitalisten Hand in Hand«[158] gingen, gut informiert. Seine Schilderung der Situation der englischen Bergarbeiter im 1. Band des »Kapital« ist zutreffend und durch zahlreiche Quellen zu belegen. Erst nach »den schauderhaften und empörenden Enthüllungen«[159] der Untersuchungskommission von 1840, die überall Aufsehen erregten, war es zu dem »Mining Act« (Grubengesetz) von 1842 gekommen, das untersagte, Kinder unter zehn Jahren (!) und Frauen unter Tage arbeiten zu lassen. Die Kinderarbeit unter Tage hörte nicht auf. Nach dem »Mines' Inspection Act« (Grubeninspektionsgesetz) von 1860 sollten Knaben zwischen zehn und zwölf Jahren nur dann noch unter Tage arbeiten dürfen, wenn sie ein entsprechendes Zeugnis der Schule brächten oder aber nachweislich eine gewisse Anzahl von Stunden die Schule weiterhin besuchen könnten.

Aus dem »Report from the Select Committee on Mines, together with ... Evidence, 23. July 1866«, einem der Blaubücher über den Bergbau, lassen sich Einzelheiten herauslesen, die für sich selbst sprechen. Um den ungewöhnlich schlechten Zuständen abzuhelfen, wurde ein Ausschuß beauftragt, Bergleute über Einzelheiten aus der bergmännischen Arbeits- und Erlebniswelt zu befragen: Frauen- und Kinderarbeit, Arbeitszeit, technische Gegebenheiten in den Gruben, Unglücksfälle und Moral unter den Bergarbeiterinnen im Verhältnis etwa zu den Fabrikarbeiterinnen. Inspektoren wurden zur Kontrolle eingesetzt, Bergarbeiter befragt, die meistens weder lesen noch schreiben konnten, ihre Aussagen numeriert; aber alles das hat nicht dazu ausgereicht, bald eine wesentliche Besserung im englischen Bergbau herbeizuführen.

Nur zwölf Inspektoren standen 1865 für 3217 Kohlenbergwerke in Großbritannien zur Verfügung, so daß ein Grubenbesitzer aus Yorkshire am 26. Januar 1867 in der »Times« davon reden konnte, daß jede Mine wahrscheinlich nur alle zehn Jahre einmal inspiziert werden könnte, wenn keine günstigeren Zustände einträten.

Die Arbeit der Kinder ab zehn Jahren dauerte 14–15 Stunden. Sie begann zwischen 3 und 5 Uhr morgens. Die Erwachsenen arbeiteten in zwei Schichten zu acht Stunden, sobald sie zwischen dem 18. und 22. Lebensjahr mit der Arbeit, zum Beispiel als Hauer, begonnen hatten. Die jüngsten Kinder waren damit beschäftigt, die Türen in den Bergwerken zu öffnen und zu schließen. Ein Bergarbeiter erklärte: »Das Auf- und Zuschließen der Türen sieht leicht aus. Es ist ein sehr qualvolles Geschäft. Vom beständigen Zug abgesehen, ist der Junge gefangen gesetzt, ganz so wie in einer dunklen Kerkerzelle« (Nr. 141–160).

Frauen, meist Töchter oder Witwen von Bergarbeitern, wurden seit 1842 nicht mehr unter Tage beschäftigt. Sie hatten seitdem über Tage Kohlen zu sortieren, zu schleppen und zu verladen. Im 1. Band des »Kapital« zitierte Karl Marx einige Fragen und Antworten zum Problem der Frauenarbeit im englischen Bergbau:

»›Was denken die Minenarbeiter von Beschäftigung von Weibern bei Bergwerken? – Sie verdammen sie allgemein.‹ (Nr. 649) ›Warum? – Sie betrachten es erniedrigend für das Geschlecht ... Sie tragen eine Art von Mannskleidern. In vielen Fällen wird alle Scham unterdrückt. Manche Weiber rauchen. Die Arbeit ist so schmutzig, wie die

in den Gruben selbst. Darunter sind viele verheiratete Frauen, die ihre häuslichen Pflichten nicht erfüllen können.‹ (Nr. 651 ff.) (Nr. 709) ›Können die Witwen ein so einträgliches Geschäft (8–10 Schilling wöchentlich) anderswo finden? – Ich kann darüber nichts sagen.‹ (Nr. 710) ›Und dennoch ... seid Ihr entschlossen, ihnen diesen Lebensunterhalt abzuschneiden? – Sicher.‹ (Nr. 1715) ›Woher diese Stimmung? – Wir Minenarbeiter haben zu viel Respekt für das schöne Geschlecht, um es zur Kohlengrube verdammt zu sehn ... Diese Arbeit ist größenteils sehr schwer. Viele dieser Mädchen heben 10 Tonnen per Tag.‹ (Nr. 1732) ›Glaubt Ihr, daß die in den Bergwerken beschäftigten Arbeiterinnen unmoralischer sind als die in den Fabriken beschäftigten? – Der Prozentsatz der Schlechten ist größer als unter den Fabrikmädchen.‹ (Nr. 1733) ›Aber Ihr seid auch mit dem Stand der Moralität in den Fabriken nicht zufrieden? – Nein.‹ (Nr. 1734) ›Wollt Ihr denn auch die Weiberarbeit in den Fabriken verbieten? – Nein, ich will nicht.‹ (Nr. 1735) ›Warum nicht? – Sie ist für das weibliche Geschlecht ehrenvoller und passender.‹ (Nr. 1736) ›Dennoch ist sie schädlich für ihre Moralität, meint Ihr? – Nein, lange nicht so sehr als die Arbeit an der Grube. Ich spreche übrigens nicht nur aus moralischen, sondern auch aus physischen und sozialen Gründen. Die soziale Degradation der Mädchen ist jammervoll und extrem. Wenn diese Mädchen Frauen der Minenarbeiter werden, leiden die Männer tief unter dieser Degradation, und es treibt sie von Haus und zum Soff.‹ (Nr. 1737) ›Aber gelte nicht dasselbe für die bei Eisenwerken beschäftigten Weiber? – Ich kann nicht für andre Geschäftszweige sprechen.‹ (Nr. 1740) ›Aber welcher Unterschied ist denn zwischen den bei Eisenwerken und Bergwerken beschäftigten Weibern? – Ich habe mich nicht mit dieser Frage beschäftigt.‹ (Nr. 1741) ›Könnt Ihr einen Unterschied zwischen der einen oder andren Klasse entdecken? – Ich habe nichts darüber vergewissert, kenne aber durch Visite von Haus zu Haus den schmählichen Zustand der Dinge in unsrem Distrikt.‹ (Nr. 1750)«[160]
Die Bergleute beklagten sich darüber hinaus unter anderem über Unfälle durch explodierende Gase, über schlechte Wetterführung, die sie häufig »zu jeder Art von Beschäftigung unfähig« machte, über die unzulängliche Kontrolle (»Unser Inspektor ist ein ganz unfähiger, siebzigjähriger Mann, der mehr als 130 Kohlenbergwerken vorsteht«), über mangelndes Verantwortungsgefühl bei Bergwerksinge-

nieuren (»Ich bin überzeugt, daß sie in vielen Fällen sehr parteiisch handeln und daß diese Macht ihnen genommen werden sollte, wo Menschenleben auf dem Spiel stehen«), über die Nichtzulassung (außer als Zeugen) zu gerichtlichen Entscheidungen zum Beispiel bei Grubenunfällen und über den Modus der Lohnzahlung (14tägig statt 8tägig).
Von den Arbeitern wurde die Maschine, die helfen sollte, nicht freudig begrüßt. Viele Arbeiter verloren durch die Einführung der Maschinen ihre Arbeit und damit ihren Lebensunterhalt. Sie lehnten sich gegen das Fabriksystem auf und zerstörten verschiedentlich Maschinen, so daß 1812 schließlich sogar die Todesstrafe für diese Delikte eingeführt wurde.
Eine Auswahl entsprechender Daten und Aktionen ist beredt genug:

1710: Aufruhr wegen der Verwendung des Strumpfwirkerstuhls
1763 und 1767: Aufstände wegen der eingeführten Sägemühlen
1774: Zerstörung der Spinnmaschine Hargreaves
1775: Aufgebrachte Arbeiter zerstören das Haus von John Kay, der das fliegende Weberschiffchen erfunden hatte
1811: Zerstörung von Strumpfwirkmaschinen
1812: Zerstörungen von Maschinen in Nottingham
1812: Das englische Parlament beschließt die Einführung der Todesstrafe für Zerstörung von Maschinen
1829: Aufstand der Textilarbeiter in Manchester: Webstühle wurden zerstört, Fabriken niedergebrannt
1830: Aufstand in der Seidenindustrie
1837: In Glasgow erheben sich Seidenpapierarbeiter
1844: Aufstand der Leinenweber

»Es waren soeben [1826] 600 irländische Arbeiter aus den Fabriken von Manchester auf Kosten der Stadt, aus Mangel an Arbeit, nach ihrem Vaterlande zurückgebracht worden, und 12000 Arbeiter kamen zu einem Meeting zusammen, um zu revolutionieren, denn viele können, obwohl sie 16 Stunden des Tages arbeiten, wöchentlich doch nur zwei Schilling verdienen.«[161] Das schrieb der Architekt und Maler Karl Friedrich Schinkel (1781–1841) während seiner Englandreise im Jahre 1826 in sein Tagebuch. Das Fabrikwesen befand sich in einer Krise.

Dennoch erlebte England in der ersten Hälfte des 19. Jahrhunderts eine große Zeit. Ein Vorsprung in der Technik und eine entscheidende industrielle Entwicklung waren die äußeren Zeichen. Die wirtschaftliche Basis bildete die Schwerindustrie, die das Weltreich sicherte. An der Spitze der Industrie standen Bergbau und Stahlgewinnung als Grundlagen des industriellen Lebens. Das Eisen und die Steinkohle, in England zuerst in großem Umfange abgebaut, spielten die Hauptrolle und sicherten dem damals größten Warenexporteur England den industriellen Vorsprung in der Welt. Die Verbindung von Kohle und Eisen erwies sich als ein entscheidendes Bündnis im Ringen um die Weltmacht. England beherrschte den internationalen Kohlenmarkt, versorgte die Welt mit Eisen und Stahl und lieferte Maschinen in alle Länder. Im Inselreich wurden die erste Dampfmaschine, die erste Eisenbahn und das erste stählerne Schiff gebaut.

Überrundet wurde England, als andere Völker dem Bergbau und der Stahlgewinnung intensiv und mit zeitgemäßen Mitteln nachgingen. Bis 1870 war England noch führend in der Welt. Seit den achtziger Jahren des 19. Jahrhunderts verschoben sich die Proportionen. Seit 1900 nahmen die USA und Deutschland die führende Stellung in der Welt ein.

Buchstäblich unsterbliche Zeugnisse über die Situation des belgischen Bergmanns im 19. Jahrhundert verdanken wir dem großen Maler Vincent van Gogh (1853-1890), der sein Studium aufgab und 1878 als Hilfsmissionar zu den Steinkohlenbergleuten ging. In der Nähe von Mons, im südlichen Belgien, studierte er ihr Leben, fuhr mit ihnen in die Gruben ein, betete für sie und mit ihnen gemeinsam – und zerbrach an ihrem schweren Schicksal. Er sah sie in ihren armseligen Hütten, ausgezehrt »von Hunger und Leiden«, wie die Schwester des Malers berichtet, litt mit ihnen und ging für sie zugrunde. Sein Geld, seine Kleider und selbst sein Bett hatte er armen Bergleuten in dieser freiwillig auf sich genommenen Zeit geschenkt, die er als »unentgeltliche Kurse der großen Universität des Elends« bezeichnete. Er hungerte für die Menschen, die er bemitleidete und liebte, lebte tagelang allein nur von Kaffee, fror und zerbrach schließlich. Ein großes Grubenunglück im Borinage erschütterte ihn so sehr, daß er, der Missionar, selbst an Gott zu zweifeln begann. Als sein Vater ihn zurückholte, fand er ihn in einer armseligen Hütte. Einen Strohsack als Bett und eine Jacke als Decke besaß Vincent van Gogh, mehr nicht. Er

war am Ende. Selbst als er sich in einem Anfall geistiger Umnachtung zehn Jahre später, längst in einer anderen Umwelt, das Leben nahm, standen die Motive seiner so unwahrscheinlich eindrucksvollen, mitfühlenden Bilder noch vor ihm, die schlecht ernährten, früh verbrauchten und gebrochenen Bergleute: »Das Elend hört nimmer auf. Ich wünschte, nun könnte ich heimgehen.«
Es trifft jedoch nicht zu, daß van Gogh bei den Steinkohlenbergleuten im Borinage nur das Leid, die Not und die traurige Häßlichkeit suchen und als Stigma der menschlichen »Geworfenheit« künstlerisch übersetzen wollte, wie immer wieder behauptet wird. Nicht selten hat er jene Bergbaulandschaft mit ihren Schornsteinen, Halden und Eisenkonstruktionen als »eigenartiges und malerisches Land« bezeichnet und mit Kunstwerken alter Meister verglichen, mit Rembrandt beispielsweise und Pieter Brueghel. Aber Bergarbeitern, die so leben konnten, wie er es ihnen gewünscht hat, scheint er dort nicht begegnet zu sein.
Über den Bergmann in Frankreich berichtet ebenfalls ein Unsterblicher: Emile Zola (1840–1902) in seinem Bergarbeiter-Roman »Germinal«, der nach intensiven Studien in den Bergwerken Nordfrankreichs und Belgiens entstand. Zolas literarische Schilderung der Verhältnisse der Bergarbeiter stimmt mit den künstlerischen Überlieferungen van Goghs auffallend überein, aber auch mit den Radierungen und Lithographien des in Frankreich lebenden naturalisierten Schweizers Théophile Steinlen (1859–1923), dessen mit Verve gestaltete soziale Anklagen berühmt waren. »Von dem schlummernden Dorf ... bis zur Grube bewegte sich, unter den eisigen Stößen des Windes«, heißt es in Zolas Bergarbeiterroman, »eine langsame Prozession schattenhafter Gestalten: die zur Arbeit wandernden Bergleute. Sie zogen die Schultern in die Höhe und kreuzten die Arme über die Brust, indessen auf dem Rücken eines jeden der ›Ziegel‹ einen kleinen Buckel bildete. In ihren dünnen Leinwandkitteln zitterten sie vor Kälte, beeilten sich aber deshalb nicht. Schritt für Schritt trotteten sie, wie eine Herde ... auf die dunkle Grube zu.«
Doch Zola bezeugt auch den Respekt der Besitzenden vor den Bergarbeitern. In der (von Franz Masereel 1947 hervorragend illustrierten) Schilderung über die – nach Zola – seit Jahrhunderten glühenden Kohlenlager im sogenannten »Tartaret«, wo sich die »Schlepperinnen«, Frauen, die unter Tage Kohlen schleppten, »wüstesten

Rechts: Imhoff-Pokal von Hans Petzolt mit Inschrift und Bergwerksszenen, Nürnberg, 1626.

Unten: Ausschnitt aus dem Imhoff-Pokal.

Oben: Bergbau-Landschaft. Ölgemälde von Lukas van Valkenborgh.

Rechts: »Kanonengießerei« von Leonardo da Vinci.

Unten: Skizzen für »Pumpen zum Wasserheben« von Leonardo da Vinci.

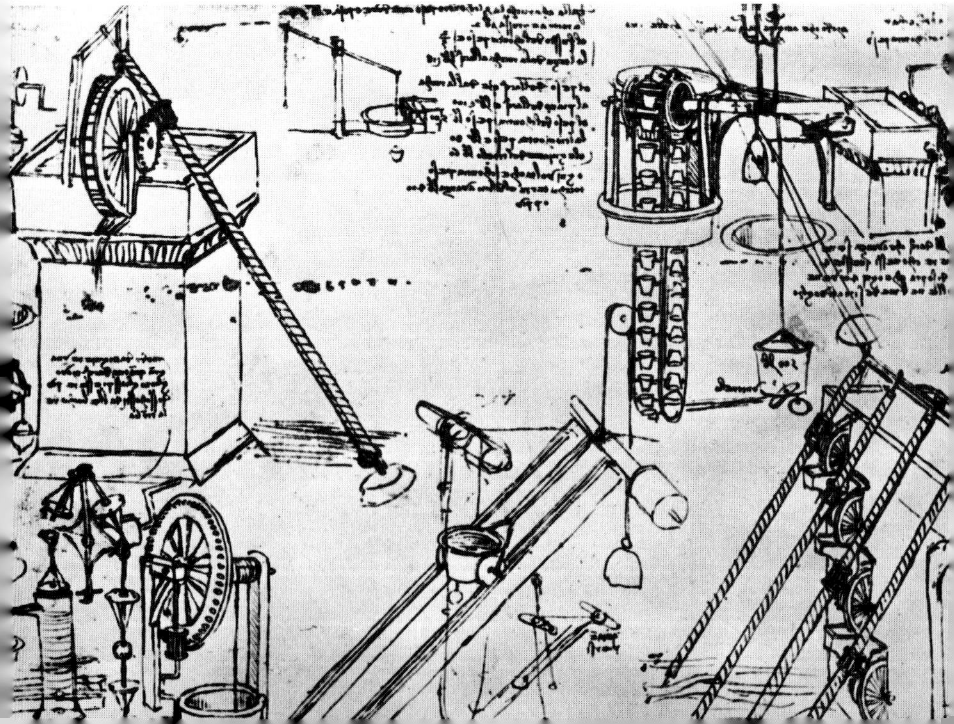

»Bodenschätze«. Grauguß-Plastik von Johann Peter Pitzen (1967).

Ausschweifungen hingegeben« hätten und dafür »allesamt noch heutigen Tages in dieser Hölle« brieten, berichtet er: »Er [Négrel] erklärte [den mit ihm in einer Kutsche reisenden Damen], wie durch Gärung des Kohlenstaubes in den Bergwerken oft Brände entstünden, die, wenn man ihrer nicht sofort Herr werde, endlos weiterflammten. Doch allmählich verstummte seine Beredsamkeit, denn seit einer Weile kreuzten, immer häufiger werdend, Trupps von Bergarbeitern den Weg der Kutsche. Stumm gingen sie vorüber und warfen dem Luxus, der sie auszuweichen zwang, feindselige Blicke zu. Immer größer wurde ihre Zahl, und die kleine Brücke über die Scarpe mußte von den Pferden im Schritt passiert werden. Was ging denn vor, daß plötzlich so viel Volks unterwegs war? Die Damen wurden ängstlich. Négrel begann arge Dinge zu wittern. Und alle atmeten erleichtert auf, als sie endlich in Marchiennes anlangten, wo in gewohnter Weise die Batterien der Hochöfen ihre schwarzen Rauchwolken gen Himmel spien.«[162]

Auf dem Wege über »Germinal« wurden die französischen Bergleute von bedeutenden Künstlern verewigt, in jüngerer Zeit u.a. auch von Franz Masereel. Käthe Kollwitz (1867–1945) begann bereits 1893 nach einem Besuch bei Steinlen in Paris damit; aber sie schuf nur eine Radierung für Zolas Roman über die Bergarbeiter und wandte sich dann Gerhart Hauptmanns »Webern« zu.

In Deutschland, wo man im 19. Jahrhundert nach Schopenhauer und Burckhardt darum bemüht war, »Genies zu produzieren«, wurde die Vorstellungswelt auf philologische, literarische und ästhetische Problemstellungen eingeengt. Entsprechend war die Einstellung der deutschen Bourgeoisie zur Technik und praktischen Wissenschaft. Während die Industrialisierung in England das Werk eines freien Unternehmertums gewesen ist, mußte in Deutschland der Staat bei der Schaffung und Entwicklung der (nationalen) Industrie mitwirken. Nur zögernd und schleppend setzten sich Neuerungen in der Industrie durch. Noch langsamer vollzog sich der Wandel des Bewußtseins innerhalb der deutschen Bildungsschicht. In einem Dialog versuchte (1882) ein erfahrener Fachmann, der Dichter und Ingenieur Max Maria von Weber (Sohn Carl Maria von Webers), die Situation wie folgt darzustellen:

Graf C: »Lieber Baron, ich gratuliere Ihnen zu Ihrem Sohne! Er ist

ein ganz scharmanter junger Mann. Ich bin erstaunt gewesen über die Menge von guten Kenntnissen in Literatur, Kunst und Wissenschaft, die er prätensionslos mit freiem Takt in der Konversation erkennen ließ. Durchaus comme il faut erzogen. Was denken Sie aus ihm zu machen?«
Baron E: »Er soll Techniker werden, Graf C., und demnächst die Gewerbe-Akademie zu B. beziehen.«
Graf C: »Sie scherzen! Mit Ihrem uralten Namen, Ihren Konnexionen in den besten Kreisen! Dieser elegante junge Mann, geschaffen für diplomatische oder militärische Karriere – eine Art höherer Ouvrier! – Verzeihen Sie, wenn ich lache.«[163]

In der zweiten Hälfte des 19. Jahrhunderts veränderte die Elektrizität die Arbeitswelt des Menschen. Werner von Siemens (1816–1892) erfand den elektrischen Zeigertelegraphen mit Selbstunterbrechung, konstruierte (1866) die erste Dynamomaschine und leitete die Entwicklung von Straßenbahnen, elektrischen Fernbahnen und Motoren ein.[164] Der Elektromotor verhalf dem kleinen Unternehmer und Handwerker dazu, konkurrenzfähig zu werden und sich im Rahmen der Gesellschaft als Mittelstand zu etablieren.

Über den Bergarbeiter im 19. Jahrhundert in Deutschland heißt es in der »Allgemeinen deutschen Realenzyklopädie für die gebildeten Stände« aus dem Jahre 1864: »Das Volk der Bergleute, wie es sich in Deutschland darstellt, ist gewöhnlich arm, aber arbeitsam und ernst.« Das ist zunächst nur ein summarisches Urteil. Von berufenen Zeugen wird es jedoch als treffend bestätigt. Wiederum ist einer von ihnen der Bergmannsdichter Heinrich Kämpchen. In seinem Gedicht »Lohntag« schildert er die Situation der Bergleute in Deutschland zur Zeit der Jahrhundertwende auf eindrucksvolle Weise.

Lohntag

Der Lohntag ist gekommen,
die Bergarbeiterfrau,
das Jüngste auf dem Schoße,
hält Löhnungsüberschau.

Das ist für Pacht und Steuern,
und das für Brand und Licht,

für Brot das und Kartoffeln,
und – weiter kommt sie nicht.
Die Rechnung ist zu Ende?
Die Rechnung nicht, das Geld.
Dem Weibe aus den Händen
vor Schreck das Lohnbuch fällt.
Wo soll sie Fleisch hernehmen
und Milch und Oel und Schmalz?
Fehlt doch der Groschen selber
für eine Tüte Salz.

Und Borgen? – Oh, wie gerne!
doch das ist schon besorgt –
Der Händler gibt nichts weiter,
sie hat sich ausgeborgt.

Was nun? Sie weiß es nimmer
in ihrer großen Not.
Der Lohntag ist gekommen –
am liebsten wär' sie tot.

Für den Mann unter Tage ist das 19. Jahrhundert auch nach Kämpchen kein glückliches und zufriedenes Jahrhundert gewesen. Wo ein dichtender Arbeiter den Tod als Erlösung aus sozialer Not ansehen zu müssen meint, dürfte er kaum erstrebenswerte Voraussetzungen vorgefunden haben.

Die alte Rechtsordnung aus dem 18. Jahrhundert (die »Revidierte Bergordnung für das Herzogtum Cleve, das Fürstentum Meurs und die Grafschaft Mark«[165] vom 29. April 1766) hemmte die Entwicklung im Bergbau des Ruhrgebiets. Das Oberbergamt Dortmund mit seinen Bergämtern in Bochum und Essen bestimmte unter anderem Förder- und Absatzmengen, entwarf Betriebspläne und überprüfte das Rechnungswesen. Die staatliche Bergbehörde übte nach dem Direktionsprinzip nicht nur die bergpolizeiliche Aufsicht aus, sondern leitete auch die privaten Bergwerksbetriebe, setzte den Grubenhaushalt fest, stellte Bergarbeiter und Angestellte ein und entließ sie und bestimmte die Höhe der Gehälter, Gedinge, Schichtlöhne und Kohlenpreise. Die Rechte und Pflichten der Gewerken (Bergwerkseigentümer) beschränkten sich im wesentlichen auf die Zahlung der ausgeschriebenen Zubuße und gegebenenfalls auf die Feststellung der Ausbeute. Erst das Allgemeine Preußische Berggesetz für den Preußischen Staat vom 24. Juni 1865,[166] das am 1. Oktober 1865 in Kraft trat, änderte die Situation im ganzen Ruhrrevier, gab ihm eine Rechtseinheit und verwirklichte den Gedanken der Bergbaufreiheit durch die Ersetzung des Bergregals durch den Begriff der »Berghoheit«. Die staatliche Überwachung beschränkte sich seitdem im wesentlichen auf die bergpolizeiliche Aufsicht, auf das Berechtsamswesen und auf die soziale Gesetzgebung.

Von den Gründerjahren mit 857 neuen Gesellschaften und dem bald folgenden Bankrott zahlreicher Unternehmen blieb auch der Bergbau nicht unberührt. Während 1872 eine Tonne Kohle 16,60 Mark gekostet hatte, brachte sie 1879 nur noch 5,80 Mark. Erst um 1880 stiegen die Preise wieder. Der Freihandel hatte sich durchgesetzt. Der Kohlenpreis blieb beständig – und damit das ganze wirtschaftliche Leben. Doch die Spannungen zwischen Reichen und Armen wuchsen im Ruhrgebiet. Viele Bauern verkauften Ländereien an Berggewerkschaften und zogen in die Städte, besonders nach Essen, wo sie zum Teil teure Häuser erwarben und die Bergarbeiter als »geringes Volk« betrachteten.

Im Jahre 1868, drei Jahre nach dem Erlaß des Allgemeinen Preußischen Berggesetzes, schlossen sich Berg- und Hüttenleute auf dem Allgemeinen Deutschen Arbeiterkongreß in Berlin zur »Allgemeinen Genossenschaft der Berg-, Hütten- und Salinenarbeiter« zusammen. Die erste gewerkschaftsähnliche Organisation im Bergbau war damit ins Leben gerufen. 1869 gründete Dr. Hirsch in Waldenburg (Niederschlesien) den »Gewerkverein der deutschen Bergarbeiter«, aus dem später der »Hirsch-Dunkersche Gewerkverein« als politisch neutrale Gemeinschaftsorganisation hervorging. 1872 konstituierte sich der »Rheinisch-Westfälische Grubenarbeiterverband«, der jedoch keine besondere Bedeutung erlangte. 1878 entstand der »Verband der rheinisch-westfälischen Bergleute«. Durch Bismarcks Sozialistengesetzgebung wurden die gewerkschaftlichen Verbände jedoch wieder aufgelöst.

Der große Bergarbeiterstreik[167] von 1889, der die wirtschaftlichen und politischen Verhältnisse im Reich erschütterte und nachdrücklich auf die Bedeutung des Bergbaus aufmerksam machte, hatte zur Folge, daß noch im selben Jahr der »Verband deutscher Berg- und Hüttenarbeiter« gegründet wurde, der sich als sogenannter »Alter Verband« (und größte Bergarbeitergewerkschaft) an die Sozialdemokratische Partei anlehnte. Daraufhin schlossen sich die in den katholischen und evangelischen Gesellenvereinen organisierten christlichen Bergarbeiter im Jahre 1894 zum »Gewerkverein christlicher Bergarbeiter« in Essen zusammen. 1933 wurden sie sämtlich aufgelöst.

Infolge der Erfahrungen von 1889 gründeten 1890 die Zechenleitungen des Oberbergamtsbezirks Dortmund einen »Ausstands-Versicherungsverband«, der nach der Erweiterung seiner Satzungen (am 22. Januar 1908) in den »Zechenverband« überging und sich als »Arbeitgeberverband« in erster Linie sozialpolitischen Aufgaben widmete.

In der bergmännischen Dichtung ist die Anklage jedoch nicht so rasch zur Ruhe gekommen. Die Bergarbeiter waren sich ihrer Bedeutung bewußt geworden. Sie baten und bettelten nicht, sondern forderten. Ein namhafter Exponent, Kurt Kläber (1897–1959), der den Beruf des Schlossers und Mechanikers erlernt hatte, der durch Frankreich, Italien und Rumänien wanderte, Schiffer und Hochofenarbeiter war, bevor er sich im Ruhrgebiet als Bergarbeiter niederließ, hat die Arbeits- und Erlebniswelt des Bergbaus durch die Neuordnung der Verhältnisse zwar nicht mehr wie der ältere Kämpchen erlebt; aber seine Verse drücken dennoch jene Tendenzen aus, die aus der Zeit vor 1890 resultieren. Kläbers »Gesang der Bergleute«, der im Jahre 1919 in dem Gedichtband »Neue Saat« erschien, lange bevor der Dichter seinen Lebensunterhalt als Zeitungsreporter und Mitarbeiter an Volkshochschulen bestritt, trägt nicht mehr die tiefe Resignation, die Kämpchens »Lohntag« bestimmt hatte. Im Gegenteil! Kurt Kläber stellt fest, fordert – und droht: »Wir steigen aus den Schächten, wir steigen aus der Not« – und dann: »Laßt alle Tore offen, sonst werden wir Gewalt.« Nicht mehr namenlos sollte der Mann unter Tage sein, nicht mehr vom Gewinn ausgeschlossen werden, den die Erde für jedermann bereit hielte. Den Frieden wollte er – und die Sonne sehen.

Gesang der Bergleute

Wir steigen aus den Schächten,
wir steigen aus der Not.
Wir steigen aus den Nächten,
aus Leben und aus Tod.

Wir sind der Erde Samen.
Wir sind der Erde Gut.
Sind Menschen ohne Namen
und doch der Menschheit Blut.
Sind Erde, Mensch und Scholle
und opferten uns hin.
Doch wieder Segen rolle,
wir trugen nie Gewinn.
Die Erde ist erschaffen,
daß jeder Segen schaut,
und nicht, daß sie erraffen,
nur ernten, was gebaut.
Wir sind der Tiefe müde,
wir sind des Opfers leid,
auch wir, wir wollen Friede
und eine beßre Zeit.
Wir wollen nicht als Müher
nur in die Erde gehn.
Wir wollen froh wie früher
auch Tag und Sonne sehn.
Wir bitten nicht und hoffen,
wir sind dazu zu alt.
Laßt alle Tore offen,
sonst werden wir Gewalt.

Bruno Schönlanks (1891–1965) Dichtung entzündet sich weniger an der sozialen und wirtschaftlichen Situation der Bergarbeiter als an der Gefahr, die sie unter Tage umgibt. Er sucht die Reflexion der Gefahr im Kreis der Familienangehörigen, die sorgend davon wissen. Sein Gedicht »Bergarbeiterfrau«, das in die 1929 veröffentlichte Kantate »Das Bergwerk« aufgenommen wurde, bietet sich als ein typisches Beispiel für die irrige Vorstellung an, die unter Nichtbergleuten auch heute noch weit verbreitet ist.

Bergarbeiterfrau

Da schläft er nun den tiefen grauen Schlaf,
hat kaum gegessen, ist schon hingesunken.
Wie gut, daß tückisches Gestein nicht traf.
Kein schlagend Wetter sprang aus Eisenfunken.

Gib, Schlaf, ihm wieder neue Lebenskraft.
Wie ist mir heute bang um euch, ihr Jungen.
Ich seh' euch tief in eurer Grubennacht,
ich höre kochen eure armen Lungen.

Ticke tacke, ticke tacke
geht die alte Wanduhr.
Immer sieht sie Kumpels munter.
Stieg der Vater auf zum Licht,
steigen Söhne tief hinunter
zu der andern Schicht.

Ticke tacke, ticke tacke
geht die alte Wanduhr,
sieht die Mutter stets in Sorgen:
Kam der Mann zu ihr zurück,
bangt sie bis zum andern Morgen
um der Söhne Glück.

Die von dem Berliner Redakteurssohn Schönlank dichterisch besungene Angst der Bergmannsfrau als Grundmotiv läßt sich in den Dichtungen und Schriften zünftiger Bergmannsdichter nicht – oder nur sehr selten – finden. Die Bergleute fürchten und ängstigen sich nicht in der Weise, wie es von vielen Nichtbergleuten vermutet und von Dichtern meist eindrucksvoll behauptet wird. Schönlank, der Autor erfolgreicher Sprechchöre und Kantaten, ist berufsfremd. Nach dem Besuch des Gymnasiums und der Landwirtschaftsschule war er für kurze Zeit Landwirt geworden. Als Fabrikarbeiter, Hausbursche und Buchhändler zog er schließlich durch Deutschland, um – nach seinen eigenen Worten – das »Hohelied der Arbeit«, das »gewalt'ge Orgelspiel der Zeit« auf sich wirken zu lassen.
Der Bergmannssohn Otto Wohlgemuth (1884–1965), sieben Jahre älter als Schönlank, arbeitete dagegen jahrzehntelang als Bergmann unter Tage, als Pferdejunge und Bremser, Bergeversetzer und Schlepper, Lehrhauer und Vollhauer, Zimmermann und Feuermann. Jahrzehntelang war er – nicht nur den Bergleuten – als dichtender und malender Bergmann bekannt. Viele Bergleute eiferten ihm nach. Mehr als 100 versuchen sich darin – allein im Ruhrgebiet. Wohlgemuth, dem Senior aus dem rheinisch-westfälischen Dichterkreis »Werkleute auf Haus Nyland«, dem unter anderem Karl Bröger, Max Barthel, Alfons Petzold und Gerrit Engelke angehörten, fehlt das sozialkritische Pathos von Kämpchen und Kläber. Seine Gedichte wollen etwas anderes sagen. Die alten Probleme werden kaum noch berührt.
Die Bergleute sind heute weithin zufrieden, ihre von den Unternehmen gehätschelten Dichter auch. Der Bergarbeiter in Deutschland

besitzt sein Haus und seinen Garten, züchtet seine Tauben und fährt im eigenen Auto zur Zeche oder Hütte, deren soziale Leistungen meistens vorbildlich sind. Dennoch darf der Titel von Wohlgemuths Gedicht »Kameraden, gute Nacht« nicht etwa als dichterisch bekundeter Abschied vom ursprünglichen Motiv der alten Arbeiterdichtung aufgefaßt werden.

Kameraden, gute Nacht

Schwer zu Ende ging die Schicht.
Steil hinan im Schachtgebrause
fuhr zu Tag das letzte Licht,
und nun gehen wir nach Hause.
Schwer zu Ende ging die Schicht.

Müde sind nun Herz und Hand
vom Geschurf, vom Hackenschlage.
Dunkel ruht das Kohlenland.
Wir sind wieder über Tage.
Müde sind nun Herz und Hand.

Was getan ist, ist getan.
Tief im Herzen muß im Stillen
unseres Lebens Sinn und Bahn
treu im Werke sich erfüllen.
Was getan ist, ist getan.

Kameraden, gute Nacht.
Kommt, wir wollen heimwärts gehen.
Sterne stehen auf der Wacht,
und die kühlen Winde wehen.
Kameraden, gute Nacht.

Morgen kommt ein neuer Tag,
und die Sonne scheint uns wieder.
Werk und Werden folgt uns nach,
und es ruft uns: Brüder, Brüder,
morgen kommt ein neuer Tag.

Allerdings sind Wohlgemuth auch andere Verse und Gedichte notwendig erschienen.
Das im folgenden zitierte »Abendlied in der Zechenkolonie« gehört zu ihnen:

Dies ist die Zeit der Trauer,
das Schicksal ruht und ruht.

Im Finstern sickert Schweigen,
und aus den Schächten steigen
die Sorgen, tief verflucht.
Versunkne ferne Freuden,
wir wissen nichts als Leid.
Wir fühlen bang Erschauern
und ducken uns und trauern
und altern vor der Zeit.

Still, Weib, nur still, nicht weinen,
wir ahnen's selber kaum.
Leis' Flüsterwort und Tränen,
die müden Seelen sehnen
sich tief nach Schlaf und Traum.

Wir wollen schlafen, schlafen,
vorbei ist bald die Nacht.
Gram singt den Kindern Lieder,
die Lampen schwelen nieder,
die Uhren ticken sacht.

Hier fehlt jedoch die Konsequenz. Was sind beispielsweise die »versunknen fernen Freuden«, die dem »Leid« des heutigen Bergmanns vorausgegangen sein sollen? Die »gute alte Zeit«? Wo hat der körperlich arbeitende Mann unter Tage sie jemals erlebt? So gut wie heute ist es ihm noch niemals gegangen. Die Tatsache, daß in jüngster Zeit zahlreiche Zechen infolge des Strukturwandels im Rahmen der Nutzung der Bodenschätze (Erdöl und Erdgas) stillgelegt werden mußten, kann einen Einfluß auf dieses Urteil nicht haben.
Dem sächsischen Bergmann des 19. Jahrhunderts mag die Not und das Leid seiner Kollegen in England, Belgien und Frankreich nicht bekannt gewesen sein. Aber waren sie auch dem Mann unter Tage zwischen Rhein und Ruhr so fremd? Nicht wenige Bergarbeiter verließen Deutschland, um gerade in England, Frankreich und Belgien in den Gruben zu arbeiten. Einer von ihnen war der aus Westpreußen stammende Lehrersohn Paul Zech (1881–1946), der in Bonn, Heidelberg und Zürich studierte, bevor er selber als Bergmann einfuhr und zu einem der Großen der deutschen Arbeiterdichter wurde.

Ich kroch selber hinein, wo es von Rädern sauste, und schwitzte gebückt in der höllischen Nacht«, schrieb er über seine Eindrücke »zwischen Rhein und Ruhr«, »tausend Meter unter den Wiesen, Dörfern und Städten. Die Begierde, das ganze Elend unterer Menschenschichten zu erfahren, trieb mich noch weiter von Fabrikland zu Fabrikland –: Belgien, Nordfrankreich, England. Das war zehn Jahre später. Und die Armeleute blieben Armeleute überall. Und die Erlösung lag im Spannen der Bruderkette von Pol zu Pol. Dafür litt und stritt ich ...

Nicht immer war Arbeiterdichtung nur Dichtung von Handarbeitern. Nicht die soziale Herkunft entschied, sondern das Motiv, das die meditative Schöpfung anregte und förderte. Ferdinand Freiligrath, Adelbert von Chamisso und Heinrich Seidel sahen im Arbeiter und seiner Erlebniswelt das Motiv zur dichterischen Gestaltung. Ihnen reichten Naturalisten und Expressionisten die Hand. Gerhart Hauptmann, Bert Brecht, Johannes R. Becher und Heinrich Mann befanden sich unter ihnen.

Arbeiter waren Heinrich Lersch, Karl Bröger, Heinrich Kämpchen, Kurt Kläber, Max Barthels, Paul Zech, Gerrit Engelke, Alfons Petzold und Otto Wohlgemuth, um hier nur sie zu nennen.

Den Weg hatten ihnen unter anderem Gellert, Henckel und Gustav Herwegh mit einer Dichtung bereitet, die das Stigma des Mißverstandenen trug.

Die Arbeiterdichter – besonders die dichtenden Arbeiter – sind von den saturierten bürgerlichen Literaten, die den politischen und sozialen Problemen gern auswichen, nur zu gern gönnerhaft und herablassend bewertet oder gar ignoriert worden. Dennoch erschrak man nicht selten vor den oft unbeholfenen, aber eindringlichen Verskaskaden dieser Männer, deren Arbeits- und Erlebniswelt die anderen Dichter, die der Politik und »niederen« Arbeitswelt sehr oft fremd gegenüberstanden, nicht oder nur selten wirklich kannten.

Seit dem Beginn eines allgemeinen Wohlstandes und der geistigen Verkümmerung inmitten des überreichen Komforts ist nicht selten wieder nach der Existenz einer spezifischen »Arbeiterkultur« Ausschau gehalten worden. Als Antwort auf die Frage, ob es sie noch gäbe, stand meist die journalistische Wendung »Die Arbeiterdichtung ist tot«.

In der Welt des Bergbaus spielt die Arbeiterdichtung, die zwischen 1918 und 1933 ihre größte Zeit erlebte, jedoch noch eine bemerkenswerte Rolle. Die Bergleute dichten und fabulieren auch heute noch so gern wie einst. Rund 100 Bergmannsdichter allein im Ruhrgebiet sind Beweis genug dafür. Die Medien sind geblieben, das Motiv auch. Verschwunden dagegen sind viele Punkte der alten aufrüttelnden Anklage aus der Welt des Bergmanns. Diesen Wandel spiegelt seine Dichtung wider. Dem Probenehmer für Koks und Kohlen Willy Bartock (1915) erscheint der Bergmann heute wie Herakles:

> Die Kraft, die Brücken schlug und jede Ferne
> mit Zügen und mit Schiffen überwand –
> ja selbst der Traum vom Flug ins Reich der Sterne
> ward Wirklichkeit durch unsre Schwielenhand.

Bartock, einer der profiliertesten dichtenden Bergarbeiter der Gegenwart, ist weit entfernt von seinen großen Vorbildern der Romantik:

> Uns lockt die Tiefe nicht als Abenteuer –
> uns zwingt ein heilig-ernstes Pflichtgebot!
> Wir graben aus dem Dunkel Licht und Feuer
> und Wunderkräfte gegen jede Not...

Der heutige Bergmann erscheint in dieser Dichtung sehr selbstbewußt: »Dann sprachen wir das urgewaltge ›Werde‹, / das Eisen schmiedete und Schienen schuf.«[167] Es gibt nichts, das seinen »Stolz verkleint«, wie Bartock es in seinem Gedicht »Wir« für den modernen Bergmann formuliert. Der heutige Bergmannsdichter sieht die »Armeleute« nicht mehr wie Kläber, Kämpchen und Zech, wie Marx, van Gogh und Zola. Jene Motive regen sein dichterisches Schaffen nicht mehr an. »Drückt das Gebirge, trage die Last!«, sagt der aus Ostpreußen stammende Hauer Emil Smirnow,

> Stemm dich entgegen,
> brichst du auch fast.
> Splittert dein Nacken,
> brich nur nicht ganz!
> Sonntag ist morgen – morgen ist Tanz![168]

Das Holz in der Grube soll die Last tragen, nicht der Mann vor Ort, der am nächsten Tage zum Tanz gehen will und auf die Zimmerung zu vertrauen scheint. Nicht Gott ruft er an, und auch nicht St. Barbara. Er weiß sie auch so in seiner Nähe unter Tage.
Die zeitgenössische bergmännische Dichtung spricht von der gewaltigen Macht des Bergbaus und von der Pflichterfüllung (Bartock)

und fordert Frieden, Eintracht, Liebe und Gottvertrauen (Herbert Gründler, Heinz Kosters) von den Menschen:

> Alle Wege, die du gehst,
> werden in den Frieden münden,
> welchen Gottes Priester künden
> und den du erflehst.[169]

Die zeitgenössische Arbeiterdichtung oder »Industriedichtung« greift nach wie vor Motive aus der bergmännischen Sagenwelt auf und erzählt von schlafenden Bergarbeitern, denen der gute Berggeist alle Arbeit tat (Wilhelm Haniß); aber es fehlen auch Hymnen auf die von Schwielen gezierte »Arbeitshand« (Walter Lauber) nicht, die kein Ring schmückt und kein Geschmeide. Unter den älteren Bergleuten schwingt zuweilen noch ein altes – und im Bergbau traditionsreiches – Pathos mit: »Auf, auf, deutsche Männer! Das Fäustel zur Hand!« (Bernhard Roos).
Arbeiterdichtung im klassischen Sinne war eine Dichtung, die entscheidende Impulse aus der Verelendung des Proletariats empfing.[170] Das sind die literarisch formulierten Verse der Bergmannsdichter nicht mehr. Inmitten der modernen Industriegesellschaft aber zeugt die Existenz einer spezifischen bergmännischen Dichtung von dem besonderen Platz, den der Bergbau und das Hüttenwesen einnehmen.

»Spottet soviel ihr wollt, allein unsere Berggeister werdet ihr der Erfahrung doch nicht wegvernünfteln«, schrieb Georg Agricola und drückte aus, was in der Volksphantasie nicht nur des 16. Jahrhunderts einen breiten Raum einnahm. Noch Goethes Freund Johann Caspar Lavater war überzeugt, daß es Berggeister gäbe, die Goethe in seinem »Faust« als »Gnomen« erscheinen und sagen ließ:

> Die hohen Berge schröpfen wir,
> Aus vollen Adern schöpfen wir;
> Metalle stürzen wir zu Hauf,
> Mit Gruß getrost: ›Glück auf! Glück auf!‹
> Das ist von Grund aus wohlgemeint:
> Wir sind der guten Menschen Freund.

Die Nachgeborenen indes glauben nicht mehr an solche Fabelwesen, die nicht zuletzt auch bei den Gebrüdern Grimm durch die Märchen geistern, und sie wissen auch, daß Alraunen keine Springwurzeln sind, die das Innere der Gebirge zu öffnen und deren Schätze freizulegen vermögen. Die Welt ist dank der Gewinnung und Nutzung der Bodenschätze anders geworden, ob insgesamt allerdings erfreulicher, ist eine andere Frage. Seit rund 200 Jahren hat sich beispielsweise die Anzahl der Naturwissenschaftler, die jene phantasievollen Bilder »wegvernünftelt« haben, ungefähr alle zehn Jahre verdoppelt, so daß gegenwärtig mehr als 90% der Naturwissenschaftler aller Zeiten leben. Der Anteil des Berg- und Hüttenmannes an dieser Entwicklung ist nicht schwer zu erkennen. Allein in der Zeit von 1942 bis 1962 ist mehr Stahl produziert worden als in der ganzen Zeit bis 1942 überhaupt. Durch die Entfaltung der nach wie vor mit der Gewinnung der Bodenschätze verknüpften Technik ist die Bevölkerungszahl proportional gewachsen. So verdoppelte sie sich zwischen 1800 und 1940 in den romanischen Ländern. Im germanischen Kulturkreis, wo der Bergbau, das Hüttenwesen und die Technik zu der Zeit eine intensivere Rolle als dort spielten, hat sie sich im gleichen Zeitraum verdreifacht und in den slawischen Staaten trotz der dort weniger entwickelten Technik sogar vervierfacht. Die Jahrhundertwende hatte die Entwicklung mit Erfindungen eingeläutet, deren Nutzung bald nicht nur segensreiche Ergebnisse, sondern auch Flüche und Anklagen initiierte. Im Jahre 1799 hatte Murdock die rotierende Dampfmaschine, 1807 W. Champman in Newcastle eine Maschine zum Beladen von Schiffen mit Kohlen und der Amerikaner Robert Fulton das erste tatsächlich brauchbare Dampfschiff mit Kohlenheizung erfunden. 1803 war die erste Schienendampfmaschine eingesetzt worden, was sich so revolutionierend auf die Geschichte des Bergbaus und des Hüttenwesens auswirkte, daß seit 1817 mit der Systematisierung im Bergbau begonnen wurde.

Daß aus dieser Entwicklung schließlich auch Probleme eigener Art resultieren, die die Gegenwart und Zukunft der Menschheit durch die Zerstörung der Umwelt und durch das Wettrüsten mit nuklearen Waffen gefährden, ist die andere Seite der Medaille. Wir bangen heute um die Zukunft der Menschheit, die nach einer Befürchtung des Tiefseeforschers Jacques Piccard nicht einmal mit Sicherheit mehr das nächste Jahrhundert überleben werde. Diese »Finsternis« vermag der Mensch zu bannen. Die Geschichte zeigt, daß er Schaden nicht zu erleiden braucht, weil er die Bodenschätze aufspürt, gewinnt und nutzt. Er muß allerdings sinnvoll ordnend planen und entsprechend handeln. Niemals hing davon so viel ab wie heute. Die Kontrolle über die Mittel und Möglichkeiten, die er sich im Laufe der letzten Jahrtausende als der »sinnvoll wirkende Schmied« geschaffen hat, kann in dieser Phase seiner Geschichte rasch verlorengehen. Da mit den menschlichen Fertigkeiten und Kenntnissen ständig zugleich auch die Gefahren gewachsen sind, die der Mensch selbst heraufbeschwor, ohne daß er sich der zunehmenden Verantwortung allerdings immer bewußt war, steht er heute vor einer völlig neuen Situation. Weiser ist er in den Jahrtausenden nicht geworden, die er unter Verwendung der Bodenschätze entscheidend – zugleich mit sich selbst – geformt hat. Im Gegenteil! Während die Griechen in der Antike einige Erfindungen und Entdeckungen ungenutzt ließen, weil sie überzeugt waren, daß sie diese Ergebnisse ihres Verstandes nicht mehr in der Hand behalten könnten und mit solchen »Errungenschaften« möglicherweise die dem Menschen von den Gottheiten gezogenen Grenzen überschreiten würden, fehlt heute eine solche Bindung weithin. Künftig wird der Mensch manches aus dem gegenwärtigen Profitstreben ausklammern, vieles gewissenhafter, vorausschauender und vernünftiger planen, anders motiviert anlegen, verwalten und auswerten müssen, wenn er nicht will, daß eines Tages die totale Finsternis über die Erde kommt, die er – nicht nur nach der Genesis – zu »bebauen« und zu »bewahren« hat.

Bibliographie:

Sämtliche Quellen und Publikationen, die im Rahmen des Textes ausgewertet oder genannt werden, sind in den jeweiligen Anmerkungen detailliert angeführt. An dieser Stelle werden – hauptsächlich für den nicht vornehmlich wissenschaftlich interessierten Leser – nur einige der wichtigsten (thematisch bestimmten) Bücher, Schriften, Aufsätze und Dokumente in alphabetischer Reihenfolge angeführt. Beim jeweils erstmaligen Hinweis in den Fußnoten ist stets der ganze Titel genannt; in den Hinweisen auf bereits zitierte Quellen und Publikationen ist (neben der Seitenangabe im Zusammenhang mit Publikationen und dem Hinweis auf Standorte usw. bei Urkunden) nur noch ein Kurztitel angegeben. Zitate, deren Kenntnis allgemein vorausgesetzt werden darf, werden im Text quellenmäßig nicht belegt. Die Titel der Zeitschriften sind (von einigen begründeten Ausnahmen abgesehen) in der allgemein üblichen Weise (abgekürzt) zitiert. Zur allgemeinen Information werden an dieser Stelle daher nur die nicht jedermann bekannten Zeitschriftentitel noch einmal »aufgeschlüsselt«. Dabei handelt es sich um das »AÖG«, das »Archiv für Österreichische Geschichte«, um die »JbNSt«, die »Jahrbücher für Nationalökonomie und Statistik«, das »NASächsG«, das »Neue Archiv für Sächsische Geschichte«, die »ZfB«, die »Zeitschrift für Bergrecht«, die »ZBHSW«, die »Zeitschrift für das Berg-, Hütten- und Salinenwesen im Preußischen Staate« (später: »im Deutschen Reich«) und die »ZGORh«, die »Zeitschrift für die Geschichte des Oberrheins«.

ABEL, W.: Wüstungen und Preisfall im spätmittelalterlichen Europa (JbNSt 165/1953).
ABEL, W.: Die Wüstungen des ausgehenden Mittelalters (Quellen und Forschungen zur Agrargeschichte, Bd. I), *Stuttgart 1955*, 2. Aufl.
ACHENBACH, H.: Die deutschen Bergleute der Vergangenheit (ZfB 12/1871).
AGRICOLA, G.: De veteribus et novis metallis, *Basilae 1546*.
AGRICOLA, G.: De re metallica libri XII, *Basilae 1556*.

AGRICOLA, G.: Bergbau und Hüttenwesen, 12 Bücher, hrsg. von der Agricola-Gesellschaft des Deutschen Museums, neubearbeitet: Carl Schiffner, Deutscher Ingenieur-Verlag in Komm. *Düsseldorf 1953*, 2. Aufl. XXXII.
ALBRIGHT, W. F.: Die Bibel im Licht der Altertumsforschung. Ein Bericht über die Arbeit eines Jahrhunderts, *Stuttgart 1957*.
ALBRIGHT, W. F.: The Excavation of Tell Beit Mirsim III, *New Haven 1943*.
ALFORD, J.: Gold Mining in Egypt (Journal of the Institute of Mining and Metallurgy, *Jahrgang 1901*). Vgl. dazu auch: A. SAYCE: Introduction to J. Alford's Gold Mining in Egypt (Transactions of the Institute of Mining and Metallurgy, *Jahrgang 1902*. Bd. 10).
ALTHEIM, F.: Weltgeschichte Asiens, *Halle 1948*.
AMMANN, H., und METZ, R.: Die Bergstadt Prinzbach im Schwarzwald (Alemannisches Jahrbuch 1956).
ANDERSSON, G.: The Goldsmith in Ancient China (Bulletin of the Museum of Far Eastern Antiquities at Stockholm, *Jahrgang 1935*).
ANDREADES, M.: Geschichte der griechischen Staatswirtschaft, *Berlin 1931*.
ANDRÉE, R.: Die Metalle bei den Naturvölkern, *Leipzig 1884*.
Antike Denkmäler, herausgegeben vom Deutschen Archäologischen Institut I–II, *Berlin 1891–1908*.
ARDAILLON, E.: Les mines du Laurion dans l'antiquité, *Paris 1897*.
ARNDT, A.: Zur Geschichte des Bergregals und der Bergbaufreiheit, *Freiburg 1916*, 2. Aufl. Vgl. dazu: Zum Neuesten vom griechischen und römischen Bergrecht (ZfB, *Jahrgang 1914*).
ARNOLD, G.: Historia Christianorum ad metalla damnatorum, *Francofurti 1696*.
BAILEY, C.: The Elder Pliny's Chemical Chapters, *London 1929 bis 1932*.
BALL, J.: Contributions to the Geography of Egypt, *Cairo 1939*.
BANGE, E. F.: Die deutschen Bronzestatuetten des 16. Jahrhunderts, *Berlin 1949*.
BARBA, A.: Arte de los metales, *Madrid 1640*, deutsche Übersetzung *Hamburg 1676*, französische Übersetzung *Paris 1730*.
BARROIS, A.: Aux mines du Sinai (Revue biblique, *Jahrgang 1930*).
BARROW, H.: Slavery in the Roman Empire, *New York 1928*.
BASTIAN, F.: Oberdeutsche Kaufleute in den älteren Tiroler. Raitbüchern (1288 bis 1370) (m. Q.). (Schriftenreihe zur bayerischen Landesgeschichte 10) *München 1931*.
BAUER, M., SCHLOSSMACHER, K.: Edelsteinkunde, *Leipzig 1932*.
BAX, K.: Der deutsche Bergmann im Wandel der Geschichte, seine Stellung in der Gegenwart und die Frage seines Berufsnachwuchses. 2. Aufl. *Berlin 1942* (Sonderdruck aus ZBHSW 88/1940).
BEADNELL, L.: The Wilderness of Sinai, *London 1927*.
BECHTEL, H.: Wirtschaftsgeschichte Deutschlands von der Vorzeit bis zum Ende des Mittelalters, 2. Aufl. *München 1951*.
BECK, L.: Geschichte des Eisens, *Braunschweig 1884–1903*.
BECK, L.: Die Geschichte des Eisens in technischer und kulturgeschichtlicher Beziehung, I. Abt., 2. Aufl. *Braunschweig 1891*.
BERLING, K.: Festschrift der Kgl. sächs. Porzellanmanufaktur Meißen, *Dresden 1911*.
BERTSCH, K.: Geschichte des deutschen Waldes, *Jena 1953*, 4. Aufl.
BEUTHER, K.: Das Goldland des Plinius (ZBHSW, *Jahrgang 1891*).
BEYER, E.: Das Cistercienser-Stift und Kloster Alt-Zelle in dem Bisthum Meißen, *Dresden 1855*.
BHAGAVAT, N.: The Knowledge of Metals in Ancient India (Journal of Chemical Education, *Jahrgang 1933*).
BINAGHI, R.: Die Metallurgie der Römer in Sardinien (Industria minerale Italiana Oltremare, *Jahrgang 1939*).
BINDER, I.: Laurion, die attischen Bergwerke im Altertum, *Laibach 1895*.
BINDER, I.: Die Bergwerke im römischen Staatshaushalt (ZfB, *Jahrgang 1891*).
BISSEGGER, A.: Die Silberversorgung der Basler Münzstätte bis zum Ausgang des 18. Jahrhunderts, Phil. Diss., *Basel 1917*.

BLANCKENHORN, M.: Ägypten (Handbuch der regionalen Geologie, Bd. VII), *Heidelberg 1921.*
BLUHME, F.: Zur Geschichte des römischen Bergrechts (ZfB, *Jahrgang 1860,* Bd. 2).
BLÜMNER, H.: Technologie und Terminologie der Gewerbe und Künste bei den Griechen und Römern, *Leipzig 1875–1887.*
BOECKELMANN, W. und PERMOSER, B.: Studien zu seiner Frühzeit von 1651 bis 1700, *Traunstein 1951.*
BOECKH, A.: Über die laurischen Silberbergwerke in Attika [1818], Gesammelte kleine Schriften, beste Ausgabe: *Leipzig 1858–1874.*
BOGSCH, W.: Der Marienberger Bergbau in der ersten Hälfte des 16. Jahrhunderts, Phil. Diss. *Leipzig 1933.*
DU BOIS, H.: Die soziale Stellung des deutschen Berg- und Hüttenmannes und des Metallarbeiters im Altertum und Mittelalter bis zum 18. Jahrhundert (Technik und Kultur. Zeitschr. des Verbandes deutscher Diplomingenieure 17/1926).
BORLASE, P.: Tin Mining in Spain Past and Present, *London 1897.*
BORLASE, W.: Historical Scetch of the Tin Trade in Cornwall, *Plymouth 1874.*
BORNHARDT, W.: Geschichte des Rammelsberger Bergbaues von seiner Aufnahme bis zur Neuzeit (Archiv für Lagerstättenforschung, Heft 52). *Berlin 1931.*
BOSSERT, TH.: Altkreta, *Berlin 1937,* 3. Aufl.
BOSSERT, TH.: Altanatolien, *Berlin 1942.*
BRANDT, P.: Schaffende Arbeit und bildende Kunst im Altertum und Mittelalter, *Leipzig 1927.*
BRAUN-FOLNESICS: Geschichte der K. u. K. Wiener Porzellanmanufaktur, *Wien 1907.*
BREASTED-RANKE: Geschichte Ägyptens, *Wien 1936,* 2. Aufl.
BRELOER, B.: Kautiliya-Studien, Teil 1: *Bonn 1927,* Teil 2: *Bonn 1928,* Teil 3: *Leipzig 1934.*
BRIDGEBURY, A. R.: England and the Salt Trade in the Later Middle Ages, *Oxford 1955.*
BRÜNING, K.: Der Bergbau im Harze und im Mansfeldschen, *Hamburg und Braunschweig 1926.*
BRUNNER, H.: Die Anlage der ägyptischen Felsgräber, *Glückstadt 1936.*
BRUNNER, O.: Aus der Geschichte des Goldbergbaues in den Hohen Tauern (Zeitschr. d. deutschen Alpenvereins 71/1940).
BUCHER, B.: Geschichte der technischen Künste, *Stuttgart 1875 bis 1893.*
BÜCHSENSCHÜTZ, B.: Die Hauptstätten des Gewerbefleißes im Altertum, *Leipzig 1869.*
BURNHAUSER, R.: Die Herrschafts- und Rechtsverhältnisse an der Saline Reichenhall von den Agilolfingern bis zu Herzog Georg dem Reichen von Niederbaiern, Jur. Diss., *München 1952* (Masch.-Text).
CAHN, J.: Der Rappenmünzbund, *Heidelberg 1901.*
CAMBRÉSY, A.: Géographie du Laurion, *Liège et Paris 1889.*
CAROLSFELD-KÖLLMANN, S. VON: Das Porzellan, 5. Aufl., *Braunschweig 1956.*
CARPENTER, H.: Metals in the Service of Human Life and Industry, London 1933. 2. Aufl.: H. CARPENTER–M. ROBERTSON: Metals, Oxford University Press 1939.
CARYOPHILUS, B.: Opusculum de antiquis auri, argenti, stanni, aeris, ferri plumbique fodinis, *Viennae-Pragae-Tergesti 1757.*
CASTELIN, K.: Česká drobná mince doby predhusitské a husitské (1300–1471), *Prag 1953.*
CHIERA, E.: They Wrote on Clay, *Chikago 1951.*
Chronologisch-systematische Sammlung der Berggesetze der österreichischen Monarchie, hrsg. von F. A. SCHMIDT, I. Abt. Bd. I, III. Abt., Bd. 1, *Wien 1832 ff.*
CHUDOBA, K. F.: Bezeichnungsübersicht und Bestimmung der Schmucksteine, *Leipzig 1939.*
CHUNG YU WANG: Antimony, *London 1919,* 2. Aufl.
CLAUSS, J.: Historisch-topographisches Wörterbuch des Elsaß, *Zabern 1895.*
CLOUGH, S. B.: Kultur und Wirtschaft. Der Anteil des ökonomischen Faktors am Sinken und Steigen der Kultur, *Frankfurt/Wien 1954.*
Codex juris municipalis regni Bohemiae, hrsg. von ČELAKOVSKY (Bd. II), *Prag 1895.*

Corpus juris metallici recentissimi et antiquioris (Sammlung der neuesten und älterer Berggesetze), hrsg. von TH. WAGNER, *Leipzig 1791.*
COHN, S.: Das Bergwerkseigentum, jur. Diss., *Breslau 1916.*
COMMER: Über den Bergbau der Klöster im Mittelalter (Historisch-politische Blätter für das katholische Deutschland 64/1869).
CORDELLA, A.: Description des produits des mines du Laurion et d'Oropos, *Athènes 1875.*
CORDELLA, A.: Le Laurion, *Marseilles 1869.*
CROWFOOT, J. W.: Early Ivories from Samaria, *London 1938.*
CROWFOOT, J. W.: The Buildings at Samaria, *London 1942.*
Das alte Bergrecht von Iglau und seine bergrechtlichen Schöffensprüche, hrsg. von J. A. TOMASCHEN EDLEN V. STRADOWA, *Innsbruck 1897.*
DAUBRÉE, A.: Aperçu historique sur l'exploitation des mines metalliques dans la Gaule, *Paris 1881.*
DAVIES, O.: Roman Mines in Europe, *Oxford 1936.*
DAVIS, W.: The Story of Copper, *New York and London 1924*, 3. Aufl.
DAY, E.: Geology of the Libanon and of Syria, Palestine and Neighbouring Countries, *London 1934.*
DEIST, A.: Die Siedlungen der Bergbaulandschaften an den hessisch-thüringischen Grenze (Frankfurter Geograph. Hefte 12/1938, Heft 2).
DELIUS, W.: Hauberge und Haubergsgenossenschaften des Siegerlandes (Untersuchungen zur Deutschen Staats- und Rechtsgeschichte 101), *Breslau 1910.*
DENNERT, H.: Kleine Chronik der Oberharzer Bergstädte und ihres Erzbergbaues. 3., erw. Aufl. der Chronik der Bergstadt Clausthal-Zellerfeld von H. MORICH, *Clausthal-Zellerfeld 1954.*
DENNERT, H.: Bergbau und Hüttenwesen im Harz vom 16. bis 19. Jahrhundert, Teil 1, *Clausthal-Zellerfeld 1960*, Ed. Piepersche Buchdruck- und Verlagsanstalt.
Der Deutsche Bergbau. Ein Überblick über seine Entwicklung, *Berlin 1934*, Hrsg.: Fachgruppe Bergbau des Reichsstandes der deutschen Industrie.
Die Bergchronik des Hardanus Hake, Pastors zu Wildemann, hrsg. von H. DENKER (Forschungen zur Geschichte des Harzgebietes 2). *Wernigerode 1911.*
Die Chroniken der deutschen Städte, Bd. 5, 7, 22, *Leipzig 1866 ff.*
Die goslarschen Berggesetze des 14. Jahrhunderts, hrsg. von SCHAUMANN (Vaterländisches Archiv des historischen Vereins für Niedersachsen 1841).
DIELS, H.: Antike Technik, *Leipzig 1924*, 3. Aufl.
Die Quellen des Iglauer Bergrechts, hrsg. von A. ZYCHA (Das böhmische Bergrecht des Mittelalters auf Grundlage des Bergrechts von Iglau. Bd. II), *Berlin 1900.*
Die Silbergruben von La Croix-aux-Mines in Lothringen im 16. Jahrhundert (mit der »Wiedergabe von Originalzeichnungen aus dem Zeitalter von Heinrich Gross« und einer Einführung von André Girodié), Revue Lorraine Illustrée, *Nancy 1909.*
Die Urkunden des Stiftes Walkenried (Urkundenbuch des historischen Vereins für Niedersachsen II, III), *Hannover 1852 ff.*
DOBEL, F.: Bergbau und Handel der Fugger, *Augsburg 1882.*
DOENGES, W.: Meißner Porzellan, *Dresden 1921.*
DOERING, O.: Des Augsburger Patriciers Philipp Hainhofer Reisen nach Innsbruck und Dresden, *Wien 1901.*
DRISSENS, A.: Kultur-Zeit-Tafel. Inhalt der Kulturgeschichte; besondere Berücksichtigung des Bergbaus und Hüttenwesens, *Recklinghausen 1951.*
EBEL, W.: Gewerbliches Arbeitsvertragsrecht im deutschen Mittelalter, *Weimar 1934.*
Eberhart Windeckes Denkwürdigkeiten zur Geschichte des Zeitalters Kaiser Sigmunds, hrsg. von W. ALTMANN, *Berlin 1893.*
D'ELVERT, CH.: Geschichte und Beschreibung der königlichen Kreis- und Bergstadt Iglau in Mähren, *Brünn 1850.*
D'ELVERT, CH.: Zur Geschichte des Bergbaues und Hüttenwesens in Mähren und Österr.-Schlesien (Schriften d. hist.-stat. Sektion der mähr.-schles. Gesellschaft zur Beförderung des Ackerbaues, der Natur- und Landeskunde 15/1866).

ENDERLE, J.: Studien über den Besitz des Klosters St. Blasien von seinen Anfängen bis ins 14. Jahrhundert, Phil. Diss. *Freiburg 1909*.
ERMAN-GRAPOW: Wörterbuch der ägyptischen Sprache, *Leipzig 1926 bis 1951*.
ERMAN-RANKE: Ägypten und ägyptisches Leben, *Tübingen 1923*, 2. Aufl.
ERMISCH, H.: Das sächsische Bergrecht des Mittelalters, *Leipzig 1887*.
ERMISCH, H.: Das Freiberger Stadtrecht, *Leipzig 1889*.
ESCH, H. J. VON DER: Weenak – die Karawane ruft, *Leipzig 1944*, 4. Aufl.
FALKE, J.: Geschichte der Bergstadt Geyer, *Dresden 1866*.
FAULHABER, C.: Die ehemalige schlesische Goldproduktion mit besonderer Berücksichtigung des Reichensteiner Bergreviers, Phil. Diss., *Breslau 1896*.
FELDHAUS, F.: Die Technik der Antike und des Mittelalters, *Potsdam 1931*, 3. Aufl.
FIMMEN, E.: Die kretisch-mykenische Kunst und Kultur, *Leipzig 1926*, 3. Aufl.
FISCHER, L.: Bergbau und Bergarbeiter vom 14. bis zum 16. Jahrhundert, Staatswirtschaftl. Diss., *München 1927* (Masch.-Text).
FISCHER, R.: Bergbau und Besiedlung im westlichen Böhmen (Wissenschaftl. Zeitschr. d. Univ. Jena 1952/1953, Gesellschaftswiss. Reihe).
FISCHER, W.: Mineralogie in Sachsen von Agricola bis Werner, *Dresden 1939*.
FITZLER, K.: Steinbrüche und Bergwerke im ptolemäischen und römischen Ägypten, Phil. Diss., *Leipzig 1910*.
FLACH, J.: La table d'Aljustrel I, *Paris 1879*.
FLADE, G.: Römisches Bergrecht in allen Perioden des Bergbaus dieses Volkes, *Freiberg 1805*.
FLAMM, H.: Der wirtschaftliche Niedergang Freiburgs i. Br. und die Lage des städtischen Grundeigentums im 14. und 15. Jahrhundert (Volkswirtschaftl. Abhandlungen d. Badischen Hochschulen, VIII Bd., 3. Ergänzungsheft), *Karlsruhe 1905*.
DE FLORENCOURT, E.: Über die Bergwerke der Alten, *Göttingen 1785*.
FÖHRENBACH, O.: Der badische Bergbau in seiner wirtschaftlichen Bedeutung vom Ausgang des Mittelalters bis zur Gegenwart, Rechts- und staatswissenschaftl. Diss., *Freiburg 1910*.
Fontes rerum Austriacarum, I. Abt. Bd. 2, 6–8, *Wien 1856ff.*, II. Abt. Bd. 5, 39, *Wien 1852ff.*
Fontes rerum Bohemicarum, Bd. 2, 4, 5, *Prag 1874ff.*
FORBES, J.: Bitumen and Petroleum in Antiquity, *Leiden 1936*.
FORBES, J.: Metalen en hunne bewerking in het Nabije Oosten (Jaarbericht Ex Oriente Lux Nr. 3, *Leiden 1935*).
FORBES, J.: Gold in Antiquity (Jaarbericht Ex Oriente Lux Nr. 6, *Leiden 1939*).
FRANCOTTE, L.: L'industrie dans la Grèce ancienne, *Bruxelles 1910*.
FRANK, T.: An Economic Survey on Ancient Rome, *Baltimore 1932–1940*, 6 Bde.
Freiburger Urkundenbuch, bearbeitet von F. HEFELE. Bd. II, III, 1. *Freiburg 1951ff.*
FREISE, F.: Geschichte der Bergbau- und Hüttentechnik, *Berlin 1908*.
FREISE, F.: Geographische Verbreitung und wirtschaftliche Entwicklung des Bergbaus in Vorder- und Mittelasien während des Altertums (Zeitschrift f. prakt. Geologie *Jahrgang 1907*, Bd. 15).
FREISE, F.: Geographische Verbreitung und wirtschaftliche Entwicklung des süd- und mitteleuropäischen Bergbaus im Altertum (ZBHSW, *Jahrgang 1907*, Bd. 55).
FREISE, F.: Berg- und hüttenmännische Unternehmungen in Asien und Afrika während des Altertums (ZBHSW, *Jahrgang 1908*, Bd. 56).
FREYDANK, H.: Die Hallesche Pfannerschaft im Mittelalter, *Halle 1927*.
FREYDANK, H.: Nachwort zu »Des Bergmanns Lebenslauf« (Neuaufl. des Heuchlerschen Werkes von 1867), *Essen 1940*.
FRIEDENSBURG, F.: Die Münze in der Kulturgeschichte, *Berlin 1909*.
FRIEDENSBURG, F.: Münzkunde und Geldgeschichte der Einzelstaaten des Mittelalters und der neueren Zeit, 2. Aufl. *München und Berlin 1926*.
FRIESE, F. RITTER VON: Das römische Berggesetz von Vipasca (I) (Österreichische Zeitschrift f. Berg- und Hüttenwesen, *Jahrgang 1887*, Bd. 35. Vgl. dazu: ZfB, *Jahrgang 1888*, Bd. 30).

FRÖLICH, K.: Betrachtungen zur Siedlungsgeschichte und zum älteren Bergwesen von Goslar, *Gießen 1950*.
FUNKE, A.: Die Reichenhaller Saline bis zur Begründung des herzoglichen Produktionsmonopols (ca. 1500), Staatswirtschaftl. Diss., *München 1911*.
FURTWÄNGLER, A.: Beschreibung der Vasensammlung in Antiquarium I, *Berlin 1885*.
GALLING, K.: In der Werkstatt des Hephaistos von Ugarit (Orientalistische Literatur-Zeitung, *Jahrgang 1936*, Bd. 39).
GARDINER, SIR A. H.: The Map of the Gold Mines in an Ramesside Papyrus at Turin (Cairo Scientific Journal, *Jahrgang 1914*, Bd. 8).
GARLAND-BANNISTER: Ancient Egyptian Metallurgy, *London 1927*.
GEBHARDT, G. (Hrsg.): Ruhrbergbau. Geschichte, Aufbau und Verflechtung seiner Gesellschaften und Organisationen, *Essen 1957*.
GEBHART, H.: Das spätmittelalterliche Goldgeld in Altbayern (Zeitschr. f. bayerische Landesgesch., 8/1935).
GILLE, B.: Les origines de la grande industrie métallurgique en France (Collection d'histoire sociale 11), *Paris 1947*.
GJERSTADT, E.: Studies on Prehistoric Cyprus, *London 1926*.
GLUECK, N.: King Solomon's Copper Mines (Illustrated London News Nr. 4968 vom 7. *Juli 1934*).
GLUECK, N.: Mining in Ancient Palestine (South African Mining and Metal Engineer's Journal, *Jahrgang 1937*, Bd. 48).
GLUECK, N.: What is Biblical Archaeology?, In: The Other Side of Jordan, *New Haven 1940*.
GOBANTZ, A.: Die laurischen Silberbergwerke in alter Zeit (Österreichische Zeitschrift f. Berg- u. Hüttenwesen, *Jahrgang 1894*, Bd. 42).
GODARD, A.: Les bronzes du Luristan, *Paris 1931*.
GÖPFERT, E.: Die Bergmannssprache in der Sarepta des Johann Mathesius, *Straßburg 1902*.
GOETZE, A.: Kleinasien, *München 1933*; Handbuch der klass. Altertumswissenschaft III, 1, Kulturgeschichte des Alten Orients.
GOETZE, A.: Kizzuwadna, *1940*.
GOETZE, A.: Hethiter, Hurriter und Assyrer, *Oslo 1936*.
GOMME: Population of Athens, *Oxford 1939*.
GOODALE, L.: Chronology of Iron and Steel, *Pittsburgh 1920*.
Goslarer Bergrechtsquellen des früheren Mittelalters, insbesondere das Bergrecht des Rammelsberges aus der Mitte des 14. Jahrhunderts, hrsg. von K. FRÖLICH, *Gießen 1953*.
GOTHEIN, E.: Wirtschaftsgeschichte des Schwarzwaldes und der angrenzenden Landschaften, *Straßburg 1892*.
GOUIN, L.: Notices sur les mines de l'île de Sardaigne, *Cagliari 1869*.
GOWLAND, W.: The Art of Metals and Metal Working in Old Japan (Transactions of the Japan Society, *Jahrgang 1915*, Bd. 13).
GOYON, G., Le papyrus de Turin, dit »des mines d'or« et le Wadi Hammamat (Annales du Service des Antiquités de l'Egypte 49, *1949*).
GRAF, W.: Die Wirtschaftsgeographie des Fichtelgebirges, Wirtschafts- u. sozialwissenschaftl. Diss., *Frankfurt 1935*.
GRAPOW, H.: Die bildlichen Ausdrücke des Ägyptischen, *Leipzig 1924*.
GROSS, H.: Erzbergbau, Hüttentechnik und Metallhandel, Teil I (Die ersten drei Jahrtausende), *Erlangen 1934*.
GSELL, M.: Eisen, Kupfer und Bronze bei den Alten Ägyptern, *Karlsruhe 1910*.
GUILLAUME, L.: La métallurgie du plomb au Laurium, *Paris 1909*.
GUMMERUS, H.: Die römische Industrie, wirtschaftliche Untersuchungen I: Das Goldschmied- und Juweliersgewerbe, *Greifswald 1918*.
GURLT, A.: Die Bergbau- und Hüttenkunde, eine gedrängte Darstellung der geschichtlichen und kunstmäßigen Entwicklung des Bergbaues und Hüttenwesens, 2. Aufl. *Essen 1879*.

Hadfield, A.: Metallurgy and its Influence on Modern Progress, *London 1933*, 2. Aufl.
Häuser, H.: Die geschichtliche Entwicklung des Schwarzwälder Bergrechtes, rechts- und staatswissenschaftl. Diss., *Marburg 1937*.
Hall, H.: Mining as Seen by Herodotus (Engineering and Mining Journal, *Jahrgang 1921*, Bd. 112, Heft 10).
Hanauer, A.: Études économiques sur l'Alsace ancienne et moderne (2 Bde.), *Paris und Straßburg 1876ff.*
Handwörterbuch der Rechtswissenschaft, 8 Bände, *Berlin 1926–1929*.
Hansen, H.: De metallis Atticis, *Hamburg 1885*.
Hartmann, A.: Volksschauspiele. In Bayern und Österreich-Ungarn, *Leipzig 1880*.
Hartmann, C.: Handwörterbuch der Mineralogie, Berg-, Hütten- und Salzwerkskunde, *Ilmenau 1825*.
Hartmann, C.: Conversations-Lexikon der Berg-, Hütten- & Salzwerkskunde, 4 Bde., *Stuttgart 1840–1841*.
Haupt, J.: The Hebrew Terms for Gold and Silver (Journal of the American Oriental Society, *Jahrgang 1923*, Bd. 43).
Haupt, Th.: Bausteine zu einer Philosophie der Geschichte des Bergbaus, *Leipzig 1867*.
Hausmann, L.: Commentarium de arte ferri conficiendi veterum, imprimis Graecorum et Romanorum, *Gottingae 1819*.
Hausrath, H.: Aus der Waldgeschichte des Schwarzwaldes (Freiburger Universitätsreden 26), *Freiburg 1938*.
Hausser, E.: Das Bergbaugebiet von Markirch (Beiträge zur Landes- u. Volkeskunde von Elsaß-Lothringen 25), 2. Aufl. *Straßburg 1900*.
Haussherr, H.: Wirtschaftsgeschichte der Neuzeit vom Ende des 14. bis zur Höhe des 19. Jahrhunderts, 2. Aufl. *Weimar 1955*.
Hehn, V.: Das Salz, *Berlin 1901*, 2. Aufl.
Heichelheim, F.: Wirtschaftsgeschichte des Altertums, 2. Aufl., *Leiden 1938*.
Heilfurth, G.: Das erzgebirgische Bergmannslied, *Schwarzenberg 1936*.
Heilfurth, G.: Neustädtel. Bilder vom Werden und Wesen einer erzgebirgischen Bergstadt, *Schwarzenberg 1937*.
Heilfurth, G.: Das Bergmannslied. Wesen, Leben, Funktion. Ein Beitrag zur Erhellung von Bestand und Wandlung der sozialkulturellen Elemente im Aufbau der industriellen Gesellschaft, *Kassel und Basel 1954*.
Heilfurth, G.: Glückauf! Geschichte, Bedeutung und Sozialkraft des Bergmannsgrußes, *Essen 1958*.
Heilfurth, G.: Bergbau und Bergmann in der deutschsprachigen Sagenüberlieferung. Ein Quellenwerk mit einem Themen- und Motivindex, *Marburg 1965*.
Heilfurth, G.: Das Heilige und die Welt der Arbeit am Beispiel des Propheten Daniel im Montanwesen Mitteleuropas, *Marburg 1965* (2., ergänzte Aufl.).
Heilfurth, G.: Bergbau und Bergmann in der deutschsprachigen Sagenüberlieferung Mitteleuropas, Bd. 1 (unter Mitarbeit v. Ina-Maria Greverus), *Marburg 1967*.
Hein, H.: Die Haubergswirtschaft des Siegerlandes unter besonderer Berücksichtigung der Verhältnisse im Kreis Siegen, Rechts- und staatswissenschaftl. Diss., *Münster 1952* (Masch.-Text).
Heinold-Fichtner, K.: Die Bamberger Oberämter Kronach und Teuschnitz (90. Bericht d. Hist. Vereins f. die Pflege d. Gesch. des ehem. Fürstbistums Bamberg 1951).
Heinz, W.: Das Bergmannslied, Phil. Diss., *Greifswald 1913*.
Hentschel, W.: Kursächsischer Eisenkunstguß, *Dresden 1955*.
Herrmann, W.: Der Zeitpunkt der Entdeckung der Freiberger Silbererze (Freib. Forsch.-H. D 2/1953).
Hess von Wichdorff, H.: Beiträge zur Geschichte des Thüringer Bergbaus und zur montangeologischen Kenntnis der Erzlagerstätten und Mineralvorkommen des Thüringer Waldes und Frankenwaldes (Archiv f. Lagerstättenforschung, H. 4), *Berlin 1914*.

HEUCHLER, E.: Die Bergknappen in ihrem Berufs- und Familienleben, *Dresden 1857*.
HEUCHLER, E.: Des Bergmanns Lebenslauf, *Freiberg 1867*.
HEYDENREICH, E.: Geschichte und Poesie des Freiberger Berg- und Hüttenwesens, *Freiberg 1892*.
HEYNER, C.: Disputatio de damnatione ad metalla, *Lipsiae 1794*.
HILLEBRANDT, F.: Chemische und mineralogische Geschichte des Quecksilbers, *Braunschweig 1793*.
HILLER, E.: Die Minerale der Antike (Archiv f. Geschichte d. Math. Naturwiss. Techn., *Jahrgang 1930*, Bd. 13).
HILLS, V.: The Cyprus Mines Enterprise (Engeneering and Mining Journal, *Jahrgang 1928*, Bd. 126).
HIRSCHFELDT, O.: Die kaiserlichen Verwaltungsbeamten bis auf Diokletian, *Berlin 1905*, 2. Aufl.
HOCKE, G. R.: Die Welt als Labyrinth. Manier und Manie in der europäischen Kunst. Beiträge zur Ikonographie und Formgeschichte der europäischen Kunst von 1520 bis 1650 und der Gegenwart, *Hamburg 1957*.
HOLZHAUSEN, W.: Die Bronzen der kurfürstlich-sächsischen Kunstkammer zu Dresden (Jahrb. d. Preußischen Kunstslg. 1933, Beiheft zum 54. Bd.).
HOLZHAUSEN, W. und KESTINL, E.: Prachtgefäße, Geschmeide, Kabinettstücke, Goldschmiedekunst in Dresden, *Tübingen 1967*.
HOPPE, O.: Der Silberbergbau zu Schneeberg bis zum Jahre 1500, Phil. Diss., *Heidelberg 1908*.
HOPPENSACK, M.: Über den Bergbau in Spanien und den Quecksilberbergbau zu Almadén insbesondere, *Weimar 1796*.
HORN, M.: De metalli fodinarum iure, *Vittenbergae 1703*.
HROZNY, B.: Boghazköi, Stud. 3.
HÜBNER, E.: Adnotationes ad legem Vipascam I, cum commentario Theodori Mommseni (Ephemeris epigraphica *1877*).
HÜBNER, J.: Curieuses und reales Natur-, Kunst-, Berg-, Gewerck- und Handlungs-Lexicon, *Leipzig 1736*.
HUE, O.: Die Bergarbeiter, *Düsseldorf 1910*.
HUFFMANN, F. R.: Über die sächsische Berggerichtsbarkeit vom 15. Jahrhundert bis zu ihrem Ende, *Weimar 1935*.
HUME, F.: Geology of Egypt, *Cairo 1931–37*.
HYMAN, H.: Old Writers on Metallurgy (Metal Industry, *Jahrgänge 1924, 1925*, Bd. 25 und 26 ed. London).
INAMA-STERNEGG, K. TH. V.: Zur Verfassungsgeschichte der deutschen Salinen im Mittelalter (Sitzungsber. d. phil.-hist. Classe d. Akad. d. Wiss. Wien 111/1886).
INAMA-STERNEGG, K. TH. V.: Deutsche Wirtschaftsgeschichte, Bd. II und III, *Leipzig 1891 ff*.
JACOB, W.: An Historical Enquiry into the Production and Consumption of the Precious Metals, *Philadelphia and London 1831–32*.
JAHN, O.: Die Darstellungen des Handwerks und des Handelsverkehrs auf Vasenbildern, *Leipzig 1867* (auch: Abhandlungen der kgl. Sächsischen Gesellschaft der Wissenschaften, Bd. 19).
JARVIS, C.: Sinai, Yesterday and Today, *Edinburgh 1931*.
JÉQUIER, G.: Précis historique des mines de Sinai (de MORGAN, »Préhistoire Orientale«, *Paris 1926*).
JOHANNSEN, O.: Geschichte des Eisens, 3. Aufl., *Düsseldorf 1953*.
JOHN, E.: Aberglaube, Sitte und Brauch im sächsischen Erzgebirge, *Annaberg 1909*.
JOSEPH, P.: Goldmünzen des 14. und 15. Jahrhunderts, *Frankfurt/M. 1882*.
JUNGIUS, H.: De iure salinarum, tum veteri tum hodierno, liber singularis, *Gottingae 1748*.
KAHRSTEDT, U.: Staatsgebiet und Staatsangehörige in Athen (Göttinger Forschungen), *Stuttgart 1934*.
KAHRSTEDT, U.: Geschichte der römischen Kaiserzeit, *München 1948*.
KAISER, W.: Die Geschichte der Unternehmung und des staatlichen Einflusses in der

Salzindustrie Hannovers und Westfalens bis zum Ende des 18. Jahrhunderts, Wirtschafts- und sozialwissenschaftl. Diss., *Köln 1938.*
KALINKA, E.: Goldarbeiter im Altertum (Phil. Wochenschrift Berlin, *Jahrgang 1932,* Bd. 53.
KALISCHER, E.: Beiträge zur Handelsgeschichte der Klöster zur Zeit der Großgrundherrschaften, *Berlin 1911.*
KARAJIAN, A.: The Mineral Resources of Armenia and Anatolia, *London 1920.*
KARLGREN, B.: New Studies in Chinese Bronzes (Bulletin of the Museum of Far Eastern Antiquities at Stockholm, *Jahrgang 1937,* Bd. 9).
KARWEHL, H.: Die Entwicklung und Reform des deutschen Knappschaftswesens (Abhandl. d. staatswissenschaftl. Seminars zu Jena IV, 2), *Jena 1907.*
KATZ, V.: Die erzgebirgische Prägemedaille, *Prag 1932.*
KEES, H.: Kulturgeschichte Ägyptens, *München 1933* (Handbuch d. klass. Altertumswissenschaft III, 1 Kulturgeschichte des Alten Orients).
KENT, G.: The Records of Darius' Palace at Susa (Journal of the American Oriental Society, *Jahrgang 1933,* Bd. 53).
KENYON, K.: Beginning in Archaeology, *London 1952.*
KHULI, F.: Der alte Bergbrief von Schladming (Beiträge zur Kunde steiermärk. Geschichtsquellen 28/1897, 30/1899).
KIRNBAUER, F.: Die Entwicklung des Markscheidewesens im Lande Österreich (Blätter f. Technikgeschichte 7/1940).
KIRNBAUER, F.: Die Geschichte des Bergbaues (Die Technik der Neuzeit, hrsg. von F. Klemm, II. Bd., *Potsdam 1941*).
KIRNBAUER, F.: Die Geschichte des Metallhüttenwesens (Die Technik der Neuzeit, hrsg. von F. Klemm, II. Bd., *Potsdam 1941*).
KLEBS, L.: Die Reliefdarstellungen im Alten Ägypten. I. Die Reliefs des Alten Reiches, *Heidelberg 1915.* II. Die Reliefs des Mittleren Reiches, *Heidelberg 1922.* III. Die Reliefs und Malereien des Neuen Reiches, Teil I, *Heidelberg 1934.*
KLEIN, F.: Smaragde unter dem Urwald, *Idar-Oberstein 1951.*
KLEIN, H.: Die salzburgischen Büchsenmeister des 14. Jahrhunderts (Zeitschr. f. histor. Waffen- u. Kostümkunde 6, 1937–39).
KLEMM, F.: Technik. Eine Geschichte ihrer Probleme, *Freiburg/München 1954.*
KLEIN, W.: Volkskundliches im alten deutschen Bergrecht, Jur. Diss., *Heidelberg 1939.*
KNOCHENHAUER, B.: Die Wanderungen der deutschen Bergleute (ZBHSW 76/1928).
KNÖTZSCHKER, L.: Von Verdammung der Missetäter zur Bergarbeit, *Leipzig 1795.*
KOBERT, A.: Chronische Bleivergiftung im klassischen Altertum (Diergarts Beiträge zur Geschichte der Chemie, *Jahrgang 1909*).
KOCH, F.: Arbeitsrechtliche Bestimmungen am steirischen Erzberg im 16. Jahrhundert, *Graz 1942.*
KÖHLER, W.: Arsenik- und Golderzbergwerk zu Reichenstein in Schlesien (Festschr. zum XII. Allgem. Deutschen Bergmannstage, Bd. IV, *Breslau 1913*).
KÖLLMANN, E.: Berliner Porzellan 1763–1963, *Braunschweig 1967.*
KÖTZSCHKE, R.: Allgemeine Wirtschaftsgeschichte des Mittelalters, *Jena 1924.*
KOSMINSKIJ, E. A.: Die Entwicklung der Formen der Feudalrente in England im 11.–15. Jahrhundert. In: Voprosy istorii *1955,* Heft 2.
KROKER, E.: Sachsen und die Hussitenkriege (NASächsG 21/1900).
KÜNZIG, J.: Schwarzwald Sagen (Alemannische Stammeskunde I), *Jena 1930.*
KULISCHER, J.: Allgemeine Wirtschaftsgeschichte des Mittelalters und der Neuzeit, I. Bd. *München und Berlin 1928* (Neudruck Berlin *1954*).
LAMON, R. S. und SHIPTON, M.: Megiddo I, *Chikago 1939.*
LANGE, K. und HIRMER, M.: Ägypten, *München 1955/57.*
LAMPADIUS, W. A.: Handwörterbuch der Hüttenkunde, *Göttingen 1817.*
LANGHORST, F.: Aus der Geschichte des sächsischen Bergbaues und seiner Arbeiter, *Zwickau 1924.*

LAROCHE, E., in: Revue Hittiteet Asianique 60, *1957*.
LAUFFER, S.: Die Bergwerkssklaven von Laureion, Teil 1, Abhandlungen der Geistes- und Sozialwissenschaftlichen Klasse, *Jahrgang 1955*, Nr. 12, Teil 2, ebenda, *Jahrgang 1966*, Nr. 11 (Wiesbaden).
LAUFFER, S.: Prosopographische Bemerkungen zu den attischen Grubenpachtlisten, Historia 6, *1957*.
LAUNAY, L. DE: La géologie et les richesses minérales de l'Asie, *Paris 1911*.
LAUTER, M.: Antlitz und Wesen der alten Goldbergbaulandschaft von Goldkronach im Fichtelgebirge, Phil. Diss., *Erlangen 1948* (Masch.-Text).
LEEMANS, W. F.: Foreign Trade in the Old Babylonian Period = Studia et Documenta, Bd. 6.
LEGER, A.: Les travaux publics, les mines et la métallurgie aux temps des Romains, *Paris 1875*.
LEHMANN, C.: Chronik der freien Bergstadt Schneeberg, I. Teil, *Schneeberg 1837*.
LEIST, F.: Quellen-Beiträge zur Geschichte des Bauern-Aufruhrs in Salzburg 1525 und 1526 (Mitteil. d. Ges. f. Salzburger Landeskunde 27/1887).
LEMPE, J.: »Magazin für Bergbaukunde«, *Dresden 1786*.
LENGEMANN, A.: Das Berg- und Hüttenwesen des Oberharzes, *Stuttgart 1895*.
LENZ, A.: Die Mineralogie der Griechen und Römer, *Gotha 1801*.
LEPSIUS, R.: Die Metalle in den ägyptischen Inschriften, *Berlin 1872*.
LEPSIUS, R.: Les métaux dans les inscriptions égyptiennes, *Paris 1877*.
LEUSCHNER, H.: Streiflichter durch die Geschichte, Verwaltung und Technik des alten Bergbaus (Metall und Erz, *Jahrgang 1938*, Bd. 35).
LEY, K.: Zur Geschichte und älteren Entwicklung der Siegerländer Stahl- und Eisenindustrie (Beiträge zur Wirtschaftsgeschichte des Siegerlandes 1), *Münster 1909*.
LILLEY, S.: Menschen und Maschinen. Eine kurze Geschichte der Technik in ihrer Beziehung zur gesellschaftlichen Entwicklung (Dt. Übersetzung) *Wien 1952*.
LINNEBORN, J.: Die westfälischen Klöster des Zisterzienserordens bis zum 15. Jahrhundert (Festgabe für H. Finke, *Münster 1904*).
LIPPMANN, O. VON: Entstehung und Ausbreitung der Alchemie, *Berlin 1919–1932*.
LÖHNEYSS, Bericht vom Bergwerk, *Zellerfeld 1617*.
LOEHR, A.: Österreichische Geldgeschichte (Veröffentlichungen d. Inst. f. österr. Geschichtsforschung, Bd. 4), *Wien 1946*.
LOEHR, M.: Thörl. Geschichte eines steirischen Eisenwerkes vom 14. Jahrhundert bis zur Gegenwart, *Wien 1952*.
LÖPER, C.: Zur Geschichte der Bergwerke bei Markirch (Jahrb. f. Gesch., Sprache u. Litteratur Elsaß-Lothringens 2/1886).
LOESCH, H. V.: Die Verfassung im Mittelalter (Geschichte Schlesiens, hrsg. von H. Aubin, I. Bd., *Breslau 1938*).
LÖSCHER, H.: Der landesherrliche Schiedsspruch vom 4. September 1469 im Streike der Knappen zu Altenberg (Erzgebirge) (Bergbau und Bergleute. Freib. Forsch.-H. D 11/1955).
LOMMER, CH.: Bergmännischer Beytrag zu der von der königlich grossbrittannischen Societät der Wissenschaften gestellten Preisfrage »Wie waren die Bergwerke bey den Alten beschaffen?«, *Freyberg 1785*.
LUCAS, A.: Ancient Egyptian Materials and Industries, *London 1934*, 2. Aufl.
LUCKENBILL, D.: Ancient Record of Assyria and Babylonia, *Chikago 1927–1929*.
LÜTGE, F.: Deutsche Sozial- und Wirtschaftsgeschichte, *Berlin, Göttingen, Heidelberg 1952*.
LUSCHIN V. EBENGREUTH, A.: Österreichische Reichsgeschichte des Mittelalters, 2. Aufl. *Bamberg 1914*.
MACEK, J.: Husitské revoluční hnutí, *Prag 1952*.
MACEK, J.: Tábor v husitském revolucním hnutí. I. Bd., 2. Aufl., *Prag 1956*, II. Bd. 1955
MACKAY, E.: The Indus Civilisation, *London 1935*.
MAUERSBERG, H.: Deutsche Industrie im Zeitgeschehen eines Jahrhunderts. Eine hi-

storische Modelluntersuchung zum Entwicklungsprozeß des deutschen Unternehmens von seinen Anfängen bis 1960, *Stuttgart 1966.*
MAYER, F. M.: Leopold Ulrich Schiedlberger's Aufzeichnungen zur Geschichte von Eisenerz (Beiträge zur Kunde steiermärk. Geschichtsquellen 17/1880).
MAYER, Th.: St. Trudpert und der Breisgau (Beiträge zur Geschichte von St. Trudpert, hrsg. von Th. Mayer, *Freiburg 1937).*
McCOWN, C. C.: Tell en-Nasbeh I–II, *New Haven 1947.*
MEGERLE V. MÜHLFELD, J. G.: Merkwürdigkeiten der königlichen freien Bergstadt Kuttenberg und des daselbst befindlichen uralten Silberbergwerkes, *Wien 1825.*
MEIER, P. J.: Die Siedlungen und die Verwaltung des Berg- und Hüttenbetriebes von Goslar im Mittelalter (Niedersächs. Jahrb. f. Landesgesch. 19/1942).
MEISSNER, B.: Woher haben die Assyrer das Silber bezogen? (Orientalistische Literatur-Zeitung, *Jahrgang 1912,* Bd. 15). Das Antimongebirge (ebenda, *Jahrgang 1914,* Bd. 17).
MEISSNER, B.: Babylonien und Assyrien, *Heidelberg 1920–1925.*
MEISSNER-EBELING: Reallexikon der Assyriologie, *Berlin 1931* ff.
Meklenburgisches Urkundenbuch. Bd. II und III., *Schwerin 1864* f. Salzburger Urkundenbuch, hrsg. von HAUTHALER W. und MARTIN F., Bd. III und IV., *Salzburg 1918* ff.
MELLAART, J.: Catal Hüyük, 1967.
MENZEL, A.: Sociale Gedanken im Bergrecht (Zeitschr. für das Privat- und öffentliche Recht der Gegenwart 18/1891).
MENZEL, A.: Soziale Gedanken im Bergrecht. (Österreichische Zeitschrift f. Berg- u. Hüttenwesen, *Jahrgang 1892).*
MERHARDT, G. VON: Bronzezeit an der Jenessei, *Wien 1926.*
MEYER, F. J. F.: Versuch einer Geschichte der Bergwerksverfassung und der Bergrechte des Harzes im Mittelalter, *Eisenach 1817.*
MEZNÍK, J.: Jihlavské privilegium a počátky města Jihlavy (Sborník archivních prací, Jg. 4, Heft 2/1954).
Minerophilus (d. i. Zeisig), Neues und wohleingerichtetes Mineral- und Bergwercks-Lexicon, *Chemnitz 1743.*
MISPOULET, E.: Le régime des mines à l'époque Romaine et au moyen âge d'après les tables d'Aljustrel, *Paris 1908.*
MITTEIS-WILCKEM: Grundzüge und Chrestomathie der Papyruskunde, *Leipzig 1912.*
MÖLLER, G.: Die Metallkunst der Alten Ägypter, *Leipzig 1923.*
MONTANUS, H.: Antiker Bergbau in Griechenland (Montanistische Rundschau, *Jahrgang 1902,* S. 1202–1244).
MONTET, G.: Scènes de la vie privée, *Paris 1925.*
Monumenta Germaniae historica. Scriptores rer. Germ. Bd. IX, XI, XVII, XXIV, XXV, XXVIII, XXX. 1851 ff. Scriptores rer. Germ. in usum scholarum. Hildesheimer Annalen 1878; Widukind, 5. Aufl. 1935. Scriptores rer. Germ. Nova series, Bd. II. 1923. Deutsche Chroniken, Bd. V. 1890 ff.
Monumenta historica ducatus Carinthiae, hrsg. von A. v. JAKSCH, Bd. I, IV, 1. *Klagenfurt 1896 ff.*
Monumenta Poloniae Historica, Bd. II, III, hrsg. von A. BIELOWSKI, *Lemberg 1872* ff.
MOORTGAT, A.: Die bildende Kunst des Alten Orients und die Bergvölker, *Leipzig 1933.*
MORITZ, F.: Die Bergwerke im Alten Arabien (Der Neue Orient, *Jahrgang 1917,* Bd. 1).
MORTENSEN, H.: Zur deutschen Wüstungsforschung (Göttingische Gelehrte Anzeigen 206/1944).
MORTON, F.: Grubenbeleuchtung in der Urzeit (Berg- u. hüttenmännisches Jahrbuch, *Jahrgang 1927,* Bd. 75).
MOSCH, C. F.: Zur Geschichte des Bergbaues in Deutschland (2 Bde.), *Liegnitz 1829.*
MOSCH, C. F.: Über den früheren Bergbau um Nickolstadt in Schlesien (Allgem. Archiv f. d. Geschichtskunde des Preuß. Staates 4/1831).
MOTZ, F.: Über die Metallarbeiter der heroischen Zeit, *Meiningen 1868.*

MÜLLER, H.: Geschichtliches über den Freiberger Bergbau, Freibergs Berg- und Hüttenwesen, 2. Aufl., *Freiberg 1893*.
MÜNICHSDORFER, F.: Geschichte des Hüttenberger Erzberges, *Klagenfurt 1870*.
MUGGENTHALER, H.: Kolonisatorische und wirtschaftliche Tätigkeit eines deutschen Zisterzienserklosters im XII. und XIII. Jahrhundert (Deutsche Geschichtsbücherei II, *München 1924*).
MURRAY, W.: An Archaic Hut in Wadi Umm Sidrah (Journal of Egyptian Archaeology, *Jahrgang 1929*, Bd. 25).
NAPIER, J.: Ancient Workers and Artificiers in Metal, *London 1856*.
NEF, J. U.: Mining and Metallurgy in Medieval Civilisation (The Cambridge Economic History of Europe, Bd. II, hrsg. von M. POSTAN and E. E. RICH, *Cambridge 1952*).
NEOGI, D.: Copper in Ancient India, *Calcutta 1918*.
NEUBURG, C.: Goslars Bergbau bis 1552, *Hannover 1892*.
NEUBURG, C.: Untersuchungen zur Geschichte des römischen Bergbaus (I und II) (Zeitschrift f. d. gesamte Staatswissenschaft, *Jahrgang 1900*, Bd. 56).
NEUBURG, C.: Der Zusammenhang zwischen römischem und deutschem Bergbau (Zeitschrift f. d. gesamte Staatswissenschaft, *Jahrgang 1907*, Bd. 63).
NEUBURG, C.: Zur lex metalli Vipascensis II (Lexis-Festschrift, *Tübingen 1907*).
NEUBURGER, A.: Die Technik im Altertum, *Leipzig 1929*, 4. Aufl.
NEUKAM, W. G.: Ein Gewerkenbuch von Goldkronach aus den Jahren 1481/1482 (Mitteil. d. Vereins für Gesch. d. Stadt Nürnberg 44/1953).
NEUMANN, B.: Die Metalle. Geschichte, Vorkommen und Gewinnung, *Halle 1904*.
NICOLO, M. S.: Ägyptisches Vereinswesen, *Berlin 1913*.
NÖGGERATH, J.: Beiträge zur Geschichte der Bergknappen (ZfB 14/1873).
ODERNHEIMER, F.: Eisenerzgruben auf der Insel Elba (Zeitschrift f. angewandte Chemie, *Jahrgang 1898*, Bd. 11).
OIKONOMOS, P.: Eine neue Bergwerksurkunde aus Athen (Athenische Mitteilungen, *Jahrgang 1910*, Bd. 35).
OPET, O.: Das Gewerkschaftsrecht nach den deutschen Bergrechtsquellen des Mittelalters (ZfB 34/1893).
OTTO, H.: Der Stand der quantitativen Untersuchung vor- und frühgeschichtlicher Bronzen (Nachrichtenbl. f. d. deutsche Vorzeit, *Jahrgang 1938*, Bd. 14).
OTTO, H.: Neue Ergebnisse der Erforschung frühbronzezeitlicher Kupferlegierungen (Forschungen und Fortschritte, *Jahrgang 1939*, Bd. 15).
OTTO, H.: Die um 2000 v. Chr. in Europa benutzten Kupferlegierungen (Forschungen und Fortschritte, *Jahrgang 1948*, Bd. 24).
PALACKY, F.: Geschichte von Böhmen, Bd. II und III, *Prag 1850* ff.
PARROT, A.: Entdeckung begrabener Welten, *Zürich 1954*.
PARTINGTON, R.: Origins and Development of Applied Chemistry, *London 1935*.
PATERNA, E.: Die Herausbildung von Formen kapitalistischer Produktionsverhältnisse und der Klassenkampf der Bergarbeiter im mansfeldischen Kupferschieferbergbau von der Mitte des 15. Jahrhunderts bis zum deutschen Bauernkrieg 1525, Phil. Diss., *Ost-Berlin 1955* (Masch.-Text).
Paulus Niavis: Judicium Jovis oder Das Gericht der Götter über den Bergbau, übersetzt und bearbeitet von P. KRENKEL (Freib. Forsch.-H. D 3/1953).
PAULY-WISSOWA: Realencyklopädie der classischen Altertumswissenschaften – Neue Bearbeitung, *Stuttgart ab 1893*.
PERNICE, E.: Die korinthischen Pinakes im Antiquarium der Königlichen Museen, Jahrbuch d. Archäol. Inst., 12, 1897.
PETRIE, SIR F.: The Metals in Ancient Egypt (Ancient Egypt, *Jahrgang 1915*).
PETRIE, W. F.: Researches in Sinai, *London 1906*.
PIÉRARD, LOUIS, CONSTANTIN MEUNIER, *Brüssel 1937*.
PIRCHEGGER, H.: Das steirische Eisenwesen bis 1564, *Graz 1937*.
PJOTROVSKIJ, B. B.: Il regno di Van, *Rom 1966*.
PLATTNER, P.: Geschichte des Bergbaus der östlichen Schweiz (m. Q.). *Chur 1878*.
POGATSCHNIGG, K.: Antiker Bergbau in Bosnien, *Wien 1894*.

POLAND, F.: Geschichte des griechischen Vereinswesens, *Leipzig 1909*.
POSTAN, M.: The Trade of Medieval Europe: the North (The Cambridge Economic History of Europe. Bd. II, hrsg. von M. POSTAN und E. E. RICH. *Cambridge 1952*).
PRETOR, A. und RINN, I. (Hrsg.): Bergbau in der Bundesrepublik Deutschland. Herausgegeben im Auftrag der Wirtschaftsvereinigung Bergbau, Bad Godesberg, *Essen 1964*.
PRITZKOLEIT, K.: Männer, Mächte, Monopole, *Düsseldorf 1965*.
PRITZKOLEIT, K.: Gott erhält die Mächtigen, *Düsseldorf 1963* (3. Aufl.).
PRZEWORSKI, ST.: Die Metallindustrie Anatoliens in der Zeit von 1500 bis 700 v. Chr., *Wien 1937* (Supplementband 36 zum Internationalen Archiv für Ethnologie).
PUNTSCHART, P.: Zur Quellenkunde des Görzer und Tiroler Bergrechts (ZfB 48/1907).
Quellensammlung der badischen Landesgeschichte, hrsg. von F. J. MONE. Bd. I, II, *Karlsruhe 1848*ff.
QUIRING, H.: Das Goldvorkommen bei Goldberg in Schlesien und seine bergmännische Gewinnung im 13. und 14. Jahrhundert, *Breslau 1914*.
QUIRING, H.: Der römische Goldbergbau in Hispanien und die »arrugien« des Plinius (Zeitschrift f. Berg-, Hütten- u. Salinenwesen, *Jahrgang 1933*, Bd. 81).
QUIRING, H.: Geschichte des Goldes, *Stuttgart 1948*.
RAYET, O.: Plaques votives en terre cuite trouvées à Corinthe (Gazette archéologique 6, 1880).
REICHENBACH, E. STROMER VON: Ergebnisse von Forschungsreisen in den Wüsten Ägyptens (Forschungen und Fortschritte, *Jahrgang 1936*, Bd. 12).
REIL, TH.: Beiträge zur Kenntnis des Gewerbes im hellenistischen Ägypten, Phil. Diss., *Leipzig 1913*.
REISNER, G. A. und FISHER, C. S.: Harvard Excavations at Samaria, Cambridge (USA) 1924.
REITEMEIER, F.: Geschichte des Bergbaus und des Hüttenwesens bei den alten Völkern, *Göttingen 1785*.
RELKOVIĆ, N. v.: Aus dem Leben der sieben »niederungarischen Bergstädte« im 14. bis 17. Jahrhundert (Ungarische Jahrbücher 6/1926).
RESS, F. M.: Die Oberpfälzischen Hammereinigungen von 1341 bis 1625 (Zeitschr. f. handelswissenschaftl. Forschung N. F. 2/1950).
RICKARD, A.: The Mining of the Romans in Spain (Journal of Roman Studies, *Jahrgang 1928*, Bd. 18).
RICKARD, A.: The Copper and Gold Mines of the Ancient Egyptians (Engeneering and Mining Journal, *Jahrgang 1925*, Bd. 119).
RICKARD, A.: Man and Metals, *London 1932*, 2 Bde. Vgl. auch das Werk Man before Metals, *New York 1931*, von A. RICKARD.
ROEDER, G.: Komposition und Technik der ägyptischen Metallplastik (Jahrbuch des deutschen archäologischen Instituts, *Jahrgang 1933*, Bd. 48).
RÖHLIG, J.: Der Handel von Milet, Phil. Diss., *Hamburg 1933*.
RÖSSING, A.: Geschichte der Metalle, *Berlin 1901*.
ROHRER, K.: Die alten Kupfergruben in Chalkis, *Athen 1909*.
ROSENBERG, M.: Geschichte der Goldschmiedekunst auf technischer Grundlage, *Frankfurt/M. 1924–25*.
ROSE-NEWMAN: The Metallurgy of Gold, *London 1937*, 2. Aufl. (1. Aufl. 1898 allein von ROSE bearbeitet).
ROSTOVTZEFF, M.: Geschichte der Staatspacht in der römischen Kaiserzeit bis Diokletian, *Berlin 1902*.
ROSTOVTZEFF, M.: Studien zur Geschichte des römischen Kolonats, *Leipzig 1910*.
ROSTOVTZEFF, M.: Gesellschaft und Wirtschaft im römischen Kaiserreich, *Leipzig 1931*.
ROSTOVTZEFF, M., The Social and Economic History of the Roman Empire I–II, *London 1957*.
RUBEN, W.: Bei den alten Eisenschmieden Indiens, die um 1000 v. Chr. aus Innerasien

einwanderten (Verhandlungen des zweiten türkischen Geschichts-Kongresses in Istanbul, *Istanbul 1937*).
RUSSEGGER, E.: Bergbaugeschichtliche Reisen in Europa, Asien und Afrika, *Stuttgart 1841–1844*.
SABATIER, J. et L.: Production de l'or, l'argent et le cuivre chez les anciens et hôtels monétaires dans les empires romains et byzantins, *St. Petersburg 1850*.
SANDARS, H.: The Linares Bas-Relief and Roman Mining Operations in Baetica, Archaeologia 59, 1905.
SAYCE, H.: Bronze, New Light on its History from Cuneiform Inscriptions (Man, *Jahrgang 1921*, Bd. 21).
SCHACHERMEYR, F.: Etruskische Frühgeschichte, *Berlin 1929*.
SCHAEFER-MÖLLER: Ägyptische Goldschmiedearbeiten, *Berlin 1910*.
SCHELLHAS, W.: Biographische Einleitung zu »Album für Freunde des Bergbaus«, *Freiberg 1957*.
SCHEUCHENSTUEL, C. von: Idioticon der österreichischen Berg- und Hüttensprache, *Wien 1856*.
SCHEUERMANN, L.: Die Fugger als Montanindustrielle in Tirol und Kärnten, Beitrag zur Wirtschaftsgeschichte des 16. und 17. Jahrhunderts; in: Studien zur Fugger-Geschichte (Bd. 8), hrsg. von J. Strieder, *München/Leipzig 1929*.
Schlesiens Bergbau und Hüttenwesen. Urkunden (1136–1528), hrsg. von K. WUTKE (Codex diplomaticus Silesiae XX), *Breslau 1900*.
SCHLÖZER, A. L.: Münz-, Geld- und Bergwerks-Geschichte des Russischen Kaisertums (1700–1789), *Göttingen 1791*.
SCHLOSSER, J. von: Die Kunst- und Wunderkammern der Spätrenaissance, *Leipzig 1908*.
SCHMIDT, A.: Der alte Zinnbergbau im Fichtelgebirge (Archiv f. Gesch. u. Altertumskunde von Oberfranken 15, 3/1883).
SCHMIDT, A.: Weitere Beiträge zur Geschichte der Zinngewinnung im Fichtelgebirge (Archiv f. Gesch. u. Altertumskunde von Oberfranken 18, 1/1890).
SCHMIDT, R.: Das Porzellan als Kunstwerk und Kulturspiegel, *München 1925*.
SCHMIDT, R.: Frühwerke Europäischer Porzellanmanufaktur, Sammlung Otto Blohm, *München 1953*.
SCHMIDT, W.: Norisches Eisen, *Düsseldorf 1932*.
SCHMÖKEL, H.: Das Land Sumer. Die Wiederentdeckung der ersten Hochkultur der Menschheit, *Stuttgart 1955*.
SCHMÖKEL, H.: Ur, Assur und Babylon. Drei Jahrtausende im Zweistromland, *Stuttgart 1955* (2. Aufl.).
SCHMÖKEL, H.: Hammurabi von Babylon. Die Errichtung eines Reiches, *München 1958*.
SCHMÖKEL, H.: Kulturgeschichte des alten Orient. Mesopotamien, Hethiterreich, Syrien, Palästina, Urartu (in Zusammenarbeit mit H. OTTEN, V. MAAG und TH. BERAN), *Stuttgart 1961*.
SCHMÖKEL, H.: Funde im Zweistromland, *Göttingen 1963*.
SCHNEIDER, H.: Zur Geschichte des Bergrechts und der Bergverfassung im Siegerland, Rechts- und staatswiss. Diss., *Bonn 1954* (Masch.-Text).
SCHÖNBAUER, E.: Zur Erklärung der lex metalli Vipascensis I (Zeitschrift d. Savigny-Stiftung, Roman. Abt., *Jahrgang 1922*, Bd. 55).
SCHÖNBAUER, E.: Zur Erklärung der lex metalli Vipascensis II (Zeitschrift d. Savigny-Stiftung, Roman. Abt., *Jahrgang 1927*, Bd. 56).
SCHÖNBAUER, E.: Beiträge zur Geschichte des Bergbaurechts, *München 1929*.
SCHÖNBAUER, E.: Vom Bodenrecht zum Bergrecht (Zeitschrift d. Savigny-Stiftung, Roman. Abt., *Jahrgang 1935*, Bd. 40).
SCHÖNBAUER, E.: Zur Frage des Liegenschaftserwerbs (Atti dell IV congresso internazionale di papirologia, *Mailand 1936*).
SCHÖNBERG, A. v.: Corpus juris & Systema rerum Metallicarum oder Neu Verfaßtes Berg-Buch, *Frankfurt a. M. 1698*.

SCHREIBER, F. M.: Die Bedeutung der Erzlagerstätten für die Städte des Sächsisch-Böhmischen Erzgebirges, Phil. Diss., *Leipzig 1923* (Masch.-Text).
SCHREIBER, G.: Der Bergbau in Geschichte, Ethos und Sakralkultur, *Köln und Opladen 1962.*
SCHRÖDEL, L.: Die Frühgeschichte der sozialen Versicherung mit spezieller Berücksichtigung der Quellen des Harzer Bergbaues, Jur. Diss., *Leipzig 1949* (Masch.-Text).
SCHUBERT, H.: Geschichte der nassauischen Eisenindustrie von den Anfängen bis zur Zeit des 30jährigen Krieges (Veröffentlichungen d. hist. Kommission f. Nassau IX.), *Marburg 1937.*
SCHUCHHARDT, C.: Alteuropa, *Berlin 1935*, 3. Aufl.
SCHULTZE, J. H.: Der spekulative Charakter des Bergbaues, Wirtschafts- und sozialwissenschaftl. Diss., *Frankfurt 1926.*
SCHULZE, G.: Beiträge zur Landes- und Siedlungskunde des Fichtelgebirges, Phil. Diss., *Leipzig 1909.*
SCHURTZ, H.: Der Seifenbergbau im Erzgebirge und die Walensagen (Forschungen zur deutschen Landes- und Volkskunde 5/1890).
SCHUSTER, W.: Geschichte des Eisenhüttenwesens (Die Technik der Neuzeit, hrsg. von F. Klemm, II. Bd.) *Potsdam 1941.*
SCHWARZ, G. VON: Die Bergbausiedlungen im mährischen Gesenke (Petermanns Geographische Mitteilungen 93/1949).
SCHWARZ, G. VON: Die Eisenindustrie bei den alten Indern (Österreichische Monatsschrift f. d. Orient, *Jahrgang 1893*).
SCHWARZ-DANNEMANN, VON: Die Eisengewinnung von den ältesten Zeiten bis auf den heutigen Tag, *München 1925.*
SCHWEINFURTH, G.: Die Wiederaufnahme des alten Goldminenbetriebes in Ägypten und Nubien (Annales du Service des Antiquitées, *Jahrgang 1910*, Bd. 4).
SCHWEINFURTH, G.: Auf unbetretenen Wegen in Ägypten, *Berlin 1922.*
Scriptores rerum Silesicarum, hrsg. von G. A. STENZEL und C. GRÜNHAGEN. Bd. I, II, VI, *Breslau 1835* ff.
SEDGWICK, B.: The Gold Supply in Ancient and Medieval Times and its Influence on History (Greece and Rome, *Jahrgang 1936*, Bd. 5).
SIEBER, S.: Zur Geschichte des erzgebirgischen Bergbaues, *Halle 1954.*
SIEBERT, H. D.: Gründung und Anfänge der Reichsabtei Salem (Freiburger Diözesan-Archiv N. F. 35/1934).
SILBERSCHMIDT, W.: Die Entwicklung der Gewerkschaft (Zeitschr. f. d. Gesamte Handelsrecht und Konkursrecht 71/1912).
SILBERSCHMIDT, W.: Die deutsche Berggerichtsbarkeit (Rheinische Zeitschr. f. Zivil- u. Prozeßrecht 5/1913).
SILBERSCHMIDT, W.: Die Regelung des pfälzischen Bergwesens, *Leipzig 1913.*
SKRABAR, V.: Das Mithraeum bei Modric am Bachergebirge, Strena Buliciana, *Zagreb-Split 1924.*
SMITH, A.: Early Chinese Metallurgy (Metal Industry, *Jahrgang 1936*, Bd. 48 ed. London).
SMITH, R.: The Story of Iron and Steel, *New York 1908.*
SMITH, V.: On Indian Iron and Steel of Ancient Origin (Journal of Iron and Steel Institute, *Jahrgang 1912*, Bd. 85).
SÖLLNER, M.: Die Besiedlung Nordwestböhmens in bezug auf die Nationalität mit Berücksichtigung der Montanwirtschaft, Phil. Diss., *Leipzig 1923* (handschriftl. Text).
SPECK, L.: Handelsgeschichte des Altertums, *Leipzig 1900.*
SPERGES, J. V.: Tyrolische Bergwerksgeschichte, *Wien 1765.*
SPONSEL, J.-L.: Führer durch die Grüne Gewölbe zu Dresden, *Dresden 1921.*
SRBIK, H. V.: Studien zur Geschichte des österreichischen Salzwesens (Forschungen zur inneren Geschichte Österreichs 12), *Innsbruck 1917.*
STEINBECK, Ä.: Geschichte des schlesischen Bergbaues, seiner Verfassung, seines Betriebes, *Breslau 1857.*

STERNBERG, GRAF K.: Umrisse einer Geschichte der böhmischen Bergwerke, *Prag 1836* ff.
STÖTZEL, H.: Die Bergmannssage, Phil. Diss., *Köln 1936*.
STOUGHTON, B.: The Metallurgy of Iron and Steel, *New York 1911*.
STRECK, M.: Das Gebiet der heutigen Landschaften Armeniens, Kurdistans und Westpersiens nach den babylonisch-assyrischen Keilschriften (Zeitschrift für Assyriologie, *Jahrgang 1898*, Bd. 13).
STRIEDER, J.: Studien zur Geschichte kapitalistischer Organisationsformen, 2. Aufl. *München und Leipzig 1925*.
STRIEDER, J.: Die Entstehung eines deutschen frühkapitalistischen Montanunternehmertums im Zeitalter Jacob Fuggers des Reichen (1459–1525) (Beiträge zur Geschichte der Technik und Industrie, 19/1929).
STROHMEYER, W.: Die Äbte des Klosters St. Trudpert (Freiburger Diözesan-Archiv N.F. 34/1933).
STROMBOLI, A.: The Metallurgy of the Etruscans (Rassegna mineraria metallurgica e chimica Italiana, *Jahrgang 1928*, Bd. 68).
STROMENGER, E. und HIRMER, M.: Fünf Jahrtausende Mesopotamien, *München 1962*.
SVORONOS, J.N.: Das Athener Nationalmuseum I–II, *Athen 1903–1912*.
SWOBODA, J.: Der Staat, das Eigentum, die Regalien, insbesondere die Bergwerksfreiheit in ihrer Genesis, welthistorischen Entwicklung und heutigen Berechtigung, *Freiberg 1848*, H. 1.
TÄCKHOLM, U.: Studien über den Bergbau der römischen Kaiserzeit, Phil. Diss., *Uppsala 1937*.
TARN, W.: The Greeks in Bactria and India, *London 1938*.
TAUTENHAHN, F.: Das Bergmannsschnitzen im Erzgebirge, Diss. an der Techn. Hochschule Dresden, *Schwazenberg 1937*.
TÉGLÁS, G.: Die Bergwerksverwaltung der Römer in Dazien (Österreichische Zeitschrift f. Berg- u. Hüttenwesen, *Jahrgang 1890*, Bd. 38).
THOMA, W.: Die colonisatorische Thätigkeit des Klosters Leubus im 12. und 13. Jahrhundert, Phil. Diss., *Leipzig 1894*.
THOMPSON, C.: Dictionary of Assyrian Chemistry and Geology, *Oxford 1936*.
THORNDIKE, L.: History of magic and experimental science, *London 1929*.
TITIUS, G.: De iure metallorum, *Lipsiae 1695*.
TOLL, M.: The mineral resources of Syria (Engineering and Mining Journal, *Jahrgang 1921*, Bd. 112).
DE TOLNAY, CH.: Hieronymus Bosch, *Baden-Baden 1966*.
TREMEL, F.: Das Ende des Silberbergbaues in Oberzeiring (Blätter f. Heimatkunde, hrsg. vom Hist. Verein f. Steiermark 27/1953).
TREMEL, F.: Der Frühkapitalismus in Innerösterreich, *Graz 1954*.
TRENKLE, J.B.: Geschichte des Bergbaues im südwestlichen Schwarzwalde. (ZfB 11/1870).
TREPTOW, E.: Geschichte des Bergbaus im Abriß (Buch der Erfindungen, Bd. V, *Leipzig 1899*).
TREPTOW, E.: Der altjapanische Berg- und Hüttenbetrieb, *Freiberg 1904*.
TREPTOW, E.: Das Studium der Geschichte des Bergbaus, *Freiberg 1909*.
TREPTOW, E.: Der älteste Bergbau und seine Hilfsmittel (Verein deutscher Ingenieure, *Jahrgang 1918* des Jahrbuchs, Bd. 8 (Beiträge z. Geschichte d. Technik u. Industrie).
TREPTOW, E.: Bergmännische Kunst, Beiträge zur Geschichte der Technik und Industrie, 12, 1922.
TREPTOW, E.: Deutsche Meisterwerke bergmännischer Kunst, Deutsches Museum, Abhandlungen und Berichte, *Berlin 1929*.
TREUE, W.: Die Eroberung der Erde. Auf den Spuren der großen Entdecker, *Berlin 1939*.
TREUE, W.: Die Kulturgeschichte der Schraube von der Antike bis zum 18. Jahrhundert, *München 1955*.

TREUE, W.: Invasionen 1066 bis 1944. Eine Studie zur Geschichte des amphibischen Krieges, *Darmstadt 1955*.
TREUE, W.: Wirtschaftsgeschichte der Neuzeit 1700–1960, *Stuttgart 1962* (Bd. 208).
TREUE, W.: Eugen Langen und Nicolaus August Otto, zum Verhältnis von Unternehmer und Erfinder, Ingenieur und Kaufmann, *München 1963*.
TREUE, W.: Achse, Rad und Wagen..., *München 1965*
TREUE, W.: Gummi in Deutschland..., *München 1965*.
TREUE, W.: Die Feuer verlöschen nie, *Düsseldorf/Wien 1966*.
TREUE, W. und PÖNICKE, H.: Quellen zur Geschichte der industriellen Revolution, *Göttingen 1966*.
TREUE, W.: Die Demontagepolitik der Westmächte nach dem 2. Weltkrieg, *Göttingen/ Hannover 1967*.
TUSCANI, J.: Beiträge zur Geschichte der ältesten bergrechtlichen Urkunden ZfB, *Jahrgang 1877*, Bd. 18.
UHLHORN, G.: Die Kulturtätigkeit der Cistercienser in Niedersachsen (Zeitschr. d. hist. Vereins f. Niedersachsen 1890).
UHLHORN, G.: Der Einfluß der wirtschaftlichen Verhältnisse auf die Entwicklung des Mönchtums im Mittelalter (Zeitschr. f. Kirchengesch. 14/1894).
UMEHARA, S.: Über die Bronzezeit in China (Ostasiatische Zeitschrift, *Jahrgang 1936*, Bd. 11).
UNGER, M.: Stadtgemeinde und Bergwesen Freibergs im Mittelalter, Phil. Diss., *Leipzig 1957* (Masch.-Text).
Urkundenbuch der Stadt Freiberg, hrsg. von H. ERMISCH. 3 Bde (Codex diplomaticus Saxoniae Regiae II. Hauptteil, Bd. 12–14), *Leipzig 1883* ff.
Urkundenbuch des Benedictinerklosters St. Trudpert, hrsg. von F. v. WEECH (ZGORh 30/1878).
Urkundenbuch des Herzogtums Steiermark, bearbeitet von J. ZAHN, Bd. I und II., *Graz 1875* ff.; Ergänzungsheft zu den Bänden I–III, bearbeitet von H. PIRCHEGGER und O. DUNGERN, *Graz 1949*.
Urkundenbuch zur Geschichte der böhmischen Bergwerke, hrsg. von Graf K. STERNBERG (Umrisse einer Geschichte der böhmischen Bergwerke I. Bd. 2. Abt.), *Prag 1837*.
Urkundliche Beiträge zur Geschichte des Hussitenkrieges vom Jahre 1419 an, hrsg. von F. PALACKY, *Prag 1873*.
VAVŘINEC Z BŘEZOVÉ: Husitská kronika (tschechische Übersetzung), bearbeitet von F. HEŘMANSKY, *Prag 1954*.
VEITH, H.: Deutsches Bergwörterbuch, *Breslau 1871*.
VERDENHALVEN, O.: Die Lüneburger Saline als industrieller Großbetrieb im Mittelalter. Die Besitzverhältnisse, Phil. Diss., *Kiel 1951* (Masch.-Text).
VIETZEN, H.: Der Münchner Salzhandel im Mittelalter, Staatswissenschaftl. Diss., *München 1936*.
VILLARS, H. DE: Traité de l'art métallique extrait des œuvres de Barba, auquel on a joint une mémoire concernant les mines de France pour tirer de ces mines l'or et l'argent qu'en tiroient les Romains, *Paris 1730*.
VOELKEL, C.: Die beiden Erztafeln von Vipasca (I u. II) und das deutsche Bergrecht (ZfB, *Jahrgang 1914*, Bd. 55).
VOGEL, O.: Die Entwicklung der Metallbeizerei – *Weinheim 1951* (Handbuch der Metallbeizerei, Teil I), 2. Aufl.
VOPPEL, K.: Das Landschaftsbild des Erzgebirges unter dem Einflusse des Erzbergbaues (Wissenschaftl. Veröffentlichungen des Deutschen Museums f. Länderkunde, N. F. 9), *Leipzig 1941*.
WAINWRIGHT, A.: The Occurrence of Tin and Copper near Byblos (Journal of Egyptian Archæology, *Jahrgang 1934*, Bd. 20).
WAINWRIGHT, A.: Tabal, Tibareni, Tebareni (Orientalistische Literatur-Zeitung, *Jahrgang 1936*, Bd. 38).
WAINWRIGHT, A.: The Coming of Iron (Antiquity, *Jahrgang 1936*, Bd. 10).

WALKER, B.: The Story of Steel, *New York 1926.*
WANDESLEBEN: Geschichtliche Entwicklung und Bedeutung der Salinen des Seillegaues im Mittelalter (ZfB 31/1890).
WAPPLER, P.: Über die alte Freiberger Berg-Knapp- und Brüderschaft (Mitteil. d. Freib. Altertumsvereins 37/1900).
WARMINGTON, J.: The Commerce between the Roman Empire and India, *London 1928.*
WATZINGER, C.: Die Denkmäler Palästinas, *Berlin 1935.*
WEED, W.: The Copper Mines of Cyprus, *London 1907.*
WEIHRAUCH, H.R.: Europäische Bronzestatuetten, 15.–18. Jahrhundert, *Braunschweig 1967.*
WEILL, R.: Recueil des inscriptions égyptiennes du Sinai, *Paris 1904.*
WEILL, R.: La presqu'île du Sinai, *Paris 1908.*
WEISS, G.: Der Erzbergbau im Fichtelgebirge, Staatswissenschaftl. Diss., *Erlangen 1923* (Masch.-Text).
WEIZSÄCKER, W.: Sächsisches Bergrecht in Böhmen. Das Joachimsthaler Bergrecht des 16. Jahrhunderts (Forschungen zur Sudetendeutschen Heimatkunde, Heft 5), *Reichenberg 1929.*
WENCKENBACH, F.: Bergmännisches Wörterbuch, *Wiesbaden 1864.*
WEYHMANN, A.: Geschichte der älteren lothringischen Eisenindustrie (Jahrb. d. Ges. f. lothringische Gesch. u. Altertumskunde 17/1905).
WHITE, B.: Silver, its Romance and History, *London 1917.*
WHITTICK, C.: Roman Mining in Britain (Transaction of the Newcomen Society, *Jahrgang 1933,* Bd. 12).
WICK, W.: Die landesherrlichen Eisenhütten und Hämmer im ehem. Kurhessen bis zum Ende des 17. Jahrhunderts (Zeitschr. d. Vereins f. hess. Gesch. u. Landeskunde N.F. 16. Supplementbd. 1910).
WIEDERHOLD, W.: Goslar als Königsstadt und Bergstadt (Pfingstblätter des hansischen Geschichtsvereins 13/1922).
WIESSNER, H.: Geschichte des Kärntner Bergbaues. Teil I–III (Archiv für vaterländische Gesch. u. Topographie, Bd. 32, 36/37, 41/42), *Klagenfurt 1950* ff.
WILHELM, A.: Attische Pachturkunden (Archiv f. Papyrologie, *Jahrgang 1935,* Bd. 11).
WILMANNS, G.: Inschrift von Vipasca I; Kommentar und Übersetzung (ZfB, *Jahrgang 1878,* Bd. 19).
WILPERT, J.: Die Malereien der Katakomben Roms, *Freiburg 1903.*
WILSDORF, H.: Bergleute und Hüttenmänner im Altertum bis zum Ausgange der Römischen Republik (Freib. Forsch.-H. D 1/1952).
WILSDORF, H.: Historische und archäologische Quellen zur Geschichte des Eisens, Akademie Verlag, *Berlin 1954* (Freiberger Forschungshefte D 5).
WILSDORF, H.: Präludien zu Agricola. I. Das Joachimsthaler Bergbüchlein des Hans Rudhart 1523. II. Die Cosmography des Sebastian Münster 1544. Akademie Verlag, *Berlin 1954* (Freiberger Forschungshefte D 5).
WILSDORF, H.: Übersicht über die Werke des Georgius Agricola, Deutsche Akademie des Wissens, *Berlin 1955.*
WILSDORF, H.: Georg Agricola und seine Zeit. Mit einem Geleitwort von Friedrich Leutwein und einem Anhang: »Georg Agricolas Werke«, Deutsche Akademie des Wissens, *Berlin 1956.*
WILSDORF, H., HERRMANN, W., LÖFFLER, K.: Bergbau – Wald – Flöße. Untersuchung zur Geschichte der Flößerei im Dienste des Montanwesens und zum montanen Transportproblem, Akademie Verlag, *Berlin 1960* (Freiberger Forschungshefte D, 28).
WINTER, F.: Statuten der Pfännerschaft zu Salze (Geschichtsblätter f. Land und Stadt Magdeburg 8/1873).
WITTER, W.: Die technische Verwendung arsenhaltiger Kupfererze im Altertum (Metall u. Erz, *Jahrgang 1936,* Bd. 32).
WITTER, W.: Eine in Vergessenheit geratene 4000 Jahre alte Legierung von Kupfer und Arsen (Forschungen und Fortschritte, *Jahrgang 1937,* Bd. 13).

WITTER, W.: Die Kenntnis von Kupfer und Bronze in der alten Welt (Mannusbücherei, Bd. LXIII), *Leipzig 1938*.
WOLFSTRIGL-WOLFSKRON, M. v.: Die Tiroler Erzbergbaue 1301–1665, *Innsbruck 1903*.
WOOLLEY, C. L.: Digging up the Past, *London 1954*.
WORMS, ST.: Schwazer Bergbau im fünfzehnten Jahrhundert, *Wien 1904*.
WRESZINSKI, W.: Atlas zur ägyptischen Kulturgeschichte, *Leipzig 1919*ff.
WRIGHT, G. E.: The Pottery of Palestine from the Earliest Times to the End of the Early Bronze Age, *New Haven 1937*.
WUTKE, K.: Die Versorgung Schlesiens mit Salz während des Mittelalters (ZVGSchles 27/1893).
WUTKE, K.: Zur Geschichte des Bergbaus bei Kolbnitz (ZVGSchles 32/1898).
YADIN, Y.: Hazor I, *Oxford und Jerusalem 1958*.
YANESKE, V.: The History of Iron and Steel Manufacture and its Development in India (Indian Engineering, *Jahrgang 1931*, Bd. 90).
ZENKER, L.: Zur volkswirtschaftlichen Bedeutung der Lüneburger Saline für die Zeit von 950 bis 1370 (Forschungen zur Gesch. Niedersachsens, Bd. I, Heft 2), *Hannover und Leipzig 1906*.
ZIMMERMANN, E.: Meißner Porzellan, *Leipzig 1926*.
ZIPPE, X.: Geschichte der Metalle, *Wien 1857*.
ZIPPELIUS, G.: Urgeschichte des Schmiedes, *Würzburg 1901*.
ZYCHA, A.: Das Recht des ältesten deutschen Bergbaues bis ins 13. Jahrhundert, *Berlin 1899*.
ZYCHA, A.: Das böhmische Bergrecht des Mittelalters auf Grundlage des Bergrechts von Iglau, *Berlin 1900*.
ZYCHA, A.: Ein altes soziales Arbeiterrecht Deutschlands (ZfB 41/1900).
ZYCHA, A.: Vipasca (Reallexikon der germanischen Altertumskunde, Bd. I).

Sumer, Babylon und Assyrien

1 Vgl. das Kap. »Das Volk der Bibel«.
2 Vgl. J. Mellaart, Catae Hüyük, 1967, S. 212.
3 Vgl. K. Kenyon, Digging up Jericho.
4 Vgl. u. a. H. Otten, MDOG 83, 1951, S. 40 f.
5 Vgl. E. Laroche, Revue Hittite et Asianique 60, 1957, S. 9.
6 Vgl. Keilschrift-Urkunden aus Boghazköi: KUB IX 33, Zeile 15.
7 Vgl. H. Otten, MDOG 83, 1951, S. 40 f. Vgl. auch Schachermeyr: Reallexikon der Assyriologie.
8 In hethitischen Tempel-Inventaren werden Götterbilder aus Eisen erwähnt. Vgl. Keilschrift-Texte aus Boghazköi = KBO II 1, bei B. Hrozny: Boghazköi, Stu. 3.
9 Vgl. dazu Cornelius, Geistesgeschichte der Frühzeit, Bd. II, S. 267.
10 Übersetzung des Textes u. a. bei Hommel, Geschichte Babyloniens und Assyriens, Berlin 1885, S. 192. Vgl. auch Rawlinson, History of Phoenicia, London 1889. Hommel gilt wegen seiner zum Teil recht willkürlichen Auswahl von Belegen zwar als überholt; aber seine Forschungsergebnisse brauchen eine Erwähnung dennoch nicht zu scheuen.
11 Zit. nach Rawlinson, Tafel 59, Nr. 2, Zeile 18.
12 Wilsdorf, Bergleute und Hüttenmänner im Altertum bis zum Ausgang der römischen Republik, (Ost-)Berlin 1952, S. 79.
13 Vgl. u. a.: W. F. Leemans, Foreign Trade in the Old Babylonian Period: Studia et Documenta, Bd. 6.
14 ebenda.
15 Alte Funde werden mit Hilfe der Carbon-14-Methode (Carbon 14 ist ein Kohlenstoff-Isotop) zeitlich bestimmt. Da die Aufnahme des Kohlenstoff-Isotops durch lebende Organismen (Menschen, Tiere, Pflanzen) bei Eintritt des Todes aufhört, läßt sich mit Hilfe der Carbon-14-Prüfung errechnen, wann der Tod eingetreten ist. 5500 Jahre nach dem Eintritt des Todes beträgt die Menge des durch die Luft aufgenommenen Kohlenstoff-Isotops nur noch die Hälfte (normale Menge der Neutronen = 12; die höhere Zahl wird durch das Atomgewicht festgestellt), nach weiteren 5500 Jahren wiederum die Hälfte, also 1/4, nach weiteren 5500 Jahren wieder die Hälfte usw. Nach neueren Forschungen differieren die Ergebnisse der Berechnungen bei 44000 Jahren um weniger als 40 Jahre.
16 Vgl. dazu u. a. Bezold, Assyrisch-babylonisches Glossar, Heidelberg 1925, und Deimel, Sumerisches Lexikon, Rom 1927 ff.
17 Vgl. u. a. Otto, Der Stand der quantitativen Untersuchung vor- und frühgeschichtlicher Bronzen, Nachrichtenblatt deutsche Vorzeit, Jg. 1938, Bd. 14, S. 71–74; Otto, Neue Ergebnisse der Erforschung frühbronzezeitlicher Kupferlegierungen, Forschungen und Fortschritte, Jg. 1939, Bd. 15, S. 398–400; Ott, Die um 2000 v. Chr. in Europa benutzten Kupferlegierungen, Forschungen und Fortschritte, Jg. 1948, Bd. 24, S. 152–155.
18 Derselbe in: Inventaire des tablettes de Tello, Paris 1910, Nr. 755, 795.
19 Hartmut Schmökel, Ur, Assur und Babylon, Stuttgart 1958, S. 52 f.
20 Vgl. die Anm. 25) in diesem Kapitel.
21 Vgl. dazu u. a. Stromenger, E. und Hirmer, M., Fünf Jahrtausende Mesopotamien, München 1962.
22 Hartmut Schmökel, Türkise vom Berg Sinai, Deutscher Forschungsdienst vom 7. Oktober 1960; 7. Jg. 40/60, S. 6.
23 Schmökel, Ur, Assur und Babylon, S. 97.
24 Vgl. z. B. Helmut Wilsdorf, Bergleute und Hüttenmänner im Altertum bis zum Ausgang der römischen Republik, Freiberger Forschungshefte, Reihe D. H. 1, S. 92, Anm. 4.
25 Vgl. Sollberger in Archiv für Orientforschung XVII, 1954, S. 29 ff.
26 Der Codex wurde 1901/02 in Susa bei Ausgrabungen gefunden.

27 Vgl. Wilsdorf, a.a.O., S.88.
28 Vgl. dazu Hartmut Schmökel, Ur, Assur und Babylon, S. 37.
29 Diodor II, 8.
30 Vgl. Annalen Hattusilis' I., KBO XII 1.
31 Persönl. Hinweis des Assyriologen Hartmut Schmökel.
32 Vgl. St.Przeworski, Die Metallindustrie Anatoliens in der Zeit von 1500 bis 700. v.Chr. Rohstoffe, Technik, Produktion, Int. Archiv f. Ethnographie 36, 1939, Suppl.
33 A. Goetze, Kizzuwadna, 1940, S. 27 ff.
34 Keilschrift-Texte aus Boghazköi I Nr. 14, lin 20.
35 Vgl. Handbuch der Altertumswissenschaft, München 1933, 3.Abt., 1.Teil, 3.Bd. S.73.
Vgl. auch Albrecht Goetze, Kulturgeschichte des Alten Orients, München 1957.
36 Vgl. Kulturgeschichte des Alten Orients, a.a.O. S.78.
37 Vgl. Handbuch der Altertumswissenschaft, a.a.O. S.73.
38 Vgl. Anm. 39.
39 Persönliche Mitteilung vom Museumsdirektor Raci Temizer vom 10.3. 1961 an den Autor. Im Brief von Raci Temizer heißt es u.a.»Die Publikationsrechte sind gemäß dem türkischen Gesetz und den Vorschriften den türkischen Archäologen und den türkischen Autoren vorbehalten ... Niemand ist berechtigt, Ihnen das Nachbild und den Inhalt dieser Tafeln zu geben. Es ist klar, daß Sie sie erst nach ihrer Publikation durch türkische Fachautoren verwenden können«. Die Tontafeln sind im Museum in Ankara unter den Nummern 19372 und 19395 registriert.
40 Vgl. dazu besonders die zahlreichen Studien von Julius Lewy in: Hebrew Union College Annual (allerdings sind die Deutungen der assyrischen Metallnamen durch Lewy nicht haltbar).
41 Vgl. Hermann Kees in Handbuch der Altertumswissenschaft, S.73.
42 Von Tiglatpilesar I. (1113–1074) wird berichtet, daß er seine Auerochsen mit Eisenspeeren zu töten pflegte.
43 Vgl. z.B. Jeremia 39,7 und 52,10f.
44 Vgl. Propyläen-Weltgeschichte, Bd. 1, Erwachen der Menschheit, S. 521.
45 Vgl. Hermann Kees, Handbuch der Altertumswissenschaft, III, I, 3, 1, S.139.
46 Vgl. Newberry, El Bersheh I, Taf. 14, vgl. Sethe, Lesestücke S.77f.
47 Vgl. Kees, a.a.O. S.139.
48 Ein nachgezeichneter Ausschnitt aus dem Relief ist im Lehrbuch für den Geschichtsunterricht, (Ost-)Berlin 1950, S.28 abgebildet. Da er aus dem Zusammenhang herausgerissen ist, erweckt das Bild den Eindruck, als förderten Bergarbeiter Erze zutage, obwohl es sich bei dem Relief um eine Abbildung von Erz- oder Steinträgern über Tage handelt.
49 Herodot, Historien, Reisen in Kleinasien und Ägypten, München 1958, S. 48. Herodot macht dort denn auch die Einschränkung, daß er das Standbild nicht selber gesehen habe, sondern nur wiedergebe, was ihm die Chaldäer »sagten«. Xerxes hatte es aus Babylon abtransportiert, so daß Herodot es gar nicht selbst sehen konnte.
50 ebenda, S.53; 1 Medimnos = 32,53 Liter.
51 Dabei ist es gleichgültig, ob das Gold durch Untertagebau oder durch Seifen (Gold waschen) gewonnen wurde. Das Goldseifen gehört zum Bergbau, ebenso das Zinnseifen usw.
52 Herodot, a.a.O. S.79.

Lydien, Kroisos und die Erfindung der Münze

1 Die Angaben differieren; es hängt nämlich davon ab, ob die euböisch-attische Gewichtsmine oder die leichte Goldmine Attikas zugrundegelegt werden.
2 Herodot, a.a.O. S.40.
3 ebenda
4 Die lydischen Mädchen lebten vor ihrer Ehe häufig als Dirnen, um sich auf diese Weise vor allem ihre Aussteuer zu verdienen.

Urartu

1 Vgl. u.a. B.B.Pjotrovskij, Il regno di Van, Rom 1966.
2 Vgl. dazu das Kap. »Skythen am Pontos Euxeinos«.
3 Vgl. Cavaignac: Revue Hittite et Asianique 72, 1963, S.47ff.
4 Die thematisch bestimmte Quellenlage im Hinblick auf Urartu ist dürftig. Zu erwähnen sind u.a. Pjotrovskij, Die Ausgrabungen von Karmir-Blur, Sowjetwissenschaft, Jahrgang 1950, H. 10; ders., Geschichte und Kultur Urartus (russ.), Eriwan 1944; Mitteilungen im Archiv für Orientforschung, vol. XIV–XV, p. 226, 157f.
6 Vgl. dazu das Kap. »Griechenland«.

Ägypten

1 Vgl. dazu Anm. 13.
2 E. Russegger, Bergbaugeschichtliche Reisen in Europa, Asien und Afrika, Stuttgart 1841 bis 1844, 3 vol.
3 J. Alford, Goldmining in Egypt, Journal of the Institute of Mining and Metallurgy, Jahrgang 1901.
4 G. Schweinfurth, Die Wiederaufnahme des alten Goldminenbetriebes in Ägypten und Nubien, Annales du Service des Antiquitées, Jg. 1910, vol. 4, 268–300.
5 Vgl. Vossische Zeitung vom 22. und vom 26. 11. 1903.
6 Seine Wände bestehen aus massivem 22karätigem Gold mit einer Wandstärke von 2,5 bis 3,5 mm.
7 Hermann Kees, Handbuch der Altertumswissenschaft III, I, 3, 1, S.131, schätzte den Materialwert 1933 auf 500000 Mark.
8 Kurt Lange und Max Hirmer, Ägypten, München 1955/57, S.71.
9 Vgl. Griffith, The Nauri Decret, Journal of Egyptian Archaeology, Jg. 1927, S. 193–207.
10 Vgl. Die Listen des großen Papyrus Harris, Glückstadt 1935, S.54.
11 Herausgegeben von Steindorff, Leipzig 1903 ff.; dort IV, 526.
12 Vgl. Herodot III, 22, 23.
13 Seit mehr als 100 Jahren wird nicht nur in der Fachwissenschaft lebhaft über die Kenntnis von Bodenschätzen und Metallen im alten Ägypten diskutiert. Ausgelöst wurde die Diskussion von R. Lepsius (u.a.: »Die Metalle in den ägyptischen Inschriften«, Berlin 1872). Bis 1914 boten B. Neumann (»Die Metalle – Geschichte, Vorkommen und Gewinnung«, Halle 1904), M. Gsell (»Eisen, Kupfer und

Bronze bei den Alten Ägyptern«, Karlsruhe 1910) und Sir Flinders Petrie (»The Metals in Ancient Egypt«, Jg. 1915) sachliche Informationen, die weitere Fragen inspirierten. Die Untersuchungen von Schaffer-Möller (»Ägyptische Goldschmiedearbeiten«, Berlin 1910) und die Berichte von Rosenberg (»Geschichte der Goldschmiedekunst auf technischer Grundlage«, Frankfurt 1924/25, Bd. 2) und Möller (»Die Metallkunst der Alten Ägypter«, Leipzig 1923) informierten die breitere Öffentlichkeit besonders in der Zeit, in der die Funde aus dem Grab Tutanchamuns bekannt wurden. Garlands Darstellungen (Garland-Bannister: »Ancient Egyptian Metallurgy«, London 1927), die deutlich unter dem Eindruck der Grabfunde (Tutanchamun) standen, verzeichneten die Rolle der Metalle im alten Ägypten. Die Untersuchungen Wilsdorfs (im Rahmen dieses Buches häufig zitiert) und Lucas' (»Ancient Egyptian Materials and Industries«, London 1934) trugen wesentlich dazu bei, die historiographisch absicherbaren Tatsachen proportionsgerecht einzuordnen (Garland war fälschlich der Ansicht, daß die Metallkunst im alten Ägypten den primären Faktor in der Geschichte Ägyptens überhaupt bildete). Wilsdorfs Untersuchungsergebnissen und Darstellungen über die Lage der Metallarbeiter im alten Ägypten gebührt ein besonderer wissenschaftlicher Rang.
14 Auf die zahlreichen Theorien über den Pyramidenbau kann hier nicht eingegangen werden. Genannt seien nur: Lepsius, Über den Bau der Pyramiden, Abhandlungen der Preußischen Akademie der Wissenschaften, Berlin 1843, und Petrie, Pyramids and Temples of Gizeh, 1883.
15 Vgl. Petrie, Kahun, Gurob and Hawara, 1890, S. 16.
16 Vgl. z. B. Borchardt, Entstehung der Pyramiden an der Baugeschichte der Pyramide bei Mejdum nachgewiesen, 1928, S. 37 f., und Clarke und Engelbach, Anc. Egypt. masonry, 1930, bes. Kap. IX und X.
17 Herodot II, 125.
18 Vgl. Vyse, Pyramids of Gizeh I, 276.
19 Vgl. Petrie, The Labyrinth, Gerzeh and Mazghuneh, London 1912, S. 15 f.
20 Vgl. die Abhandlungen über das Eisen bei den Assyrern im 1. Kapitel.
21 Sichem ist die erste Stadt, die in der Bibel erwähnt wird. Es ist die damalige Hauptstadt Israels, die zur Zeit Abrahams und Jakobs Regierungszentrum des von den Ägyptern beherrschten Reiches war. Um 1150 v. Chr. wurde sie durch Abimelech zerstört. Im Jahre 1926 begannen deutsche Archäologen diese Stadt, die östlich von Nablus im heutigen Jordanien lag, auszugraben. Amerikanische Archäologen unternahmen im Sommer 1960 weitere Ausgrabungen und stellten fest, daß die biblischen Berichte im Buch der Richter heute noch durch Grabungsergebnisse zu belegen sind. Neben zahlreichen Schmuckstücken, Münzen, Scherben, Häuserruinen und anderen Überresten aus der Stadt wurden tiefe Schächte entdeckt, die nach der Zerstörung wohl zur Suche nach Schätzen niedergebracht worden waren.
22 Vgl. Gardiner, The Map of the Gold Mines in a Ramesside Papyrus at Turin, Cairo Scientific Journal, Jg. 1914, vol. 8, p. 42.
23 Vgl. A. Rickard, The Copper and Gold Mines of the Ancient Egyptians, Engeneering and Mining Journal, Jg. 1925, vol. 119, p. 1005–1012. Genannt sei gleichzeitig von Rickard auch »Man and Metals«, London 1932, vol. 2.
24 Vgl. Stromer von Reichenbach, Ergebnisse von Forschungsreisen in den Wüsten Ägyptens, Forschungen und Fortschritte, Jg. 1936, Bd. 12, S. 242–243.
25 Vgl. H. J. von der Esch, Weenak – die Karawane ruft, Leipzig 1944, 4. Aufl.
26 K. Fitzler, Steinbrüche und Bergwerke im ptolemäischen und römischen Ägypten, Leipzig 1910, S. 3–8.
27 Wilsdorf, a. a. O. S. 32. Die Aufzählung findet sich ebenda, S. 55–57.
28 Vgl. Georg Möller, Die Metallkunst der alten Ägypter, Berlin 1925, S. 36.
29 In Merimde gruben seit 1929 Junker und Menghin, im Faijûm seit 1925 E. W. Gardener und Caton-Thompson.
30 Vgl. dazu auch die Ausführungen über das alte Israel.

31 Knudtzon, Die el-Amarna-Tafeln, Leipzig 1915, dort Brief Nr. 35.
32 Möller, a. a. O. S. 12.
33 Ein von Flinders Petrie in Arts and Crafts, S. 100, zitierter Bronzefund aus Medum aus der 3. Dynastie (um 2740 v. Chr.) wird selbst von Petrie, S. 36, als sehr bedenklich bezeichnet.
34 Vgl. die Ausführungen im Kapitel »Auf ›deutschem‹ Boden«.
35 Vgl. Kap. 5, »Das Volk der Bibel«.
36 Über Goldvorkommen vgl. G. W. Murray im Journal of Egyptian Archaeology (fortan als JEA zitiert), London 1914 ff.; dort 11, S. 138 und Karte 11.
37 Vgl. Schweinfurth, Auf unbetretenen Wegen in Ägypten, 1922, S. 311.
38 Erman-Ranke, Ägypten und ägyptisches Leben, Tübingen (2. Auflage) 1923, S. 552 f.
39 A. Erman, Ägypten und ägyptisches Leben im Altertum, Tübingen, 1885/86.
40 B. Neumann, Die Metalle – Geschichte, Vorkommen und Gewinnung, Halle 1904, S. 193 ff.
41 Vgl. dazu die Beschreibung der Blasebälge aus Theben im Kapitel »Auf ›deutschem‹ Boden«.
42 Vgl. Brit. Mus. 569. R. Lepsius, Denkmäler aus Ägypten und Äthiopien, 12 Bde., Berlin 1897 ff., dort III, 140 c (Sethos I.) Kubbanstele 10.
43 ebenda, III, 17. (Denkmäler aus Ägypten und Äthiopien . . .).
44 Vgl. W. Wreszinski, Atlas zur ägyptischen Kulturgeschichte, Leipzig, ab 1919, 3 vol., vol. I., tab. 268/269, Grab Nr. 84 in Schech abd el-Gurna.
45 Vgl. Erman-Ranke, a. a. O. S. 554.
46 So z. B. Erman-Ranke, a. a. O. S. 552 f.
47 Selbst die Athener sind nach Thukydides (Peloponnesischer Krieg VII, 86) von den Syrakusern nach der verlorenen Seeschlacht von Syrakus zur Arbeit unter grausamen Verhältnissen in den Steinbrüchen gezwungen worden.
48 Zu Tausenden sind deutsche Kriegsgefangene nach 1945 in sowjetischen Gruben und Steinbrüchen umgekommen. Der Verfasser arbeitete im Jahre 1946 als Kriegsgefangener in einem Steinbruch bei Schachtij in der Sowjetunion.
49 Vgl. z. B. Loret, Zeitschr. f. ägypt. Sprache u. Altertumskunde, 39, I. ff., und Gardiner, The Inscription of Mes, Leipzig 1905.
50 Auf das Problem der gefesselten Bergarbeiter wird im Kapitel über Griechenland ausführlicher eingegangen.
51 Gardiner, a. a. O. S. 118.
52 Inschrift des Chenti-Cheti-Hotep aus dem 2. Jahre Amenemhets III.
53 Vgl. Gunn-Gardiner, The Temple of Wadi Abbad, Journal of Egyptian Archaeology, Jg. 1917, vol. 4, p. 244.
54 Vgl. Kubban-Stele Ramses' II., nach Erman-Ranke, a. a. O. S. 556.
55 Kubban-Stele, zit. nach Erman-Ranke, a. a. O. S. 556.
56 Vgl. Semites in Egyptian Mining Expeditions to Sinai, Archiv Orientalia, Jg. 1935, 384–389.
57 Er wurde 1901 wieder aufgenommen. Heute wird dort auch Eisen und Galmei abgebaut.
58 Vgl. dazu das Kapitel »Das Volk der Bibel«.
59 So z. B. Wilsdorf, a. a. O. S. 100.
60 Vgl. auch W. F. Albright, Bulletin of the American Schools of Oriental Research, Nr. 110, pp. 6–22, und das Kapitel »Das Volk der Bibel«.
61 Vgl. Zeitschrift für ägyptische Sprache und Altertumskunde, Leipzig, Jg. 1894, vol. 36, S. 64.
62 dieselbe, a. a. O. S. 550.
63 Erman-Ranke, a. a. O. S. 141 f.
64 Erman-Ranke, a. a. O. S. 142.
65 Vgl. Werner Maser, Der Bergbau in der Geschichte, Deutsche Universitätszeitung, Nr. 5/1959, S. 276.
66 Vgl. Erman-Ranke, a. a. O. S. 142.

67 Wilsdorf, a.a.O. S.64f.
68 Vgl. die Abhandlung über den Steintransport im Kapitel »Auf ›deutschem‹ Boden«. Thothotep war ein Zeitgenosse Sesostris' III.
69 R.Lepsius, Denkmäler aus Ägypten und Äthiopien, Bd.III, S.140, Zeile 7 und 8.
70 Wilsdorf, a.a.O. S.37.
71 ebenda, S.36.
72 Vgl. Erman-Ranke, a.a.O. S.479.
73 Erman-Ranke, a.a.O. S.478.
74 Zitat der Inschrift nach Kees, a.a.O. S.163f.
75 Vgl. Sethe, Urkunden des Alten Reiches, vol.I., S.31, Nr.16, und Volten, Bauherr und Arbeiter im Alten Reich, Acta Orientalia, Jg.1931, vol.IX, S.370–374.
76 Vgl. Erman-Ranke, a.a.O. S.166.
77 ebenda.
78 Vgl. Griffith, Proceedings of the Society of Biblical Archaeology, London 1908, 30, S.272f.
79 Vgl. Kees, a.a.O. S.48.
80 Gräber: Porter-Moss: Topographical Bibliography of Ancient Egyptian Hieroglyphic Texts, Reliefs and Paintings. Oxford 1927–37, 5 Bde., Bd.1: Theban Necropolis, Bd.III: Memphis. Theben, Grab Nr.18, 126, 165, 267; Grabstelen: Kairo Museumsnummer: 20271, 20285, 20630, 20689, 20526 und 20515.
81 Vgl. Erman-Ranke, a.a.. S.112.
82 Junker, Pyramidenzeit, Das Wesen der altägyptischen Religion, Zürich, 1949, S.61.
83 ebenda.
84 Zit. der Inschrift nach Wilsdorf, a.a.O. S.50.
85 Erman-Ranke, a.a.O. S.550.
86 Vgl. Kees, a.a.O. S.163; Wilsdorf, a.a.O. S.49; Erman-Ranke, a.a.O. S.533.
87 E.Treptow, Der altjapanische Berg- und Hüttenbetrieb, Freiberg 1904. Ders., Sonderabdruck aus dem Jahrbuch für das Berg- und Hüttenwesen im Königreich Sachsen, Jg.1904, Freiberg.
88 Heinrich Winkelmann, Das Sado-Goldbergwerk auf japanischen Rollbildern, Der Anschnitt, H.4/57, S.20ff.
89 1881 wurden die Mumien Amosis', Amenophis' I., Thutmosis' I., II. und III., Sethos' I. und Ramses' II. gefunden, von denen einer wahrscheinlich der Pharao der Bedrückung war, als Moses die Josephstämme aus Ägypten herausführte.
90 Kurt Lange und Max Hirmer, Ägypten, München 1955.
91 ebenda.
92 So z.B. bei Kees, a.a.O. S.194.
93 Vgl. H.Quiring, Die Edelsteine im Amtsschild des jüdischen Hohenpriesters und die Herkunft ihrer Namen, Sudhoffs Archiv für Geschichte der Medizin und der Naturwissenschaft, 38, Wiesbaden 1954, S.193–213.
94 Wilsdorf, a.a.O. S.28–67.
95 Erman-Ranke, a.a.O. S.338.
96 Erman-Ranke, a.a.O. S.338f.
97 Interessant ist in dem Zusammenhang ein Passus auf einem Ostrakon (Ostraka Berlin III 38) des Berliner Museums: »Siehe, die Nekropolenarbeiter sind gekommen und haben gesagt: ›Die Kupfergeräte (?) gehören dem sm (-Priester), sie gehören nicht der Nekropole.‹« Wahrscheinlich hat es sich bei den »Kupfergeräten« um das Werkzeug der »Kupferarbeiter« gehandelt.
98 Wilsdorf, a.a.O. S.33.
99 Vgl. Brugsch, Die biblischen sieben Jahre der Hungersnot, Leipzig 1891.
100 Ein Viertel der Gräber des Friedhofes von Abydos barg nur Priester.
101 Text der Inschrift zit. nach Wilsdorf, a.a.O. S.65.
102 Wilsdorf stellt dort fälschlich fest, daß jeder Metallarbeiter nur 3 Monate zu arbeiten hatte. Das stimmt nicht; da »12 Künstler ... zusammen 48 Monate« arbeiteten, ergibt sich eine Einzelverpflichtung von 4 Monaten.

103 Vgl. dazu u.a. Erman-Ranke, a.a.O. S.333.
104 In den dreißiger Jahren des 17.Jahrhunderts wurde er radikal abgebrochen.
105 Heinrich Quiring, Geschichte des Goldes, Stuttgart 1948.
106 Wilsdorf, a.a.O. S.68.
107 Kees, a.a.O. S.137.
108 Vgl. dazu Kees, a.a.O. S.138.
109 Vgl. Couyat-Montet, Inscript. hierogl. du Quadi Hammamat Nr.192.
110 Vgl. Kees, a.a.O. S.140.
111 Wilsdorf, a.a.O. S.51.
112 Vgl. dazu Wilsdorf, S.52.
113 ebenda.

Das Volk der Bibel

1 Amenophis IV. (1364–1348) nannte sich später Echnaton. Er war der Schwiegervater (möglicherweise auch der Vater) Tutanchamuns.
2 Persönlicher Hinweis von Albright (16.11.1960). Vgl. auch Bulletin of the American Schools of Oriental Research, No.110, S.6–22.
3 Vgl. S.120, Anm.8. Vgl. auch S.118, Anm.5.
4 Veith, Deutsches Bergwörterbuch, Breslau 1871, S.166.
5 The Other Side of the Jordan, 1945, S.62. Zur weiteren Information vgl. u.a.: N.Glueck, »What is Biblical Archaeology?«, in: The Other Side of Jordan, New Haven 1940, S.1–32; K.Kenyon, »Beginning in Archaeology«, London 1952; »Digging up Jericho«, London 1957; A.Parrot, »Entdeckung begrabener Welten«, Zürich 1954; C.L.Woolley, »Digging up the Past«, London 1954; E.Chiera, »They Wrote on Clay«, Chikago 1951. Ausgrabungsberichte: O.Tuffnel, Lachish III, London 1953; G.A.Reisner u. C.S.Fisher, »Harvard Excavations at Samaria«, Cambridge (USA) 1924; J.W.Crowfoot u.a., »The Buildings at Samaria«, London 1942; »Early Ivories from Samaria«, London 1938; R.S.Lamon u. G.M.Shipton, »Megiddo I«, Chikago 1939; C.C.McCown, »Tell en-Nasbeh I-II«, New Haven 1947; W.F.Albright, »The Excavation of Tell Beit Mirsim III«, New Haven 1943; Y.Yadin, »Hazor I«, Oxford und Jerusalem 1958.
G.E.Wright, »The Pottery of Palestine from the Earliest Times to the End of the Early Bronze Age«, New Haven 1937; W.F.Albright, »Die Bibel im Licht der Altertumsforschung. Ein Bericht über die Arbeit eines Jahrhunderts«, Stuttgart 1957.
6 1857 erhielt Alfred Cowper ein Patent für einen Winderhitzungsapparat, den er (mit einer Windtemperatur von 620 Grad) 1860/61 auf der Hütte von Ormesby ausprobierte.
7 Vgl. Österr. Ztg. f. Berg- und Hüttenwesen, 1902, S.86.
8 Eisen u.a. Jer.6, 27–30, Hiob 20, 24; Hiob 28; 5.Mose 27, 3–8; Josua 8, 31; Exodus 20, 25. Stahl: Spr.27, 17; Hes. 27,12: Silber Eisen, Blei und Zinn. Kupfer: 1.Mose 4, 22,; 1.Könige 7, 13; 2.Chron. 2, 6; 2.Mose 31, 1–5; 35, 32; 5.Mose 8, 9: Eisen und »Erz«; Gold und Eisen: 1. Könige 14, 27; Gold und Silber: Esra 8, 25–27; Eisen, Zinn, Silber und Bronze: Hes.22, 18 und zahlreiche andere Stellen.
9 Neuerdings wird angenommen, daß nicht 603 550 Gemusterte ausschließlich der Leviten, wie es in Numeri 1, 46 heißt, mit Moses aus Ägypten heimgekehrt sind, sondern lediglich 600. Das in der Bibel gebrauchte Wort »Tausend« (hebr.: eleph) hat einen doppelten Sinn und wird oft als Bezeichnung für »Familie« angewendet (Numeri 1, 16, 36, Josua 22, 30). Nach Genesis 45, 9 lautete die Weisung Josephs an seine Brüder, die ihn nach Ägypten verkauft hatten: »Eilet nun und ziehet hinauf zu meinem Vater [Jakob, der Verf.] und sagt ihm: Das läßt dir Joseph, dein Sohn, sagen: Gott hat mich zum Herrn in ganz Ägypten gesetzt; komm herab zu

mir, säume nicht.« Siebzig Seelen sind dieser Aufforderung laut Gen. 46, 27 gefolgt. Das zweite Geschlecht nach dem Tode Josephs hat nach Raschi Ägypten wieder verlassen. Darüber herrscht keine Einstimmigkeit. In Gen. 15, 13 steht geschrieben, daß Gott Abraham gesagt habe, daß sein Same in einem Lande 400 Jahre unterdrückt werde. In Exodus 12, 40 ist von 430 Jahren die Rede. Rabbinen haben lange schon die Ansicht vertreten, daß die Israeliten nur 210 Jahre in Ägypten gewesen seien. Manches spricht für die Richtigkeit der neuen Version. Viele Fragen werden durch sie hinfällig, so z. B. die nach der Möglichkeit, 600 000 Auswanderer 40 Jahre lang in der Wüste zu ernähren. Von besonderer Bedeutung auch für die hier gewählte Themenstellung ist dabei u. a., daß die Mehrheit der hebräischen Nation – wohl um 400 000 – nicht in Ägypten gewesen, sondern in Kanaan verblieben ist.

10 Die Forderung, arbeiten zu »sollen«, wird dagegen neunmal im Pentateuch erhoben.
11 Vgl. dazu auch 5. Mose 15, 7: »Wenn deiner Brüder irgend einer arm ist in irgend einer Stadt in deinem Lande . . ., so sollst du dein Herz nicht verhärten noch deine Hände zuhalten gegen deinen armen Bruder.« Vgl. auch 5. Mose 22 und 24 und besonders 5. Mose 15, wo vom Verhältnis des Herrn zum Knecht die Rede ist.
12 So z. B. Wilsdorf, S. 96.
13 Ebenda. Dort spricht Wilsdorf von Jesaja anstatt von Deuterojesaja.
14 Vgl. die diesbezüglichen Ausführungen im Kapitel über Griechenland und die Darstellung des Metallmythos!
15 Vgl. dazu die Ausführungen im 6. Kapitel über die Berechnung von Stollen und Schächten im Zusammenhang mit Heron von Alexandrien.
16 In 2. Chronik 32, 30 wird zwar unmißverständlich erklärt, daß König Hiskia den Tunnel anlegen ließ; aber es wird nicht festgestellt, daß er auch die Inschrift in die Wand einschneiden ließ. Hinweise auf den König oder auf einen – anderen – offiziellen Charakter fehlen in der Inschrift.
17 Ein Abdruck (nach dem hier zitiert wird) befindet sich in der Bergakademie Freiberg in Sachsen. Die Ergänzungen stehen hier in runden, die Erläuterungen in eckigen Klammern.

Ophir und Punt, Salamo, Syrer und Phöniker

1 Vgl. die Ausführungen S. 161.
2 Vgl. Paul Herrmann, Sieben vorbei und acht verweht, S. 71.
3 Vgl. Herrmann, S. 71.
4 Vgl. auch 2. Chronik 8 ff.
5 Vgl. u. a. Herrmann, S. 88 ff.
6 Vgl. Herrmann, S. 90.
7 Adad-Nerari (810–781 v. Chr.) führte nach der Eroberung von Damaskus 64400 kg Kupfer und schließlich 144 t Eisen als höchste Metallbeute aus Syrien mit. Sargon II. nahm 717 v. Chr. nach der Eroberung von Karkemis 58 800 kg Silber als Tribut mit. Vgl. dazu auch Budge-King: The Annals of the Kings of Assyria, London 1902, S. 370 ff. und Wilsdorf, S. 91.
8 Wilsdorf, S. 91 f.
9 ebenda, S. 92.
10 ebenda, S. 93 f.
11 Vgl. u. a. Schadewaldt: Von Homers Welt und Werk, Leipzig 1942 und Autenrieth-Kaegi: Schulwörterbuch zu den homerischen Gedichten, Leipzig 1920.
12 Wilsdorf, S. 94.

13 Wilsdorf (S. 102; vgl. dort auch die Quellenbelege und Interpretationsmöglichkeiten) hält die dort Bestatteten nicht nur für die Hersteller, sondern auch für die Eigentümer des Gemeinschaftsgrabes.

Griechenland

1 Das wird bereits von Herodot (VI, 46, 47) bezeugt.
2 Vgl. Plinius, nat. hist. XXXVII, 70, ebenso Lauffer, a. a. O. Bd. 1, S. 46.
3 Vgl. auch H. Blümner, Technologie und Terminologie der Gewerbe und Künste bei den Griechen und Römern Leipzig 1875–1887, Neuauflage 1912 und H. Wilsdorf, a. a. O. S. 110 f.
4 Thukydides' Frau hatte Grubenbesitz in der Bergstadt am Pangaios.
5 Vgl. Maser, Meditationen zu Platons Höhlengleichnis, »Der Anschnitt«, Zeitschrift für Kunst und Kultur im Bergbau, Bochum. H. 2/58 und Lauffer, Die Bergwerkssklaven von Laureion, Akademie der Wissenschaften und der Literatur, 1955/56, Bd. 1, S. 1139 und 1141, Bd. 2, S. 961 und 968.
6 Vgl. dazu die diesbezüglichen Ausführungen im Kapitel »Auf ›deutschem‹ Boden« (mit zahlreichen kulturgeschichtlichen Exkursen).
7 Vgl. nat. hist. XXXIII, 74 und XII, 5.
8 Xenophon, Staatshaushalt IV, 9.
9 ders. II, 1007–1010, zit. nach Wilsdorf, a. a. O. S. 134.
10 de rerum natura VI, 808–815; zit. nach Wilsdorf, a. a. O. S. 135.
11 Das Buch der Natur von Konrad von Megenberg, hrsg. von P. Pfeiffer, Stuttgart 1861, S. 109.
12 Vgl. die Ausführungen S. 299 ff.
13 Zit. nach Klaus Schwarz, Untersuchungen zur Geschichte der deutschen Bergleute im späten Mittelalter, Berlin 1958, S. 72.
14 Böll/Chargesheimer, Im Ruhrgebiet, Frankfurt 1958, S. 10, 11, 16 und 25.
15 Wilsdorf, a. a. O. S. 138 f.
16 Eine verdienstvolle Arbeit bietet sich einem Historiker oder Kunsthistoriker in der Sammlung und Publikation der Tafeln, die sich in den Museen von Berlin und Paris befinden.
17 ders. in Gesammelte kleine Schriften, beste Ausgabe: Leipzig 1858–1874.
18 Histor.-phil. Kl. 1815.
19 Paris 1897.
20 Hugo Ritter, Der Mensch und das Geld, München 1952, S. 42.
21 Schon der Aufstand zwischen 134 und 133 v. Chr. konnte nur durch den zusätzlichen Einsatz von Streitkräften unter Herakleitos niedergeworfen werden.
22 Vgl. Lauffer, a. a. O. Bd. I, S. 53.
23 Demosthenes XXXVII, 4, 22.
24 Xenophon, vect. 4, 4; memor. II, 5, 2.
25 Lauffer, Bd. 1, S. 70.
26 In besonderen Fällen konnten sehr gute Sklaven bis zu 1000 Dr. kosten; Sosias hat sogar 1 Talent (6000 Dr.) gekostet.
27 Nach Demosthenes XXXVII, 4, 6, 21 wurde auf den Aufbereitungsbetrieb des Pantainetos im Jahre 348/47 ein Kaufdarlehen von 10500 Drachmen gegeben. Auf die Werkstätten und auf das Inventar entfielen dabei 6000 Dr., auf die 30 Sklaven 4500 Dr. Allerdings hat es sich dabei wahrscheinlich lediglich um einen Beleihungswert gehandelt, wie Lauffer schon vermutete. Beim späteren Verkauf des Unternehmens brachte es dann auch 20600 Dr.
Zu berücksichtigen ist u. a., daß die Werkstätten und das Inventar der Aufberei-

tungsbetriebe teurer sind als in den Bergwerken, weshalb der Wertanteil der Sklaven bei Hüttenwerken allgemein zwischen 40 und 50% lag.
28 Vgl. Ardaillon, a.a.O. S. 30 und Lauffer, Bd. 1, S. 24.
29 Vgl. das Kapitel »Das Volk der Bibel«.
30 Vgl. Hypereides, Euxenipposrede XLIV, 15.
31 Demosthenes, Reden, XXXVII.
32 ebenda, XLII.
33 Pseudo-Plutarch, Rednerbiographien, Lykurg, 34.
34 Vgl. E. Schönbauer, Beiträge zur Geschichte des Bergbaurechts, München 1929; dort § 3 »Zum griechischen Bergbaurecht«, S. 13–31.
35 Staatshaushalt IV, 27.
36 Wilsdorf, a.a.O. S. 157.
37 Lauffer, a.a.O. Bd. 1, S. 26 f.
38 ebenda, Bd. 1, a.a.O. S. 27.
39 Lauffer, Bd. 2, S. 188 f.
40 ebenda, S. 187.
41 Klaus Schwarz, Untersuchungen zur Geschichte der deutschen Bergleute im späten Mittelalter, Berlin 1958, S. 88.
42 ebenda, S. 88.
43 ebenda, S. 88.
44 ebenda, S. 89.
45 Den Bergleuten wurde unterstellt, Vereinigungen gründen zu wollen, die gegen die Herrschaften und gegen Land und Leute gerichtet seien. Aus diesem Grunde wurde den Bergleuten auch verboten, bestimmte Waffen zu tragen. Der Salzburger Erzbischof gestattete den Knappen von Gastein das Tragen von Harnischen 1344 nur noch in den Fällen, in denen die ausdrückliche Erlaubnis des Bergrichters vorlag. Vgl. dazu Schwarz, a.a.O. S. 89 und Anm. 92 bis 95 (ebenda, S. 145).
46 Die alten Juden sprachen den Namen Gottes nicht aus. Sie waren der Überzeugung, daß der Mund des sündigen Menschen ihn entweihen würde.
47 Vgl. Hesiod, Theogonie 133 ff. und 616 ff.; Apollodoros I, 1, 4 f.
48 Vgl. Diodorus Siculus V, 64; Sophokles, Die tauben Satyrn, zit. nach Strabon X, 3, 22; Apollonios Rhodios I, 509 und 1130.
49 Vgl. Pausanias V, 7, 4; Phlegon von Tralles, Fragmente Griechischer Geschichte III, 604.
50 Vgl. Scholiast über Apollonios Rhodios I, 1129; Ovid, Metamorphosen IV, 281.
51 ders., a.a.O. S. 6.
52 Vgl. Peek, Mitteilungen des Deutschen Archäologischen Instituts, Athenische Abteilung, 67, 1942, 69 Nr. 120.
53 Offen bleibt die Frage, ob es sich um den syrischen oder um den griechischen Herakles handelte.
54 Geschichte der griechischen Religion, II, 115, 630.
55 Vgl. Lauffer, a.a.O. Bd. I., S. 45.
56 Vgl. Ps.-Xen. resp. Ath. 1, 11. Xen. oecon. 14, 9.
57 Xenophon (vect. 4, 23) schlug vor, 1 200 Sklaven zu erwerben und von dem Mietertrag von je 1 Obolos pro Tag jährlich neue Sklaven zum durchschnittlichen Kaufpreis von 150 bis 200 Drachmen (Xenophon rechnete wohl durchschnittlich mit 180 Drachmen) zu kaufen, bis ihre Anzahl in 5 bis 6 Jahren auf 6000 gestiegen sei, was einem Jahresertrag von 60 Talenten (= 360000 Drachmen = 1 080 000 Obolen) entspräche. Sein Bergbauprogramm lief (vgl. vect. 4, 17; ebenso 3, 9) darauf hinaus, so lange Bergwerkssklaven anzukaufen, bis auf jeden Bürger von Athen durch die Mieterträge eine tägliche Leibrente von 3 Obolen käme.
58 Lauffer, a.a.O. Bd. II, S. 176 f.
59 z.B. Wilsdorf, a.a.O. S. 148.
60 z.B. Schwahn, Rheinisches Museum für Philologie, 80, 1931, S. 256.
61 Lauffer ist (Bd. II, S. 177) sogar umgekehrt der Ansicht, daß die »Spezialkulte« ge-

wiß – und die attischen Hauptfeste »wahrscheinlich« durch Arbeitsruhe respektiert worden seien.
62 Jac. Ayrer d. Ä., Dramen 5, 236 Keller.
63 Vgl. B. E. Muhlenbeck, Histoire des Mines de Sainte-Marie Coté d'Alsace, Markirch, 1898, S. 60, Anm. 1.
64 Vgl. Aristoteles, Rhetorik I, 1 361 b 39.
65 Vgl. Euripides, Iphigen. Taur., 1490f.
66 Lauffer, a. a. O. Bd. II, S. 956.
67 Platon, Gesetze VII, 798 a.
68 Vgl. Platon, Phaidros, 245 b; Aristophanes, Ekkles., 572 f.
69 Vgl. Lauffer, a. a. O. Bd. 1, S. 45.
70 ders., a. a. O. S. 148.
71 ebenda.
72 Sie wurde zuerst von Bérard in Bulletin de Correspondance Hellénique 12, 1888, 246 (nach Abklatsch) behandelt.
73 Vgl. Maser, Meditationen zu Platons Höhlengleichnis, in: »Der Anschnitt«.

Der Bernstein

1 Vgl. u. a. Kluge-Götze, Etymologisches Wörterbuch, 1934, S. 51.
2 Vgl. dazu Werner Maser, Ein Beitrag zur Religionsgeschichte der alten Preußen, Ostdeutsche Monatshefte, H. 2, 1960.
3 ebenda
4 Die Überlieferungen über die Prusai sind leider sehr unvollständig. Wir kennen bislang kaum mehr als die Berichte von Tacitus und die Anmerkungen des spanischen Juden Ibrahim ibn-Jagub aus dem 10. Jahrhundert. Zu ihnen gesellen sich Darstellungen von Aeneas Sylvius, dem späteren Papst Pius II., der überdies recht gut über den deutschen Silbererzbergbau informiert war, Aufzeichnungen von Peter von Duisburg aus dem Jahre 1326, Überlieferungen aus der Feder des Polen Laskowski aus der Zeit um 1570 und der Bericht einer Jesuitenmission von 1583.
5 Vgl. Werner Maser, Ein Beitrag zur Religionsgeschichte der alten Preußen.
6 Nat. hist. XXXVII, 30 ff.
7 Germania 45.
8 Plinius erzählt fälschlich, daß die Küstenbewohner den Bernstein zur Feuerung benutzt hätten.
9 Vgl. die Ausführungen über die Römer im nächsten Kapitel.

Germanen, Illyrer, Kelten und Römer

1 Auf der Kelchalpe in der Nähe von Kitzbühel, wo vor mehr als einem Vierteljahrhundert illyrische Bronzegegenstände (Bronzemesser, Nadeln und Stifte) entdeckt wurden, fanden sich auch Gußformen für Bronzenadeln und hölzerne Keile, mit denen die illyrischen Bergleute zwischen 1500 und 800 v. Chr. die Steine »gesprengt«, d. h. mühsam durchbohrt haben (sämtlich im alten Heimatmuseum in Kitzbühel).
2 Eric Graf Oxenstierna, Die Nordgermanen, Kilpper-Verlag, Stuttgart 1957, S. 20 (2. Aufl.); aus der Reihe »Große Kulturen der Frühzeit«.
3 So wurde z. B. auch auf der Kelchalpe kein einziger Bergmann aus der Bronzezeit gefunden.
4 ebenda, S. 21.
5 ebenda, S. 27.
6 Jacques Moreau, Die Welt der Kelten, Stuttgart (2. Aufl.) 1958, S. 85.
6 siehe S. 215
7 Zitiert nach Friedrich Klemm, Technik, eine Geschichte ihrer Probleme, München 1954, S. 125.
8 Klemm, a. a. O. S. 85 f.
9 Klemm, a. a. O., S. 86.
10 Die Massai meinen, daß die Götter es verboten hätten, Menschenblut zu vergießen. Da der Schmied aber Waffen anfertigt, die diesem Zwecke dienen, müssen die Götter gegen sie sein. Kein Schmied darf an einem Kriegszug oder an einer Jagd teilnehmen.
11 Diodor, zit. nach Moreau, a. a. O., S. 86.
12 ebenda.
13 XI, 34; XX, 271; XXI, 592; XVIII, 613.
14 a. a. O. S. 24; Ausg. der Büchergilde Gutenberg, Frankfurt/M. 1954.
15 nat. hist. III, 20.
16 Fr. Freise, Geschichte der Bergbau- und Hüttentechnik, Berlin 1908, S. 20.
17 Hugo Ritter, a. a. O. S. 55 f.
18 Vgl. Strabon III, 2, 10.
19 Plutarch, Crassus, 2.
20 Wilsdorf, a. a. O. S. 187 ff.
21 Ritter, a. a. O. S. 61.
22 Vgl. Florus, epit. IV, 12.
23 Ritter, a. a. O. S. 63 f.
24 Vgl. B. Aubé in Ac. d. Inscript., 8.11.1878; Journal des Debats, 11.11.1878.
25 Vgl. Tertull., Apolog. adv. gent. XII.
26 Vgl. Mommsen, Bericht d. kgl. sächs. Akad. d. Wissensch. 1852, 246.
27 Vgl. Wolfgang Kunkel, Römische Rechtsgeschichte, Köln/Graz, 1956.
28 Vgl. Jors-Kunkel-Wenger, Römisches Recht, Berlin/Göttingen/Heidelberg, 1949, S. 78, Anm. 4. Vgl. auch Schönbauer, Beitr. zur Geschichte des Bergbaurechts (Münchener Beitr. z. Papyrusf. 12), bes. 131 ff.
29 Jors-Kunkel-Wenger, a. a. O. S. 78, Anm. 4.
30 Vgl. Schönbauer, a. a. O. 146 ff., bes. 155.
31 Vgl. dazu besonders C. Neuburg, Untersuchungen zur Geschichte des römischen Bergbaus, Ztschr. f. d. ges. Staatswissenschaft, Tübingen, 1900, S. 46–112 und 279–335, ebenda, 1907, S. 367–391.
32 C. Neuburg, a. a. O., Jg. 1907, S. 380 f.
33 Zit. nach der Übersetzung von Mommsen, Bücheler, Hirschfeld, Jordan, Krüger u. a.
34 Vgl. L. Hertling und E. Kirschbaum: Die römischen Katakomben und ihre Märtyrer, Wien 1950, S. 40.
35 Zippelius: Bergmännischer Streifzug durch die Frühchristlichen Katakomben von Rom, in »Der Anschnitt«, H. 3/57, S. 14.

36 Wilpert: Die Malereien der Katakomben Roms, Freiburg 1903.
37 Zum Beispiel bei Vitruvius, Calpurnius und Hieronymus. Auch Zusammensetzungen wie »metallorum fossor« = »Erzgräber« oder »aurifossor« = »Goldgräber« sind durchaus nicht selten. Vgl. K. E. Georges, Lateinisch-Deutsches Wörterbuch, 1. Bd., 8. Aufl., Hannover u. Leipzig 1913, Sp. 2830: »Fossor«.
38 Vgl. Leclercqs Artikel »Fossoyeurs« in: F. Cabrol, Dictionnaire d'Archéologie Chrétienne et de Liturgie, Bd. 5, 2. Paris 1923, Sp. 2065 ff.
39 Vgl. Zippelius, S. 15.
40 Leclercq, S. 2065.
41 Vgl. Schwarz, a. a. O. S. 43.
42 Vgl. Werner Maser: Der Bergbau in der Bibel, »Der Anschnitt«, H. 6/57.
43 Vgl. den weiter unten zitierten Text der Debestus-Grabinschrift.
44 Vgl. Zippelius, S. 17.
45 ebenda. Vgl. auch E. Diehl: Inscriptiones latinae christianae, Berlin 1925–1931, Nr. 656.
46 Vgl. Zippelius, a. a. O. S. 18.
47 Vgl. ebenda, S. 14 ff.

Auf »deutschem« Boden

1 Vgl. dazu u. a. Gustav Albiez: »Geschichte des Rheingoldes«, »Der Anschnitt«, H. 4/57, S. 16 ff. und Ernst Preuschen: Flußgold an Sulzach, ebenda, S. 12 ff.
2 Albiez, a. a. O. S. 16.
3 Vgl. ebenda.
4 ebenda.
5 Vgl. J. Andree, Vorzeit 2, 1922.
6 Über den Gewinnungsvorgang z. B. in Cissbury vgl. Reallexikon der Vorgeschichte, Bd. 1, Bln. 1924, S. 410. In Cissbury ist vermutlich aus z. T. 17 m tiefen Schächten mit Hilfe von Seilen gefördert worden. Die Vermutung ist jedoch sehr umstritten. Auf einem anderen alten Feuerstein-Abbaugebiet in England, bei Brandon, sind auf einer Fläche von ca. 20 Morgen 254 Schächte niedergebracht worden, die bis zu 15 m Teufe und zuweilen mehr als 6 m Weite aufwiesen.
7 Vgl. Fr. Freise, Geschichte des Bergbau- und Hüttentechnik, Berlin 1908.
8 Zur Information über den Bergbau in der Pfalz vgl. die »Veröffentlichungen der Pfälzischen Gesellschaft zur Förderung der Wissenschaften«, Bd. 34, Speyer 1957, S. 304 ff. und Fr. Sprater: Die pfälzischen Industrien in vor- und frühchristlicher Zeit, Neustadt a. d. Haardt 1926.
9 Vgl. Berndt, in Ztschr. des Aachener Geschichtsvereins, Jg. 1882, Bd. 3, S. 178.
10 Franz M. Reß: Bergbau und Hütte in der Oberpfalz, »Der Anschnitt«, H. 4/51, S. 11. Das jedenfalls gilt für das (derzeit) pfälzische Gebiet. Vgl. dazu Sprater, S. 7. Vgl. dazu auch Spuhler, a. a. O. S. 336 f. und Franz M. Reß: Bergbau und Hütte in der Oberpfalz und ihre kulturellen Ausstrahlungen im Mittelalter, »Der Anschnitt« 4/51, S. 11 ff.
11 Besonders nachhaltig verfochten von Fr. Freise in »Geschichte, Bergbau und Hüttentechnik«, Berlin 1908.
12 Die bisher bekannte älteste schriftliche Überlieferung über den Siegerländer Bergbau bildet eine Königsurkunde aus dem Jahre 1298. Vgl. dazu u. a. Wilhelm Güthling: Alter Bergbau im Siegerlande, »Der Anschnitt« H. 3/55, S. 3.
13 Vgl. Hans Beck: Siedlungs- und Verhüttungsplätze der Spätlatènezeit bei Trupbach, »Siegerland«. Blätter des Vereins für Heimatkunde und Heimatschutz im

Siegerland samt Nachbargebieten. 1938 – Heft 2. Sonderheft zum Westfalentag 1938, S. 30 und Wilhelm Ring: Eine vorgeschichtliche Eisenhütte bei Alchen, ebenda, S. 32 ff.
14 Ilias XVIII, 372, 409, 412, 468, 470.

Stationen und Zäsuren zwischen Altertum und neuester Zeit

1 Gregor von Nyssa, Ausgew. Schriften, Bd. 1, Übers. von H. Hayd, Kempten 1874, Große Katechese, 6. Kpt.
2 ebenda, 7. Kpt.
3 Die Besitzungen der Reichskirchen standen allerdings in einem Obereigentum des Reiches.
4 Vgl. Anm. 7 in diesem Kpt.
5 Neben den Grundherrschaften gab es fast überall auch einen unabhängigen, freien Bauernstand.
6 Donauabwärts wurde der Handel zur Zeit der Regierung Ludwigs des Kindes durch eine detaillierte Zollverordnung geregelt.
7 Von geschichtlicher Bedeutung für Berchtesgaden ist u. a. die sogenannte »Handveste« Kaiser Friedrichs I. von 1156, in der der Kaiser den vor kaum einem Menschenalter seßhaft gewordenen Augustiner-Chorherren das Salz- und Forstregal verlieh. Vgl. dazu C. Ramstedt: Eine goldene Salzbulle Kaiser Friedrich Barbarossas, »Der Anschnitt« 3/57, S. 21 ff.
8 Gefunden wurden u. a.: 2 Tragesäcke zum Transport des Salzes von unter Tage, Eisenpickel, Holzschaufeln, Holzschlegel, Hackenstiele und eine Pelzkappe.
9 Vgl. dazu Karl Kromer: Das Gräberfeld von Hallstatt, 1959.
10 Zusammenstellung im Urkundenbuch der Stadt Goslar, Hrsg. G. Bode (Geschichtsquellen der Provinz Sachsen 29–32, 45), I. Bd., Halle 1893, Nr. 4, S. 112 f. Vgl. auch die neueren Editionen, bes. die Widukindausgabe vom P. Hirsch, MG SS rer. Germ. in usum Schol. 5. Aufl., 1935, S. 138 (ebenso Anm. 2). Vgl. auch W. Lüders, der die Aufnahme des Bergbaus im Harz früher ansetzt: Vom ältesten Bergbau im Harze (Z Harz V 61/1928, S. 188 ff.).
11 Vgl. W. Herrmann, Der Zeitpunkt der Entdeckung der Freiberger Silbererze (Bergbau und Kultur, Freiberger Forschungshefte, D 2/1953, S. 13)).
12 Vgl. die – allerdings spärlichen – Belege in: Schlesiens Bergbau und Hüttenwesen. Urkunden 1136–1528, hrsg. von K. Wutke (Cod. dipl. Sil XX), Breslau 1900, Nr. 1–4, S. 1 f. und Schulte, Die Anfänge des Schlesischen Bergbaus, Zeitschrift des Vereins für Geschichte und Altertum Schlesiens, 35/1901, S. 371 ff.
13 Vgl. J. Höniger, Die ehemaligen Silber- und Bleierzbergbaue bei Iglau in Mähren. Österr. Ztschr. für Berg- und Hüttenwesen, 26/1878, S. 256.
14 Klaus Schwarz, Untersuchung zur Geschichte der deutschen Bergleute im späteren Mittelalter, Berlin 1958, S. 16.
15 G. Schmoller, Die geschichtliche Entwicklung der Unternehmung (Jahrbuch für Gesetzgebung, Verwaltung und Volkswirtschaft im Deutschen Reiche, 15/1891, S. 668 f.).
16 Vgl. Quiring, Geschichte des Goldbergbaus bei Goldberg in Schlesien und der Versuche seiner Wiederaufnahme bis zum Jahre 1740, Zeitschrift für das Berg-, Hütten- und Salinenwesen im Preußischen Staate (später: im Deutschen Reich).
17 Urkundlich belegt ist für Freiberg ein Stollen erst für 1365. Das ältere Freiberger Bergrecht, §§ 19, 21, kennt jedoch schon ein Stollenrecht.

18 Vgl. Wolfhard Raub, Die erste Nachricht über den Kohlenbergbau, »Der Anschnitt«, H. 5/Jg. 7, S. 21.
19 Vgl. H. Pirchegger, Das steierische Eisenwesen bis 1564, Graz 1937, S. 14f.
20 K. Brüning, Alte und neue Wasserwirtschaft im Harz und ihre natürlichen Grundlagen (Jahrbuch der Geograph. Gesellschaft zu Hannover, 1928, S. 126.)
21 Vgl. Franz M. Reß: Bergbau und Hütte in der Oberpfalz und ihre kulturellen Ausstrahlungen im Mittelalter, »Der Anschnitt« 4/51, S. 12.
22 Brüning: Der Bergbau im Harze und im Mansfeldischen, Hamburg und Braunschweig, 1926, S. 103.
Bechtel: Wirtschaftsstil des deutschen Spätmittelalters, München und Leipzig, 1930, S. 202.
Kirnbauer: Die Entwicklung des Markscheidewesens im Lande Österreich, Blätter für Technikgeschichte 7/1940, S. 13.
Hausherr: Wirtschaftsgeschichte der Neuzeit vom Ende des 14. bis zur Höhe des 19. Jahrhunderts, 2. Aufl., Weimar 1955, S. 42.
Postan: Die wirtschaftliche Grundlage der mittelalterlichen Gesellschaft, Jahrbücher für Nationalökonomie und Statistik, 166/1954, S. 185.
23 Vgl. Manuskript S. 264.
24 Paulus Niavis, Judicium Jovis oder Das Gericht der Götter über den Bergbau; übersetzt und bearbeitet von P. Krenkel, Freiberger Forschungshefte, D 3/1953, S. 39f.
25 J. Bolte, Ein Lied von den berühmten Bergwerken Sachsens, Festschrift für E. Mogk, Halle 1924, S. 626f.
26 Weimarer Ausgabe, Tischreden, Bd. 5, 1919, Nr. 5675, S. 314. Für viele Bergherren begann das Alphabet mit Z (= Zubuße) und endete mit A (= Ausbeute).
27 Gosl. UB V, Nr. 577, S. 246, ähnlich Nr. 706, 823, 862, S. 317, 386, 409.
28 Deutsche Reichstagsakten, IX. Bd. Gotha 1887, Nr. 158, S. 195.
29 Freib. UB II, Nr. 996, S. 91.
30 J. Enderle, Studien über den Besitz des Klosters St. Blasien von seinen Anfängen bis ins 14. Jahrhundert, Phil. Diss. Freiburg 1909, S. 51, Anm. 1.
31 Vgl. C. F. Mosch, Über den frühen Bergbau um Nikolstadt in Schlesien, Allg. Archiv für die Geschichtskunde des Preuß. Staates 4/1831, S. 322.
32 Vgl. Chronica principum Poloniae (Scriptores rerum Silesicarum. Bd. I. Hrsg. G. A. Stenzel, Breslau 1835, S. 144).
33 Vgl. B. Koch, Der Salzburger Pfennig, Numismatische Zeitschrift, Wien 75/1953, S. 39.
34 H. Pirchegger, Geschichte der Steiermark, Zeitschrift für das Berg-, Hütten- und Salinenwesen im Preuß. Staate, II. Bd., Graz, Wien, Leipzig 1931, S. 172f.
35 Freib. UB II, Anm. zu Nr. 872, S. 5.
36 G. Schwarz, Die Bergbausiedlungen im mährischen Gesenke, Petermanns geographische Mitteilungen 93/1949, S. 101.
37 H. Dennert, Kleine Chronik der Oberharzer Bergstädt und ihres Erzbergbaus, 3. Aufl. der Chronik der Bergstadt Clausthal-Zellerfeld v. H. Morich, Clausthal-Zellerfeld, 1954, S. 4.
38 Vgl. Zycha, Zur neuesten Literatur, Vierteljahresschrift für Sozial- und Wirtschaftsgeschichte 33/1940, S. 111, Anm. 122, 34/1941, S. 43f.
39 Klaus Schwarz, a. a. O. S. 55.
40 F. M. Reß, Die Oberpfälzischen Hammereinigungen von 1341 bis 1625, Zeitschr. f. handelswissenschaftl. Forschung N. F. 2/1950, S. 41, Anm. 2.
41 Vgl. Archiv für Sächs. Geschichte 10/1872, Miscelle 1 (von Weber), S. 98 ff.
42 Die Gedichte Heinrichs des Teichners, hrsg. von H. Niewöhner, Bd. II, Berlin 1954, Nr. 351, S. 92 (Deutsche Texte des MA., Bd. 47).
43–46 Theophilus Presbyter: Diversarum artium schedula. 11. Jahrh. In Auswahl neu hrsg., übers. und erläutert von W. Theobald, Berlin 1933. In der Reihenfolge der Zitate: 45: Vorrede zum 3. Buch, S. 60–62, 46: 3. Buch, 18. Kpt., S. 71, 47: 21. Kpt., S. 72, 48: 84. Kpt.

47 Freib. UB I, Nr. 1049, S. 193, vgl. auch Nr. 1030, S. 157, Nr. 1036, S. 173.
48 Vgl. u. a. W. Strohmeyer, Die Äbte des Klosters St. Trudpert, Freiburger Diözesan-Archiv, N. F. 34/1933, S. 58.
49 Herausgegeben von H. Denker, Forschungen zur Geschichte des Harzgebietes 2, Wernigerode 1911, S. 11.
50 Zit. nach K. Schwarz, a. a. O. S. 94 f.
51 ebenda.
52 H. Winkelmann, in »Der Bergbau in der Kunst«, Essen 1958, S. 8 ff.
53 Weizäcker, Sächsisches Bergrecht in Böhmen. Das Joachimsthaler Bergrecht des 16. Jahrhunderts, Forschungen zur Sudetendeutschen Heimatkunde 5, Reichenberg 1929, S. 207, Anm. 107.
54 Salzburger UB IV, Nr. 85, S. 91 f. (1276).
55 ebenda, Nr. 121, S. 141, Nr. 122, S. 143 (1284–1285).
56 Freib. UB II, Nr. 1129, S. 265.
57 Vgl. Ä. Steinbeck, Geschichte des schlesischen Bergbaues, seiner Verfassung, seines Betriebes, Breslau 1857, Bd. I, S. 42
58 Vgl. Freiburger UB II, Nr. 125, S. 141.
59 Vgl. Freib. UB II, Nr. 1129, S. 265.
60 Vgl. Const. I, 4, §§ 7, 8.
61 Schmoller, a. a. O. S. 1025 f.
62 Vgl. Freib. UB II, Nr. 1003, S. 106 ff., Nr. 1010, S. 119 f.
63 Vgl. Const. I, 4, §§ 7, 8.
64 R. Davidsohn, Geschichte von Florenz, IV. Bd., 2. Teil, Berlin 1925, S. 313.
65 Zwölf Bücher vom Berg- und Hüttenwesen. In neuer deutscher Übersetzung bearbeitet v. C. Schiffner, 2. Aufl. Düsseldorf 1953, S. 77.
66 Die Stelle wurde in der 2. Hälfte des 14. Jahrhunderts in die Monumenta Poloniae Historica (Bd. III, Lemberg 1878, S. 132) übernommen.
67 1450 wurden im Siegerland Geschütze gegossen. 1454 wird erstmalig der Eisenguß 2. Schmelzung (»indirekte« Stahlgewinnung) geschildert.
68 Zu Tirol vgl. u. a. Erich Egg: Das Wirtschaftswunder im silbernen Schwaz, »Leobener Grüne Hefte«, H. 31/58.
69 Vgl. ebenda, S. 14 ff. Baumgartner besaß seit 1472 das bayerische Silbermonopol. Von 1486 bis 1487 lieh er seinem Landesfürsten 100000 Gulden und gewann vorübergehend das Silbermonopol in Tirol, das bald die Fugger brachen.
70 Vgl. ebenda, S. 19.
71 ebenda.
72 Zit. nach Erich v. Kurzel-Runtscheiner: Stuckofen und Floßofen zur Eisengewinnung und deren älteste Abbildungen, »Der Siegerländer Berg- und Hüttenmann«, H. 2/1938, S. 57.
73 Franz Peschel: Die Fugger in Schlesien, »Schlesien. Eine Vierteljahresschrift für Kunst, Wissenschaft und Volkstum«, H. III/1956, S. 173 f. Zur Information über die Fugger vgl. auch L. Scheuermann: Die Fugger als Montanindustrielle in Tirol und Kärnten, Beiträge zur Wirtschaftsgeschichte des 16. und 17. Jahrhunderts; »Studien zur Fugger-Geschichte«, Bd. 8, hrsg. von J. Strieder, München/Leipzig 1929 und Friedrich Dobel: Bergbau und Handel der Fugger, Augsburg 1882.
74 G. Agricola, De re metallica libri XII, Basilae 1556. Ders., De veteribus et novis metallis, Basilae 1546. Ders., De ortu et causis subterraneorum, Ursprung und Entstehungsursachen der Dinge unter Tage; 1544 abgeschlossen.
Ders., De natura eorum quae effluunt ex terra, Die Natur der aus dem Erdinnern hervorquellenden Dinge; 1545 abgeschlossen.
Ders., De natura fossilium, Über die Mineralogie; 1546 abgeschlossen.
Ders. De veteribus et novis metallis, Bergwerke in alter und neuer Zeit; 1546 abgeschlossen.
75 Sein Werk »De veteribus et novis metallis« stellt einen kühnen Versuch dar, eine Geschichte des antiken Bergbaus zu konzipieren.
76 Vgl. dazu u. a. Wilsdorf: Bergbautechnische Neuerungen des XVI. Jahrhunderts

und ihr Einfluß auf die Gesundheit der Bergleute, »Neue Zeitschrift für ärztliche Fortbildung«, Stuttgart 1959, Sonderdruck (48. Jg., H. 9), S. 778 ff.
77 Gelegentlich wird diese Feststellung bestritten, wobei auf die Darstellungen verwiesen wird, die sich in der Agricola-Ausgabe (VDI-Ausg. von 1928) auf den Seiten 155, 158, 159, 160, 162, 165, 166, 167 und 168 befinden. Die »Kehrräder« sollen danach ausschließlich zur Förderung von Roherz verwendet worden sein.
78 Vgl. dazu u. a. auch Helmut Wilsdorf: Präludien zu Agricola, »Der Anschnitt«, H. 3/55, S. 18.
79 Die Seiten sind nicht numeriert.
80 G. E. Löhneyß, Bericht vom Bergwerk, wie man dieselben bawn und in guten wolstande bringen sol sampt allen dazu gehörigen arbeiten, ordnung und Rechtlichen processen, Zellerfeld 1617.
81 Neu verfaßtes Bergbuch..., 1698.
82 Neues und vollkommenes Bergbuch.
83 Mathesius verteidigt Luther einmal gegen den Vorwurf, ein »Fastnachtsbruder« zu sein, und schildert dabei, wie Luther anläßlich einer Fastnacht mit Bergleuten umging. Er berichtet »... die lassen ihnen Bergkleider anschneiden, und rüsten sich wie Schieferhauer mit ihren Scheidhämmern... Ob nun wohl diese... Kumpanei eine Mummerei anrichtet, und lässet sich beim Herrn Doctor angeben als der von einem Bergmann geboren und auf einem Bergwerk erzogen war, weisen sie sich doch selber wie Bergleute, und kommen nicht mit gemalten Königen, Päpsten... Teufeln und Säuen, oder mit abgeeckten Schemelbeinen vor den großen Mann, sondern staffieren sich in einem künstlichen Schachspiel, darin Doctor... gern pfleget zu ziehen. Wie es Doctor höret, daß eine Mummerei von ehrlichen Schieferhauern vorhanden, die laßt mir herein, spricht er, das sind meine Landsleute, und meines lieben Vaters Schlegelgesellen. Den Leuten, weil sie die ganze Woche unter der Erde stecken, in bösem Wetter und Schaden, muß man bisweilen ihre ehrliche Ergötzung und Erquickung gönnen und zulassen. Darauf tritt die Gesellschaft vor des Herrn Doctors Tisch, setzt ihr Schauspiel [wohl Schachspiel gemeint] auf. Der Doctor, als ein geübter Schachgeber, nimmt's mit ihnen auf. Ihr Bergleute, sagt er, wer in diesen und anderen tiefen Schächten ziehen und nicht Schaden nehmen, oder das Seine mit Unrat verhauen will, der soll, wie's Sprüchwort lautet, seine Augen nicht in die Tasche stecken, denn es gilt an beiden Orten Aufsehens.« Zit. nach »Tischreden von Fassnacht-Küchlein und Butzenkleidern«, herausgegeben von Lic. Dr. Georg Buchwald, Leipzig (Reclam), S. 420 ff.
84 Auszüge aus J. Mathesius, Berg-Postilla oder Sarepta.
85 Vgl. H. Weinrich, Wort und Werkzeug des J. Mathesius, Berlin 1932, S. 35.
86 Vgl. hierzu auch Paul Müller: Die Entstehung der Bergbarte, Sonderdruck aus »Bergakademie« 8/1962, S. 584–590.
87 Wilhelm Zimmermann: Der große Deutsche Bauernkrieg, Berlin 1952, S. 527.
88 Vgl. Egg, S. 7.
89 Zimmermann, a. a. O. S. 538 als Anm. der Herausgeber.
90 Vgl. z. B. Wenzel Haiek, Böhmische Chronik (von J. Sandel übersetzt), Leipzig 1718.
91 Vgl. Schwarz, S. 105.
92 Vgl. ebenda.
93 Vgl. ebenda, S. 106.
94 Vgl. Schwarz, a. a. O. S. 152, Anm. 60.
95 Dem Eisen ging das heroische Geschlecht voraus.
96 Vgl. Hesiod, Werke und Tage 109–201, mit Scholien; Hippolytus, Refutatio omnium haeresium V, 6,3; Eusebius, Praeparatio evangelica III, 1,3; Platon, Menexenos 6–7.
97 Anfänglich bezeichnete der Begriff »Wächter« den gesamten Kriegerstand; später wurde er auf die Herrscher übertragen, während die Krieger als Helfer bezeichnet wurden.

98 Dafür tritt besonders Jula Kerschensteiner in ihrer Dissertation »Platon und der Orient« ein; München 1945. Publiziert bei Kohlhammer in Stuttgart.
99 Platon, Der Staat III, 415.
100 Der Staatsmann, 300. Platon bezeichnete das Ausschmelzen der Edelmetalle als eine bedeutsame Technik, deren Beherrschung sogar der »königlichen Regierungskunst« verwandt wäre. Die »königliche Kunstart« der Erzschmelzer beurteilte er als »schwerer zu erlernen« und »schwieriger auszuüben« als die Aufbereitungsarbeit.
101 So z. B. Wilsdorf, a. a. O. S. 156.
102 ebenda.
103 So z. B. Jula Kerschensteiner a. a. O.
104 Zit. nach Kerschensteiner, a. a. O. S. 167.
105 a. a. O. S. 82 f.
106 Auszug aus dem 1617 erschienenen »Bericht vom Bergwerk« von G. E. Löhneyß.
107 Zit. auch im »Anschnitt«, H. 1/51, S. 14f. Vgl. auch Rolf Bongs: Hugo von Hofmannsthal: Das Bergwerk von Falun, ebenda, H. 6/52, S. 7 ff.
108 Vgl. dazu u. a. O. M. Friedrich: Überblick über die ostalpine Metallprovinz, »Zeitschrift für das Berg-, Hütten- und Salinenwesen im Deutschen Reich« (zum Leobener Bergmannstag 1937), Bd. 85, H. 6, S. 241.
109 Vgl. dazu u. a. die thematisch begrenzten Untersuchungen von Max v. Bahrfeldt: Die Harzmünzstätte Clausthal zu Beginn des 19. Jahrhunderts (Ausprägungen für Kaiser Napoleon, König Hieronymus von Westfalen, Bistum Münster), Halle/S. 1931 und J. Erkeling: Ein bergmännisch-numismatischer Streifzug, »Der Anschnitt«, H. 2/50, S. 7 ff. und H. 1/52, S. 6 ff.
110 Vgl. dazu u. a. Günther Schiedlausky: Bergmännische Glaskunst, »Der Anschnitt«, H. 1/54, S. 6 ff.
111 Vgl. dazu Günther Schiedlausky: Die Freiburger Bergmannsfenster, »Der Anschnitt«, H. 2/53, S. 4 ff. Vgl. auch E. Treptow: Deutsche Meisterwerke bergmännischer Kunst, Berlin 1929.
112 Vgl. dazu u. a. S. Lauffer, E. Köllmann, W. Holzhausen, E. Trier, H. U. Haedecke und Chr. Beutler in »Der Bergbau in der Kunst«, Essen 1958.
113 Zur Information über die bergmännische Glaskunst und über die Beziehungen zwischen Bergbau und Glashütten vgl. bes. Günther Schiedlausky: Bergmännische Glaskunst, »Der Anschnitt«, H. 1/54, S. 6 ff.
114 Bei der wissenschaftlichen Einordnung der Handsteine hat sich Dr. Günther Schiedlausky besondere Verdienste erworben.
115 Vgl. hierzu besonders E. Köllmann, in »Der Bergbau in der Kunst«, a. a. O. S. 262 ff.
116 Abraham a Santa Clara, Der Berg-Knapp aus »Etwas für alle – Das ist: Eine kurtze Beschreibung allerley Stands- Ambts- und Gewerbs-Persohnen«.
117 Leibniz, Nachgelassene Schriften physikalischen, mechanischen und technischen Inhalts, hrsg. von E. Gerland, Leipzig, 1906, S. 186 f.
118 ebenda, S. 181.
119 So stellte der Bergingenieur Rudolf Dorstewitz denn auch bereits 1938 beispielsweise über den Einfluß des Bergbaus im Siegerland fest: »Das Leben der Bergleute im Siegerland hat sich in keiner Zeit in den einheitlichen und festumrissenen Formen bewegt, wie das ihrer Berufsgenossen anderer größerer Bergbaubetriebe, etwa des Oberharzes oder des Erzgebirges. Die staatliche Verwaltung der dort die weitaus größte Zahl der Bergwerke unterstand, konnte auch das Brauchtum der Bergleute einheitlich gestalten, indem sie alte Sitten wahrte und neue Gebräuche angliederte. Die einzelnen Privatgruben schlossen sich diesen zwanglos an.« (Zit. aus: »Siegerland«, Blätter des Vereins für Heimatkunde und Heimatschutz im Siegerland samt Nachbargebieten. 1938, Heft 2. Sonderheft zum Westfalentag 1938, S. 35).
120 Eine ostpreußische Bezeichnung für den dort besonders beliebten Kohl (Sauer-

kraut, Rotkraut usw.), worauf die Auftraggeber des Flugblattes eingingen und selbst die Mundartbezeichnung wählten.
121 Zit nach Böll/Chargesheimer, S. 12 f.
122 Vgl. dazu: Georg Schreiber, Daniel im Bergbau, »Der Anschnitt«, H. 3/53, S. 12 f. Schreiber zählt dort u. a. zahlreiche Bergwerke in Österreich und Deutschland auf, die seit dem 15. Jahrhundert den Namen Daniel tragen. Die Beziehung zum Bergbau schuf der biblische Bericht vom »Drachen zu Babel«, wo davon die Rede ist, daß Daniel von Habakuk in der Löwengrube aufgesucht wurde, die das Motiv zum Bergwerk lieferte. Hinzu kommt die Deutung des Nebukadnezar-Traumes von der riesenhaften Gestalt aus Metall im 2. Danielkapitel.
123 »Barbara« war ursprünglich ein Sklavenname griechischer Herkunft. Die griechischen Sklaven behielten selten ihre ursprünglichen Namen. Meistens benannten die Griechen sie nach ihrem Herkunftsland. So bezeichnete der Name »Lydia« eine aus Lydien stammende weibliche Person. Barbara muß also eine Sklavin nichtgriechischer Herkunft gewesen sein. Die Tochter eines bekannten Adeligen aus Nikomedien in Kleinasien kann »St. Barbara« kaum gewesen sein. Vgl. dazu auch: Woher kommt der Name Barbara?, »Der Anschnitt«, H. 3/55, S. 18.
124 So z. B. von Lucas Cranach, Hans Holbein d. Ä., Riemenschneider und Raphael. Daß zahlreiche Bergwerke ihren Namen tragen, ist daher selbstverständlich. Vgl. dazu u. a. Selma Peine: St. Barbara, die Schutzheilige der Bergleute und Artillerie und ihre Darstellung in der Kunst. Leipzig 1896, S. 11 f.
125 Lied »Knappengebet« (von August Kemmermann) von 1907, aus Heilfurth: St. Barbara als Berufspatronin des Bergbaus, Zeitschrift für Volkskunde, 53. Jg., Stuttgart 1957, S. 49.
126 Vgl. A. Schlossar: Deutsche Volkslieder aus Steiermark, Innsbruck 1881.
127 Vgl. Otfried Kastner: Das Steyrer Kripperl, »Der Anschnitt« H. 6/54, S. 7.
128 Vgl. Anton Dörrer: Die Volksschauspiele in Tirol, in »Tiroler Heimat«, N. F. 2, 1929, S. 69 ff.
129 Vgl. dazu auch die Ausführungen S. 264.
130 Vgl. u. a.: K. L. Schubert: Vom Wesen des Bergmanns, Leobener Grüne Hefte, H. 8, Wien 1953.
131 ebenda S. 9. Der Komponist Joseph Wolfram (1789–1839), Sohn eines fürstlich Lobkowitzischen Bergverwalters, seit 1826. Nachfolger C. M. von Webers an der Dresdner Hofoper, komponierte sogar eine Oper über den »Bergmönch«, dessen Textbuch C. B. von Miltitz schrieb. Vgl. dazu u. a. Ortwin v. Holst: Der Bergmönch, »Der Anschnitt« 3/54, S. 20 ff.
132 Vgl. dazu u. a. Ernst Schneider: Bergwerksgeister in der Bergbaunamengebung, »Der Anschnitt«, H. 3/57, S. 12 f. Zur Benennung von Zechen vgl. auch W. Brepohl: Zechennamen, ebenda H. 2/53, S. 12 f.
133 »Die älteste schriftliche Nachricht über eine einheitliche Tracht der Bergleute ist aus dem Jahre 1557 überliefert, als der Kurfürst August von Sachsen in Begleitung des dänischen Königs und der Herzöge von Holstein der freien Bergstadt Freiberg einen Besuch abstattete. Der Chronist berichtet, daß die Bergbedienten in großer Anzahl nach Art der Bergleute mit weißen Bergkitteln/weißen wüllenen Bergröcklein und Bergleder bekleidet/Grubenbeile in die Hände genommen und der Herrschaft entgegengegangen seien.« Zit aus einer nicht veröffentlichten, 1954 abgeschlossenen Untersuchung von Dr. Günther Schiedlausky.
134 Meltzer, IV. Buch, S. 1179 f.
135 Vgl. G. Mosen: Die Weihnachtsspiele im Erzgebirge, Zwickau 1861, S. 14 f.
136 ebenda, S. 38.
137 Vgl. dazu u. a. Arthur Mämpel: Das Silvestersingen der Bergleute, »Der Anschnitt«, H. 3/54, S. 28.
138 Vgl. dazu u. a. Hans Schmitz: Das Schichtgebet im Mechernicher Bergbau, »Der Anschnitt«, H. 6/54, S. 3 ff.
139 Dorstewitz: Sitten und Gebräuche der Siegerländer Bergleute, in: »Siegerland«.

Blätter des Vereins für Heimatkunde und Heimatschutz im Siegerland samt Nachbargebieten. 1938, H. 2. Sonderheft zum Westfalentag 1938, S. 36.
140 Zit nach G. Heilfurth, Gottesdienstliche Formen im beruflichen und betrieblichen Leben des Bergbaus, o. J. Stuttgart, S. 6.
141 Vgl. »Der Anschnitt«, H. 1/58, S. 8 ff.
142 Weimarer Ausg. Naturwiss. Schriften IX. Bd. S. 144.
143 Christoph Gottlob Grundigs... Geistlicher Bergbau oder Sammlung von Berg-Gebeten und geistlichen Berggesängen... nebst einer neuen Vorrede... herausgegeben von Karl Heinrich Tromler, Schneeberg, o. J. (1781).
144 W. Maser, Gedanken über den Bergmannsgottesdienst, »Der Anschnitt«, H. 5/57.
145 Vgl. dazu u. a. Gerhard Schulz: Novalis auf der Bergakademie in Freiberg, »Der Anschnitt«, H. 1/59, S. 4 ff. und Rolf Bongs: Der Bergbau im Wort der Dichter (IV.), ebenda, H. 1/53, S. 4 ff.
146 Vgl. Herrmann: August Herders Werdezeit; »Mitteilungen des Freiberger Altertumsvereins«, H. 62, S. 23.
147 ebenda, S. 21.
148 Vgl. dazu u. a. Günther Schiedlausky: Theodor Körner als Freiberger Bergstudent, »Der Anschnitt«, H. 3/53, S. 14 ff.
149 Vgl. auch Heine, Werke in einem Band. Jubiläumsausgabe zum 100. Todestag von H. Heine. Ausgew. und eingel. von Walther Vontin. Hamburg 1956, S. 88: »Bergidylle« und »Die Ilse«.
150 C. F. Reinhold, Heinrich Heine. Sein Leben in Selbstzeugnissen, Briefen und Berichten, Berlin 1947, S. 155 ff.
151 ebenda, S. 49.
152 1894 fuhr Hermann Löns in eine Grube ein – und berichtete darüber (überdies erstmals als Journalist), ein wenig an Heine angelehnt, im Hannoverschen Anzeiger (nachgedruckt am 10. 3. 1935 in: »Preußag. Werkszeitung«, Berlin, S. 3). Löns, der ausdrücklich hervorhebt, »nicht einen Augenblick Angst verspürt« zu haben, war weniger kritisch und scharfsinnig als Heine. Seine Beobachtungen und Eindrücke liefen betont gezielt auf das Urteil hinaus: »Wahrlich, der Bergmann ist ein Held der Arbeit.«
153 In »Wilhelm Meisters Wanderjahren« schrieb Goethe: »An und in dem Boden findet man für die höchsten irdischen Bedürfnisse das Material, eine Welt des Stoffes, den höchsten Fähigkeiten des Menschen zur Bearbeitung übergeben; aber auf jenem geistigen Wege werden immer Teilnahme, Liebe, geregelte freie Wirksamkeit gefunden. Diese beiden Welten gegeneinander zu bewegen, ihre beiderseitigen Eigenschaften in der vorübergehenden Lebenserscheinung zu manifestieren, das ist die höchste Gestalt, wozu sich der Mensch auszubilden hat.« (Zit. nach Friedrich Klemm: Technik. Eine Geschichte ihrer Probleme, Freiburg und München 1954, S. 398).
154 Zit. nach »Ehrwürdig ist der Bergleut' Stand«, Schriftenreihe für die Mitarbeiter der Bergwerksgesellschaft Hibernia AG, H. 21, 1958, S. 31.
155 ebenda.
156 Vgl. dazu u. a. Arthur Mämpel: Bergbau in Dortmund. Von Pingen und Stollen bis zu den Anfängen des Tiefbaus, Hrsg.: Dortmunder Bergbau AG, Dortmund 1963, S. 60 ff.
157 Vgl. ebenda.
158 K. Marx, Das Kapital, Bd. 1, S. 520 (Dietz-Verlag, 1947).
159 ebenda, S. 520 f.
160 ebenda, S. 524 f.
161 Zit. nach Friedrich Klemm, Technik, Eine Geschichte ihrer Probleme. München 1954, S. 305.
162 Zit. der nach der Ausgabe der Büchergilde Gutenberg, Zürich 1947, S. 291.
163 Vgl. Friedrich Klemm, Technik, Eine Geschichte ihrer Probleme, München 1954, S. 347 f.
164 Die experimentellen Versuche im 18. Jahrhundert waren meist spielerisch; aber sie

hatten gelegentlich auch schon zu wesentlichen Erfolgen geführt. Galvani machte seine Froschschenkelexperimente. Benjamin Franklin erfand den Blitzableiter. Volta konstruierte (1794) die erste elektrische Batterie.
165 Vgl. dazu u. a. Arthur Mämpel: Bergbau in Dortmund. Von Pingen und Stollen bis zu den Anfängen des Tiefbaus, Hrsg.: Dortmunder Bergbau AG, Dortmund 1963, S. 55 ff.
166 Vgl. dazu u. a. Albert Hesse: Lehrbuch der Nationalökonomie, Offenburg 1950, Bd. 3, S. 260 ff.
167 Zit. aus »Wir«, abgedruckt in »Neue bergmännische Dichtung«, Bochum 1949, S. 13.
168 Aus dem Gedicht »Morgen« von Smirnow, ebenda, S. 60.
169 Aus Heinz Kosters »Zum Geleit«, ebenda, S. 89.
170 Vgl. dazu auch Walter Köpping (Hrsg.): Unter Tage. Über Tage. Aus der Arbeitswelt unserer Tage, Frankfurt/M. 1966, bes. S. 251 ff. Bei Köpping heißt es über die »Arbeiterdichtung« der Gegenwart, die er »Industriedichtung« nennt (S. 257): »Die Industriedichtung unterscheidet sich nicht allein durch die Aufnahme neuer Themen von der Arbeiterdichtung – die Grundstimmung dieser neuen Aussagen ist ebenfalls anders als bei der Arbeiterdichtung. Die Arbeiterdichtung schilderte Menschen in Armut, harter Arbeit und Unterdrückung, aber zugleich strahlte sie Zuversicht und Zukunftsgläubigkeit aus. Oft war die Sprache getränkt mit Pathos. Die Industriedichtung spricht nicht mehr von Hunger und Armut, und dennoch sind Skepsis und Pessimismus vorherrschend.«

Register

Aachen 217
Aannepaddas 19
Abel 271
Abertham 276
Abraham 94
Abraham a Santa Clara 311
Abydos 42, 76, 82, 84
Achat 100
Achill 158
Achtoes II. 80
Adam 270 f., 288
Ägypten 17, 20, 29, 33, 36, 41, 43 f., 47, 49, 52, 54, 56, 58 f., 64, 81 f., 85, 87, 92, 113, 115, 136, 148, 188, 223, 227
Aëtes 38
Äthiopien 54, 183
Afrika 120, 193
Agatharchides 56 ff., 61, 70, 78
Agricola, Georg 238, 261, 264 ff., 299, 308, 325, 364
Agrileza 148
Aha 50
Ahura Mazda 288
Aioler 31
Akaba 52, 114
Akesidas 147
Akkad 18
Akmon 147
Alabaster 28, 47
Alaca 24
Alasija 53
Alaun 121, 276
Albright, William Foxwell 91, 93
Aldaba 15
Aleppo 15, 37, 92, 106
Alexander der Große 123, 159, 188
Alford 41, 47, 97
Alisar 24
Aljustrel 205, 207
Altamira 51
Altena 236
Altenhausen 276
Alyattes 34
Amarna 20
Amasis 141
Amberg 237, 248
Amenemhet III. 44, 62 ff.

Amenophis II. 58
Amenophis III. 20, 43, 60, 92
Amenophis IV. 20, 43, 92
Amerika 272, 305 f.
Amethyst 81, 100
Amon 83
Amrah-Kultur 50
Amphiboliten 215
Amsterdam 264
Amun 43, 84
Anacharsis 157
Anatolien 14
Anaximander 136
Angra Mainyu 288
Andros 121
Anhydrit 51
Anittas 14
Ankara 26
Annaberg 249, 299, 308
Annäum 46
Annam 85
Anneberg 281
Antaios 149
Antimon 16, 18, 54
Antiochus IV. Epiphanes 285 f.
Antwerpen 230, 264, 306
Anu 18
Anyang 86
Apollonius 126, 128
Aquitanien 171
Araber 24
Aralu 18
Arám zôba 92
Ardaillon 130
Ardakshir 289
Argistis I. 37
Argolis 121
Arimaspuer 202
Aristoteles 152
Armenien 20
Armenier 40
Armsheim 168
Arsen 16, 54
Artabazos 31
Artemis 147 ff.
Arzneimittel 10
Aserbeidschan 37
Ashio 86
Asphalt 16, 18

Assuan 54, 71
Assuangranit 44
Assurnassirpal II. 27
Assur 19, 20, 23, 27
Assyrer 40, 115
Assyrien 23, 27 ff., 31, 37, 183
Attika 61, 130, 132, 149, 158
Athen 130 ff., 134, 146, 150
Athene 148
Atlas 307 f., 320
Atotas 154 f., 157
Augsburg 230, 306
Augustus 188
Avennes 215

Babel 286
Babylon 16 f., 23 f., 31, 33
Babylonien 13
Babylonier 24
Bacchus 299
Bacon, Francis 332
Badari 49
Badari-Periode 49 f.
Baden, Christoph von 263
Bärenstein 326
Bagdad 165
Baigory 172
Baltimore 93
Barbarossa 228, 256
Bardowiek 230
Bargsteiner, Jakob 255
Barka 141
Barramija 48
Barschib 18
Barthels, Max 362
Bartock, Willy 363
Bas Meudon 215
Basalt 19, 45, 47, 81, 88
Basilios von Caesarea 225
Baumgartner, Hans 263
Becher, Johannes R. 362
Bechtel (Historiker) 238
Bei-riha 106
Beirut 106
Belcame 106
Belgien 348
Belsazar 51
Beni Hasan 71
Beni Melout 203

Beraun 276
Berchtesgaden-Obersalzberg 231
Bergen 169
Bergkobalt 307
Bergkristall 18
Berlin 356
Bernstein 113, 119, 161 f., 164, 186
Beryll 15, 20
Berytus 148
Besseringen 168
Bethlehem 46
Beuthen 239, 253
Bezaleel 108
Bhutan 85
Bibracte 177
Binarama 26
Bindemittel 10
Bin-nirar 58
Bismarck, Otto von 356
Bitumen 83
Bit-Humri 27
Blei 8, 14 f., 18, 21, 26 f., 54, 57 f., 94 f., 121, 147, 188, 227, 264, 276, 292, 295, 296 f., 311 f.
Bleierz 18
Blieskastel 222
Boccaccio, Giovanni 299
Bochum 231, 317, 323, 333, 355
Böhmen 231, 260
Böll, Heinrich 127 f.
Bogazköy 24, 92
Boiai 121
Bokchoris 185
Bologna 186
Bonn 361
Borneo 178
Botack 231
Bourges 172
Bráives 215
Braunau 231
Brauronia 149
Brecht, Bertold 127, 362
Breckerfeld 236
Breitfurt 223
Brentano, Clemens von 334 f., 339
Brescia 184
Brettau 325
Brettschneider, Daniel 307
Britannien 162, 188
Brixen 276
Bröger, Karl 359, 362
Bronze 8, 15 f., 18 f., 38 f., 53, 86, 99 f., 105, 117, 128, 144, 157, 164 f., 167, 169 ff., 177, 182 ff., 186, 216 ff., 263, 281 f.
Bronzezeit 8
Brügge 230 f.
Brueghel, Pieter 348
Brüning (Historiker) 238

Brunholdisstuhl 223
Brunton 49
Buch Samuel 25
Bücher der Könige 94, 114
Bulgar-Dag 15
Bulgarien 158
Bunzlau 239
Burckhardt, Jacob 342
Burghausen 231
Burma 85
Burnaburiasch II. 20 f.
Burrweiler 218
Byblos 115

Cadiz 190
Caecilia Crassa 196 f.
Caecilius Metellus Creticus 196
Cäsar 171 f.
Caligula 186, 203
Camman 107
Camp 215
Carter, Howard 91
Calvin 305
Caton-Thompson 49
Ceres 299
Ceylon 85
Chachum 24
Chafadji 19
Chaj 60
Chaldäer 30
Chalkis 41, 121
Chamisso, Adelbert von 362
Champignolles 215
Champman, W. 365
Champollion 41
Charcha 18
Chatal 14
Chemnitz 265
Chenti-Cheti-Hotep 62
Cheops 17, 44
China 298
Chirbet catan 107
Chirbet es-samra 106
Chirbet Fenan 95
Chiusi 185
Chorassan 18
Chou-Zeit 86
Chronik 94
Cicero 295
Cissbury 215
Claudius 185, 187, 203
Clausthal 317 f., 338
Clausen 276
Clermont 215
Columbus 272
Commodus 203
Corneto 185
Corneto-Tarquinia 185
Cornwall 182 f.
Cortez, Fernando 272
Crassus 194, 196
Cronenberg 236

Culm 260
Cyprianus von Karthago 203

Daedalus 271
Dänemark 167, 264
Dagobert I. 226
Daimachus 123
Dareios I. 30 f.
Daktylen 147
Damaskus 58, 95
Damastion 121
Damnameneus 147
Daniel 51, 106, 285 ff., 323
Danzig 264
Daton 121
David (König) 18
Debestus 212
Decimus Segulius Alexander 197
Deidesheim 218
Delos 121, 135, 153
Delphi 33, 35, 120
Demant 100
Demetrius von Phaleron 301
Denderah 84
Deucer, Johannes 269
Deutschbrod 235
Diabas 215
Diamant 18
Diodor 77, 122, 181, 194
Diodor II. 23
Diodor III. 56 f., 60
Diodorus Siculus 213
Diogenes 212
Diokletian 203
Diokleides 132
Dion von Syrakus 152
Diorit 19, 88 f.
Dioscorus 324
Diphilos 141, 201
Djebel Zabara 42
Djoser (König) 46, 50
Dkar-skyil 294
Doliche 15
Dophka 93
Dornberg 276
Dorstewitz, Rudolf 328
Dortmund 231, 312, 235 f., 321, 355
Drebach 281
Dschemdet-Nasr-Periode 23
Dürkheim 168, 218
Dürrnberg 231
Duurstede 230

Ea 149
Eckermann 311
Edelsteine 22, 225
Edfu 48, 87
Egg, Erich 263
Eike von Repgow 256
Eje 42

409

Eisen 8, 14, 21, 24ff., 28, 44, 47, 51, 54, 92, 94f., 99, 107, 117, 119, 124, 127, 147, 157, 164f., 167, 169ff., 177, 218f., 224ff., 233, 245, 249, 252, 270, 281f., 287, 296ff., 325, 335, 328, 363
Eisenberg 217f., 220f.
Eisenzeit 8
Ekbatana 23
Elam 24
el-Amarna 52
Elefantine 113
Elektriden 162
Elektron 15, 18, 43, 58, 61, 161, 164
El Fawachit 55
Elfenbein 16, 77
El Gerseh 45
El-gib 107
el-Obeid 19
Elterle 281
Engelke, Gerrit 359
England 183f., 264, 347, 353
Enlil 18
Entemenas von Lagasch 19
Ephesos 34
Epikrates 141
Epimedes 147
Epirus 121
Erbersdorff 281
Erdgas 361
Erdöl 361
Erdpech 16f.
Erfurt 230
Eridu 16
Erman, Adolf 47, 56, 70, 76
Erman-Grapow 47
Erman-Ranke 56, 72
Ermoldus Nigellus 214
Erz 27, 49, 51, 100
Esangila 17
Esch, von der 47f., 97
Esra 94, 111
Essen 357 /
Etrurien 39f.
Ettenhardt 258
Euboia 121
Eule 239
Euphrat 13, 16
Euripides 122, 293

Faijum 50
Falkenstein 263
Falun 303f., 338
Fawachit 89
Fayence 49
Federmann, Xiel 95
Fehlingk, Carl Heinrich Jacob 307
Fenan 106
Finley 130
Finnen 40
Firnisse 10

First 281
Fitzler 47
Flitschl 308
Font-de-Gaume 51
Forst 218
Fortuna 302
Frank 97
Frankenberg 226
Frankreich 51, 184, 231f., 305f., 348, 357
Freiberg 126, 145, 234, 239, 254, 298, 308, 317
Freiligrath, Ferdinand 362
Freise 56
Freyberg 281
Friedrich der Große 341
Friesach 240, 276
Froucourt 215
Fugger, Jakob 263f.
Fulda 232
Fulpmes 325
Fussek, Erich 258

Gaius Atilius Euhodus 195, 197
Gaius Secundus Plinius der Ältere 188
Gaius Veturius Salvius 197
Gallicus 203
Galmei 54, 121, 218
Galmeierz 217
Gallien 188
Gardiner, Sir Alan H. 47, 75, 91
Gastein 145, 240, 325
Gayomard 122, 287ff.
Gebel el-arba 106
Gebelen 88
Gebelmicrad 106
Geber, Ezeon 98, 114
Geel 276
Geld 15, 305
Gellert 362
Gelsenkirchen 320
Gent 230
Georgenthal 264
Georgien 38
Gerhoch (Propst) 325
Gerzeh-Kultur 50
Geyer 281
Gezer 106
Gihon 13
Gilgamesch 17
Gips 16, 47
Giseh 17, 44, 88
Gizilbunda 18
Glaserz 307
Glasgow 346
Glaukon 154
Glaukos 123
Glauchau 265
Glemmer, Pierre 180
Glueck, Nelson 97
Gnaeus Agricola 38

Godefrid 228
Görres 342
Goethe, Johann Wolfgang von 73, 311, 330, 340f., 364
Gogh, Vincent van 347f., 363
Gold 8, 13ff., 19ff., 21, 27f., 30f., 33f., 38, 41, 43f., 47ff., 51, 55ff., 58f., 61, 64, 73f., 76f., 82ff., 85f., 94ff., 99f., 105, 107f., 114f., 117, 119, 125, 127, 144, 147, 150, 157, 161, 164, 177, 181f., 186, 189, 194, 200, 202, 213f., 225, 233, 238, 245, 270, 276, 281f., 286f., 290, 294, 295f., 311f., 325, 334, 340
Goldcronach 281
Goldberg 239, 260, 276
Gomorrha 95
Goslar 145, 238, 249, 262, 295, 326
Gossensaß 276, 325
Gracchus 198
Granit 45, 47, 84, 88f., 183
Graupen 249
Gregor von Nyssa 225
Gressenich 217
Griechenland 39, 58f., 81, 93, 120, 145, 148, 151, 154, 157, 162, 178, 188, 256, 299
Grime's Graves 215
Grimm (Gebrüder) 294, 365
Grosby 130
Gründler, Herbert 364
Grünstadt 219
Grundig, Ch. G. 329
Gubb genin 106
Gudea 19f.
Gunn 47
Gurk 240
Gwelo 114
Gyaros 121
Gyges 35

Haburatu 26
Hadrian 203, 205
Hagia Marina 119
Haithabu-Schleswig 230
Hake, Hardanus 254
Hall 273
Hallein 259, 325
Hallstatt 231f.
Hamatit 81
Hamburg 264
Hamilkar 191
Hamm 317
Hammami 54
Hammurabi 19, 21f.
Haniß, Wilhelm 364
Hannibal 191f.
Hannover 339
Hardenberg, Friedrich von 334ff., 339

410

Harpen 323
Hasan-Dag 13
Hasdrubal 191
Hauptmann, Gerhart 362
Hausherr (Historiker) 238
Hathor 55
Hatnub 28
Hatschepsut 114
Hattingen 231, 236
Hattusili I. 25
Hawara 44
Hazek, Wenzel 231
Hebbel, Friedrich 35, 334, 337
Hebel, Johann Peter 303 f.
Hegel, Friedrich 87
Heidelberg 218, 223, 361
Heine, Heinrich 310, 318, 338 f.
Heinitz, Freiherr Karl Arnold von 341 f.
Heinrich der Teichner 249
Heinrich von Aufenstein 255
Helicon 179
Heliopolis 42, 83, 88
Hellas 35
Helle 38
Henckel 333, 362
Hephaistos 146 f., 148, 178, 221
Herakles 124, 147 ff., 178, 363
Herder, Johann Gottfried 336
Hercules Saxanus 204
Herdecke 231
Herkules (Straße des) 182
Hermann, Nikolaus 328
Herne 321
Herodot aus Halikarnassos 30 ff., 34 f., 44, 122 f., 141, 157 f., 183, 202, 221, 293 f.
Heron von Alexandrien 136
Heros 148 f.
Herttwig, Christoph 269
Herwegh, Gustav 362
Hesekiel 95, 108
Hesiod 120, 122, 146, 183, 281 f., 287, 289 f.
Hethiter 14, 17, 24, 26
Het-ka Ptah 50
Hettenleidelheim 218 f.
Heuchler 310
Hiddekel 13
Hierakonpolis 50
Hilbersdorf 326
Hiob 94 ff., 320
Hipponikos 135
Hiram I. 100, 114
Hirsch Dr. 356
Hiskias 110
Hoffmann, E. T. A. 334, 337 f.
Hohnstein 281
Holland 264
Homer 116, 120, 122 f., 146, 161, 183, 202, 221
Horaz 123
Hrabanus Maurus 232

Huelva 190
Humboldt, Alexander von 341
Hurri 39
Hus, Johannes 273
Hyacinth 203
Hyle 121

Ialysos 147
Iasios 147
Idria 276
Idris 106
Iglau 235, 239, 248, 262
Ikzim 106
Imhotep 46
Im-nhd 58
Indien 20
Inichen 276
Innsbruck 263
Ionier 31
Ipw-im-Re 43, 74
Irland 184
Isabella (Königin v. Spanien) 272
Isenburg 236
Iserlohn 236
Ispuinis 37
Israel 36, 94
Israeliten 24
Italien 167, 179, 182, 184 ff., 231, 298, 357

Jaeren 169
Jakob 36, 92
Janus 188
Japan 85
Japeto 307
Jasmachadad 20
Jason 38
Jaspis 15, 18 ff., 100
Java 179
Jena 335
Jeremias 94 f.
Jericho 14
Jerusalem 46, 107, 110, 141, 172, 285
Jesaja 106, 136
Joachimsthal 249, 262, 265, 269, 276, 299, 325, 328
Joseph von Ägypten 36, 91
Josua 94
Jugoslawien 298
Junker 76
Juno 189
Jupiter 299 f., 301 f., 311
Juvenal 122, 293

Kabchusi 18
Kabiren 146
Kämpchen, Heinrich 332 f., 355, 357, 359, 362 f.
Kändler, Johann Joachim 309
Kagalad 18
Kairo 20, 44, 50
Kaiserslautern 222

Kalach 23, 26
Kalkstein 47
Kallimachos 148
Kamareza 126, 148
Kambodscha 85
Kameiros 147
Kanaan 81, 93 f., 105, 107
Kanais 48
Kandaules 35
Kanei 26
Kant, Immanuel 162
Kappadokien 26, 183
Karchemis 58
Karer 31
Kargamis 25
Kargil 294
Karl IV. 257
Karl V. (Kaiser) 263
Karl August (Herzog) 340
Karl der Große 226, 229
Karnak 83
Karneol 18 ff.
Kaschmir 85
Kashan 15, 165
Kasius 148
Kaspatyros 293
Kastor 189
Kay, John 346
Kayseri 26
Kees, Hermann 56, 61, 75
Kehlheim 220
Kelmis 147
Keos 121
Kerasos 16
Kerzenheim 219
Kettwig 231
Khorsabad 26
Khunsu 148
Khusro 289
Kilikien 13
Kimmerier 40
Kinaki 18
Kirnbauer (Historiker) 238
Kirrha 121
Kisik 159
Kitt 16
Kitzpuehel 276
Kläber, Kurt 332, 357, 359, 362 f.
Klagenfurt 308
Klein-Aspergle 168
Knemhotep 113
Knidos 56
Knudtzon 41
Kobalt 47
Kobell 121
Kobyla, Racek 274
Köln 230
Körner, Theodor 332, 334 f., 337 f., 339
Kohlen 45, 57, 121, 128, 222, 251, 302, 317, 348, 353, 355 f., 360, 363
Koks 363
Kolainis 149

Kolchis 38
Kollwitz, Käthe 353
Kom Ombo 87
Konservierungsmittel 10
Konstantin (Kaiser) 203
Koptos 49, 55
Korbach 276
Korea 85
Korinth 129
Krasnojarsk 159
Krenides 121
Kreta 120
Kroisos 33 ff.
Kronos 147, 281
Kuba 272
Kubban 48 f., 61, 63
Kühn, Sophie von 335
Kültepe 24
Kupfer 8, 14 f., 18 f., 20 f., 31, 44 ff., 47 ff., 52 f., 55, 62, 74, 82 ff., 86, 91 f., 98, 105, 107, 113, 119, 144, 147, 165 f., 183, 188, 190, 203, 205, 209, 216 ff., 233, 261 f., 287, 290, 293, 296, 304, 311 f., 335
Kusch 60
Kuttenberg 145, 235, 239, 255, 259, 262, 274 f.
Kvarnby 215
Kyklopen 146 f.
Kyros II. 33
Kythnos 121

Ladenburg 168, 223
Lässl, Ludwig 258
Lagasch 16, 18
Lakonien 14
Lamassu 19
Lampsakos 121
Landau 218
Langwieden 218
Lapislazuli 18 ff., 83, 119
Lasaulx, Ernst von 342 f.
Lascaus 51
Lasursteine 15
Laufen 231
Lauffer, Siegfried 130, 141, 148, 150 ff.
Lauber, Walter 364
Lauenthal 276
Laureion 119, 121, 130 f., 146, 148 ff., 153, 217
Lavater, Johann Caspar 364
Leclercq, Henri 211
Leibniz 318 f.
Leipzig 238, 299, 335
Lersch, Heinrich 362
Les Martins 215
Libanon 106
Liegnitz 239
Lientz 276
Lissabon 215, 306
Lista 169
Livathi 121

Livius 191
Löhneyß 269, 295, 309 f.
Löwen (Schlacht von) 229
Löwenberg 239
Lohse, Christian Gottlieb 329
London 69, 231
Lorch 226
Lorentz, Samuel 307
Lucius Maecius Philotimus 196 f.
Lucius Maecius Salvus 196
Lucullus 199
Ludwig der Reiche 145
Ludwigsburg 168
Lübeck 264
Lüdenscheid 236
Lützelnburg 263
Lukrez 127, 154, 296
Luther, Hans 270
Luther, Martin 238, 270, 273, 320
Luxor 69
Lydien 33, 35 f., 120
Lydier 31, 40
Lykurgos 201
Lynkurer 100

Magalhães 263
Magda 18
Magdeburg 230
Maghara 54
Magnesit 16
Magneter 31
Mainz 230
Makedonien 121, 188
Malachit 18 f., 49, 81, 119
Manchas 196 f.
Manchester 346
Mandling 276
Mandschurei 85
Manetho 122
Manganerz 45
Manuel, Hans Rudolf 308
Marcia 203
Marcus Porcius Cato 193
Marduk 17, 30
Mari 23
Marienberg 326
Markirch 152
Marmor 19, 121, 194, 223
Maroneia 133
Mars 311
Marseille 161, 192
Marx, Karl 343 f., 363
Maschardanu 18
Masereel, Franz 348, 353
Mashianay 289
Mashiay 289
Masmünster 253
Massilia 113
Mastix 16, 94 f., 99
Matala 120
Mathesius, Johannes 164, 269 ff., 276, 310, 328, 331

Mauch, Karl 114
Mauer bei Wien 215
Mauretanien 117
Maximilian (Kaiser) 263
Mayani, Zacharie 185
Mecklenburg 167
Medea 38
Medien 18, 24
Meeffe 215
Megalo 121
Megasthenes 294
Megenberg, Konrad von 127
Megerle, Ulrich 311
Mehlis (Entdecker) 220
Meißen 226, 245, 273, 275
Melach 276
Melos 121
Meltzer, Christian 327
Melucha 18
Memmingen 273
Memphis 42, 50, 88, 148
Men 149 f.
Menes 50
Meni 75
Menuanu 18
Menuas 37
Mergiba 106
Merikare 79 f.
Merimde Beni-Salame 50
Merimde-Faijum-Stufe 50
Mersin 13
Merkur 188, 299, 311
Mes 60
Meskalamdug 22
Mesopotamien 20, 23, 30, 36 f., 47, 49
Messejana 198
Messing 122, 289
Meßkirch 311
Metz 231, 257
Midas 150
Mikon 51
Milyer 31
Min von Koptos 88
Minerva 300
Minussinsk 159
Misrifeh 115
Mithridates 135, 149 f.
Modereck 276
Moleschau 275
Mommsen, Theodor 184
Mongolei 85
Mons 204, 347
Moorgat 22
Moreau, Jacques 171
Moscher 24
Moser, Moses 339
Moses 13, 16 ff., 21, 72, 81, 91 f., 94 f., 99 ff., 105 ff., 288
Mühlbach-Bischofshofen 172
Mülheim 231
Müntzer, Thomas 272
Muerzthal 276
Munster, Sebastian 256, 269, 309

Muraret el-warde 106
Mur-de-Barrez 215
Murdock 365
Musasir 39
Musil 97
Mykenä 119, 161
Mykerinos 76
Myrrhinus 149

Najade 301
Nancy 171
Naphtha 16
Napoleon I. 337
Narmer 50
Nassau 341
Natron 36, 81
Nebukadnezar 24f., 122, 285f., 288f.
Neferhotep 76
Negrel 353
Neilson, James 98
Nepal 85
Nergal 53
Neuburg, C. 208
Neumann 56
Neustadt 218
Niavis siehe Schneevogel
Nickel 45, 54
Nicophorus 196
Nidhad (König) 178
Niekisch, Ernst 343
Nietzsche, Friedrich 342
Nikias 133 ff.
Nikolstadt 239
Nikopol 158
Nimrud 26
Nin Egal 115
Ninive 15, 19, 23, 28ff., 165
Nippur 16, 20
Noah 18
Nointel 215
Nordsyrien 39
Notker der Stammler 233
Nottingham 346
Novalis siehe Hardenberg
Nubien 15f., 41, 54, 56, 58, 61, 82
Nuce 98
Nuchasse 41, 92
Nürnberg 257, 264, 306

Oberhausen 320
Obernberg 231
Oberndorf 231
Oberried 253
Obourg-Strepy 215
Obsidian 13
Ocker 7, 51, 83, 120, 153, 180, 219
Oderberg 264
Österreich 257, 298
Oholiab 99
Olympia 120f.
Onyx 13, 19, 81, 100, 107

Ophir 114
Orbis 218
Orbius 150
Origines 324
Orlowka 159
Ormazd 288f.
Orthosia 148
Osaruzawa 86
Osiris 82
Oslo 169
Oslofjord 169
Ostpreußen 161, 163
Otfried von Weißenburg 214, 233
Otmar, Silvanus 96
Otto der Große 256
Otto I., Kaiser 231, 295
Ourique 198
Ovid 122f., 293
Oxenstierna 170
Oxford 21

Paionios 147
Palästina 92f.
Palmnicken 161
Paltos 148
Pamir 20
Pamphylier 31
Pangaios 121
Pantainetos 141
Paphlagon 148
Paris 231
Patäken 148
Paulus (Apostel) 203, 288
Pausanias 124
Pech 10, 2-2
Peisistratos 149
Penteskuphia 129
Perdikkas III. 152
Perkun 163
Perlmutt 16
Persien 35, 131
Peters, Carl 114
Petit-Garenne 215
Petra 106
Petrie, Flinders 45, 91, 93, 110
Petzold, Alfons 333, 359, 362
Phaistos 148
Pherekrates 301
Philotimus 196
Phiops I. 28, 48, 50, 89
Philippi 121, 203
Philister 25
Phönizier 227
Phosphat 83
Phrixos 38
Phrygier 40
Pichate 72
Pilsen 275
Pindar 122, 293
Pinon 95
Pintz, Johann Georg 211
Pippin 229
Platon 125f., 152, 154, 162f., 281ff., 290, 293

Plautus 221
Plinius 58, 124, 136, 161, 163, 179, 183, 185, 187, 192, 194, 199f., 202, 217, 294
Plowdiw 158
Plutarch 201, 290
Pluton 301 f.
Pollux 122, 134, 189
Polybios 134, 193
Polygnot 51, 153
Polykrates von Samos 124
Polyphem 202
Pompejopolis 204
Pompejus 188
Porphyr 47
Poseidon 129
Poseidonios 213
Prag 231, 274f., 262
Prinzbach 239
Promer 276
Prometheus 148, 178
Properz 122, 293
Psis 84
Psj-wr 64
Ptah 88, 148
Pteria 33
Ptolemäerzeit 61
Pygmäen 146
Pylaimenes 155
Pyrrhus von Epirus 188
Pytheas aus Massilia 113, 161, 164
Pythes 290
Pythios 34
Publius Monetus Philogenes 196
Pul-i Daruntah 116
Punan 95
Punt 113f.

Qatna 115
Quarz 47, 55, 57
Quarzit 44, 88
Quecksilber 276
Queque 114
Quiring, Heinrich 86

Ragib 106
Rammelsberg 256
Ramsen 218
Ramstein 218
Ramses II. 44, 48, 60, 63f.
Ramses III. 42, 54, 70, 83, 113
Ramses IV. 52, 89
Ramses IX. 69
Ranke, Hermann 47, 56, 70, 76
Raphidim 93
Rapiqum 16
Ras Samra 115
Raschau 327
Ratibor 255
Ratpert von St. Gallen 233
Rauris 145

Rauxel 321
Rech-mj-Re 74
Recklinghausen 231
Redesije 48
Regensburg 230
Regius, Urbanus 273
Reichenau (Kloster) 232
Reichenbach, Stromer von 47
Reichersberg 325
Reichestein 276
Reinhardsmünster 223
Rej-mj-Re 53
Remedello Scotto 184
Retenu 53
Rhea 147f.
Rhodope 35
Rhodos 126
Richter 94
Rickard 47, 97
Risengrund 276
Rocio 215
Rodenbach 168
Roererpuehel 276
Rogkerus 214
Rohgas 10
Roma 188
Rom 93, 189f., 191ff., 197f., 210, 212, 265
Roos, Bernhard 364
Rosette (Stein von) 41
Rothärmel, Heinrich 235
Rothenberg, Beno 98
Rottenberg 276
Royek, Wilhelm 323
Rubin 100
Rückert, Friedrich 338
Rumänien 357
Ruprecht (Herzog) 239
Russegger 41, 47, 97
Rußland 264
Rutilia Hethera 196
Rutilia Maecia 196

Saalfeld 326
Sabina 197
Saccharin 10
Sado 78, 86
Sagunt 191
Sakschegözü 165
Salahsuara 26
Salatuwar 26
Salfeld 281
Salizylsäure 10
Sallerup 215
Salmanassar III. 27f.
Salomo 54, 98, 100, 105, 108, 110
Salomon (Sprüche des) 94
Salpeter 311
Salz 36, 83, 113, 182, 203, 224ff., 231f., 251, 256, 328
Salzburg 172, 259, 273
Samaiten 162
Samaria 24, 107

Samothrake 148
Samuel 94
Saoshyant 288
Sanct Veyt 276
Sandstein 47
Sanherib 110
St. Blasien 239, 253
St. Joachim 323
St. Prokop 323
St. Trudpert 253f.
St. Veit 323
St. Wolfgang 323
Saphir 96, 100
Saporoshje 158
Sarah 94
Sarder 100
Sardes 33f., 124
Sardinien 120, 188, 190
Sardur II. 37
Sargon 23, 31, 39
Sargon von Akkad 19
Sarsu 18
Sarthos 293
Saturn 303, 311
Schaedel 42
Schärding 231
Schamschid Adad I. (König) 20
Schappeler 273
Schech abd el-Gurna 42
Scheibenberg 281
Schellál 48
Schelling 336, 342
Schemnitz 275, 309
Schiller, Friedrich 311, 335, 337
Schilow, Valentin 158
Schinkel, Karl Friedrich 346
Schin-Nong 86
Schist 88
Schlaeming 276
Schlegel 342
Schlesien 167
Schleswig-Holstein 167f.
Schlick, Stephan 262
Schliemann, Heinrich 119, 161
Schmalkalden 231
Schmökel, Hartmut 17
Schmoller 249
Schmuck 14, 16, 22, 25, 42, 49f., 120, 165, 224
Schneeberg 240, 249, 281, 299, 326
Schneevogel, Paul 127, 238, 299, 303, 318
Schönbauer 130, 141
Schönlank, Bruno 358f.
Schopenhauer, Arthur 353
Schreiter, Johann 329
Schüren 235
Schwabsburg 168
Schwartzeburg 281
Schwarzenbach 168
Schwaz 246, 258ff., 267, 273,

308, 325
Schwelm 236
Schweden 298, 303
Schwefel 16, 310
Schweinfurth 47, 97
Schweiz 298
Schwerte 231
Scipio 193
Seidel, Heinrich 362
Selukwe 114
Semenpses Semercher 31, 47
Semiramis 23
Serabit el-Chadem 54f., 92f.
Serabit el-Khadur 54
Seriphos 121
Sernander, Rutger 168f.
Serpentin 88
Servianus 195
Sesostris I. 71, 89
Sesostris III. 28, 61, 82
Sethos I. 42, 48, 59, 63, 84
Sethos II. 71
Severus 203
Sevilla 190
Sextus Marius 102
Sforza, Ludovicus 172
Shang-Zeit 86
Sialk 15, 165
Sidon 95
Siemens, Werner von 354
Silber 8, 14f., 17, 20f., 26f., 31, 33f., 36, 43, 47, 49, 51, 55, 75ff., 82f., 84, 95, 99f., 105, 108, 115, 119, 127, 131, 144, 147f., 157, 177, 181f., 186, 189f., 192, 194, 201, 209, 213f., 227, 233, 238, 245, 253, 256, 261f., 270, 276, 281f., 286f., 289f., 295f., 301, 304, 306, 311, 325, 334
Sikyon 121
Silvanus 212
Simbabwe 115
Sinai 110
Siphnos 121f.
Sizilien 120, 188, 190
Skandinavien 165f., 168f., 184, 203, 230, 264
Skapte 121f.
Skythen 40
Smaragd 18, 88, 100
Smichow 167
Smirgel 81
Smirnow, Emil 363
Snefru 52
Sobek 106
Sodom 95
Söll, Christoph 273
Soest 231
Sokrates 126, 293
Solingen 236
Solon 131
Sosias 133, 135f.
Sowjetunion 159

Spanien 51, 120, 182 ff., 188,
  190 ff., 198, 201 f., 306
Sparta 131
Spengler, Oswald 343
Sperges, Joseph von 325
Speyer 221
Spinnes 215
Sprater (Direktor) 221
Sprengstoff 10
Stahl 14, 18, 25, 108, 122 f.,
  251, 287 ff., 333, 347
Steele 231
Stein, Heinrich Friedrich Karl
  vom und zum 341 f.
Steinfeld 276
Steinkohle 10, 347 f.
Steinlen, Théophile 348, 353
Steinzeit 8, 51
Stephanie, J. E. 329
Stephanswörth 226
Sterkrade 231
Sterzing 325
Stettin 264
Steyer 281
Stibium 81
Stickstoff-Düngemittel 10
Stockholm 164
Stolberg bei Aachen 226
Stoertzing 276
Strabon 121, 131, 134 f., 171,
  193, 204, 227, 294
Straßburg 230
Strauß, Johann 273
Stromer 97
Stuahol 180
Studernheim 218
Südrhodesien 113
Sueton 201, 203
Sukkoth 98
Sulzbach 237, 248
Sumerer 13 ff., 20
Sunnhordland 169
Sultzbach 281
Sylvius, Aeneas 240
Syrakus 204, 215
Syrer 24
Syrien 15 f., 20, 92, 165

Tacitus 161, 162 f., 202 ff.,
  213 f., 216, 218
Tarquinia 186
Tarquinius Priscus 187
Tarsos 13
Taxila 116
Telchinen 147
Tel el Amarna 41, 71
Tell Agrab 19
Tell Arpatschija 15
Tell el-hesi 106
Tell dschemme 106
Tell-Halaf 13, 15, 165
Tell Schagar Bazar 15, 165
Telloh 16
Tempeloval 19

Tennstedt 335
Tepe Gaura 15, 165
Terlen 276
Thailand 85
Thales von Milet 136
Thalheim 327
Thasos 121 f.
Theben 44, 58, 69, 72, 74,
  87 ff., 221, 282
Theodebert II. 227
Theodoros 124
Theodosius 210
Theophilus Presbyter 214,
  233, 250
Thorikos 119, 149 f., 154
Thothotep 28, 71
Thukydides 122, 221
Thulbalkain 271
Thule 161
Thum 281
Thutmosis III. 43, 55, 61, 70,
  83
Thutmosis IV. 58
Tiberius 201 f.
Tibet 86
Tidanu 18
Tiglatpilesar I. 14
Tiglatpilesar III. 23
Timbuktu 247
Tiryns 119
Tismurna 26
Tittmoning 231
Titus (Kaiser) 203
Toblich 276
Todtnau 239
Ton 8, 47
Topas 100
Toul 231
Toulouse 181
Toynbee, Arnold 343
Transvaal 113
Treptow, Emil 78
Trier 257
Tripolis 148
Tritantaichmes 31
Troppau 255
Tromler, Karl Heinrich 329 f.
Trudpert (Hl.) 253
Trupbach 221
Türkei 298
Türkise 18, 20, 46, 54 f., 62, 91,
  100
Tunni 18
Tuschpa 37
Tutanchamun 42, 91, 178
Tyrus 95, 100

Ugarit 115
Ulm 231
Umanu 18
Umm el Garajat 61
Unetice 167
Ungarn 262, 264
Ur (Königsgräber von) 15, 16,
  19, 20, 22

Uranos 147
Urartu 37 ff.
Urnammu 16, 18, 21
Uruk 16, 20
Uruk-Kultur 13
USA 347
Utnapischtim 17

Wachenheim 218
Wachsenstein 276
Waffen 14
Walahfrid 232
Waldenburg 356
Walkenried 258
Wallenstein 311
Wanne 321
Washania 26
Weber, Carl Maria von 353
Weber, Max Maria von 353
Weimar 73
Weisenheim am Sand 218
Weißbach 240
Weißenstadt 249
Weißkirchen 168
Weld-Blundell 21
Wenzel (König) 238, 274
Wenzel (Herzog) 239
Werden 231
Werner, Abraham Gottlob 335
Wesel 231
West Stoke 215
Wetzlar 226
Wetter 231
Wieland der Schmied 178
Wien 249, 337
Wiesenthal 281
Wieser, Matthäus 329
Wiesloch 218
Wildemann (Pastor) 254
Wildermann 281
Wilpert, J. 211
Wilsdorf, Helmut 22, 47, 73,
  78, 81, 87, 115 f., 129, 153,
  195 f.
Windisch Roßwald 276
Winkelmann, Heinrich 78,
  258
Witten 231
Wohlgemuth, Otto 358, 360,
  362
Wolckenstein 281
Woolley, I., Sir 22
Worms 230
Wrobel, Friedrich 298
Würzburg 342
Wunsiedel 249

Valentin (Pfaff) 274
Valerianus 203
Van am Van-See 37
Veith, Heinrich 96
Veji 187
Velennes 215
Venus 311

Vercellae 202
Verdun 230
Vesta 299
Vestalinnen 163
Vibius 200
Victor (Bischof) 203
Villach 276
Vinci, Leonardo da 172
Villanova 186
Vipasca 208 f.
Vistaspa 288
Vitruv 153 f.
Voigt (Geheimrat) 341
Vulci 185

Xanthos 135, 150
Xenophon 119, 126, 141, 150 f., 154, 157

Xerxes 34
Yong 41
Yorkshire 344
Ytre Grenland 169
Yu (Kaiser) 86

Zabern 223, 231
Zarathustra 288 f.
Zech, Paul 361 ff.
Zeiring 240, 254
Zellerfeld 239, 281, 340
Zenon 180
Zeus 147 f., 281
Zimmermann, Wilhelm 272 f.
Zink 218
Zinkerz 54
Zinkoxyd 47

Zinn 8, 15 f., 18, 21, 25 ff., 53 f., 57 f., 94 f., 121, 147, 165 f., 182 f., 188, 190, 216, 249, 276, 306, 311 f.
Zinnerz 86
Zinnober 121, 153
Zippelius, A. 210
Žižka 275
Znaim 275
Zöblitz 326
Zola, Emile 348, 363
Zuckenhut 276
Zuckenmantel 276
Zürich 361
Zweyring 276
Zwickau 265
Zycha 246
Zypern 16, 52 f.

Bildnachweis:
Archiv für Kunst und Geschichte, Berlin, S. 65 o.;
Bochumer Verein für Gußstahlfabrikation, S. 241 u.;
Foto-Gnilka, Berlin, S. 279;
Hans Grempel, Gelsenkirchen, S. 278;
Ruth Hallensleben, Köln, S. 175, 277;
Hirmer Fotoarchiv, München, S. 66 o., 68, 104, 350 o.;
Ideal Studio, Edinburgh, S. 313;
Kunsthistorisches Museum, Wien, S. 280, 314 o.;
Stahlberatung, Düsseldorf, S. 137, 140, 242 u., 243 o., 244, 352;
Süddeutsche Maschinenbau-Ges. mbH., Waghäusel b. Bruchsal, S. 242 o.;
alle anderen: Privatarchiv Maser.